重庆市高校普通本科重点建设教材

西南政法大学新闻传播学系列丛书

讲好中国法治故事
法治报道的理论、历史与实践

TELLING THE STORY OF
CHINA'S RULE OF LAW

Theory, History
and Practice of Rule of Law News Reporting

陈笑春　秦赛一　著

社会科学文献出版社
SOCIAL SCIENCES ACADEMIC PRESS (CHINA)

前　言

党的十八大提出，法治是治国理政的基本方式，党的十九大进一步把坚持全面依法治国上升为新时代坚持和发展中国特色社会主义的基本方略之一，党的二十大指出全面依法治国是国家治理的一场深刻革命，强调在法治轨道上全面建设社会主义现代化国家。在新发展阶段，法治新闻报道是记录我国法治进程、讲好中国法治故事的重要组成部分，是新闻媒体以专业报道打造精品内容、以法治传播提升舆论引导能力的重要途径。

讲好中国法治故事，首先要厘清法治新闻的概念。为此，本书纵向考察了与"法"有关的信息通过各个历史阶段的媒介传播的过程。中国法治新闻的历史，是本书的第一处创新。除此之外，本书还通过横向比较的方式，总结了我国法治新闻同西方犯罪新闻的根本不同之处，它们除了内容上的差异，更重要的是报道的立足点和追求的社会价值不一样。

本书认为，讲好中国法治故事，应该按照中国特色社会主义法律体系的知识和理念来进行。为此，本书有四章是按照我国主要法律部门来进行新闻报道的分类的，这是本书的第二处创新。在长期的观察和教学中，笔者确实发现，作为新闻题材，不同法律呈现不一样的特点，对其需要采用不同的报道方案。比如：民事法治报道的日常性与刑事法治报道的非常态性非常不同；行政法治报道的个案监督性与经济法治报道的宏观发展性迥异。

本书认为，讲好中国法治故事，不仅应该做好对内宣传报道，还应该重视法治新闻的国际传播。为此，本书不但辟出专章来论述如何以法治视角报道好我国政治生活中的重大事件，而且论述了在突发事件中，法治新闻报道积极有效引导舆论的实践；更在第八章专门梳理了法治新闻的国际传播。本书认为，国际法治报道，既包括中国法治事件的对外传播，也包括对他国具有新闻价值的法治事件的报道，以及对于国际事务的法治报道，这是发出中国声音的重要方式。描绘出国际法治报道的宽广边界，这是本书的第三处创新。

　　法治新闻报道是讲好中国法治故事的重要载体，一方面，通过平实的语言和鲜活的案例，提升我国受众的法治思维；另一方面，通过真实直观的呈现，让植根于中国文化的法治建设成就为国外的受众所认识和理解。正如习近平总书记在党的十八届四中全会第二次全体会议上的讲话中指出的："我们有本事做好中国的事情，还没有本事讲好中国的故事？我们应该有这个信心！"①

陈笑春

2022 年 10 月

---

① 《习近平关于总体国家安全观论述摘编》，中央文献出版社，2018，第 115 页。

目录 CONTENTS

CONTENT

绪 论

专业传播语境下的法治报道

INTRODUCTION

互联网技术的革新促使新闻传播语境发生了深刻变化，传统语境下的新闻报道方式必须适应当下的传播环境而作出变革，一方面，大数据、人工智能、云计算、AR/VR、5G 通信等媒介技术的不断革新，衍生出数据新闻、视觉新闻、机器人新闻、传感器新闻、算法推荐新闻等诸多让人耳目一新的新闻形态，为受众带来更为多元的新闻体验；另一方面，在技术的赋能下社交媒体改变了媒介意见市场的传播生态，这对传统主流媒体的内容传播、话语逻辑、呈现方式提出了新的要求。媒介融合发展至今，科学技术导致的平台融合与受众理念变化，给媒介的自我审视、质量控制、产业革新带来了"倒逼"压力，媒介融合已经开始进行新闻内容"生产—分发—消费—反馈"价值链的全方位重塑。

专业化的新闻报道成为主流媒体为应对全新媒介格局而进行改革的重点。事实上，在经济新闻、体育新闻、医疗卫生新闻等专业报道领域，已经有相应的专业新闻报道进行探索和改革。尽管这一改革的实施者并非体制内媒体，但也可以一窥专业题材报道在内容深耕上的潜力。在"新闻是主流媒体最重要的无形资产"的共识下，媒体专业报道是主流媒体在全新媒介传播格局中破局的关键。

法治新闻作为一种有着较长发展历史的专业报道，在我国各个历史阶段的建设中都扮演着十分重要的角色，记录并推动着我国的律法进程。特别是新中国成立以来，法治报道随着共和国的发展不断成长。党的十七大和十七届五中全会提出了深入开展法制宣传教育的重大任务。党的十八大以来，以习近平同志为核心的党中央从关系党和国家前途命运的战略全局出发，把全面依法治国纳入"四个全面"战略布局，作出一系列重大决策部署，开启了法治中国建设的新时代。党的十八届四中全会通过的《中共中央关于全面推进依法治国若干重大问题的决定》将每年 12 月 4 日定为国家宪法日，这进一步凸显了宪法在中国政治生活中的地位。党的十九大报告指出，"加大全民普法力度，建设社会主义法治文化，树立宪法法律至上、法律面前人人平等的法治理念"。党的二十大报告再次强调："我们要坚持走中国特色社会主义法治道路，建设中国特色社会主义法治体系、建设社会主义法治国家，围绕保障和促进社会公平正义，坚持依法治国、依法执政、依法行政共同推进"。① 新时代我国法治建设进程的加快、媒介格局的复杂多变，都对专业的法治报道讲好中国法治故事提出了更高的要求。

在这样的时代背景下，法治报道作为联系人民与法治的重要纽带，是新时代中国全过程人民民主的重要实践，承担着普及公民法律常识、构建社会法治生态、引导公民律法舆论、宣扬中国法治声音的历史职责。因此，在新时代做好法治报道、宣传法治精神、普及法律常识、营造法治生态、捍卫法律尊严是每一个法治新闻人的责任所在。习近平主席在中共中央政治局集体学习时强调："要加快构建中国话语和中国叙事体系，用中国理论阐释中国实践，用中国实践升华中国理论，打造融通中外的新概念、新范畴、新表述，更加充分、更加鲜明地展现中国故事及其背后的思想力量和精神力量。"②

一　新闻传播的语境正在发生深刻变化

当今我国新闻传播的语境呈现如下结构：主流媒体话语——国家意志的表达，富有意识形态色彩，权威逐渐解构；自媒体意见领袖话语——表达社会公共诉求，输出社会精英价值观，形成圈层传播；生产性受众话语——围观公共事件，表达自我看法，受传界限模糊。所有这些话语形态构成了我国全新的媒介话语生态，对以往主流媒体权威话语一家独大的格局造成了冲击，新闻传播语境正历经深刻的变革。

---

① 习近平：《高举中国特色社会主义伟大旗帜　为全面建设社会主义现代化国家而团结奋斗——在中国共产党第二十次全国代表大会上的报告》，中国政府网，http://www.gov.cn/xinwen/2022-10/25/content_5721685.htm，最后访问日期：2022年11月6日。
② 《习近平在中共中央政治局第三十次集体学习时强调　加强和改进国际传播工作　展示真实立体全面的中国》，央广网，http://news.cnr.cn/native/gd/20210601/t20210601_525501935.shtml，最后访问日期：2022年7月14日。

（一）新闻报道的"参与性"

随着媒介技术的快速发展，社会整体的媒介话语秩序正悄然进行着重要的结构转型。媒介话语变革至今，原本主流媒体高度统一的媒介话语权正在逐步向多元传播主体不同话语权力结构分化，话语控制权在一定程度上呈现分化和弱化，不同传播主体博弈增强。

首先，主流媒体"去中心化"。主流媒体是相对非主流媒体而言的。影响力大、起主导作用、能够代表或左右舆论的省级以上媒体，称为主流媒体，主要是指中央、各省市区党委机关报和中央、各省市区广播电台、电视台，以及其他一些大报大台。① 一直以来，主流媒体作为我国传播生态中的主要力量，在媒介技术发展的影响下，其信息发布的集中性、中心性被逐渐消解，信息的多点传播和去中心化改变了大众媒体时代主流媒体传播资源高度集中的传播模式，话语权威被社交媒体消解，表现形式被更加多样化的多元中心取代。信息"中心"由少变多，主流权威媒体"去中心化"趋势明显。

其次，意见领袖圈层传播。意见领袖源于自媒体的兴起，自媒体又被称为"个人媒体"或"公民媒体"。自媒体意见领袖往往在某一领域具有较强的公信力，活跃于人际传播网络，经常通过自媒体平台提供信息、发表观点、给予受众建议，并对他人施加个人影响，引导舆论，形成圈层传播。意见领袖既是信息传播者，也是话题制造者，还是舆论引导者。意见领袖来自各行各业，在某些具体领域，对于新闻事件的综合把握会比记者、编辑更贴合实际，传播新闻信息的角度、观点、手法往往能在其粉丝群中产生较大的圈层传播影响力，形成意见多元化生态。

最后，生产性受众主体意识增强。在自媒体高度发达的时代，不再有信息传播者与受传者的明确界限，"人人拥有麦克风"实现了"指尖发声"，改变了传统媒体时代"你传我受"的线性传播模式，普通网民不再是单纯的信息接收者，而是集译码、释码、编码等多种角色于一身的全新信息主体——生产性受众。在新闻事件的传播过程中，普通公众通过"围观"接收信息传播，再通过社交媒体平台参与相关议题讨论，并以数量优

① 新华社舆论引导有效性和影响力研究课题组：《主流媒体如何增强舆论引导有效性和影响力之一：主流媒体判断标准和评价》，《中国记者》2004 年第 1 期。

势形成区别于传统主流媒体的舆论场域，表达自己的观点看法，并活跃于信息传播过程。

（二）意见市场的构成愈发复杂

媒介技术平台的发展改变了信息传播结构和意见生态格局，意见市场的区域性、可控性、统一性逐步被削弱，民间话语以较强的匿名性、互动性、无界性消解着主流媒体的官方权威，多元价值并存共生，在此基础上形成的社会意见市场也呈现多元、复杂、嬗变的发展趋势。

在从纸媒到广电再到网络的媒介传播技术变革进程中，媒介意见市场总体上显现由集中向多元分化的趋势，它的前进历程大致呈现两条发展轨迹：一条是自上而下从宏观视野着眼的理性思辨精英话语；另一条是自下而上从微观视角出发的世俗民众话语。这两种媒介意见话语在发展的历程中先后交织、演进、提升，精英话语转化成主流意见，民众话语衍生出民生意见，所有这些都显现着媒介话语在意见市场作用下、在当今多元媒介互动语境中从"上层主流化"走向"社会大众化"、从"神圣精英化"走向"世俗民本化"的博弈过程和发展趋势，其背后所代表的主体话语权也在发生微妙的转移。

在新媒体传播技术的赋能下，能够产生广泛影响、形成意见表达力的主体不再仅是主流媒体，运用互联网平台的普通公众已经成为意见市场中的一极。主流媒体信息传播的权威被解构，网络意见领袖形成了自己的圈层传播，社交媒体时代生产性受众的理念转变，这些都促使新闻信息传播在新媒体环境下呈现多主体、多中心、多渠道特征，从前传播平台高、信息资源封闭、传播渠道单一的传播模式被彻底打破，新闻传播形式由线性单向传播模式变为病毒式裂变传播模式，"所有人对所有人"的多点传播使意见市场构成愈发复杂。

（三）传播技术引发的价值冲突

传播技术就像一柄"双刃剑"：既是价值的携带者，亦是价值的破坏者；既赋予我们更多的权利，又引发我们价值的冲突。技术发展越优异，新闻传播活动中各利益主体所追求的利益最大化实现起来也越便利，这必然形成多元利益主体发生多元价值冲突的格局。

首先，推荐算法技术与"信息茧房"效应。推荐算法是计算机专业中的一种算法，就是利用用户的一些行为，通过一些数学算法，推测出用户可能喜欢的东西。基于内容信息推荐方法的理论依据主要来自信息检索和信息过滤。[①] 今日头条、抖音、淘宝 App、QQ 浏览器等知名平台都在大量运用推荐算法，建立了用户和内容的匹配机制，依据用户兴趣爱好，处理各项数据，将生成的一组组内容与用户的高匹配关系作为输出内容。每个用户都拥有平台为自己量身定制的兴趣信息圈，长期将自己禁锢在自我爱好建构的信息壁垒里，这就形成"信息茧房"效应，使用户失去了了解不同事物的能力和接触机会。

其次，人工智能技术与伦理风险。人工智能技术在新闻传播领域对传统的链条式新闻生产模式产生了极大的影响，特别是会为新闻信息生产带来较大的伦理风险。人工智能技术与伦理风险主要体现在三个方面。第一，挖掘数据侵犯用户隐私。当今各大平台开始争夺用户数据，将其作为重要竞争资源，在巨大利益驱使下，用户数据泄露风险不断增大，在手机、穿戴传感设备、智能家居不断挖掘用户数据的背景下，现代"透明人"现象愈发严重。第二，机器人写作模板化，缺乏人文关怀。人工智能机器人写作虽有快速、高效的优点，但也存在语言生硬、冰冷、乏味的缺陷，缺少人情味、怜悯心、关怀感。第三，存在算法偏见。技术虽是客观中立的，但是运用技术的人却存在情感的差异，因此，算法并非完全客观公正，其隐藏着数据所带有的各种偏见，运用算法得到的新闻成果自然也带有偏见，不符合公平公正的社会传播原则。

最后，区块链技术与"去中心化"理念。区块链技术在新闻传播领域的运用，是基于"去中心化"的核心技术特征，在新闻生产过程中让每一个受众成为一个节点，使受众可以参与新闻生产、议程设置、内容审核与传播的链条环节，极大地提升了受众的地位，同时颠覆了传统的"中心化"模式，可以说没有中心或者人人都是中心。国外已经有不少媒体基于区块链技术展开新的探索，试图构建透明、开放的"去中心化"平台，它们被统称为区块链媒体。例如，美国 Civil 平台旨在为新闻业创造一个"自我维持"的市场，摆脱广告、假新闻和其他一些外部影响。但受现实政

---

① 本刊编辑部：《算法 全面纳入监管领域》，《网络传播》2019 年第 1 期。

治、经济、社会环境的限制，依旧很难在新闻业中实现真正的"去中心化"，信息传播"中心化"与"去中心化"的价值冲突仍然存在。

二 专业性报道是主流媒体的优势与责任

专业性报道是现今主流媒体的优势与责任，是主流媒体区别于自媒体的显著特征。专业性不足是自媒体最大的缺点，具备专业性则是主流媒体最大的优点。专业性报道体现的精确性提升了新闻传播信息的真实权威性，减少了谣言的冗余空间；专业性报道把握的边界性维护了新闻传播的价值和规范，降低了新闻传播失范的风险；专业性报道凸显的建设性引导了社会舆论的正确方向，营造了良好的信息环境。

（一）专业性报道体现新闻的精确性

新闻的真实性原则是新闻业发展至今的根本信条，在不同的历史时期和发展进程演变中都占据首要位置。在自媒体高速发展的今天，新闻的客观性和真实性原则在当下一些网络热点事件中，往往不能规制快速发展变化的舆情生态，因此新闻的"精确性"开始成为专业报道新的追求目标。新闻报道的"精确性"与"真实性"在概念上略有不同，精确新闻是基于实证研究而进行的专业性较强的报道，它的侧重点在于业务素质的专业性、数据分析的实证性，是能够探究隐藏在社会表象下的社会规律的专业新闻报道方法。

首先，专业知识体现精确性。专业性报道是在遵循一般新闻报道规律前提下，需针对相应专业领域、具体行业情况而进行的专业性新闻报道活动。从事专业性报道的记者必须拥有相关领域的专业知识积累，具备相应的专业眼光，能够对所报道的专业领域有一定的深刻见解和认知，这样才能作出更加专业的新闻报道，为受众带来更加理性科学的价值引导，提升新闻的精确性。这也是主流媒体专业性报道与自媒体新闻报道的显著区别。此外，与自媒体相较，主流媒体在人才、信息来源渠道、内容采编以及公信力方面保持着较大的优势。在新闻采编流程上，主流媒体有着严格的采编流程规范，有着"三审三校"的新闻审查制度，从业务素质的专业性方面确保了新闻报道的精确性。

其次，数据分析凸显精确性。新闻专业报道的精确性还体现在数据调查分析上，"精确新闻"的概念最早是由美国学者菲利普·迈耶在 1973 年出版的《精确新闻学——一个记者关于社会科学方法的介绍》（*Precision Journalism*: *A Reporter's Introduction to Social Science Methods*，原文的汉译书名有一定的偏差，可以不用理会，因为原文的书名是引用的论文中的提法——本书作者注）一书中提出的，将"精确新闻学"正式定义为"将社会科学和行为科学的研究方法应用于实践新闻的报道"[①]。运用实证量化研究的方式来进行新闻报道的思想，促进了数据新闻的发展。数据新闻是基于数据挖掘与分析思维的新闻报道，将科学的定量实证研究方法引入新闻，进而用数据表达提升专业报道的理性和精确性。

（二）专业性报道体现新闻的边界性

互联网的诞生蕴含着不受时空限制、"互联互通"的基因，以往泾渭分明的各类边界开始消解与融合，在新闻传播领域的影响便是新闻边界性的模糊，包括传播者与受众的边界、公共与私人的边界、精英与大众的边界、政治与娱乐的边界、虚拟与现实的边界、主流媒体与自媒体的边界、公益与商业的边界等。

原本封闭的新闻生产传播体系，在互联网技术的加持下，变得越来越开放，传统媒体新闻的生产方式、运行逻辑、传播模式、价值规范的边界逐渐模糊，传播者、传播内容、媒体平台、受众可能融为一体。从传播主体来看，新闻的生产者、传播者和消费者模糊了；从传播内容来看，新闻专业内容与自媒体个性化内容模糊了；从传播渠道来看，专业新闻与自媒体内容均可在同一个媒介平台上传播，新闻的公共情怀与个体娱乐趣味模糊了。这些情况的出现需要专业性报道来把握，以此来重构新闻的边界性。

专业性报道特有的专业背景，有助于主流媒体重塑严肃新闻的边界性。第一，专业性报道内容生产的边界。在新闻信息的生产环节，作为专业报道者，要体现专业的视角、专业的解读、专业的指导，在内容产品的生成阶段就牢牢建立好专业新闻报道高门槛的边界性。第二，专业性报道

---

① 喻国明：《从精确新闻到大数据新闻——关于大数据新闻的前世今生》，《青年记者》2014 年第 36 期。

传播渠道的边界。在融媒体发展愈发迅速的情况下，新闻信息分发、聚合、运营方式的改变，电视、广播、报纸、门户网站、微博、新闻 App、公众号、社交媒体等传播渠道的融合，让"酒香也怕巷子深"的时代一去不复返。但渠道的融合，造成了严肃新闻与质量参差不齐的自媒体新闻信息的同频共现，容易出现严肃新闻被娱乐消解的情况，因此，专业性报道可以重塑自我的传播渠道边界，重视版权内容保护，在渠道上加固传播的边界性。第三，专业性报道价值规范的边界。在社交媒体繁荣的时代，以往集中的主流价值观被进一步消解，社会价值观呈现多元化特征，但因受众自身的素养水平不一，往往存在破坏价值规范的情形，因此专业性报道应该坚持党和国家的指导方针，坚持新闻专业主义，发挥引领作用，维护好新闻报道价值规范的边界。

（三）专业性报道体现新闻的建设性

在新闻传播语境发生深刻变化的时代背景下，近年新闻的建设性理念成为我国学界和业界研讨的热点话题。建设性新闻的提法最早源起于西方新闻界，各国都对其较为重视，但是对于"建设性新闻"概念的界定还没有达成共识。我国学者认为，建设性新闻，即在新闻中加入积极心理学的元素，以积极的、具有建设性的方式来建构新闻。建设性新闻具有六大特征：解决特定问题、强调公民赋权、维持新闻的核心功能、积极情绪、记者干预和以未来为导向。①

现如今自媒体时代传播内容质量参差不齐，个体利益观点截然不同，舆论生态复杂多变，需要主流媒体专业性报道进行新闻的建设性实践，做好舆论生态场的定海神针。在社交媒体的普及下，受众参与网络内容传播的门槛大大降低，用户个体媒介素养的缺失、从众心理惯性、碎片化浅阅读习惯，都容易让受众更情绪化。反观主流媒体的专业性报道，其内容质量高，能够针对具体的新闻事件进行理性细致的分析和逻辑内容的梳理，给受众带来不一样的信息接收体验和思考感受，因而专业性报道的建设性有助于提升主流媒体的公信力和影响力，有助于营造文明的网络舆论环境、设置符合国家、人民发展的议题，有助于培养受众理性思考的能力、

---

① 徐敬宏等：《建设性新闻：概念界定、主要特征与价值启示》，《国际新闻界》2019 年第 8 期。

构建稳定良性运转的和谐社会。

专业性报道始终拥护党和国家的指导思想，坚持人民的立场，所以在报道内容选择、生产、运营上都有着国家和民族的大局观，重视思想性、情感性和人文性。但这并不意味着建设性新闻会遮掩新闻的负面内容，只是不会像某些自媒体基于自身的利益而夸大、渲染负面信息而罔顾公共利益，而是会在报道新闻事实的基础上，发现社会问题，并从专业性的角度建设性地报道和解决问题，以坚守新闻报道的伦理和核心功能，这是主流媒体在公共传播时代重塑自身社会角色的一种建设性新闻实践或新闻理念。

三　法治新闻是法治视角下的专业报道

法治新闻即新近发生的法治事实的报道。法治新闻报道是法治视角下的专业新闻报道类型，其立足于新闻与法律，包含民事法治报道、刑事法治报道、经济法治报道等。因此，法治新闻报道在具备一般新闻的特征之外，还需符合法治专业要求，即选题角度需要立足司法，生产报道内容需根据法治报道类型的不同积淀自身知识框架，在报道话语上需要掌握好尺度，牢牢把握党性和人民性的统一。

（一）法治新闻的专业选题角度

法治新闻的严肃性决定了该类新闻选题的谨慎性。法治新闻自身的特殊性往往有着较大的社会影响力和舆论生成空间，因此法治新闻的选题必须经过严格的研论和审核。

首先，聚焦典型司法案件。司法案件往往具有很强的法律价值和社会价值，在推动司法改革、社会进步方面发挥着重要作用，具备很高的新闻价值。新闻媒体被誉为"第四权力"，应当承担更多的责任，在面对具有重大影响的司法事件时，新闻媒体应当及时报道案发情况，抢占舆论先机，分析事发原因，稳定公众情绪，引导公众行为，维护社会稳定秩序。典型司法案件，是法治新闻选题的富矿。法治新闻聚焦典型司法案件，需要紧紧围绕法院中心工作主动进行宣传报道。第一，要针对公众广泛关注的司法热点问题，选准报道时机，大力宣传人民法院切实解决人民群众所关注的问题；第二，要紧跟司法改革进程的新部署，大力宣传改革创新的实践成果、理论成果、制度成果；第三，要突出对典型司法案件中的先进人物典型和榜样的形象宣传，讲好法院干警奉献、拼搏、牺牲的感人故事，打造法治、专业、为民的社会形象。

其次，追踪热点舆情事件。近年来，随着自媒体网络传播能力的增强，一些重大热点事件往往能在短时间内引爆舆论，而这些舆情事件普遍都与律法相关，因而从法治新闻视角为公众进行专业的法治报道就显得尤为必要，这有助于维护社会稳定，疏解民众情绪，引导社会舆论。2018年，"昆山8·27持刀砍人案"引发公众对于如何界定正当防卫的社会大讨论，网民、专家对于该事件是否属于正当防卫各执一词，舆情沸然。最后该案以犯罪嫌疑人属正当防卫，不负刑事责任而落幕。2019年3月21日，最高人民检察院工作报告将此案作为正当防卫典型案例公开发布。在这场热点舆情事件中，法治新闻报道在注重新闻价值的同时，加强了对法律价值、社会价值的报道，获得了良好的社会反响。因此，对于热点舆情事件的追踪，不仅是法治新闻的选题指向，更是法治新闻应担负的社会责任。在追踪热点舆情事件方面，法治新闻报道要坚持把舆论引导贯穿司法工作的始终，在开展工作时充分运用司法话语资源来打造高端话题、特色话题、热点话题，牢牢掌握新媒体舆论场的主导权、话语权；要做到网上舆论热点在哪里，舆论引导就跟进到哪里；要注重以法律视角来剖析热点新闻背后的社会问题。既要做好法律法规的解疑释惑，又要做好法律公平正义精神的传递；既要做好对一些有重大社会影响案件的客观报道，又要对案件涉及的法律适用和立法精神进行深入解读，用专业、客观、公正的报道，传播法治理念，弘扬法治精神。

（二）法治新闻的专业知识框架

法治新闻报道是专业性较强的新闻报道类型，法治新闻从业者除了掌握新闻报道知识外，还需要具备法律专业的知识框架。法治新闻报道的内容涉及法律专业的知识和术语，如果没有良好的法律素养，报道的内容很难做到准确、透彻，也彰显不出专业性。因此法律专业知识框架的建立，是做好法治新闻报道的关键。

法治新闻报道所涉及的法律门类众多，专业知识框架较大，包括民事法治报道、刑事法治报道、行政法治报道等。这也决定了不同类型的法治新闻报道具有各自不同的专业知识板块、报道特征、报道手法和报道视角。视角不同，报道者所要掌握的专业知识框架也略有差别。民事法治报道以关注民生为主，因此要"接地气"，"从群众来，到群众中去"；刑事法治报道要注重选题的价值取向，挖掘有意义选题的同时注意舆论的引导，在客观真实叙述之上加以反思，把握尺度，以普法为主；行政法治报道是连接群众与政府的桥梁，因此在报道中要做好宣传和解释，成为由下向上的信息传播的中间纽带；经济法治报道立足于经济效益，要着重于宏观调控，不能局限于微观层面，更要把握好国家的经济政策，紧跟市场变化，注重前瞻性；重大事件法治报道要呈现治理与关怀，稳定民心是重中之重；国际法治报道对于塑造国家形象有重大作用，在我国法治新闻报道中要注重中国法治故事的对外传播，以正面宣传为主。在对他国法治事件的报道中要注重多角度解析，满足我国受众信息需求。

（三）法治新闻的专业话语实践

法治新闻的话语实践是法治新闻报道中不可忽视的一部分。法治新闻的内涵和作用决定了此类新闻必须要时刻关注法律的发展变化法律，专业的法律术语和正确的舆论导向都是法治新闻话语实践中需要被重视的部分。

首先，坚持以马克思主义新闻观指导法治新闻实践活动。我国是社会主义国家，社会主义国家的新闻报道必须坚持马克思主义新闻观，法治新闻报道也不例外。马克思主义新闻观要求法治新闻报道要坚持党性和人民性的统一。要记录全面推进依法治国进程中的法治事件。第一，坚持党性原则，最根本的是坚持党对新闻舆论工作的领导，党的新闻媒体的所有工作，都必须体现党的意志、反映党的主张、维护党中央权威、维护党的团结。第二，坚持人民性原则。党的宗旨是全心全意为人民服务，新闻舆论工作是在党领导下的新闻舆论工作，坚持党性原则就是要坚持新闻舆论工作中党性和人民性相统一的原则，坚持全心全意为人民服务的最高宗旨。习近平总书记指出，担负起新闻舆论工作的职责和使命，必须把坚持正确政治方向放在首位，牢牢坚持党性原则，牢牢坚持马克思主义新闻观，牢牢坚持正确舆论导向，牢牢坚持正面宣传为主，从维护国家意识形态安全和政治安全的高度，坚决维护网络意识形态安全，让亿万网民在众声喧哗中听到党的声音。

其次，法治新闻报道需要避免出现"媒介审判"。"媒介审判"又称"新闻审判"，是西方新闻传播中的一个概念，主要指新闻媒体在报道正在审理的司法案件时，通过对涉案人员作出定性的宣传报道方式，影响司法案件的正常审理，影响法院的判决结果。例如，"北大吴谢宇涉嫌弑母案"经由媒体首发报道后迅速发酵，在舆论场上引起轩然大波。在后续的报道中，诸多媒体试图还原事件的真相，但未把握好方向致使报道失范。① 法治新闻报道事关公平正义，甚至人的生命，媒体在进行法治新闻报道时需要选择合适的报道时机，在终审判决之前，媒体不应该进行具有引导舆论性质的报道。

全球化发展趋势和现代通信技术更新在空间上和技术层面上大大改变了新闻生产模式、信息传播方式以及媒体运营生态，新闻传播格局变得更加多元和多变。新闻报道不同主体的博弈增强，媒体话语权逐渐被消解，意见市场构成愈发复杂，传播技术赋能下多元价值冲突加剧，这些媒介动态都倒逼着主流媒体进行变革以牢牢把握住舆论引导的主导权。经过不断实践探索发现，主流媒体加强专业性报道建设是当今破局的关键。当下传媒内容市场参差不齐，法治新闻专业报道要从专业选题角度着眼，构建法治报道专业知识框架，进行法治新闻专业话语实践，以专业性报道体现新闻的精确性、边界性和建设性，从而做好专业传播语境下的法治报道。

讲好中国法治故事，做好中国法治报道，不仅要建设好国内法治宣传生态，还要服务好国际法治传播大局。习近平主席强调："讲好中国故事，传播好中国声音，展示真实、立体、全面的中国，是加强我国国际传播能力建设的重要任务。要深刻认识新形势下加强和改进国际传播工作的重要性和必要性，下大气力加强国际传播能力建设，形成同我国综合国力和国际地位相匹配的国际话语权，为我国改革发展稳定营造有利外部舆论环境，为推动构建人类命运共同体作出积极贡献。"②

---

① 范娜娜：《论犯罪报道中的媒体失范——以"北大吴谢宇涉嫌弑母案"为例》，《新闻研究导刊》2017 年第 6 期。

② 《习近平在中共中央政治局第三十次集体学习时强调　加强和改进国际传播工作　展示真实立体全面的中国》，央广网，http://news.cnr.cn/native/gd/20210601/t20210601_525501935.shtml，最后访问日期：2022 年 7 月 14 日。

第一章 CHAPTER 1

法治报道概述

习近平总书记在党的二十大报告中指出，全面依法治国是国家治理的一场深刻革命，关系党执政兴国，关系人民幸福安康，关系党和国家长治久安。必须更好发挥法治固根本、稳预期、利长远的保障作用，在法治轨道上全面建设社会主义现代化国家。①

在全面依法治国的时代背景下，关注法治建设、法治走向、法治事件，已经成为全民共识，法治报道迎来了新的发展时期。近年来，高速增长的案件数，层出不穷的新类型案件，务实创新的司法改革和法学新思想、新理论，极大地丰富了我国法治报道的题材，法治报道逐渐成为新闻报道的热点。法治报道不仅有着信息传递、普法教育、咨询引导、舆论监督和文化传承的作用，还在很大程度上发挥着推动法治社会建设、推进法治国家建立的历史作用。本章将结合具体的案例，从法治报道概念阐释、法治报道基本原则、法治新闻报道者基本素养三个方面着眼，阐述法治报道是什么以及法治报道怎么做的基础性问题，为本书法治报道具体分支章节写作奠定基础。

---

① 习近平：《高举中国特色社会主义伟大旗帜 为全面建设社会主义现代化国家而团结奋斗——在中国共产党第二十次全国代表大会上的报告》，中国政府网，http：//www.gov.cn/xinwen/2022-10/25/content_5721685.htm，最后访问日期：2022 年 11 月 6 日。

第一节　法治报道的概念与价值

　　学界和业界对于法治报道概念的认知，多是游弋在法治新闻和法治宣传之间，"法治新闻""社会新闻""法制新闻"多有交叉混用的情况。因此，对法治报道进行研究，有必要对法治新闻的概念进行重新梳理，辨析"法治新闻"和"法制新闻"的区别，厘清法治新闻从"犯罪新闻"到"法制新闻"再到"法治新闻"的内涵变化，探析法治报道与一般新闻报道相比所独有的新闻价值。

一　从"法制"到"法治"：法治报道的内涵发展

　　法治新闻报道是新闻传播学科重要的组成部分，它与传统的时政新闻、经济新闻、文化新闻、军事新闻、体育新闻、娱乐新闻、社会新闻是并列的关系。在律法类新闻的发展历程中，先有"法制新闻"，再有"法治新闻"。"法制"与"法治"虽仅一字之差，内涵却相差甚远，二者的概念也引起了学界的广泛关注和深层次讨论。二者内涵的差距，直接影响了新闻报道中涉法题材新闻内涵的发展和变化。

（一）离奇性：社会新闻中的犯罪新闻

　　20世纪80年代初，我国开始出现"社会新闻"概念。社会新闻与人民群众的日常生活息息相关，其所反映的社会动态、社会伦理、社会风貌和社会问题，是发生在人民群众日常生活中的好的、恶的、感性的、离奇的事，社会新闻具有题材广泛、平易近人、生动有趣与人情味浓等特征。

　　其实，从古代开始就有对犯罪事件的记载，主要内容是一些臣子谋反的事情，由史官做记载。汉朝就有史家记载过一起大臣谋反的犯罪事件。

班固在《汉书》中讲过，汉昭帝刘弗陵 8 岁继位时，遵照武帝遗诏，让霍光辅政。一次，有大臣打算勾结燕王刘旦密谋杀霍光，废刘弗陵，由刘旦即位，却被霍光得知这一阴谋并奏告刘弗陵，刘弗陵立即发兵以谋反罪诛杀了这几个大臣，刘旦随后自杀，避免了一场政变。原文记载如下：

> 九月，鄂邑长公主、燕王旦与左将军上官桀、桀子票骑将军安、御史大夫桑弘羊皆谋反，伏诛。初，桀、安父子与大将军光争权，欲害之，诈使人为燕王旦上书言光罪。时上年十四，觉其诈。后有谮光者，上辄怒曰："大将军国家忠臣，先帝所属，敢有谮毁者，坐之。"光由是得尽忠。语在燕王、霍光《传》。

> 冬十月，诏曰："左将军安阳侯桀、票骑将军桑乐侯安、御史大夫弘羊皆数以邪枉干辅政，大将军不听，而怀怨望，与燕王通谋，置驿往来相约结。燕王遣寿西长、孙纵之等赂遗长公主、丁外人、谒者杜延年、大将军长史公孙遗等，交通私书，共谋令长公主置酒，伏兵杀大将军光，征立燕王为天子，大逆毋道。故稻田使者燕仓先发觉，以告大司农敞，敞告谏大夫延年，延年以闻。丞相征事任宫手捕斩桀，丞相少史王寿诱将安入府门，皆已伏诛，吏民得以安。①

1815 年，英国传教士马礼逊和米怜在马六甲创办了第一份近代中文报刊《察世俗每月统纪传》，中国近代新闻事业拉开帷幕。当时由于多是外国人办报，因此涉法新闻报道的采写也受到了西方的影响，这些报纸的主要目的是宣传西方教义和洋人来华经商，但是也有少数披露中国社会问题和重大案件的报道及介绍和宣扬一些重要法令的报道。例如，《中国丛报》就曾经对中国官吏贪赃枉法的情况和手法作过考察和报道；《上海新报》开辟了"会审案件""英华案件"等专栏，成为最早报道政法新闻的中文报纸之一。这个时期的涉法犯罪报道在传播技巧、表达方式上都有了很大的进步和发展。在采访和写作方法上，其不停留在公堂审讯报道上面，而是根据审讯所提供的线索进行采访，对被告人身世、案情进行详细报道。有些还采用一些笔记小说中的笔法，文字一般比较朴实、浅显，易于阅

---

① （汉）班固：《汉书》卷七，中州古籍出版社，1991，第 34~35 页。

读。在报道方式上，出现了连续报道和立体报道，同时不仅仅满足于对犯罪事件的表面报道，还在依托事实的基础上对犯罪新闻进行了评论。评论主要包括两种：一是用事实说话；二是直接发表评论，如给犯罪新闻加上短评、社论、编者按语等。[①]

在社会新闻中，有一部分是涉及社会问题，如暴力事件、犯罪行为等。这类涉法新闻题材在某种程度上满足或者迎合了部分受众的"猎奇"心理，因此媒体的追逐度和受众的关注度一直都很高。改革开放时期，依法打击各种严重的刑事犯罪活动和经济犯罪活动，成为法制建设的重要部分。新闻媒介担负着普及法律知识、推动新中国法制建设的重任。因此，越来越多的媒体开始关注公安机关的执法活动和纪检监察机关工作的开展，犯罪新闻报道开始萌芽。犯罪新闻报道包括对各种各样的犯罪行为的报道：街头犯罪、恐怖主义犯罪、腐败犯罪、毒品犯罪以及经济犯罪。[②]犯罪新闻是对具有严重社会危害性，触犯刑法，应受刑罚的犯罪行为及其相关现象和事实的报道。犯罪新闻报道的是受众关注的、与犯罪活动有关的最新事实，其题材主要是刑事案件，这也就是早期的涉法新闻报道。

（二）制度性：法制新闻逐渐成为专业报道

"法制"一词，古已有之。《礼记·月令》"命有司，修法制，缮囹圄"中的法制为设规立范以使人们遵从之意。《管子·法禁》"法制不议，则民不相私"、《商君书·君臣》"民众而奸邪生，故立法制、为度量以禁之"、《韩非子·饰邪》"明法制，去私恩"中的法制为法律和制度。根据《现代汉语词典》，法制指法律制度体系，既包括一个国家的所有法律法规，也包括一个国家的立法、司法、守法及法律监督等活动。[③]结合"法制"一词的适用与解释，它包含两层含义：一是指法律和制度，即国家机关制定的各种法律、法规以及根据法律、法规建立起来的各种政治制度、

① 许亚荃、朱颖：《中国犯罪新闻报道的历史扫描和发展现状》，《南昌大学学报》（人文社会科学版）2008 年第 6 期。

② 许亚荃、朱颖：《中国犯罪新闻报道的历史扫描和发展现状》，《南昌大学学报》（人文社会科学版）2008 年第 6 期。

③ 参见中国社会科学院语言研究所辞典编辑室主编《现代汉语词典》，商务印书馆，2012，第 354 页。

立法制度等；二是指立法、司法、守法及法律监督等各个环节所形成的体系。法制新闻则是对新近发生的法制事实的报道，主要关注与法律制度相关的社会政治、经济、文化中的法律现象和法制问题，具有很强的专业性。

法制新闻是社会新闻的分支，二者具有很多共同点，新闻报道实践中经常会有混用的情况。它们之间的联系主要体现在：从报道题材来看，它们都具有范围广的特点，较少受到行业或者地域的限制，可以涉及社会生活的方方面面；从新闻报道的对象来看，法制新闻和社会新闻往往会关注同一事物，两种新闻内容往往会有重合，一个法律事件既可以被写作为社会新闻也可以被写作为法制新闻；从受众接受角度来看，它们都较少受到职业、性别、年龄、民族、文化修养等方面的限制，能激发较普遍的社会兴趣；从报道功能来看，二者都强调对社会的教化作用，或为道德或为法律，都会产生相应的社会效果。①

法制新闻与社会新闻虽然有着密切的联系，但两种新闻形式也有着根本性的区别。一是观察的角度不同。社会新闻多是从社会学角度来观察社会，反映社会伦理道德方面客观存在的事实；法制新闻着重法律角度，趋向运用法律的规则、法律概念解读新闻事实的法律意义。二是关注重点不同。社会新闻一般反映社会动态、社会风尚、社会问题、社会趋势，以及社会上某些突发事件和奇异现象；法制新闻则是在关注这些动态、风尚、问题、趋势的同时，明确揭示这些动态、风尚、问题、趋势与法律的关系。三是阐释的理念不同。社会新闻以反映客观事实为主，它的特点是具体性和客观性，很少有明显的说"理"、说"法"的成分；法制新闻则是通过案例说"理"、说"法"，明确告诉人们什么是合法的、什么是非法的，什么可以做、什么不可以做，从而使人们规范自己的行为。四是肩负的社会功能不同。在报道同一事实时，社会新闻侧重社会风尚、伦理道德观念的引导和教化；法制新闻重在强调社会秩序和行为规范。五是表现手法不同。虽然二者都强调接近性和可读性，但社会新闻多取材于社会生活，追求轻松幽默、风趣活泼风格，表现手法重娱乐性；法制新闻内容大多为立法、司法、执法方面的题材，讲究准确恰当，表现手法更加具有严

① 刘大鹏、上官圣：《社会新闻与法制新闻》，《商业文化》（学术版）2007年第9期。

肃性。①

　　法制新闻作为相关法律法规的宣传窗口，它的产生和发展与我国的法制建设和法制新闻的报道实践有着紧密的联系。从法制报道的实践来看，党的十一届三中全会以来，我国民主法制建设的重大举措、重大成果都得到了有效的报道与传播。法制报道选材涉"法"的独特性，语言涉"法"的严肃性，报道者懂"法"的必要性，使其从社会新闻中的犯罪新闻逐渐发展为一种专业的报道。随着法制社会的建设，"法治新闻报道"开始替代"法制新闻报道"，成为概括"涉法类新闻报道"的新表达，并逐渐被学界和业界接受。

（三）法治的视角：法治新闻报道的新内涵

　　"法治"一词古书上亦有。《晏子春秋·谏上九》中说："昔者先君桓公之地狭于今，修法治，广政教，以霸诸侯。"《韩非子·饰邪》有言："明法者强，慢法者弱。"《韩非子·有度》中指出："故以法治国，举措而已矣。"但古书均未对"法治"作出科学的界定。在西方，古希腊思想家亚里士多德最早使用"法治"一词，并在其著作《政治学》中指出："法治应包含两重含义：已成立的法律获得普遍服从，而大家服从的法律本身是制定得良好的法律。"② 单就"法治"的概念来看，法治是以合乎人类理性的价值精神为指导，贯彻有利于维护法律权威的法律原则，保障个人权利和社会良好有序状态的治国方法或方略。③

　　实际上，"法制"与"法治"两个概念之间具有显著区别。第一，二者相对应使用的概念序列不同。"法制"是与经济制度、政治制度、文化制度等其他制度相对存在和使用的；"法治"是自提出和产生那时起就一直是在与"人治"相对应、相对立的意义上使用的。第二，二者分属于上层建筑的范畴领域不同。"法制"的基本要素在于法律和制度，属于上层建筑的制度层面；"法治"的基本内容为治国的理论、方法、原则或方略，属于上层建筑的思想层面。第三，二者对待事物的处理功用不同。"法制"是个中性的概念，其在各种社会形态中都可以存在，该概念本身不涉及价

---

① 参见刘斌主编《法治新闻传播学》，中国政法大学出版社，2012，第3页。
② 〔古希腊〕亚里士多德：《政治学》，吴寿彭译，商务印书馆，1965，第199页。
③ 孙育玮：《"法制"与"法治"概念再分析》，《求是学刊》1998年第4期。

值评价；"法治"是在与"人治"孰优孰劣的比较中产生的，"法治"概念自身包含着价值判断的内容。第四，二者回答问题的角度不同。"法制"的内容是国家统治阶级意志的法律与制度，"法治"则回答统治阶级用何方法治理国家以实现其意志的问题。第五，呈现的"角色效果"不同。"法制"主要表现为一种服务于"法治"目的实现的工具和手段，"法治"则主要表现为一种合乎理性价值的目的化了的秩序、结果或状态。第六，二者与民主制的关系不同。"法制"并不始终和政治上的民主存在必然联系，它在一定条件下可能排斥民主的存在；"法治"作为"人治"和专制的对立物，必然与民主制联系在一起，其本身就是民主制的一种必然要求和选择。①

　　由此可见，法治的范畴要大于法制，可以涵盖法制的基本内容。1997年江泽民同志在党的十五大上明确提出依法治国的基本方略，将过去"建设社会主义法制国家"的提法，改变为"建设社会主义法治国家"，极其鲜明地突出了对"法治"的强调。2018年3月11日，第十三届人大第一次会议通过了宪法修正案，将"法制"修改为"法治"。从"法制"到"法治"，体现了我国社会治理方法的法治转向和强化，无论是对法治的优势发挥、法治理论的发展或社会发展的推动而言都具有必要性。其实，这种变化并非简单变化，而是从理念至实践、从治国者到社会公民的全方位变革。法治在社会主义核心价值观中的核心地位决定了从"法制"到"法治"的价值必然性，通过法治思维和法治方法破解改革难题回应了现实需求，同时也是在全球化背景下谋求国家持续发展的时代需要。从"法制"到"法治"，虽然仅一字之改，却反映了我国社会治理方式的必然发展和中国特色社会主义法治建设的不断推进，也促进了我国法治新闻报道事业的进步和发展。在此背景下，"法制新闻"的概念既不符合新闻作品的实际也不适应新时代的发展要求，"法治新闻"一词取代"法制新闻"一词已是大势所趋。

　　对于法治新闻概念的界定，本书参考了陆定一对于新闻的经典定义，即法治新闻是新近发生的法治事实的报道。"法治新闻不仅要关注与法律制度相关的社会政治、经济、文化中的法律现象和法制问题，同时注重对

———————————

① 孙育玮：《"法制"与"法治"概念再分析》，《求是学刊》1998年第4期。

法治意识、法治观念、法治精神、法治原则的阐述，注重对法的价值追求的体现以及对人的尊严和权利的维护。"① 在全面依法治国的时代背景下，法治报道的选材甚广，为提高法治报道的质量，本书按照法律部门的划分标准，将法治报道进行细分，旨在对不同类型的报道进行详细剖析。2001年，全国人大常委会将中国特色社会主义法律体系划分为七个主要法律部门：宪法及宪法相关法、民法商法、行政法、经济法、社会法、刑法、诉讼与非诉讼程序法。但是，随着我国经济社会的不断发展、生态文明建设的不断深入，法律体系逐渐完善和发展，其内部产生了一些新的法律部门。为保障法律体系的科学性，克服传统法律部门划分标准不统一的问题，本书结合新闻报道的特性，将法治报道分为民事法治报道、刑事法治报道、行政法治报道、经济法治报道、重大事件法治报道和国际法治报道。

二　法治报道的价值

新闻价值判断是关于一定客体对主体有无价值、有多大价值的判断，它是通过评价推理或价值推理所形成的。在法治报道的实践中，法治报道者需根据自身的经验和一系列的价值标准，对大量的法治信息作出价值选择和判断。主要从新闻价值、法治价值和社会价值三个方面进行筛选。

（一）新闻价值

一般来说，新闻价值有五要素——实时性、重要性、显著性、接近性、趣味性，这种划分得到了中西方新闻学界的认可。但随着信息技术、网络技术以及智能技术的广泛应用，媒介格局、话语主体、传播方式等发生改变，新闻价值的内涵属性也发生变化。

1. 实时性

互联网时代，新闻除了"新"，即事实发生的时间是新近的以及事实的内容是新鲜的，还追求"快"，即事实传播的时效性和速度。传统的新

---

① 参见刘斌主编《法治新闻传播学》，中国政法大学出版社，2012，第 4 页。

闻媒体先筛选线索，选取其中具有新闻价值的事实，再由新闻报道者调查、核实，最后将新闻报道进行发布，整个过程与事实的发生节点具有一定的时间差。互联网时代，受众对于延迟性的容忍度降到极低，人们等不及审慎的判断和理性的加工，要求在新闻发生的同时就知情。[①] 新闻对时效的追求已然达到实时的状态，尤其当下自媒体蓬勃发展，人人都可以发布信息，有时甚至是谣言先于事实。实时性新闻报道不仅可以满足受众强烈的知晓欲，还可以及时遏止谣言。

2. 重要性

重要性指事实信息内容的重要程度。事实信息内容越重要，新闻价值越大。判定某一事实信息内容重要与否，主要看其政治或社会意义的大小及其对社会和公众产生影响的程度。事实信息内容政治或社会意义越大，对越多的人产生越大的影响，新闻价值也就越大。[②] 重要的事实信息内容，不仅包括那些对人们有用、有益的实用性信息，还包括那些与人们切身利益相关的事实，以及公众应知的公共性事实。在互联网环境下，新闻受众是个人化的或至少是分群的，他们对于重要性的把握是不一致的。[③] 因此，重要性出现了细分的情况，法治新闻不仅要关注在公众整体层面具有较大影响的事实，还应该考量在个体层面影响较大的事实。

3. 显著性

显著性指事实信息中的人物、地点和事件的知名程度。越是著名、越是显要、越是突出的人物、地点和事件，越能吸引受众，新闻价值也就越大。[④] 2017 年发生的"杭州蓝色钱江保姆纵火案"，犯罪人是杭州蓝色钱江小区一住户家里的保姆，因长期沉迷赌博而身负高额债务，为继续筹集赌资，其决意采取放火再灭火的方式骗取雇主的感激以便再次借钱。2017年 6 月 22 日凌晨，犯罪人用打火机点燃书本引燃客厅沙发、窗帘等易燃物，导致火势迅速蔓延，造成 4 人死亡和重大财产损失。虽然此案件犯罪人是一个普通人，但案件性质恶劣，社会影响极大，媒体报道后社会关注度极高。

---

① 胡翼青、李子超：《重塑新闻价值：基于技术哲学的思考》，《青年记者》2017 年第 4 期。
② 参见郑保卫《新闻理论新编》，中国人民大学出版社，2007，第 82~83 页。
③ 杜梅萍：《网络新闻对新闻价值的消解与延伸》，《新闻与写作》2011 年第 5 期。
④ 参见郑保卫《新闻理论新编》，中国人民大学出版社，2007，第 82~83 页。

4. 接近性

接近性是指事实在地理上或者心理上与受众十分接近。接近性的内涵大致包括三个方面：一是事实产生或发生的空间与新闻传播指向空间的关系；二是事实本身产生的作用和影响与人们利益的关联程度；三是新闻事实与人们在心理、情感上的距离。[①] 融媒体时代，信息技术让受众都生活在"地球村"，新闻传播突破了机械的地域接近性束缚，没有固定的、局限的传播范围，地理上的接近性内涵发生改变，心理上、情感上、关系上的人类共同体心理增强。因此，法治报道者也应该适度转换传播思维。

5. 趣味性

趣味性是指受众对事实信息内容产生兴趣的程度。一件事实能够成为兴趣客体或趣味对象的根据主要有：第一，与人们利益相关；第二，事实的非常态；第三，事实的人情味；第四，事实的情趣性。[②] 融媒体时代，用户对趣味性的需求显著增加，法治新闻报道者应该充分认识到趣味性的意义，善于发现事实的趣味性元素，提升表达的技巧，增强法治新闻的可读性。

（二）法治价值

法治报道是一种专业性较强的新闻报道，之所以被称为法治新闻，是因为其蕴含的法治属性。如果报道不具有法治属性，那就只能属于一般的社会新闻。要想凸显法治报道的法治属性，就必须运用法治思维，把新闻事件中所蕴含的法治理念、司法原则、法律知识等法治价值体现出来，达到传播新闻的目的，达到法治宣传的目的，更要达到培育民众法治信仰的目的。法治报道要从法治的高度来衡量信息，舍弃与法治无关的信息，过滤掉与法治原则或者法治精神相悖的信息。

1. 传播法治理念

2020 年中共中央印发的《法治社会建设实施纲要（2020—2025 年）》中提到，树立宪法法律至上、法律面前人人平等的法治理念，培育全社会法治信仰，增强法治宣传教育针对性和实效性，引导全体人民做社会主义

---

① 参见杨保军《新闻价值论》，中国人民大学出版社，2003，第 132~133 页。

② 参见杨保军《新闻价值论》，中国人民大学出版社，2003，第 140~141 页。

法治的忠实崇尚者、自觉遵守者、坚定捍卫者,使法治成为社会共识和基本原则。新闻报道者是时代的瞭望者,是社会的守夜人,在加快推进法治社会建设的进程中,法治报道者应该自觉承担普法责任,选择与经济社会发展和人民群众利益密切相关的法律法规等法治信息进行积极报道。要大力宣传普遍性的法律知识,传播具有典型性的法治人物和案例,传播具有针对性的法律法规。

2020 年 5 月 28 日,《中华人民共和国民法典》正式颁布,这是新中国成立以来第一部以"法典"命名的法律,是新时代我国社会主义法治建设的重大成果,在中国特色社会主义法律体系中具有重要地位。各家媒体精心策划,纷纷开设专栏、推出权威访谈,刊发系列评论和理论文章,通过文字、图片、视频等形式开展灵活多样的宣传,在全社会营造出学习民法典的浓厚氛围。2020 年 5 月 31 日,《法治日报》就以图解的方式解读了民法典的亮点内容,极具可读性,让读者通过一张图,即可快速地了解民法典精彩部分。法治报道应当紧抓涉及公民利益的热点,把法治精神和受众的生活情况结合起来,充分体现法之良善,引导公民逐步树立正确的法治理念。

2. 维护司法公正

媒体监督司法,是公民言论自由、知情权等基本权利在司法领域中的体现,也有利于司法的公开和透明,以及司法公正的实现。值得注意的是,在监督司法的过程中,新闻媒体要客观真实地描述案件事实、案件进程、案件结果,既要充分发挥舆论监督作用,又要避免对司法权造成不恰当的干涉,破坏独立审判原则和法律的权威。在维护社会公平正义、推进公正司法、追求真理的过程中,新闻媒体承担着重要的职责。

2003 年 3 月,刚刚到广州工作的大学毕业生孙志刚在散步途中因为没有携带"暂住证",被派出所送至收容人员救治站,不久后死于这家救治站。"孙志刚该被收容吗","孙志刚是怎么死的",《南方都市报》的《被收容者孙志刚之死》在 2003 年 4 月一经刊发就引发了社会对于"收容遣送制度"的广泛讨论。报道这则新闻的记者陈峰凭着法治新闻报道的经验认为:一个简单的法律常识是,任何人不经过法院的审理和判决,是不能被剥夺人身自由的。2003 年 6 月,温家宝总理签署国务院令,公布《城市生活无着的流浪乞讨人员救助管理办法》，《城市流浪乞讨人员收容遣送办法》被废止。"事实上，法治事件与推进法治进程是有关联性的，但不是因果关系。在此之前，社会各界已经意识到'遣送办法'的不足与缺憾，有关部门也在着手制定'救助办法'。而孙志刚事件恰好与这种趋势相吻合，形成一种助力。"① 但不可否认的是，记者以朴素的法治观念，加之长期从事法治新闻报道的敏感性，形成的对"孙志刚案"的报道，对收容遣送制度提出了疑问，为该制度的废止作出了媒体层面的贡献。

（三）社会价值

法治报道在具备新闻价值和法治价值的同时，还需要努力营造和谐、稳定的社会氛围，全面提高公民的法律意识以及思想道德水平，进而推动社会主义和谐社会的建设。

1. 增强全民法治观念

公民是法治建设的社会基础，只有不断地提高公民的素质，使法治观念深入人心，才能保证我国法治社会建设的顺利进行。2020 年 11 月 16 日，《求是》杂志发表习近平总书记的重要文章《推进全面依法治国，发挥法治在国家治理体系和治理能力现代化中的积极作用》，文中提出："要加大全民普法工作力度，弘扬社会主义法治精神，增强全民法治观念，完善公共法律服务体系，夯实依法治国社会基础。"②

"增强全民法治观念"对于法治报道来说，就是要正确引导广大公民，使他们树立宪法法律至上的理念，建立秩序与自由相统一的法治观念，引导他们确立权利义务相一致的规则意识，践行公民在法律面前人人平等的基本原则。培养公民法治观念是一个长期的过程，因此，法治报道者在向公民宣传和普及法律知识时，要选择和公民息息相关的信息，并以他们喜闻乐见的方式呈现，让其更容易接受法律知识，掌握社会法治动态，逐渐增强法治观念。

---

① 王丽丽、吴济海、曹典：《专家：孙志刚等事件助推中国法治进程 不可复制》，中国新闻网，https://www.chinanews.com.cn/fz/2014/10-17/6689309.shtml，最后访问日期：2022 年 7 月 14 日。

② 习近平：《推进全面依法治国，发挥法治在国家治理体系和治理能力现代化中的积极作用》，求是网，http://www.qstheory.cn/dukan/qs/2020-11/15/c_1126739089.htm，最后访问日期：2022 年 6 月 24 日。

2. 推进公民道德建设

2020 年中共中央印发的《法治社会建设实施纲要（2020—2025 年）》中提出，"坚持依法治国和以德治国相结合，把法律规范和道德规范结合起来，以道德滋养法治精神"。在公民道德建设中，可以充分运用新闻媒体的特点，有组织、有计划、有步骤地运用各种先进的技术，通过不同的呈现形式，以主流价值建构道德规范、强化道德认同、指引道德实践，引导公民明大德、守公德、严私德，在全社会形成崇德向善、见贤思齐、德行天下的浓厚氛围。法治报道要筛选具有典型性、时代性的信息，把法律规范和道德规范结合起来，把道德导向贯穿法治建设全过程，以法治的力量维护道德、凝聚人心，打造全社会讲法治、重道德的良好环境。

3. 捍卫社会公平正义

新闻活动是一种影响广泛的社会活动，它的广泛性和引导性使其具有强大的社会功能，新闻如果显示了它对社会的积极效应，促进了社会的进步发展，在某种程度上增进了社会成员的共同利益，促进了社会秩序的和谐，促进了社会的公平合理，也就在一定程度上推动了社会正义得以实现。新闻除了对自身所报道信息本身有正义要求外，还应该追求信息对社会的正义作用，将捍卫社会正义作为报道新闻的主要目标，使自身成为实现正义的工具。[①] 法治报道作为社会舆论公器，在对信息进行筛选时，应从打击犯罪、弘扬正气的层面，借助现代新闻媒体为社会不公平现象发声，传递社会公平正义，使受众能够从新闻报道的字里行间感受到法治的威严与神圣。

[①] 夏雨欣：《基于社会正义：建设性新闻理念与媒介正义的实现路径》，《当代传播》2020 年第 4 期。

第二节　法治报道的基本原则

随着我国社会主义法治国家建设的推进，法治新闻报道作为新闻报道的一种，不仅具有一般新闻报道的特点，还起着传播法治信息、监督舆论、普及法律知识、提供法律咨询服务等作用。法治新闻报道不仅要遵循一般社会新闻报道真实准确、客观公正、新鲜及时等基本原则，还需基于自身的专业性报道特点遵守尊重法律原则、平等公正原则以及适当保护个人信息和隐私原则，这也是法治新闻报道区别于其他社会、财经、体育、娱乐等新闻报道的最本质特征，体现了法治报道的严肃性、权威性和公正性。

一　尊重法律原则

法治新闻是法律与新闻的融合报道，既要遵循一般新闻原则，也要尊重法律基本原则，在法律和宪法的许可范围内报道新闻。具体来说，尊重法律原则主要体现在以下几个方面。

（一）维护宪法和法律的权威

维护宪法和法律的权威，不仅是每个公民基本法律素养的体现，也是推进依法治国、建设法治社会的基本准则。尊重和维护宪法和法律权威的最直接体现为媒体遵守宪法和法律法规、依法行事。2014 年 11 月 1 日，十二届全国人大常委会第十一次会议表决通过决定，将每年的 12 月 4 日设立为"国家宪法日"，这体现了宪法的重要作用和意义。2022 年 10 月 16 日，习近平总书记在党的二十大报告中强调，完善以宪法为核心的中国特色社会主义法律体系。坚持依法治国首先要坚持依宪治国，坚持依法执政首先要坚持依宪执政。加强宪法实施和监督，健全保证宪法全面实施的制度体系，更好发挥宪法在治国理政中的重要作用，维护宪法权威。[①] 宪法是我国的根本大法，是治国安邦的总章程，适用于国家全体公民，规定着国家根本任务和根本制度，是规定新闻活动的基本准则。虽然我国暂无新闻法，但是宪法中的一些具体的法律条款，以及刑法、民法、诉讼法等诸多法律法规中的有关规定，都可以作为基本的法律依据来规范新闻活动。我国宪法中关于建设社会主义法治国家和推进依法治国的基本原则，对于法治新闻报道来说具有根本性的指导意义。

维护宪法和法律的权威还体现在媒体要相信宪法和法律，相信法律能维护个人合法权益、调整社会生活关系上。处于社会转型期的中国，不同的人对于社会事件有不同的价值判断，矛盾不断出现，争议不可避免，法律必然成为人们化解矛盾的方式之一。但一些人法律意识薄弱，没有基本法律知识，一旦被网络上真假难辨的信息所影响，在没有了解复杂案件的基础上，很容易产生不相信法律、质疑法律的想法。特别是在新媒体时代复杂舆论场域中，维护宪法和法律的权威，成为法治报道的应尽之责。具体到新闻实践中，媒体要在核实事件真实性的基础上，对法律裁判结果自觉地服从，主动建构议题进行民意疏导，引导舆论，营造良好的法治氛围，维护法律权威。

尊重和维护宪法和法律权威还体现在新闻报道写作过程中对宪法和法律文本的尊重、对宪法内容的自信上。一篇优秀专业的法治报道作品，必然要尊重基本的法律事实，尊重新闻来源，并且遣词造句都需要守法，以事实为依据，以法律为准绳。一般来说，专业的法治新闻报道会涉及一些专业的法律术语，不是法律专业科班出身的记者，如果没有花大量时间学习和查阅资料，很难写出优秀的法治新闻，而不准确的报道不仅背离了法治精神，还违反了正义原则。这一点将在第三节法治新闻报道者的素养中进行详细论述，这里不再赘述。

[①] 习近平：《高举中国特色社会主义伟大旗帜 为全面建设社会主义现代化国家而团结奋斗——在中国共产党第二十次全国代表大会上的报告》，中国政府网，http://www.gov.cn/xinwen/2022-10/25/content_5721685.htm，最后访问日期：2022 年 11 月 6 日。

（二）尊重司法的程序性

在我国，关于"司法"的含义，大致形成"政法—公检法司—法检—审判"的概念链条，而且不同的概念都可以在不同的话语体系和实践中寻找到自己的定位，因此并无一个可供普遍适用的概念。而在这个过程中，法院（具体到个案裁判，更确切的是法庭）就是司法活动的主体，检察机关、公安机关、司法行政机关及其他行政部门以及各类私权主体是司法活动的参与者。在这一层面上来说，法院（法庭）的"审判"功能就是"司法"最狭窄的意义。①

司法的审判过程是完整的、讲程序的。司法过程是一个有组织的过程，宪法和法律已经明确地规定了各个司法环节的程序。司法部门在案件的审理中，必须依据法律规定的程序处理案件，不能逾越法律。也就是说，法院作出的判决，不仅要追求结果的正义性，更要确保审判过程公正、公开，按照程序完成。英美法系"辛普森案"一直以来就被认为是符合程序正义的最好范例。虽然很多证据都证明辛普森就是杀人凶手，但是经过起诉、预审、挑选陪审团、法庭辩论、出示证据、交叉盘问、陪审团审议等司法程序后，辛普森却被宣告无罪。司法的程序性要求法治报道不得干扰司法程序，影响法官判案。

另外，尊重司法的程序性还体现在媒体要尊重庭审程序本身的完整性上。因为有些案件二审可能会推翻一审，所以法治新闻在报道过程中，在法院还没有作出判决前，不要事先对案件作过多主观性推断，也不要对当事人进行有罪推定，更不要在法院宣判前公布结果或者发表不当评论。要牢记新闻报道的职责主要是记录事实、呈现真相。

（三）保护执法工作者的独立性

执法，指法律的执行过程，是经过国家行政机关授权、委托的组织及其公职人员，依照法定程序和职权，贯彻实施法律的活动。② 执法活动是保证法律实施的重要部分，关系人民生活的稳定幸福、社会公正。媒体法

---

① 于浩：《当代中国司法改革的话语、实践及其反思——以"司法"定义切入》，《山东社会科学》2015 年第 10 期。

② 司仲鹏：《论警察权威》，《社科纵横》2017 年第 4 期。

治新闻报道的主要任务是把新近发生的法治信息及时准确真实地报道出来，以便更好地为人们了解法律提供一个窗口，而执法活动是法治报道内容中与人们的生活最息息相关的。所以一方面，新闻媒体有责任和义务对于执法活动进行监督和报道，通过对执法机关执法行为本身进行监督，让民众了解执法的新情况和新消息，增强民众的法治意识；另一方面，媒体报道不能违反执法规制，要保护执法工作者的独立性，维护执法工作者的公信力，不要以媒介的观点代替法律的观点。比如《新京报》的这则新媒体报道。

案例 1-2-1：扫黄打非办：正在核查媒体反映的"国内版 N 号房"①

新京报快讯 全国"扫黄打非"办公室官方微博今日发布消息称，@新京报 @新京报我们视频 @南方都市报 等反映"国内版 N 号房"等传播有害信息情况已收到，感谢举报，已经出击！正在组织核查工作，已与新京报记者核对具体线索。将协调相关执法部门循线追查、扩线深挖，重拳打击那些制售传播淫秽色情信息尤其是涉儿童色情信息的不法分子，严厉追究法律责任，严惩不贷、绝不姑息！

凡是涉及未成年人的事件，一直是社会重点关注的。在这则新闻中，媒体首先是发现了"国内版 N 号房"，本来是可以将其作为独家新闻进行报道，但是媒体却先向专业的部门进行举报，由执法部门进行调查，不过度干预执法活动，保护了执法部门的独立性，是非常负责任的媒体做法。

从报道过程来讲，媒体不得过度干预执法部门的工作。比如执法活动中媒体的跟拍问题，执法机关在执法的过程中必须严格按照法律程序来，媒体的跟拍不能影响执法对象的行为。比如在交警执法过程中，媒体突然介入的拍摄活动很容易让当事人情绪激动，引起当事人强烈的抵触情绪，严重影响执法的顺利推进和执法人员的独立性。

另外，有些媒体的不实报道，或只截取执法对象和执法人员矛盾冲突的一面，或经常向公众展示执法人员暴力执法的一面，没有对事实作一个完整全面的报道，这样也非常不利于执法机构公信力和独立性的建立。

---

① 《扫黄打非办：正在核查媒体反映的"国内版 N 号房"》，新京报，https：//www.bjnews.com.cn/news/2020/03/28/710086.html，最后访问日期：2022 年 6 月 17 日。

二　平等公正原则

平等公正原则一直是新闻报道追求的重要原则。美国的著名新闻学者詹姆斯·阿伦森也曾直言不讳："我不相信有什么客观性，我宁愿用'公正'这个词。"① 与其他新闻报道不同的是，法治新闻报道由于其内容大多与司法、犯罪、行政案件相联系，就更应注重对平等公正这一基本原则的遵守。公正的法治新闻报道对于建设法治社会、培养公民法治思维都具有重要的意义。本书认为法治新闻报道坚持平等公正原则主要体现在以下几点。

（一）维护社会的整体正义

何为"正义"？借用美国政治学家罗尔斯的一句话："正义是社会制度的首要价值，正像真理是思想体系的首要价值一样。"② 根据"平等的正义"理论，他认为平等即正义，正义不是个人品质问题，而是社会制度的结构问题，正义的社会结构影响着人们对社会的态度。也有学者认为正义是对道德行为和道德关系的价值进行判断，是对符合一定社会规范和道德要求的语言和行为的一种肯定性的价值判断，是人之美德本性的一种体现。③ 其实如果用最通俗的一句话概括"正义"，就是"善有善报，恶有恶报"，正如《南方周末》在1999年新年献词中说的"让无力者有力，让悲观者前行"。新闻报道作为社会结构中最广泛的信息传播渠道，是维护社会整体正义与营造社会环境正义的的重要方式。

维护社会正义首先体现在媒体应成为公权力的监督者，避免公权力的不当行使侵犯公民权利上。媒体利用报纸、杂志、广播、电视、互联网等大众传播手段，对国家、社会生活中出现的违反公共道德或法律、法规的行为进行揭露和批评，引起人们的关注，形成社会普遍性的看法，同时借助舆论的压力使上述不良、不法行为得到及时纠正，从而确保权力的良性运行，维护社会公平及正义。在对各类案件和法院工作的报道中，新闻报

---

① 郑保卫：《新闻学导论》，新华出版社，1990，第62页。
② 〔美〕约翰·罗尔斯：《正义论》，何怀宏等译，中国社会科学出版社，1988，第1页。
③ 参见陈绚《新闻传播伦理与法规教程》，中国传媒大学出版社，2007，第48页。

道对人民法院和法官进行监督，在提高审判透明度、强化敬业精神、提高审判效率等方面都会起到一定促进作用。

其次，维护社会正义具体到法治报道实践中，新闻媒体自身必须树立人人平等的观念，并在实践中践行，在为弱者发声的同时，也不畏权威，客观公正地报道事实和案件庭审的过程，而不是带有偏见地采写新闻。客观报道是新闻报道的基本形式和写作的原则，其基本要求主要是注重事实、事实和观点分开、避免记者的主观倾向，多方信源采写新闻，也可以邀请专业的法律人士撰稿，或者引用法律专家的看法。

总而言之，作为经常会涉及法庭审判、犯罪事件等题材，起着向公众传递法治理念和正义理念作用的专业法治报道，需要站在宏观的角度，从维护社会的整体正义出发，监督公权力，客观报道新闻，以有利于国家和社会发展为目的，作出正确价值判断，这也是对新闻工作者的判断力和专业性的考验。

（二）给予各方平等的话语空间

有人把法律程序上的公正称为看得见的公正。同样地，新闻报道也有看得见的公正，即给予各方平等的话语空间，在报道过程中给予各方当事人平等申诉、表达的机会，让真相在各方的陈述中呈现。媒体绝不能从自身的好恶和利益出发，在报道中偏袒或打击一方，绝不能为了吸引受众眼球大力渲染受害者受害事实，绝不能因为对犯罪违法者掺杂私见、偏见而谓以情绪化的描述。媒体有责任让社会和当事人了解违法犯罪者，并且将其放在社会的语境下，挖掘其背后深层次的违法犯罪原因和社会根源，以引起更多的反思，推动建立更加公平正义和谐的社会。

媒体给予各方平等的话语空间是媒体坚持新闻专业主义和提高公信力的重要原则，然而在实际新闻实践中，不公平、不平衡报道的现象时有发生，这其中有记者自身的原因也有媒体的原因，还有外界干扰的原因。记者自身的原因有图方便、走过场、缺乏辨识能力、缺乏新闻道德意识，或者道听途说、"有偿新闻"收入钱财替人办事。媒体方面主要的原因是受经济利益驱使，比如接受了别人的"赞助"或诉讼一方本来就是该媒体的"理事"单位、合作方等。在这些情况下媒体也不可能完全做到公平，往往都是为自己一方说话，忽视另一方的诉求，在案件还未结案之前刊发有利于一方的报道就是典型表现。外界因素多是人情、权力、黑恶势力。比如一些部门的领导会强求记者所写的稿件与自己意图一致，事前打招呼，事后打电话，在这样的情况下，要做到给予各方平等话语空间是比较难的。

（三）媒体立场的适时适当介入

前面说到媒体介入司法最大的忌讳就是在稿件中过多地掺杂评论和主观意见，新闻报道必须坚持公正客观的原则。但需要注意的是，客观报道并不是没有立场的表达，需要对不合理的地方提出合理质疑，新闻媒体的客观性和公正立场其实并不冲突。媒体的功能不只是罗列事实、传递事实信息，还要引导舆论、坚持正确的舆论导向。在报道新闻时必须要有选择、有立场地进行报道和分析，根据新闻本身的价值、媒体的利益和社会公共利益适时适当介入媒体立场。

首先，要适时报道。第一，及时报道。新闻报道内容必须是新近发生的事实，及时报道是新闻最本质的特征和要求，错过了恰当的时机发布的消息也就变成了旧闻。特别是灾难事故的发生，必须要及时发布新情况，让受众及时了解信息。法治报道同样也是如此，要及时抓住新闻重点和关键词进行适当的报道，比如案件审理结果、事件的矛盾点等重要问题。第二，媒体报道要把握时机和重要节点进行适时的报道，有意识地注意案件审判的情况，就其中存在的疑点、难点、盲点、普遍性问题或倾向性问题进行剖析。同时考虑社会的承受能力、社会效果，探讨解决问题的思路、途径和方法，进而提出对策，尽力化解不良社会情绪，维护司法机关的公信力，维护社会的稳定。

其次，要适当报道。媒体在适时介入新闻报道的同时，必须适当地进行报道，坚持善意原则。媒体并不只是一个机构，一个传播新闻的媒介，更是具有人道主义的公平正义的守望者，在报道中必须注意核实事实，恰当用词。比如性犯罪报道中的过度描述，不仅会对受害者心理造成伤害，损害社会道德，还可能会侵犯受害者的名誉权。在对一些案件的报道中，在案情尚未明朗或者案件尚处于侦查或者审理过程中时，记者"挖掘"其中的"故事"，有可能对当事人造成二次伤害，降低公众对媒体的信任。

三　适当保护个人信息和隐私原则

我国《民法典》对"隐私"进行了明确的解释，隐私是自然人的私人生活安宁和不愿为他人知晓的私密空间、私密活动、私密信息。其核心在于"不愿为他人知晓"和"生活安宁"，即"私密性"。

从制度发展来看，"个人信息"概念产生于 19 世纪 60~70 年代的欧洲，时间远远晚于"隐私"概念的产生，个人信息是信息时代涌现的新型人格权益。[①]《民法典》第 1034 条规定，"个人信息"是以电子或者其他方式记录的能够单独或者与其他信息结合识别特定自然人的各种信息，包括自然人的姓名、出生日期、身份证件号码、生物识别信息、住址、电话号码、电子邮箱、健康信息、行踪信息等。其核心是"可识别性"，即可直接通过该信息或与其他信息结合识别特定自然人。由此看来《民法典》中规定的"个人信息"的范围更广，而"隐私"更凸显私密性的特征，隐私的暴露会让个人产生羞愧感和不安感，隐私是个人信息中个人不愿意公开的一部分。

为了保障新闻媒体社会功能的实现，法律对新闻报道中个人信息的使用作出了明确规定。《中华人民共和国个人信息保护法》规定，"为公共利益实施新闻报道、舆论监督等行为，在合理的范围内处理个人信息"，《民法典》第 999 条明确："为公共利益实施新闻报道、舆论监督等行为的，可以合理使用民事主体的姓名、名称、肖像、个人信息等；使用不合理侵害民事主体人格权的，应当依法承担民事责任"，这具有保护和约束新闻传播活动的双重意义。也就是说，新闻媒体在个人信息保护、使用方面已经有了明确的依据，但新闻报道中的隐私保护依旧是一个值得讨论的问题，本书着重讨论新闻报道中隐私侵犯和个人信息保护的问题。特别是在如今的互联网时代，记者采访不当，或者法律意识淡薄，稍不注意就可能对个人信息和个人隐私造成侵犯以致陷入司法纠纷。例如，很多民事案件往往涉及当事人的家庭隐私、身体隐私、婚姻隐私；刑事案件往往涉及个人基本情况、个人的私生活等；经济案件往往涉及个人

---

① 王利明：《和而不同：隐私权与个人信息的规则界分和适用》，《法学评论》2021 年第 2 期。

的收入状况等。

（一）对受害者个人信息和隐私的保护

对受害者个人信息和隐私的保护，一是保护能够识别出受害者的个人信息，比如照片、姓名、电话等，二是保护受害者的个人隐私。法治新闻报道因为在报道过程中必须对案件过程进行详细的描述，所以不可避免地会涉及当事人的隐私和个人信息，这些隐私因为迎合了公众的猎奇心理，容易成为不法"吃瓜"的素材来源。但这些隐私往往会对受害者造成二次伤害。所以媒体在报道时必须注意尽量对受害者的隐私进行保护，一些无关的隐私和个人信息完全可以隐去。比如在报道车祸现场时必须对受害人进行打码，在一些案件中对受害者家属进行善意适度的采访，等等。

2011 年的"杨武案"①，一些新闻媒体记者在采访中对受害者家属表达"老婆被打、被侵犯，也能够忍让？""你太懦弱了！""这种耻辱你能够忍下来"，这已经超出了正常的采访内容，夹杂了个人的情绪和评价。家属在悲愤中说出的"我是世界上最窝囊的丈夫"甚至成为网民对他的称呼方式，这让受害者及其家属承受了极大的舆论压力和心理压力。

案例 1-2-2：妻子遭联防队员毒打强暴 丈夫躲隔壁忍辱一小时②

优秀的法治报道从来都不是为了阅读量而曝光受害人的不幸和痛苦，也不是为了迎合大众的猎奇心理泄露他人隐私，而是以公正的写作态度、正确的价值取向、善意的同情心理，维护公民的合法权益和社会正义。

2019 年，一架从埃塞俄比亚首都出发的埃航波音 737 客机在起飞 6 分

---

① 2011 年 10 月 22 日晚上，联防队员杨某手持钢管、警棍闯进王娟（化名）的家中，一通乱砸后，对王娟进行了长达一个小时的毒打和强奸。她的丈夫杨武（化名）则躲在几米外，不敢作声，眼睁睁看着妻子遭此横祸，一个小时后才悄悄报警。10 月 23 日，犯罪嫌疑人杨某因涉嫌强奸依法被刑事拘留。

② 西安晚报：《妻子遭联防队员毒打强暴 丈夫躲隔壁忍辱一小时》，搜狐新闻网，http：//news.sohu.com/20111109/n324982042.shtml/%E5%8F%91%E6%80%92，最后访问日期：2022 年 6 月 17 日。

钟后突然坠毁，机上 149 名乘客和 8 名机组人员全部遇难。事故发生后一天，一些媒体率先报道了遇难者之一的浙江女大学生，并将该女生的籍贯、年龄、学校专业、毕业时间、微博账号、照片等个人隐私信息曝出，使其成为他人茶余饭后的谈资。在空难带来的阴影和悲伤尚未散去之时，过度深挖和报道受害者个人故事，这无论是对于遇难者个人还是其家属来说，都在无形中造成了二次伤害。吸取这样的教训，在 2022 年的"3·21东航坠机"事件中，主流媒体在对有关受害者隐私和个人信息的报道上极为谨慎，比如央视总台记者在进入 MU5735 核心救援现场直播时，当看到一张受害者的证件时，马上伸手捂住，说"这个不要给特写了"，并示意镜头避开，这一做法体现了记者个人的素质和媒体的人文关怀，得到了网友的称赞。随后东航在第 5 场新闻发布会上，也正式回应了失事航班旅客的名单和相关信息是否有公开可能性的问题："所有航班的旅客名单都属于受法律保护的隐私信息，不属于主动公开的范畴。关于是否公开，我想我们还要充分尊重乘客隐私和家属意愿，并且符合相关法律要求。"

图 1-2-1　央视新闻：记者马上伸手捂住证件直播截图

资料来源：央视新闻：《总台记者直播时捂住乘务人员证件》，"中国青年杂志"微博视频号，https://m.weibo.cn/1757565333/4750597029105580，最后访问日期：2022 年 7 月 15 日。

（二）对违法犯罪者个人信息和隐私的保护

违法犯罪者具有基本的隐私权和名誉权，所以在对其采访时必须尊重其隐私权，未经当事人同意不能随意泄露其个人信息。比如在涉及扫黄案件时，要对当事人的面目进行模糊化处理。"李天一案件"中，一篇名为《李天一涉嫌强奸案进展：尚未进入检方起诉阶段》①的稿件直接使用其真实姓名，没有对其进行匿名化处理，甚至直接将其肖像图片放在新闻报道中，没有进行模糊化处理。李天一虽然是违法犯罪者，但他是未成年人，未成年人的个人信息不应当公开，应该给其更大程度的隐私权保护。《最高人民法院关于适用〈中华人民共和国刑事诉讼法〉的解释》第 559 条明确规定："审理涉及未成年人的刑事案件，不得向外界披露未成年人的姓名、住所、照片以及可能推断出未成年人身份的其他资料。查阅、摘抄、复制的案卷材料，涉及未成年人的，不得公开和传播。"

在对某些情况复杂的案件的新闻报道中，可以适当地揭露犯罪者的个人信息和隐私。最典型的一种特殊情况是，在犯罪嫌疑人未被逮捕或者违法犯罪分子正在危害社会公共利益时，为协助警方调查，就不得不公布其个人隐私，因为公共利益大于犯罪嫌疑人个人利益。备受争议的"N 号房事件"②以及疫情期间公布的恶意传播病毒的违法犯罪者就属于这一情况，公布犯罪嫌疑人个人信息也是保护潜在受害者的手段。

另一种特殊情况是对公众人物隐私权的限制。在美国，名人无隐私，因为公众兴趣等同于公共利益，它们的英文表达都是相同的。我国学者在对公众对公众人物信息的兴趣是否属于正当的公共利益问题上也存在较大争议：反对者认为兴趣属于个人化的、主观的欲望、欲求、偏好等，不属于公共利益范畴；③赞同者则认为，出于对公众人物自身社会影响力的考量，其私人生活往往很难与公共利益区分开来，公众人物的行为和观点在社会中具有明显的导向作用，尤其是青少年群体模仿的对象，对他们的报道体现了媒体的价值倾向，这也解释了司法实践中对公众人物隐私进行限制的做法。2021 年"平安北京朝阳"官方微博通报李某迪被行政拘留，众

---

① 金鹏飞：《李天一涉嫌强奸案进展：尚未进入检方起诉阶段》，中国新闻网，https：//www.chinanews.com.cn/yl/2013/03-25/4674342.shtml，最后访问日期：2022 年 6 月 17 日。

② N 号房事件，是指在社交平台 Telegram 上建立多个秘密聊天房间，将被威胁的女性（包括未成年人）作为性奴役的对象，在房间内共享非法拍摄的性视频和照片。2020 年 3 月 22 日，韩国警方已对涉案的 13 名共犯进行立案，并拘捕了为首的"博士"赵某。

③ 邵志择：《 Public Interest：公共利益抑或公众兴趣——市场化媒体的两难选择》，《新闻大学》2012 年第 1 期。

多媒体对该通报进行了转引，这引发了对于名人隐私问题报道的边界的新讨论。

（三） 对其他不愿公开个人信息的相关人的保护

新闻事件涉及的主体有很多，除了受害者、违法者之外，往往还有其他不愿公开个人信息的相关人。

一是新闻来源提供者。面对每天发生的很多新闻事件，新闻报道者不可能从头到尾亲身去经历每一件事。很多新闻来源除了记者亲自调查外，还包括第三方提供消息或者举报，这种情况之下，不论是社会新闻、经济新闻还是法治新闻，新闻报道都有义务保护提供信源的第三方，使其不会因提供信息而受到伤害。也就是所谓的消息来源的保护，这既是一种权利，也是一种义务。对提供消息来源的人而言，记者要承担基于信赖关系和职业道德的不暴露义务；对第三人而言，记者有基于新闻自由和信息自由的不暴露权利。

二是不愿透露个人信息的目击者和证人。其由于提供了消息很有可能会遭到报复，为了保护证人作证的积极性以及新闻媒体的公信力，必须对其基本的隐私如姓名、年龄等进行模糊化处理或者用化名，同时也要对其作证画面和声音用其他手段进行模糊处理。

三是与新闻事件有关的其他采访者。例如民事纠纷、行政争议、刑事案件中当事人双方的亲属、朋友、同事等。在对一个新闻事件和新闻人物作进一步深度报道时，必不可少的需要对与受害者或者嫌疑人有关的相关人员进行采访，以更清楚地了解事件的前因后果，进行更深刻的人物剖析，但没有经过本人同意，不能对其姓名和相关隐私进行报道，可以用化名。

第三节　法治新闻报道者的素养

史量才曾说过"人有人格，报有报格"。新闻报道者的素养是学界和业界都在持续讨论的问题。在法治化进程加快的今天，专业性强的法治新闻报道者该以怎样的媒介素养投身于媒体生态不断演变的报道事业，成为现阶段急需研讨的重要课题。前面两节分别对法治报道的基本内涵和基本原则进行了梳理，这一节将讨论重点转换到主体，探讨法治新闻报道者应具备的素养，其中既包括新闻报道者都应具备的一般素养，还包括专业法治报道者的特殊素养。

一　当代新闻意识

新闻意识是新闻传播主体所特有的对新闻传播实践的自觉的、整体的把握，是对于新闻实践模式中各关系项的正确认识和正向的态度。[1] 它要求新闻报道者有极强的新闻敏感性和洞察力，能够充分认识新闻传播环境，及时发现新闻线索，把握事实的新闻价值，并准确、真实、客观、有效地报道新闻，以实现新闻传播效果的最大化。现如今，国际国内传播环境愈加复杂，网络数据技术日趋进步，当代新闻意识也需与时俱进、不断更新，才能更好地适应快速发展的媒介环境。

（一）政治意识

政治意识是首要的新闻意识，也是一切新闻实践的前提和基础。在我国，新闻事业是党和政府的喉舌，"喉舌"这个比喻就相当贴切地明确了

---

[1]　唐谊军：《"新闻意识"初论》，《新闻记者》2004 年第 12 期。

新闻作为政治工具的职能。① 而法治新闻因为其报道内容和题材经常涉及政法部门，更应坚持以这一原则为前提。

首先，政治意识要求新闻报道者以政治的眼光理解法治新闻。报道者只有站得高，才能看得远，才能保证报道的正当性和合理性。所谓政治眼光即在新闻采编过程中，无论是发现线索，还是对于基本事实的价值判断，都需要以过硬的政治素养为基础，以马克思主义新闻观为基本原则，始终同国家和党中央保持高度一致。以政治眼光理解新闻是说新闻报道者必须把党的路线方针政策与人民的实际生活结合起来进行新闻内容的选择和写作，把握新闻事件当中的政治精神和实质，并积极地向人民解释当前我国新政策和新方针，帮助群众理解其中的疑点和难点。

其次，政治意识要求报道者从政治的角度报道法治新闻。有新闻角度，有政治态度，贯彻法治逻辑，这就是专业法治新闻与传统社会新闻的最大差别。法治报道者除了要关注案情和案件所涉及的相关法律规定以外，还要观察背后的司法运行逻辑甚至制度问题。

最后，政治意识要求报道者以政治的严肃性谨慎把控法治新闻内容。政治本身是具有严肃性的，所以政治意识要求新闻报道者无论是在政治议题方面还是在普通的社会议题方面都要坚持报道内容的严肃性。法治报道通常会涉及重要新闻题材、重大事件，这些都与人民群众的生活和社会秩序的稳定息息相关，特别是一些涉及政治题材的素材，更要保持内容的严肃性，减少议题煽情化、娱乐化，叙事方式戏剧化的内容，在群众心里树立国家的权威和媒体的公信力。但严肃性并不是死板的官方体，也不是照搬法律文书和通稿，它和人们喜闻乐见的报道方式并不冲突。严肃性主要是针对报道的内容，喜闻乐见主要是针对报道的形式和写作风格，追求的是可读性，通过接地气的方式，减少人们的排斥心理，使人们从心底接受和认可国家的政策措施。

（二）职业意识

报人邵飘萍将新闻职业意识分为四个方面：新闻道德的职业化、新闻

---

① 吴锦才：《记者的政治自觉——谈新闻报道中的政治意识》，《中国记者》1994 年第 1 期。

内容的职业化、新闻业务的职业化和新闻教育的职业化。① 综合邵飘萍的观点，本书认为，新闻报道者的职业意识应该是报道者对所从事的职业的一种认同，是新闻从业者对新闻职业的认知和评价，是新闻从业者的观念体系和新闻价值观，可以最大限度地激发人的活力和创造力，影响乃至决定新闻的生产。主要包括新闻报道者的职业道德意识、专业意识和责任意识，其中职业道德意识是新闻报道者在新闻行业的立身之本，所以本部分内容将重点论述新闻报道者的职业道德意识，责任意识和专业意识将作为另外两个小点进行更为详细的论述。

良好的职业道德意识，有利于维护新闻工作者的公信力和声誉，提升新闻工作者的舆论引导能力，对于建设一支政治意识强、业务能力精湛、纪律作风正的新闻工作者队伍也具有重要意义。1991 年，中国记协制定颁布了《中国新闻工作者职业道德准则》，这是新中国成立后正式颁布的第一部新闻职业道德规范，此后经历了 1994 年、1997 年、2009 年、2019 年4 次修订。最新版的《中国新闻工作者职业道德准则》② 几乎包括了所有新闻报道者应该遵守的职业道德，主要内容包括以下几个方面。

第一，全心全意为人民服务。忠于党、忠于祖国、忠于人民，把体现党的主张与反映人民心声统一起来，把坚持正确舆论导向与通达社情民意统一起来，发挥党和政府联系人民群众的桥梁纽带作用。

第二，坚持正确舆论导向。坚持以团结稳定鼓劲的正面宣传为主，弘扬主旋律、传播正能量，不断巩固和发扬积极健康向上的主流思想舆论精神。加强和改进舆论监督，维护社会稳定和人心安定。

第三，坚持新闻真实性原则。把真实作为新闻的生命，努力到一线、到现场采访、核实，坚持深入调查研究，报道做到真实、准确、全面、客观。通过合法途径和方式获取新闻素材，认真核实新闻信息来源，确保新闻要素及情节准确。

第四，发扬优良作风。树立正确的世界观、人生观、价值观，加强品德修养，提高综合素质，抵制不良风气，保持一身正气，接受社会监督。坚决反对和抵制各种有偿新闻和有偿不闻行为。

① 廖金英：《邵飘萍新闻职业意识的萌芽及其表现》，《编辑之友》2013 年第 8 期。
② 《中国新闻工作者职业道德准则》，新华网，http://www.xinhuanet.com/politics/2019-12/15/c_1125348618.htm，最后访问日期：2022 年 6 月 17 日。

第五，坚持改进创新。遵循新闻传播规律和新兴媒体发展规律，创新理念、内容、体裁、形式、方法、手段、业态等，做到体现时代性、把握规律性、富于创造性。

第六，遵守法律纪律。增强法治观念，遵守宪法和法律法规，遵守党的新闻工作纪律，维护国家利益和安全，保守国家秘密。严格遵守和正确宣传国家各项政治制度和政策。

第七，对外展示良好形象。努力培养世界眼光和国际视野，讲好中国故事，传播好中国声音，积极搭建中国与世界交流沟通的桥梁，展现真实、立体、全面的中国。在国际交往中维护祖国尊严和国家利益。

这七条准则是对每位新闻工作人员的硬性规定，法治新闻工作者尤其要严格遵守，不断增强职业道德意识，培育良好的职业风尚。

（三）融媒体意识

融媒体意识要求新闻报道者用融合思维报道新闻，既具有采编上的"软实力"，又具有技术发展的"硬条件"。

随着科学技术的发展，信息传播的方式变得越来越多样，"传统媒体""多媒体""新媒体"都已经不能够概括新时代信息传播的特点和方式，所以学界业界便使用"融媒体"这一概念来概括。与传统媒体不同，融媒体报道具有动静结合、全天在线、实时传播、交互联动等特点，这些都对传统纸媒产生了巨大的冲击。在互联网时代仅会写作、拍摄、剪辑技能肯定是不够的，还要积极掌握一些其他的最基本的新的报道技能，比如新闻直播和 VR 技术、无人机航拍技术、新媒体分发等新的新闻采编技术。

但必须清楚的一点是技术的学习只是融媒体报道的"硬实力"，人的时间和精力是有限的，所以融媒体报道意识其实也并不是指新闻记者必须"写得了稿子，拍得了照，出得了镜，懂得了技术"，融媒体记者不等同于全能型记者，更重要的是其需要在根据自己的特长发挥自身优势的同时培养自己的融媒体报道意识。当代记者可以不具备融媒体所需全部技能，但是必须要有融媒、全案策划的报道意识。这就要求在具体的工作中，新闻报道者必须不断学习，有发挥新媒体时代的媒体优势和特长的意识和视野。新时代的新闻报道不再如传统媒体时代那样，只用文字表达，通过报纸或广播传播。融媒体时代，人类信息传播呈现全程、全息、全员、全效的特点，媒介生态发生颠覆性变化，同时受众需求也相应改变。人们越来越追求个性化、碎片化的阅读，文字、视频、图片相结合的报道形式才更适合人们的阅读习惯。

例如，《人民法院报》开设的《执行问答》栏目及有关二维码链接，以问答和媒体融合的形式，充分发挥了报、网、端的矩阵效果，不同的传播内容搭配恰当的传播形式，保证了不同报道形式的不同内容的报道时间，满足了读者进一步了解有关执行知识的需求，取得了良好的效果。

法治报道作为传播法律知识的专业报道，必须适应时代发展，不断创新，对多种互动形式进行合理应用，充分发挥新媒体的应用优势，更好地让法律知识、法律观念深入人心，这需要法治新闻报道者的共同努力。

二　社会责任担当

法治新闻报道是主流媒体的重要报道类型，面对越来越多元、复杂的国内外传播环境和舆论生态，法治新闻报道者的责任更显艰巨，除了要具有基本的当代新闻意识之外，还要有强烈的社会责任感。

（一）加强舆论引导

承担社会责任，首先要加强舆论引导。舆论一直是新闻学界和业界经久不衰的话题。美国新闻评论家、传播学史上具有重要影响的学者之一李普曼在《公众舆论》中提到"他人脑海中的图像——关于自身、关于别人、关于他们的需求、意图和人际关系的图像，就是他们的舆论。这些对人类群体或以群体名义行事的个人产生着影响的图像，就是大写的舆论"①。目前学术界达成共识，认为舆论就是大多数人的意见，即公众对于社会事务、热点问题所形成的普遍意见和看法。舆论是随着社会事件、热点事件的产生而出现的，反映了公众对于社会事件、社会问题的态度和情绪。舆论引导是新闻舆论对公众舆论的引导。

党的十八大以来，习近平总书记高度重视新闻舆论工作，曾在多个场合发表重要讲话，深刻阐述了做好新闻舆论工作的重大意义、职责使命、

---

① 〔美〕沃尔特·李普曼：《公众舆论》，阎克文、江红译，上海人民出版社，2006，第21页。

方针原则、创新发展等一系列问题。在党的二十大报告中，习近平总书记强调，建设具有强大凝聚力和引领力的社会主义意识形态，巩固壮大奋进新时代的主流思想舆论，加强全媒体传播体系建设，塑造主流舆论新格局。① 融媒体时代法治报道更好地发挥正面的舆论引导作用和效能，本书认为有以下几个关键点。

首先，法治报道要遵循及时性原则，第一时间报道相关事件，抢占舆论引导的先机。2021 年"百香果女孩案②家属被退赔 32 元"登上了热搜，很多网友对一条人命只值 32 元很不理解。主流新闻媒体第一时间回应了热议，还原了事件真相：百香果女孩母亲领到了钦州中院发来的执行案件结案通知书，法院将当年百香果女孩遇害时被抢的 32 元归还。而"退赔 32 元"被部分营销号曲解为"赔偿 32 元"。主流媒体第一时间回应了大众关切，让受众掌握事件的来龙去脉，正确认识相关事件，杜绝了谣言的发酵。

其次，法治报道要持续进行舆情引导，注重长线引导，不断更新信息。任何舆论引导都不是一蹴而就的，持续引导是根据舆情信息的变化不断引导公众将思想保持在正确的方向上，避免事件不断发酵而产生更严重的后果。法治新闻舆论引导也是一个持续的过程。

最后，正面引导是法治报道进行舆论引导的立场。法治报道不同于其他新闻报道，其具有较强的政策性，所涉及的问题较为敏感，稍不注意就可能产生负面影响。一味地报道负面新闻（如凶杀案、抢劫案等）会让受众产生恐慌心理和消极情绪，不利于构建和谐社会。因此，在新媒体时代法治报道要积极策划，强化正面宣传引导作用，大力宣传、报道先进典型人物，突出宣传政法综治队伍建设中涌现的先进典型等。

---

① 习近平：《高举中国特色社会主义伟大旗帜 为全面建设社会主义现代化国家而团结奋斗——在中国共产党第二十次全国代表大会上的报告》，中国政府网，http://www.gov.cn/xinwen/2022-10/25/content_5721685.htm，最后访问日期：2022 年 11 月 6 日。
② 2018 年 10 月 4 日，广西壮族自治区钦州市灵山县伯劳镇平心村发生一起强奸杀人案，一名 10 岁女童摘了自家果园的百香果，独自送到不远处的收购点贩卖。同村男子看到女孩独自到百香果收购点，便产生了邪念，在女孩返家途中守候，对其进行施暴强奸并杀害，2 日后杨某投案自首。

（二）推进舆论监督

法治报道更好地承担社会责任，不仅需要舆论引导，还要推进舆论监督。舆论监督是我国特有的概念，近年来学术界对舆论监督的研究越来越深入，成果不断涌现。一般来说，舆论监督是指通过新闻报道的形式，在新闻媒体上揭露或者曝光一些部门、群体、个人的违法乱纪行为，并对其进行批评，从而起到惩恶扬善的监督作用。

新闻舆论监督的目的在于监察所报道的新闻事实是否符合国家的法律法规和纪律，是否符合国家的利益和人民的意愿，是否符合做人的原则和社会公德；督促监督对象修正错误、改正错误。同其他监督方式相比，媒体开展的舆论监督具有三方面优势：一是不受地域、行业、领域限制，对社会进行全方位扫描；二是快速干预；三是社会成本低。① 新闻舆论监督影响范围广，反应最快，震动力也大。虽然它不像司法监督、行政监督那样具有强制性，但警示和教化功能也是一种强大的力量。许多拖而不决或者处理不公的案件，一旦通过媒体进行曝光就很快引起相关部门的极大重视和社会关注，问题也能很快得到解决。

有些新闻工作者在舆论监督方面就做了很好的示范。比如1997年《焦点访谈》栏目就同年在309国道发生的山西省长治市内一些公安交警乱罚款、态度恶劣、越权执法的行为做了标题为《罚要纪要》的报道。再比如在2015年12月曝光的安徽省宿州市宋庙小学接受某银行捐助后却要求受助贫困生出钱请吃饭的事件。最初人们以为这只是一桩情节简单、事实清楚的基层"吃拿卡要"违纪违法案件。2016年1月，在中央纪委和省纪委的大力支持下，《中国纪检监察报》记者深入一线调查采访，在小学、村、镇、区教体局、市纪委与数十名采访对象深入交流，获取了大量此前不为人知的第一手素材，为读者呈现了该事件背后多方角力、欲盖弥彰的隐情，作出了《安徽宿州宋庙小学"要求受助贫困生出钱请吃饭事件"调查》的独家深度报道。该报道在有限的篇幅里，以解剖"麻雀"的方式，完整、准确地呈现了整个事件暴露的当地基层政治生态："雁过拔毛"的"潜规则"、村支书和小学校长动的"歪脑筋"、教育主管部门怕"家丑外

---

① 刘斌、李矗：《法制新闻的理论与实践》，中国政法大学出版社，2005，第401页。

扬"的"小心思"、少数媒体摒弃公义的利益"倒戈"、基层纪委开展监督的能力不足等这是一组非常精彩的报道，具有很强的现实针对性，真实客观反映了当前需要修复的基层政治生态，最终市、区、镇、村 20 名相关责任人被处理。

由于媒体的舆论监督面向公众，具有公开性，社会影响力很大。这种威力源于新闻背后所代表的广大人民群众的意见。国家和人民赋予媒体这样的权利，每一位法治报道者都应该肩负一份监督社会的责任和使命，坚持事实报道的原则，杜绝媒体审判。因为新闻记者不是"法官"，不能凌驾于法律之上，新闻报道要注意以国家发展的大局为主要方向，在法律许可的范围内进行监督，而不是恶意炒作，否则就会与监督的本意背道而驰。

（三）讲好中国故事

法治报道除了做好"硬性"的舆论引导与舆论监督外，还需要"软性"地讲好中国法治故事，这样才能够更好地承担法治报道的社会责任。2013 年 8 月 19 日，习近平同志在全国宣传思想工作会议上提出，对世界形势发展变化，要精心做好对外宣传工作，创新对外宣传方式，着力打造融通中外的新概念新范畴新表述，讲好中国故事，传播好中国声音。① 在当今国内国际舆论环境复杂、传播主体多元、传播受众自我意识增强的传播生态下，讲好中国故事，让中国声音实现有效传播，成为媒体的重要任务之一。

首先，新闻报道者要积极学习中国文化，法治报道者更是要对我国的法治历史进程有基本的了解，实践中才能汲取中华法律文化精华，大力弘扬现代法治理念、法治精神。西方的法治故事很多，无论是摩西十诫的故事还是德国皇帝和磨坊主的故事，经过传播和沉淀，世界上的不同国家的人们都耳熟能详。同样地，我国的商鞅变法、子产铸刑鼎等故事也是中国传统经典法治故事，可以经由大众媒介被传播到全世界。不同的法治故事是法治文明的重要内容，是法治文化的一个显性特征，也折射出国家和民

---

① 倪光辉：《习近平在全国宣传思想工作会议上强调　胸怀大局把握大势着眼大事　努力把宣传思想工作做得更好》，中国共产党新闻网，http://cpc.people.com.cn/n/2013/0821/c64094-22636876.html，最后访问日期：2022 年 6 月 17 日。

族法治建设的力度与厚度，讲好中国特色法治故事必须要讲好中国传统的法治故事。

其次，法治报道者要积极挖掘中国典型的法治故事，表现在新闻素材文本的选择上，就是要报道中国最典型的故事，展示中国法治精神和特色。比如党的十九大以来，我国反腐败立法进入快车道，反腐败国际追逃追赃法律体系日趋严密、完善，为追逃追赃工作提供了法律依据和强有力的制度保障。党的二十大再次强调，坚决打赢反腐败斗争攻坚战持久战，腐败是危害党的生命力和战斗力的最大毒瘤，反腐败是最彻底的自我革命。①

再次，报道者要寻找共通点，讲好中国法治故事。比如我国针对基层纠纷出台了很多调解机制，司法机关投入了大量资源，以法律手段妥善解决基层纠纷，是我国基层治理、依法治国的重要体现。而这类故事如果由普通人讲述，就可以跨越国界、文化、语言、民族，更打动人心。因为此类故事的主角是普通人，易让人感同身受，报道者要把我国基层依法治国的故事、为人民服务的故事讲给世界人民听。

最后，要利用好社交媒体的优势。讲好中国故事是一个宏大的过程，这不是靠个人的力量能实现的，需要多方齐头并进，利用新媒体多平台合作，借船出海，借力发声。

三　法治专业素质

从法治的角度解读新闻，要求报道者不仅在知识层面具有基本的法律知识，还应该在更为精细的题材领域有所擅长，同时这种擅长带来的是一种整体性地运用法律思维关注、剖析新闻题材，挖掘其法治价值的能力。但如果专业知识结构不完善、法律知识不熟悉、法治思维意识不强、法治价值挖掘不准确，就无法很好向公众传达中国特色社会主义法治理念和法治信仰，无法完成专业性的法治报道，甚至还会传播错误的法律观念，直接影响报道的准确性，影响司法的公信力和普法的影响力，破坏公民对于法治的内心尊敬和信仰。

---

① 习近平：《高举中国特色社会主义伟大旗帜 为全面建设社会主义现代化国家而团结奋斗——在中国共产党第二十次全国代表大会上的报告》，中国政府网，http：//www.gov.cn/xinwen/2022-10/25/content_5721685.htm，最后访问日期：2022 年 11 月 6 日。

（一）掌握法律知识

在法治新闻报道中，经常会涉及对法律知识的运用，掌握基本的法律知识是法治新闻报道者对新闻报道专业性的基本保证。具体来说，在法治报道过程中报道者对法律知识的运用不足主要表现在以下三个方面。

一是专业的法律术语使用不准确，以至于对报道事件的法律评价、法律解答与分析不准确。缺乏法律知识的报道者，在报道过程中用一般的社会常识代替专业的法律知识，想当然地根据自我认知对事实进行判断，严重损害了法律的权威。比如，法治报道者必须分清"犯罪"和"犯罪嫌疑人"、"侦查"和"侦察"等专业词语的区别，诉讼过程中"起诉""上诉""申诉"的区别，审判过程中"一审""二审""再审"的区别，等等。这都是法治报道者在报道案件时最基本的要求，是需要记者下功夫学习的。

二是对援引法律条文不清楚。用已废止的法律规定，或者在援引法律规定时存在所援引的条文内容和法律的名称或事件不相符合。在实际生活中，大多数的法治新闻报道者其实并不是法律专业科班出身，所以对很多法律条文不熟悉，但是这并不是报道不专业的借口。法治报道者必须具备强烈的社会责任感，必须具备终身学习的意识。比如下面这则新闻。

案例 1-3-1：万宁一男子假借经营电子维修店暗设赌场被判刑①

2012 年初，被告人蔡家某伙同蔡朝某、吴志某（两人已被判刑）以经营电子维修为名，租赁梁陈某位于万宁市兴隆墟兴宝路的"陈华楼"一楼作为开设赌场的场地，并于 2012 年底放置 2 台捕鱼机和 9 台扑克牌机，蔡朝某、吴志某分别管理扑克牌机赌博和捕鱼机赌博。2013 年 9 月 9 日，公安机关在该赌博场所现场抓获涉赌人员 20 人，扣押赌博工具扑克牌机 9 台、捕鱼机 3 台和赌资 34130 元等。

万宁法院以开设赌场罪判处该男子管制二年，并处罚金人民币 8000 元。

---

① 《万宁一男子假借经营电子维修店暗设赌场被判刑》，微博国际旅游岛商报，http：//hain-an. sina. cn/news/hnyw/2015-01-12/detail-iawzunex8880618. d. html？from＝wap，最后访问日期：2022 年 10 月 30 日。

该篇报道对法律的引用不全面，没有对法院作出判决的详细依据交代清楚，法治新闻中法律条文的交代对于新闻事件来说具有关键作用，能让公众通过典型案例更清楚地了解事件中的违法行为。还有一种情况是法治报道中"法不对事"、张冠李戴，即法律条文与法律事件本身毫不相符，这在降低了新闻媒体的公信力的同时，损害了法律尊严与权威。

三是对法律程序不熟悉。法治新闻报道不同于其他报道，一方面要传递法治信息，起到传播的作用，向社会普法；另一方面要维护法律权威，为构建法治社会营造良好的法治环境。事件真相是在运动的过程中的，所以新闻报道必须坚持完整的历时性的报道，全面地展示立法、司法、执法的过程。但是有些媒体往往在案件还没定性之前就已经对案件下结论，提前进行舆论审判和有罪推定，这不仅违背了司法程序，更体现了对法律的不尊重，影响了司法公正。对此，新闻单位要重视和加强对采编人员的法律知识培训，提升采编人员的基本法律素养。

（二）强化法律思维

法治报道者除了要掌握基本的法律知识，还需要建立并强化法律思维。何为法律思维？简单来说，法律思维是法治报道中必须具备的一种报道方式和观念，即用法律的诸种要求来认识、分析、处理问题，是一种以法律规范为基准的逻辑化的、理性的思考方式。

首先，法治报道者必须具备程序思维。程序公正与实体公正，是司法活动追求的目标。法律人通过规则和权利来维护社会秩序，解决纠纷，规范人们的行为，但有时候这种模式会受到挑战。因为法律上的规制、权利可能是模糊的，双方当事人都能找到自己的理由，各有各的说法，那么这个时候，就必须要依靠程序来保证人们权利的行使。

其次，法治报道者必须具备权威思维。在实际的诉讼过程中，无论是律师提出的主张还是法官给出的判决理由，都必须诉诸权威。比如立法、行政和司法机关经过程序所作出的规定，包括法律、法规和司法解释。法律文书写作时能引用什么，不能引用什么，都有严格要求。法治报道者在报道新闻时也要注意这一点，换句话说，在法治报道中尽量引用专家意见，同时注意在引用时，直接引语一般要求一字不差地引用，需要用引号标注，而在间接引用时，必须注意改编后的话是否和当事人的话语意思有出入，必须尊重被采访者的意愿。

最后，法治报道者必须具有权利思维。在法律人眼里，法律只是为处理纠纷提供一个道德争议转化为法律问题的平台，也可以说，比起对错，法律人更在意双方都有哪些权利。

（三）挖掘法治价值

学术界对于新闻价值的要素早已达成共识，认为构成新闻价值的核心要素主要包括真实性、新鲜性、重要性、接近性、显著性和趣味性。新闻信息中所包含的核心要素越多，新闻价值也就越大，也更加值得新闻报道者报道。法治报道除却这六大价值外，还必须具备法治价值。在第一节已经提到过，法治价值是从满足接收者享用法治新闻信息需求的目的出发，对受众法治意识、法治思维和法律行为产生影响。它的要点主要是传播法治理念、注重隐私保护、维护司法公正三点。

法治价值是法治新闻报道者选择事实予以报道的职业衡量标准和硬性选择。没有法治价值的新闻报道是报道，但是不能说是法治报道。法治价值的选择就是新闻报道者在各种各样的新闻信息中，辨别和挑选具有法治特色的信息来作为报道内容，以达到普法宣传的目的，推进我国法治的进程。比如《北京青年报》的一篇名为《野猪拟退出"三有"名录，绝收农户刚因电死 8 只野猪获刑》的报道中，记者报道了一个村民的非法狩猎野猪案，讲述了一个不了解法律的村民因为自家玉米地受到野猪侵扰，而不得不猎杀野猪却获刑的过程。文章生动地展现了一个不懂法的农民如何举证，以及其为何获刑的全过程。在该案件宣判 12 天后，国家林业和草原局发布了《有重要生态、科学、社会价值的陆生野生动物名录（征求意见稿）》，在新名录中野猪已被删除。该记者结合政府的意见稿，从一个野猪案中挖掘法治价值，达到了很好的法治宣传目的，同时也凸显了在法治化进程不断推进的今天仍然存在偏远山区人们法治观念缺失的问题，法治化建设依旧任重而道远。

除了报道内容之外，法治报道的方式、手段也都要符合社会主义法治的规范，符合社会主义法治精神。用合法的手段和方式选择新闻，能更好地保证法治报道实现其价值，用不合法的报道手段和方式，对法律、社会和国家都将造成损害，情节严重的，相关媒体和记者个人甚至都要承担相应的法律责任，受到惩罚。记者不能因为挖掘法治价值就以身试法，用违法的报道方式报道新闻。很多记者为了得到毒犯的情况而深入虎穴进行体验式采访。这种情况看似是报道者为了报道有价值有深度的新闻，但实际上却是在帮助贩毒分子贩毒，已经构成犯罪，报道者必须明白揭露罪犯不是成为罪犯。

另外，媒体还要对有关国家机密、商业秘密、办案庭审过程中的秘密和个人隐私权的信息进行过滤，这些都是在对法治价值进行选择时需要注意的。

本章主要从法治新闻报道的概念与价值、法治报道的基本原则、法治新闻报道者的素养三个方面，结合具体的案例对法治新闻主体客体进行了详细的剖析。法治新闻是新近发生的法治事实的报道。专业性法治报道在符合新闻媒体的行业要求、遵循新闻报道的基本准则之外，还要坚持尊重法律原则、平等公正原则和适当保护个人信息和隐私原则，这是法治新闻与其他社会新闻报道的本质区别，也是法治报道应该坚持的最基本原则和底线。同时，一篇优秀的法治报道离不开优秀的法治报道者。新媒体时代，信息传播的环境、形式、渠道都发生了巨大的变化，给新闻报道者带来了全新的挑战和机遇。法治新闻报道者，为了能写出一篇好的稿子需要花更多工夫，付出更多汗水，要在新闻实践中努力培养自己的当代新闻意识，承担社会责任，不断学习，提升法治专业素养。报道者个人只有具备了法治新闻意识，才能充分认识自己的角色，才能更好地承担社会责任，并在此基础上深耕法治领域，呈现富有法治品位、时代品相的精品力作。

第二章 CHAPTER 2

法治报道的历史

研究当代专业传播语境下的法治报道，需要梳理法治新闻报道的发展历史，只有理清源于何处，才能探寻流向何方。对于法治新闻发展史的研究，目前还没有专著问世，有的只是一些学者的观点散见于相关著作和论文中。关于法治新闻发展的历史阶段划分问题，各家意见不一，可以归纳为以下三种观点：第一种观点认为，我国自先秦起就出现了法治新闻报道的雏形，但对具体的历史阶段又有不同的划分，如刘斌、李蠡认为应划分为古代（先秦～1814 年）、近代（1815～1918 年）、现代（1919～1948年）、当代（1949 年至今），再如姚广宜认为应按照古代（先秦～1814年）、近代（1815～1915 年）、现代（1916～1949 年）、当代（1949 年至今）这四个阶段来划分中国法治新闻发展史；第二种观点认为我国自奴隶社会就有了律法传播活动，如肖义舜、何勤华认为"人类一进入奴隶社会就形成了阶级对立，于是体现奴隶主阶级利益和意志的法律就随即产生……"①并且认为刑鼎是最初期的法律传播方法，且认为新中国的成立迎来了法治新闻的初创期；第三种观点认为我国法治新闻报道是自 80 年代发展起来的，如蓝鸿文认为"法制新闻这一概念随着大量法制报刊的出现，是 20 世纪 80 年代以后的事"②。

　　本书在前人研究的基础上，将法治新闻报道发展的历史划分为"古代（自古以来～1814 年）、近代（1815～1948 年）、现代（1949 年至今）"。之所以将 1815 年作为古代、近代的时间区隔，是因为第一份中文月刊《察世俗每月统记传》于 1815 年创办，揭开了中国近代新闻史的序幕。之所以将前人学者划分的"近代、现代"合成"近代"，一是为了在叙述上

---

① 肖义舜、何勤华主编《法制新闻学》，法律出版社，2001，第 26 页。
② 蓝鸿文主编《专业采访报道学》，中国人民大学出版社，1991，第 78 页。

更加连贯，二也符合国人对历史划分的合理性、便利性之认同。

本章主要论述法制新闻报道在古代、近代、现代不同时期的产生、发展与演变的历史进程，考察其在各个阶段的发展形态。第一节主要陈述古代媒介与传统国家律法的关系，归纳早期律法报道的内容、特点以及运作机制。第二节对近代国家、媒体与法制新闻报道之间的关系进行梳理，以社会政治与法制政策关系为视角，论述我国近代法制新闻报道和法制新闻事业的兴衰，以此呈现我国近代法制新闻报道的内容、特点以及运作机制。第三节主要论述现代社会法治新闻报道的形成过程与发展态势，基于新中国成立的时代背景，并根据"一系列重要法律法令颁布"与"众多法制刊物涌现"两个外延现象，分析现代法治新闻报道的内容、特点与运作机制。

第一节　古代媒介与律法相关的新闻活动萌芽

中国古代的律法传播并不是凭空出现的，而是在特定的社会环境中产生的。一般认为，特定的社会环境至少应该包含三个要素：一是有"完全形成的人"的出现，这是传播的主客体；二是要有传播的手段或载体，这是传播的形式；三是法律的产生，这是传播的内容。

已有的研究成果和有关古代典籍记载表明，距今大约 1.4 万年前，人类社会中就有了最原始的新闻传播活动。但由于生产力落后，没有纸张等传播载体，人们只能通过最简单的方式传播，最初是通过原始声音、符号等媒介传播，如结绳、标记、图画、烽烟、旗鼓、木铎等。之后是口头传播，但传播范围小，不易保存，且容易失真。后来，随着文字的出现，传播媒介呈现更加多样化的特征，最早的文字传播媒介是甲骨、金属铸件和岩石，后来又发展到竹、帛、露布、竹简、布告、榜等。经过了漫长的演变进化，唐朝出现了最早的新闻传播媒介——"敦煌进奏院状报"，它是一种发布朝廷消息的内部报刊。

纵观中国古代法制报道的母体——中国律法，大致可以认为其经历了"从习惯法到成文法"的发展历程。我国法制史研究专家指出："我国早在公元前 21 世纪的夏代便产生了习惯法，取代了夏朝的殷商进一步发展了奴隶制法律制度，至西周则臻于完善。夏商周三代法制的发展，为中国封建法制的发展开拓了道路，尤其是西周的礼乐、刑罚制度，更为封建法制的发展奠定了基础。战国中期李悝的《法经》，创封建法典之体制，开成文法典之先河。继秦的宏大规模，汉唐诸代君臣并巨儒又熔礼义刑德于一炉，使中国封建法制成为所谓'天理、人情、国法'的融合体……而《唐律疏议》以其完备的体例，严谨而丰富的内容成为封建法典的楷模。"① 由此可见，中国法制的起源可以追溯到公元前 21 世纪的夏朝，发展到唐朝的《唐律疏议》时，已具有完备的体例，内容严谨丰富，成为后世学习借鉴的典范。

最早的法律传播始于先秦的诏、诰，它属于国家文告一类的布告。如《尚书》中的《汤诰》《大诰》《康诰》《酒诰》等刊载了律法相关的布告，《汤诰》中"尔万方百姓，罹其凶害，弗忍荼毒，并告无辜于上下神祇。天道福善祸淫，降灾于夏，以彰厥罪。肆台小子，将天命明威，不敢赦。敢用玄牡，敢昭告于上天神后，请罪有夏"②，这句话意为你们万方百姓遭受他的残害，痛苦不堪，普遍向上下神祇申诉无罪。天道福佑善人，惩罚坏人，降灾于夏国，以显露他的罪过。所以我奉行天命明法，不敢宽宥。敢用黑色牡牛向天神后土祷告，请求惩治夏桀。

后来，法律传播又有了"谕"这种形式。"谕"又分为"手谕""口谕"，二者统称为"圣谕"，它们是统治者随心所欲发布的号令。在奴隶社会和封建社会，奴隶主或封建主是最高统治者，他们"言出法随"，说的话就是法律。

青铜产生之后，奴隶主为了更好地将自己意志诏告天下，让天下的老百姓都遵照执行，还把一些特别重要的法律条文，刻在用青铜铸成的鼎上，如春秋晋国赵鞅、荀寅和郑国子产都将刑法铸在鼎上予以公布，诏告天下，史称"刑鼎"。这是最早的法制新闻报道的典范。

一 古代媒介与国家律法的关系

中国古代媒介主要包括官方报刊和民间报刊。中国古代的官方报纸脱胎于政府文书或中央与地方官员之间的新闻信，被统称为"邸报"。唐朝是中国最早有新闻媒体的朝代，主要基于两个史实，一个是文献记载中的"开元杂报"，一个是考古实物"敦煌进奏院状报"。"开元杂报"始见于唐朝孙樵所著《经纬集》里的《读开元杂报》，并没有原件，文章只对报纸的外观和内容做了介绍：该报"逐日条事，不立首末"，"此皆开元政

---

① 徐祥民、胡世凯主编《中国法制史》，山东人民出版社，2000，第 1~2 页。
② 赖咏主编《中国古代禁书文库》，大众文艺出版社，2010，第 101 页。

事，盖当时条布于外者"①，说明它不是官文书，而是把官文书上所记载的
"朝廷近所行事"向各级官吏广为传播的一种原始形态的报纸。"敦煌进奏
院状报"是中国有据可考，也是世界上最早的新闻信。共存两份，都是唐
僖宗时期由驻地在沙洲的归义军节度使张淮深派驻朝廷的进奏官发回沙洲
的，报道的是光启三年 2 月 17 日到 3 月 23 日发生的专使们如何觐见皇帝、
拜访高官和如何代节度使向皇帝求"旌节"等的细节。从以上两份报、状
可以推测，唐朝没有发行严格意义上的官方报纸，但已经有了中央向地方
传送官文书一类公文的渠道，它们或者通过新闻信的形式，或者通过报、
状之类的媒介，进行律法新闻传播活动。

这里的"律法"是指古代王朝制定或认可，并以朝廷强制力保证实施
的行为规范的总和，具有强烈的皇权色彩。本书所关注的重点是古代媒介
对传统国家律法及其与律法相关的事件进行传播和解读的活动。因此本书
认为宣传国家律法是古代媒介的重要功能之一，并且历朝历代的皇帝为了
维护封建王朝统治，将古代媒介变成了他们不可或缺的统治工具。

（一）古代媒介：国家政治中的重要沟通工具

古代媒介具有沟通、协调的功能，早已成为古代社会有机体中不可或
缺的一部分，它对社会体系的平衡，尤其对封建王朝的统治有重要意义。
封建王朝常常把信息传播的媒介作为宣传法律、稳固统治的有力工具，这
些媒介或宣读于民，或以文榜、粉壁、官报等形式昭告天下，以便规范人
们的行为。

1. 宣读于民

古代早期最常见的普法方式是"宣读于民"，它能最直接、最快速地
让法律条文的意义（统治者的意图）使百姓知晓。如周代就有党正、州
长、族师于"四孟月朔属民读法"的制度，意思是在农历四季中每头一个
月的初一这天，聚众庶民，通过宣读和讲解告诉他们法律条文的意义，以
便于他们遵守。由于百姓中多有不识字者，因此这是一种很好的普法形
式。宋代时也还有这种形式，如政和二年令有司将"类次诏书律令可以训

---

① 甘惜分主编《新闻学大辞典》，河南人民出版社，1993，第 274 页。

民者为一书…州系委官专掌，孟月属民而读之"①。

2. 粉壁晓市

"粉壁晓市"是古代官府向民间颁布法律条文的另一重要方式，又称"出榜晓示""镂版晓谕""粉壁晓示"。唐代在各类史籍中对于以粉壁形式发布法律的记载较多，如《全唐文·禁臣寮私行举荐人敕》就当时在官吏选拔推荐中大兴裙带之风的现象做了规定，其文曰："自今已后，应内外臣寮……荐人贬所在官，求荐人配流边远州县，常知所在。如逐处长吏，自徇人情，显违敕命，只仰被替本人诣阙上诉，勘问不虚，长吏罚两月俸，罚荐人比前条更加一等……"② 这则敕令以粉壁发布，戒饬内外臣僚不可徇私枉法、任人唯亲，此举对正行政系统裙带之风起到了重要作用。粉壁作为传播朝廷政令的媒介和载体，在宋代更为普遍，宋代粉壁所发布的内容也更加广泛，开始涉及经济事务。

3. 张贴榜文

榜文作为一种传播国家政令的媒介，最早起源于先秦时期。据《周礼》记载："正月之吉，始和布治于邦国都鄙，乃县治象之法于象魏，使万民观治象，挟日而敛之。"③秦汉时期，国家开始有意识地应用榜文，榜文内容涉及法律信息的有大赦令、通缉朝廷要犯等，只是汉代纸张未发明之前，朝廷是将政令写于木板上晓示民众，因此"榜文"在汉代又被称为"扁书"。宋代榜文成为主要传播媒介之一，朝廷或政府的通知公告、法律规范的颁布以及行政命令的下达等都要使用榜文，宋代榜文多与百姓的生活密切相关，如禁越诉、禁春季杀生、禁放火、司法审判过程与结果，将其通过榜文公布，可以起到宣传和警戒的作用，是维护社会安定、政治清明的重要工具。

4. 碑石

粉壁晓示是直接在墙上书写，而出榜的文字是用毛笔写在纸上，抑或雕印在纸上，都是以纸为载体。因粉壁不能耐受日晒雨淋，而纸也易损坏，所以有些地方则将法律条文刻在石头上，以便长时间保存。大观年间

---

① 《宋会要辑稿·崇儒》，苗书梅等点校，河南大学出版社，2001，第97页。
② 周绍良主编《全唐文新编》，吉林文史出版社，1999，第1264页。
③ （汉）郑玄注、（唐）贾公彦疏、彭林整理《周礼注疏》，第42页，转引自刘少坤等主编《国学经典选注》，北京理工大学出版社，2019，第31~32页。

立有五刑碑，有时会把一些典型的律法事件刻在石头上，以示警戒。如南宋绍定元年，平江府的府学诉陈焯侵吞学田之案就被刻于碑石上。但碑刻需要专门的工匠，既需人力又费财力，它的成本远高于粉壁书写和文榜张贴，所以这一形式并未普及。

5. 朝廷官报

自唐宋设置专门的机构来负责官报"邸报"的编抄与发行以来，邸报所刊发的内容就基本依照朝廷和皇帝的意志，主要体现在其运行机制和新闻内容的规定上：第一，在运作机制方面，朝廷官报从内容选编、审核，到传抄四方，都必须经由朝廷各个部门层层操作和监管，有的报道还必须由皇帝亲自过目，内容审核把控较严；第二，在新闻内容方面，各个朝代对官报内容都是有严格规定的，以明朝为例，明朝万历年间，"'科臣王元翰请禁发抄，惟在军国之机，而明旨所禁并及未奉谕旨一切章奏'。熹宗天启元年（公元1621年），'禁抄发军机'。思宗崇祯元年（公元1628年），规定'各衙门章奏，未经御览批红，不许报房抄发，泄露机密。一概私揭，不许擅行抄传，违者治罪'。思宗崇祯十年（公元1637年），规定'凡关系机密者，不许抄传'"①。从上述规定可以看出，明朝时期发布的新闻内容的决定权掌握在朝廷手中，能够刊载在官报上的都是对朝廷有利、能代表其意志的内容，封建统治者将官报视为维护统治的工具。

6. 民间小报

古代报纸媒介除了封建官报，还有"小报"。小报是中国新闻媒介史上最早出现的非官方报纸，其所报道内容大多是朝廷不予公开、人们无法得知的内部消息，深受民众欢迎。南宋时期，时任朝廷中书舍人、吏部尚书的周麟之向皇帝呈上了《论禁小报》的奏章，他认为小报"肆毁时政、摇动众情""传播差除皆出伪妄""造谣欺众""眩惑众听"，朝廷"何以取信"，他"欲望陛下深召有司，严立赏罚，通行禁止"。在朝廷加强对小报的管理后，民间小报迫于生存压力，不得不遵守朝廷的规定，至少在内容上不能违背统治者的意志。明朝中期，虽然出现了合法的民营报纸，但其合法的原因也是其报道内容没有超出官方允许的范围。清朝民间报刊

---

① 倪延年：《中国新闻法制史》，南京师范大学出版社，2013，第74页。

《京报》的主要内容是根据"宫门钞[①]"和"辕门钞[②]"来编发的，以刊登经朝廷允许公布的官文书为主，基本是封建官报的翻版，反映封建统治者的意志，维护封建统治。

其实，不管是宣读于民、粉壁晓示、张贴文榜、刻于碑石，还是官方邸报、民间小报，其容量都有限。通过这些方式公布于民众之法，多是加以选择之后的部分内容。这一方面是技术条件所限，另一方面与朝廷的意志有关。

（二）古代媒介：有助于律法观念深入人心

中国古代，除了政府官报和民间小报会刊载国家法律条文和与法律相关的案件以外，古代杂剧、案件判词等也蕴含着律法观念。这些文学作品或根据真实故事改编而来，或创作而来，都能在一定程度上反映当时封建社会民众的律法观念状况。

1. 元代杂剧

元代杂剧是反映古代律法观念和思想的又一重要媒介。元代著名戏曲作家关汉卿创作的著名公案戏《张孔目智勘魔合罗》，讲的是河南府六案都孔目[③]张鼎这位精明的书吏办案的故事。这出戏讲了一位叫李德昌的商人，外出归来时病在庙中。他托一位卖魔合罗[④]的老汉高山投寄家书，不料被堂弟李文道骗去。李文道久有霸占其嫂刘玉娘之心，于是趁机赶到庙中，毒死了李德昌。李文道威胁刘玉娘不遂，反诬她毒死丈夫，并买通官吏将刘玉娘屈打成招。孔目张鼎看出其中破绽，提出疑问，于是府尹就把这件案子交给他，并限他三日之内断明。张鼎认真讯问、调查、设计取证，终于为刘玉娘平冤昭雪，使李文道得到应有的惩罚。戏中还提到张鼎一向断案有方，有口皆碑。

公案杂剧深刻地揭露了元代法律的无效性，抨击了贪官污吏的罪行，反映了广大人民的苦难生活和反抗精神。元代杂剧以其戏剧化的表演、生

---

① "宫门抄"，内容主要是朝廷政事动态，报道朝廷在当天或前一天发生的重大事件。

② "辕门抄"，以报道地方官府及当地官绅活动消息为主要内容的中国古代民间报纸。

③ 孔目是掌管文书档案的官吏。因为事无大小都要经过他的手，一孔一目，无不综理，故被称为"孔目"。

④ 魔合罗是梵语的音译，指用泥、木或者玉石雕塑成的小儿像。

动的情节在社会上传播开来，老百姓感叹做坏事的人终将会受到法律的制裁，而被冤枉的人也终究会沉冤得雪，受到法律公正的对待，这样的律法观念在传播过程中往往能够占据主流地位并且深入人心。

　　2. 判词

　　判词在当代一般被称为"裁判文书"。中国现代也有专门的中国裁判文书网站，对案件的审理过程和结果进行公示、传播。但是，中国古代判词除了包括朝廷衙门的判词外，还包括一些文人学士为了欣赏所制作的判词、科举考试中应试考生拟作的判词，以及为准备参与科举考试而练习拟作的判词、文学作品中的判词等，范围较当代裁判文书要广。从概念上讲，"判词就是对是非曲直的判断与评价的结果的文字体现，是法律判断的结果"①。从一定意义上来说，判词也作为一种媒介在古代社会中传播着法律精神和思想。

　　21世纪初出土于敦煌的《文明判集残卷》和《麟德安西判集残卷》，收录较完整的判词近三十篇，是重要的唐代判词史料。例如，就"奉判：弘教府队正李陵，往者从驾征辽，当在踩驻阵，临战遂失马亡弓。贼来相逼，陵乃以石乱投，贼徒大溃"②的事实，所拟判词为："若马非私马，弓是官弓，于战自可录勋，言失亦须科罪。今若勋依旧定，罪更别推……自然赏罚合宜，功过无失。失纵有罪，公私未分，更仰下推，待至量断。"③这一判词首先推测、分析了李陵失马亡弓的原因，或因贼来得突然，出其不意，或因李陵不善马弓，而性工投石。无论出于何种原因，李陵英勇善战、以石投敌的行为，使贼徒大溃，对其录勋重赏无可厚非。然而，李陵虽赢得了战斗的胜利，但其失马亡弓的行为，却触犯了唐律关于严格保护封建国家财产的规定，应科其罪。制判事实中"公私未分"，没有准确地交代李陵所亡弓马是官物还是私物，因而需要进行更进一步的调查，才能作出最后判决。上述判词不但反映了当时社会生活的客观情况，而且逻辑分析严密，富于说服力，表现了深刻的法律理念和法律思想。

　　而文学作品中的判词与上述所说的判词具有本质上的不同。因为"文

---

① 汪世荣：《中国古代判词研究》，中国政法大学出版社，1997，第1页。
② 汪世荣：《中国古代判词研究》，中国政法大学出版社，1997，第48页。
③ 汪世荣：《中国古代判词研究》，中国政法大学出版社，1997，第49页。

学作品中的判词主要考虑的是作者所认为的情理，而并非法律规定，是文学作品本身所要求的表达效果"①。它与其他艺术作品一样，源于生活又高于生活，是社会性、思想性与艺术性的完美结合，在一定程度上更利于传播。例如席方平一案描写了席方平赴阴间为其父申冤的故事。席方平的父亲席廉，与同乡姓羊的结了怨，姓羊的先死，几年过去了，席廉也病倒在床上，临危时对人说："姓羊的买通阴间差役来打我了。"顷刻全身红肿，惨叫几声便断了气。席方平看到父亲惨死，悲痛得连饭也吃不下，说："我父亲老实忠厚，钝嘴钝舌的，今天遭到恶鬼欺凌，我要到阴间替父亲申冤去。"在阴间，他先是向城隍首诉，以败诉收场。于是，席方平再上诉，郡司将席方平拷打之后，发回城隍复审，无果。席方平后又向冥府申诉，但由于无钱，在冥王审理此案时受尽了酷刑。席认识到了"阴曹之暗昧尤甚于阳间"② 的现实，便向二郎神投诉。二郎神齐集席廉、羊姓及衙隶、冥王、郡司、城隍，当堂对勘，查出席方平所言句句属实。于是二郎立判：

> 勘得冥王者，职膺王爵，身受帝恩，自应贞洁以率臣僚，不当贪墨以速官谤。……羊某：富而不仁，狡而多诈，金光盖地，因使阎摩殿上，尽是阴霾；铜臭熏天，遂教枉死城中，全无日月。余腥犹能役鬼，大力直可通神。宜籍羊氏之家，以偿席生之孝。即押赴东岳施行。③

然而无论是真实案件中的判词，还是文学作品中的判词，都阐发了为政清廉、办案公平正直的思想，当这些判词被公示于街巷、印刻在书本上进行传播时，围观、阅读到这些判词的人都能感受到律法的公平正义，从而代表正义的法理、情理深入人心。

古代媒介与传统国家律法的关系可以归结为：古代媒介是封建专制王朝用以维护封建统治的工具。此外，不仅官方媒介注重传播国家律法和与律法相关的事件，用于奴役思想、巩固统治，一些民营报刊和许多文学作品中也体现出国家律法的因素，传播着律法精神，随着时间的发展，律法

---

① 汪世荣：《中国古代判词研究》，中国政法大学出版社，1997，第13页。
② 张国风：《聊斋的狐鬼世界》，天津人民出版社，2019，第165页。
③ （清）蒲松龄：《聊斋志异》，辽宁古籍出版社，1994，第70页。

观念会逐渐深入人心。

二　古代律法报道的内容与特点

如前所述，古代媒介是封建王朝巩固统治的重要工具，有助于律法观念深入人心，那么古代媒介刊登了哪些内容，这些内容随着朝代的更迭又发生了哪些变化，呈现出了哪些特点，是需要进一步探讨的话题。

（一）古代律法报道的主要内容

早期的律法报道主要是一些法律条文的传播。如春秋时期的晋国和郑国为了将自己的意志昭告天下，树立自己的统治权威，就将刑法铸在鼎上，让世人永远瞻仰、铭记。战国时期，诸子百家争鸣，各派学术代表人物竞相向诸侯国君主递交写有其政治主张和治国方略的竹简，这些治国方略中不乏有法律条文、道德规范的信息，虽不是专门的法律报道，但也促进了法律的传播。春秋战国还出现过一种以"悬书"传播新闻的方式。它一般以匿名形式、采用借喻的方式来表述一些作者认为社会中不公平的事，多与律法相关。

到了唐代，纸张逐渐成为信息传播的载体。当时"进奏院状报""报状"等官方报纸，主要发布皇帝诏令、皇帝谕旨、朝廷律令、大臣表奏、官吏任免、奖惩等，也有地方政治、社会治安、征粮赋税、自然灾害、农民起义等内容。其中，有关朝廷诏令章奏以及其他政要事项的内容，可以看作是政府机构内部传阅的"法制内参"。这些大多与封建社会的法有关。

至宋代，"邸报"的刊期改为每日、每五日，或逐旬、每月等固定的时间，内容也更加丰富。"据《宋会要辑稿》所记，就有'朝廷政事、设施、号令、赏罚、书诏、章表、辞见、朝谢、差除、注拟'多项，见诸宋人笔记的还有刑罚案件，以及新近制版的法令条例，三省、枢密、六曹、寺、监、司的宣札符牒等，发行范围也进一步扩大，除发给诸路州郡藩镇长官以外，还发送至内阁幕僚、地方官吏，甚至是士大夫知识分子。"① 除官办邸报外，宋代民间小报也刊登一些法制信息。"或是'官员陈乞未曾

---

① 刘斌、李蕭：《法制新闻的理论与实践》，中国政法大学出版社，2005，第95页。

施行之事'，以及'寺院之泄露'之事，除皇帝的谕旨诏令外，主要有'今日某人被召'之类的朝廷时政动态，有'某人罢去、某人迁除'之类的官吏任免消息，有'朝廷大臣之奏议，台谏之章疏，内外之封事'等时政消息，这些都属于法制方面的新闻消息。"① 另外还有少数捏造、剽窃、道听途说的社会新闻，其中涉及"图财害命、某人离奇死亡"之类的信息，撇开其真实性不论，其也属小报传播的涉法消息。

明代中叶以后的律法新闻传播更为活跃，尤其体现在民间印报逐渐增多上。北京等地出现了民间的报房和从事抄报工作的行业，这就意味着明代法制信息的传播机制变得更加规范和系统。在前人的研究中，依稀看得到一些刊登在抄件和抄本上面的对发生在朝廷、民间的案件的报道。这些案件报道，类似于今天的社会新闻和法治新闻，例如明代《万历邸钞》中记录了一起宫廷盗窃案的报道：

> 大学士申题：本月（二十）二日出阁，不知何人开锁，盗去文渊阁印一颗。有旨："此印乃先朝钦降，以防奸伪。今被盗去，事有可疑。即便着厂卫衙门，严行访拿，务在得获。"印系宣宗钦降，六月朔日，补铸赐阁。②

（《万历邸钞》第 321 页）

上述报道讲的是盗贼偷了文渊阁藏先明皇帝钦降的印，皇上知道此事后，大怒，即命厂卫严加侦缉。但忙了几天，劳面无功，只好补铸一印了事。明代的邸报，除涉及法律案件的报道外，还敢于揭露朝廷弊政和官场的阴暗面。例如：

逮直京御史沈汝梁至京问

> 南京都察院左都御史辛自修参劾御史沈汝梁贪肆不拾，假公济私，乞赐罢斥，以肃法纪事。本年六月内阁巡视御史沈汝梁将各县胜罚银两，假发馈送为名，尽取入京，臣不胜骇异。已而，都御史肖崇业升自南京太仆卿，致仕后稍稍语臣云，崇业与沈御史向无交往，今

---

① 刘斌、李矗：《法制新闻的理论与实践》，中国政法大学出版社，2005，第95页。
② 见《万历邸钞》，第321页，转引自刘斌、李矗《法制新闻的理论与实践》，中国政法大学出版社，2005，第90~91页。

赃罚簿内，有送太仆寺礼银若干两，若令不升，本院几为所诬。臣闻
此语，随取簿一观，查得仪真县一项为礼仪事，沈御史票取犯人杨印
银一百二十四两，送太常寺三十五两，国子监四十四两，光禄寺三十
西，太仆寺十五两，各致敬论。又二项为礼仪事，取犯人余可教银三
十两，解送上元县讫。又二项为礼仪事，取犯人刘崇银三十两，打造
金花，送贺乡宦讫。又一项为公务事，取犯人余可教银三十两，解送
上元县讫。又清江县内查出一项为公务事，票取犯人曹风等银一百七
十四两，解上元县库讫。①

（《万历邸钞》第 299～301 页）

清代官报"邸钞"的内容主要是宫门钞、上谕、臣僚章奏三大部分。
其中，除刊登皇帝诏书、朝廷律令、官吏任免、社会治安等法制信息外，
在皇帝诏令、大臣奏章中还有征粮赋税、自然灾害等方面的与法制相关的
信息。

清初民间还发行一种小报（又称"小抄"），小报不像"邸钞"那样
有合法的社会地位和正常的消息来源，小报经营者往往采取与提塘和京报
房合作的方式来获取新闻消息，提塘与京报房也把那些不适合发在邸钞上
的内容转给小报刊载。曾发生的地方获罪官员闻讯后逃避刑罚的事件就是
刊载在小报上的。雍正五年（1727 年），四川按察使程如丝，因事获罪，
刑部奉旨下令将其立即处斩。而"部文到在十月二十九日，《京报》之小
抄到在前五日，十月二十四日……则程如丝斩决之信，在部文未到之先，
已宣露五六日矣"②。由此来看，小报不但乐于报道刑事案件判决结果，而
且其发行速度快于朝廷公文传播速度。

清代乾隆中叶以后，各地还出现了私人主办的民间报馆，最早出现的
是北京的"公慎堂"，还有天津的"永济""福兴公""协诚信"，广州和
苏州的"辕门抄"等，其中不少报馆的报道是有关法制诏令、官员废黜案
件以及官场勾心斗角等法制内容的。

由上述内容可以看出，逐渐发展起来的与律法相关的报道，在封建集

① 见《万历邸钞》第 299～301 页，转引自刘斌、李蕾《法制新闻的理论与实践》，中国政法大学出版社，2005，第 92～93 页。
② 史媛媛：《清代前中期新闻传播史》，福建人民出版社，2008，第 140 页。

权统治下发挥宣达政令、传播法制信息、反映社情民情的作用，这些信息对于我们今天了解当时的社会状况尤其是法制状况，有着珍贵的价值。

（二）古代律法报道的主要特点

中国古代的法制信息传播与现代法治新闻报道有诸多不同。从新闻来源来看，古代官报不准自行采访，信息只能依靠从事信息管理的官员提供或由相关人员打探。北宋"小报"出现后，民间开始有了"搜集信息、出卖信息赢利"的自行采集行为。随着法制信息源的增加，法制报道内容覆盖范围也越来越大，法制信息传播的载体也变得越来越先进。从远古时代到清朝，律法报道活动（来源、报道内容、报道载体、报道环节、报道形式）的成熟度基本呈递增的演进状态。

1. 信息采集模式的嬗变

中国古代的新闻传播机构是从"立法者"——皇帝那里得"令"而去，传给各级官府，各级官府以此为母体形成各种行政法令，最后再公布于全国。因此，古代大多律法报道都是不需要采访的，此时的信源就是朝廷和皇帝，甚至可以说皇帝决定报道什么就传播出去什么，古代律法报道呈现无人采访、无须采访的特点。

由官方主管、民间报房经营的《京报》虽然具有合法的社会地位和正常的新闻消息来源，但是《京报》既没有编辑、记者，也不得自行采写新闻。不过还是出现了少量由"探员""探报人"自行采写的法制新闻。如清朝《京报》之小抄上刊载的"程如丝被判斩刑上谕"比部文早五日，致使获罪官员闻讯自杀。这条司法机密必是由进奏院的官员、差官或家人（即为"小抄"提供新闻的"内探""省探""衙探"）以较强的新闻敏感和"包打听"的方式，嗅知"新闻线索"、探问"来龙去脉及真相"、收集相关信息，最后使之见诸极富生命力、具有法制新闻特点的非法报纸"小报"的。

由此可以说，古代法律信息的采集模式经历了最初的无人采访、无须采访，到官方报纸的不准采访，再到非法"小报""探子"的"嗅知信息源、实地访问、多方探询、收集处理信息、究其本质"的法制新闻采访过程。

2. 律法报道内容覆盖范围不断拓展

唐朝以前的法制报道内容主要是法律条文。从唐朝开始，进奏院状报的法制信息主要包括皇帝诏令、皇帝谕旨、朝廷律令、大臣表奏、官吏任免和奖惩等，也有地方政治、社会治安、征粮赋税、自然灾害、农民起义等内容。民间盛行的传播载体——"布告""露布"，其主要内容也是皇帝的诏书、各级官府的行政法令、军事命令及捷报等信息。

到了宋朝，朝廷官报的主要内容仍是皇帝诏书、官吏迁黜、皇帝行踪、京城大事、朝廷政事、官员奖惩、臣僚奏章、边情战报等；与之前不同的是，民间"小报"会发表一些中枢部门"未报之事"，这些内容往往是社会中不公的事，还有一些捏造、道听途说的社会新闻。

到了明朝，朝廷官报的主要内容仍与皇帝活动、皇帝谕旨、皇室动态、皇恩浩荡、官吏任免和奖惩及臣僚章疏等方面相关，但也不乏许多重大事件的号外报道。最典型的是《天变邸抄》记载了明熹宗天启元年五月初六日，发生在北京内城西南隅，以王恭厂大火药库附近一带为中心，涉及周围近百里地区的一起地震引起火药爆炸后造成的特大灾异事件。

而到了清朝，传播的内容就更加广泛，除了官报报道的朝廷之事，还包括重大刑事案件经过以及判决结果，比如"程如丝案""杨月楼案""杨乃武与小白菜案"等。

3. 律法报道载体不断演进

在古代的祭祀活动或军事行动中，因为尚无文字，奴隶主也就"言出法随"，以之号令奴隶。最初的法律传播，只能是口头传播，即传播形式是口耳相传。

后来，由于社会发展的需要，统治者为了把有关法令传到更远的地方、传至更多的人，有时在个体传播中又使用烽烟、旌旗、金鼓和木铎等辅助介质。《左传》引《尚书·夏书》载："每岁孟春，遒人以木铎徇于路。"[①] 说的是被称为"遒人"的行政官员，摇动木铎，巡行于各地，到乡里路上去询问百姓关于国政的事。

在有了青铜之后，奴隶主便把一些重要的法律条文铸在青铜上，如春秋时期的晋国和郑国，就将刑法铸在鼎上，以昭告天下，让世人永远瞻仰、铭记。这便是历史上所谓的"刑鼎"。

自汉代起，我国进入了以文字传播为主的时代。文字传播的载体，早

---

① 王世舜、王翠叶译注《尚书》，第375页，转引自施建平、曹然《五代出版与新闻传播研究》，苏州大学出版社，2019，第126页。

期以竹木制成的简牍和丝织的绢帛为主，造纸术发明后，逐渐发展为纸。而传播的方式，主要有布告、露布、驿传等。布告是将皇帝的诏书和各级官府的行政法令，在固定的地点悬挂或张贴，以布告天下百姓。露布则是流动性的，将军事命令及捷报等信息写在绢帛或木板上，"露而宣布，欲四方速知"。驿传是由驿吏通过驿站和传车，一站接一站地传达有关信息。三国时期，曹魏的驿传制度最为健全，不仅在境内建立起四通八达的驿传站点，设有专用于驿传的"急锋车"，还制定了专门的单行法《邮驿令》。据记载，其驿传速度每日可达三百余里。

至唐代，各地节度使纷纷在京城设立办事机构，起初称"邸"，后改称"上都留后院"或"上都邸务留后院"，之后又改称"上都知进奏院"，简称"进奏院"。各地节度使派驻进奏院的官员，简称"进奏官"，泛称"邸使"或"邸吏"。由邸吏向地方传播的信息情报，当时被称为"进奏院状""状报""报状""上都留后状""留邸状报""邸吏状""报"等。

宋代开始出现由政府中枢部门统一管辖和编发的官报——"邸报"。除了官办邸报，颇具新闻性与时效性、屡禁不止的非法民间报纸——"小报"也是载体之一。明代中叶以后，北京等地开始出现民间的报房和从事抄报工作的行业，律法消息传播更为活跃。清代乾隆中叶以后，北京等地还出现了私人主办的民间报馆，其中以"公慎堂"为最早，还有"聚兴""聚升""公兴"等十几家报馆。

从上述情况可以看出，中国古代的律法新闻传播，是随着传播工具的发展而不断成熟的，逐步地从口头与木铎传播到甲骨与铜器刻字传播、简牍与绢帛书写传播，再到纸张与印刷传播。在发展过程中，律法信息传播被深深地打上了时代变迁的烙印。特别是在漫长的封建社会中，封建统治者和士大夫们对于"法"的阐释，对古代律法新闻传播产生了巨大影响。

三　古代律法报道活动的运作机制

古代律法报道活动的运作机制是指古代律法新闻报道的程序，包含了采访收集资料、整理记录成文、发布新闻消息的完整过程。据史料记载，早在夏商周时期就有遒人使者"摇动木铎，行徇于各地"，既宣达政令，又进行采风活动，比如征集民间流传的故事、谚语、歌谣以及关于各封国的政治、社会、军事及民间习俗的杂文等，这与现代的新闻采集活动很相似。采集活动完成，遒人使者便将其整理、记录成文，分别呈送各级官员，以使他们了解民俗下情。古代律法新闻还有一种更为常见的报道流程，即皇帝直接颁布政令，宫廷御史编辑印发，后向全国发布。在当时，这是一种以传播某一新闻事件为内容的特殊诏书——新闻诏书，可以看作后世正式官报的雏形。

西汉时期，疆域辽阔，为了实现对诸侯王及其食地的有效控制，西汉在秦朝驿道的基础上，进一步完善了驿传制度，并准许各诸侯在京城设置被后人称作"邸"的机构。在京城设邸的地区，被称为"甘泉作诸候邸"①。《西汉会要·百官表》中言："大鸿胪，署官有郡邸长丞。"② 汉代"大鸿胪"相当于秦朝的"典客"，秦朝的"典客"承袭于周朝时的"大行人""小行人"，三者职责大体相近，具体掌管诸侯王及归顺中央政府的少数民族事宜。除此以外，"大鸿胪"的作用还有"通奏报，待朝宿"。通奏报，即"大鸿胪"通过向中央政府转呈地方官员的"奏章"和向地方官员传递京城的动态、宫廷的新闻、官员的升黜以及朝廷大事等内容的双向信息流通，实现中央政府和地方官员之间信息的沟通和交换。"或许西汉帝国已经建立了一个或近似于新闻传播的机构，譬如'大鸿胪署官有群邸长丞'（即郡邸长与郡邸丞，长为正职，丞为副职），帝国的政治现实和行政管理等多方面的原因，都强烈要求人们必须建立这样一个适合帝国需要的机构，否则像西汉王朝这样庞大的帝国，其国家机器的运转要求达到正常化将是不可能的。"③ 由此可见，文书传报的机构在汉朝已萌芽。

（一）唐朝：中央政府文书传报系统初现

在经历了前面数千年的孕育和秦汉时期的迅速发展后，唐朝已经初现一个以传播朝廷政事信息为主要内容、以服从、服务于中央集权政府为主

---

① 戈公振：《中国报学史》，上海商务印书馆，1927，第28页。
② 《西汉会要·百官表》卷六十六，转引自倪延年主编《中国新闻法制通史·第一卷：古代卷》，南京师范大学出版社，2015，第118页。
③ 尹韵公：《中国明代新闻传播史》，重庆出版社，1990，第3~4页。

要功能的分层次的新闻活动事业体系。

唐朝朝廷中存在一种名为"报状"的书写品，"报状"是由中央政府编发、在一定职级官员中公开传播、在一定程度上代表皇帝和朝廷意志的朝廷政事信息传播载体，经过皇帝的批准编发，某些内容是否发布甚至要由皇帝亲自决定。李德裕《论幽州事宜状》的最后一句话是"伏望留中不出"，这就是说，希望皇帝不要在"报状"上把这件事传报出去。由此可见，"报状"是由朝廷对谕令章奏进行选择后发布的。同时也表明，尽管中国古代的报纸形态还很原始，但已经是一种具有政治倾向性的宣传工具。

为了方便管理地方事务，唐朝在地方设立了藩镇长官，藩镇长官们为了探知朝廷政事动态，派亲信常驻京城并设立专门机构，配有专门人员，负责打探朝廷政事并及时向藩镇汇报。这类机构起初被称"上都邸务"，主管官员被称"上都邸务留后使"，而后机构改称"上都知进奏院"，其主管官员改称"上都知进奏院官"。进奏官们在京城从事朝政动态收集、选编、抄发事务，向地方节度使提供京城动态，通报信息，传播新闻。由进奏官们采写并形成的这种文字传报被称为"进奏院状报"。节度使把一些报状和进奏院状报转给其副手阅知，并要求其把上面的某些内容，加上本地区的军政动态，抄写成"观察使报（牒）"，使朝政信息在更大范围的文武官员之间传播，由此形成了中央政府的报状、地方的进奏院状报、地方节度使副手观察使转抄增减后形成的"观察使报（牒）"这样一个内容相关、层次有序、范围递扩的朝政动态新闻传播系统（见图 2-1-1）。

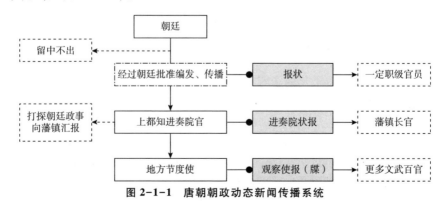

图 2-1-1　唐朝朝政动态新闻传播系统

（二）宋朝：设专门机构统一管理全国新闻活动

北宋时期对"进奏院"的管理体制和"进奏院状报"的运作机制进行了全面的改革，形成了全新的、集中式管理的北宋新闻事业管理体制。宋朝太平兴国七年（982 年）以前，中央政府的官报由中书省以"报状"的形式抄发全国，各地州道镇在京城自设进奏院，进奏官们选编成进奏院状报后，抄报给派遣他们驻京的藩镇长官。太平兴国七年以后，皇帝降旨在朝廷设了"铃辖诸道都进奏院"[①]（简称"都进奏院"），主管被称为"监都进奏院"[②]，统一管理全国各地在京城所设的进奏院及其传播活动，对上则负责把各州镇需进呈朝廷的文报奏章转呈专门接收案牍的"银台司"。

北宋时期朝廷新闻活动上行的运行机制主要包括如下环节：第一是驿卒将各州镇的文报送到京城；第二是呈给分管该州镇进奏通报事务的进奏院；第三是由进奏院将此文报呈报给"掌受天下奏状案牍"的朝廷衙门银台司；第四是由银台司官员把文报呈报给"掌受银台司所领天下章奏案牍，图门在京百司文武近臣表疏"的通进司；第五是通进司将奏章文牍呈送给门下省；第六是门下省进呈给皇帝阅处决断（见图 2-1-2）。[③]

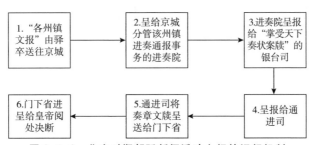

图 2-1-2　北宋时期朝廷新闻活动上行的运行机制

在上述机构中，门下省、通进司、银台司等都有前朝先例可循，唯有"都进奏院"是新设立的机构，也是中国新闻事业史上第一个由皇帝决定、国家授权按照政府的意志对社会新闻活动实施行政管理的职能机构。

---

① 倪延年：《中国新闻法制史》，南京师范大学出版社，2013，第 135 页。
② 倪延年：《中国新闻法制史》，南京师范大学出版社，2013，第 135 页。
③ 倪延年：《中国新闻法制史》，南京师范大学出版社，2013，第 137 页。

将案牍奏章呈送给皇帝，经由皇帝批阅后成为传播内容的下行运作机制包含以下几个环节：第一，按照皇帝的意志对奏章案牍进行分流，其中大部分作为档案"留中不出"，一部分皇帝认为可以对外传播的内容下行到门下后省；第二，由门下后省官员把经皇帝批示下行的章奏案牍进行编辑；第三，把门下后省官员编定的进奏院状报稿本呈送给门下省分管文报抄传事务的给事中审核；第四，把经过审核后的进奏院状报底本下行到进奏院进行发布；第五，那些奉旨集中办公的进奏官们分别抄传给分管州镇军的将领官吏，以达到"通朝政"的目的。由此形成了宋朝进奏院状报从编辑、审核、发布到抄传的完整运行机制（见图 2-1-3）。①

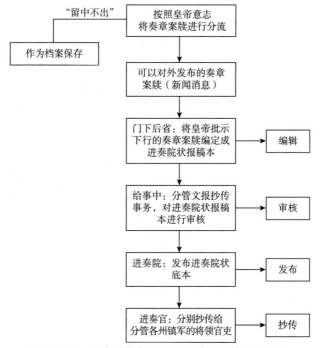

图 2-1-3　北宋时期朝廷新闻活动下行的运行机制

后又规定"每五日令进奏官一名"，到合门司或其他中央政府部门抄录有关朝政信息，编成报状，"进奏院所供报状，每五日一写，上枢密院

---

①　倪延年：《中国古代报刊法制发展史》，南京师范大学出版社，2004，第 101~102 页。

定本供报"①。"定本"制度被废止后，朝廷又在枢密院和中书省增设检详（检正）文字户房，只有通过检详（检正）官检查的进奏院状报文稿，才能经进奏官之手传抄"四方"，由此朝廷实现了对新闻传播内容的完全控制。

在改革前，各进奏院在京城中是一个独立体，只对各藩镇长官负责，进奏院之间也没有任何公务上的往来。改革后，各州镇进奏院房舍全部上交朝廷三司管理，所有进奏官改由朝廷任命，并集中到"都进奏院"办公。同时规定承发文字只能在集中办公地点进行，所有公文不准带回住处，以免公文泄露。朝廷通过授权、任官及管理的方式，把进奏院的活动置于朝廷命官严格的管理和控制下。进奏院的活动方式也发生了质的变化，从原来基本属于"自采自发"的状态，转变为只能从朝廷命官手里接受准予传报的新闻消息抄报。总之，改革之后的宋朝进奏院成了由朝廷直接管理的国家新闻事业的组成部分，传播的都是朝廷希望传播的内容。

南宋时期的朝廷官报仍然沿用北宋时期创立的运行机制，但有关规定更加具体和严密。根据《宋会要辑稿·职官》、《宋会要辑稿·刑法》以及《庆元条法事类》等文献记载，南宋朝廷官报"朝报"的运行机制大致有如下四个特点。一是南宋时期仍设都进奏院，其主管部门是门下后省。二是都进奏院通过编写朝廷官报"朝报"的方式将朝政新闻"播告四方"。三是进奏院朝报的内容是由朝廷命官决定的。在进奏院朝报编成后，还必须经由宰相亲自审定后才能由进奏官们传抄，这就是进奏院朝报运行过程中的"定本"制度（见图 2-1-4）。四是规定朝报所传抄的内容必须代表朝廷意志，朝廷主要从经济方面规制进奏院的活动和进奏官的行为。

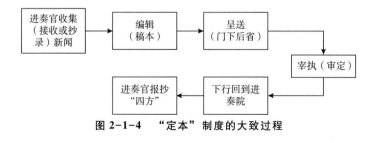

图 2-1-4　"定本"制度的大致过程

———————

① 《宋会要辑稿·职官》二之四五，转引自倪延年主编《中国新闻法制通史·第一卷：古代卷》，南京师范大学出版社，2015，第 143 页。

（三）明清：朝廷官报的运作机制逐渐完善

明代朝廷官报"邸报"的管理体制与宋代有所不同。宋代是在京城设立在枢密院或中书（门下后）省之下的"铃辖诸道都进奏院"，对各州军在京城设置的进奏院和进奏官的文书传报工作实行集中管理。明朝中央政府不设"都进奏院"，而是设置了"掌受内外章疏、敕奏、封驳之事"①的通政司，同时把隶属于中书省的六科划归通政司直管。据《中国法制史大辞典》记载：

> 通政司官署名。明清时收受、检查内外奏章和申诉文书的中央机构。其长官为通政使。《明史·职官志二》："通政使掌内外章疏敷奏封驳之事。"②

从《中国法制史大辞典》关于通政司职能的表述中可以看出，凡是各地官员的奏疏或者百姓的民情反馈，都必须经过通政司处理。通政司汇集各地奏报之后，核对内容，抄录副本，然后再报告给皇帝。通政司不仅"掌受内外疏陈敷奏封驳之事"，而且还要安排六科"内外所上章疏下，分类抄出"③，统筹协调新闻传播事务的特权进一步扩大。明朝已经形成了一个完整而封闭的朝廷新闻汇总和发布机制。经过层层筛选出来的新闻信息由六科"分类抄出"后，各省派驻京城的提塘官按时来六科抄录朝廷公布的朝政信息、皇帝批下的章奏及谕旨，再传报四方，供各衙门"抄出奉行"和"互相传报，以知朝政"。这就形成了具有鲜明特点的明朝朝廷官报"邸报"的管理体制和运行程序：皇帝决定发布的臣僚章奏和朝政新闻直接下到通政司；通政司使或左右通使负责编辑，交由六科直房在六科廊房发布；各省巡抚及总兵官派驻在京城"专司邸报"的提塘官每日派人来六科廊房抄录，然后传报天下（见图2-1-5）。这种简洁明了的管理体制和运行程序，对于提高朝政信息传播速度的作用十分明显。

---

① 龚延明：《简明中国历代职官别名辞典》，上海辞书出版社，2016，第52页。
② 蒲坚：《中国法制史大辞典》，北京大学出版社，2015，第1152页。
③ 《明史·职官三》卷七十四，转引自倪延年主编《中国新闻法制通史·第一卷：古代卷》，南京师范大学出版社，2015，第235页。

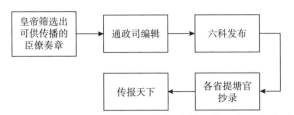

图 2-1-5　明朝朝廷官报"邸报"的管理体制和运行程序

清朝官报的运行机制如下：第一是各省"疏章"经提塘递至京城的各省公报房；第二是各省在京提塘官将疏章送至通政司；第三是这些疏章经由通政司副使、参议校阅后封送内阁；第四是"封送内阁"的"内外诸司题疏"由大学士进呈皇帝；第五是皇帝对进呈的章疏及内阁的"票拟"作出决断后下放到军机处；第六是内阁奉旨把题本发往通政司的"六科"，由六科传抄；第七是由各省在京提塘官到六科抄录朝廷发布的"题奏奉旨之事"；第八是各省在京提塘"公设报房"，把上述内容编排印刷，形成"转发各省"的"邸钞"；第九是"公报房"印刷的"邸钞"由提塘传报系统"封发各将军督提镇"①（见图 2-1-6）。

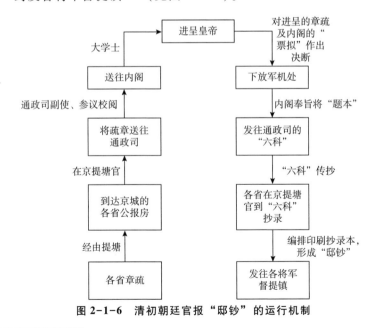

图 2-1-6　清初朝廷官报"邸钞"的运行机制

① 倪延年：《中国新闻法制史》，南京师范大学出版社，2013，第 241 页。

　　清初"邸钞"的运行机制及程序与明朝相比：首先，在正常运行的同时，又规定直隶提塘负责各部院衙门"应行发抄事件""按日刊刻颁发"的事务，也就是其拥有集中发布朝廷各部衙门朝政信息的权力；其次，规定各省在京提塘必须"公设报房"，兵部管辖的提塘不仅要将"邸钞"传示四方，而且还负责印刷"邸钞"。这是清初朝廷官报"邸钞"运行机制的两个明显特点，为的就是杜绝"私抄讹传泄露之弊"。

　　总的来说，古代朝廷官报信息发布的最高决策者是朝廷和皇帝，发布内容都是由皇帝决定的，代表着皇帝和朝廷的意志。

第二节　近代律法新闻报道的发展

　　1815 年，英国传教士罗伯特·马礼逊在南洋马六甲创办了中国历史上第一份中文近代月刊《察世俗每月统记传》，拉开了中国近代新闻史的序幕。随后，欧美发达国家的传教士和商人纷纷在东南亚和中国本土创办中外文报刊，例如《东西洋考每月统记传》《特选撮要每月统计传》《遐迩贯珍》《各国消息》《万国公报》。这些报刊主要宣传西方教义，介绍西方政治、经济、法律、科技。虽然这些报刊是西方殖民者的宣传品，但其带来的报纸的办报方式，在客观上对我国自办报刊起到了催化和示范作用。这些报刊中关于西方革命、重要法令的宣传以及关于中国本土重大案件的报道就是中国近代史上最早的与法律相关的新闻报道。

　　报纸真正产生广泛影响力是在商业性报纸大规模出现以后，当时外国人为了促进在华贸易，筹办了不少营利性报刊，这些报刊在各通商口岸迅速发展，中国早期商业报纸也随之繁荣起来，《申报》《字林西报》《上海新报》就是其中的代表。它们虽是商业性报刊，但也刊登一些与法律案件相关的新闻。《字林西报》开辟了《会审案件》的专栏，成为最早报道案件新闻的中文报纸之一。《上海新报》也设置了《公堂案件》《英华案件》等专栏。《申报》更是凭借对"杨乃武案"连续三年的追踪报道，成为新闻舆论监督司法的典型案例，可以被视作近代法制新闻传播的开端。

　　维新运动期间，各地积极创办报刊，打破了外报在中国的垄断地位。出现了一批著名报人的同时，一些专门从事法制案件报道的记者也开始出现。1864 年香港出版的《华字日报》①，就有专职的"法院记者"专门报

---

① 　清同治三年（1864 年）由陈霭亭在伍廷芳、何启帮助下创办于香港。黄平甫、王韬、潘兰史、赖文、林子虬等先后任主笔。其初创时形式上仿同《中外新报》，但篇幅较小，主要译载西报及转载《京报》稿件，借印于英商所办英文报纸《德臣报》，后渐臻发达，乃自办印刷。

道法制案件。

此外，一些政党还在上海、北京、天津等地创办了一批以传播政治新闻、宣传自身政治主张为主题的报刊。这些报刊有着鲜明的政治立场，造就了近代律法新闻报道与政治紧密联系的传统。

一　近代国家、媒体与律法新闻报道的关系

近代律法新闻报道的发展几乎与近代政治史发展同步，所以，这类报道反映了近代社会的动荡。且不同的政府颁布的一系列限制新闻自由的法律法令也在一定程度上影响了近代法制报道的发展。此外，近代媒体的自身处境也对律法新闻报道产生了影响。

（一）近代新闻行业管制影响律法新闻报道

近代政府对新闻业的干预程度直接影响着报刊报道律法新闻的大胆程度。鸦片战争后，凭借不平等条约，西方传教士获得了在中国办报的特权。因此这一时期的媒体报道法制案件相对自由，最具代表性的是《申报》①对"杨乃武案"的报道，它是推动该案水落石出的重要媒介和舆论力量。但媒体报道自由的时间十分短暂，戊戌政变后，宽松的办报环境完全丧失，办报活动重回到清政府严厉的管制之下，并且清政府陆续制定了《大清印刷物专律》②《报章应守规则》③《报馆暂行条规》④《大清报

① 《申报》，由英商美查于 1872 年 4 月 30 日创办于上海，历经了清朝同治、光绪和宣统三代，又经历了辛亥革命、五四运动、北伐战争、抗日战争和解放战争等，出版时间长、影响广泛，在中国新闻史和社会史研究方面都占有重要地位，被人称为研究中国近现代史的"百科全书"，至 1949 年 5 月 27 日上海解放时停刊。

② 《大清印刷物专律》，颁布于 1906 年，是清政府制订的第一部有关报刊出版的专门法律，共有大纲、印刷人等、记载事件等、毁谤、教唆、时限等 6 章 41 款，是我国出台的关于新闻出版最早的专门法律。

③ 《报章应守规则》，清光绪三十二年（1906 年）由巡警部拟订颁行，共 9 条。规定新设报馆必须呈报批准，不得诋毁宫廷，不得妄议朝政，不得妨害治安，不得败坏风俗。其为《大清报律》正式颁布前的暂行条例。

④ 《报馆暂行条规》，清政府民政部于 1907 年 8 月颁布，共 10 条。其中大部分条文与《报章应守规则》类似。只增加了一项新内容，即：凡开设报馆者，均应向该馆巡警官署呈报，俟批准后方准发行。其把《大清印刷物专律》中规定的注册登记制度，改为更加严格的批准制度。

律》① 等一系列新闻法规，也首次颁布了媒体报道司法的相关限制性条例。比如《报章应守规则》规定了"不得对未定案前的关涉词讼之案妄下断语，并不得有庇护犯人之语"② 以及"不得擿发人之隐私，诽谤人之名誉"；《大清报律》规定了"诉讼事件，经审判衙门禁止旁听者，报纸不得揭载"③ 以及"预审事件，于未经公判以前，报纸不得揭载"④；等等。在法律条文的约束下，近代法制类报道的自由很是受限。

1911 年辛亥革命推翻了清政府统治，1912 年中华民国南京临时政府成立，废除了清政府的《大清报律》，并实行新闻自由的政策，这一时期不但没有专门的法律条文来限制媒体报道法制案件，而且《中华民国临时约法》和各地方法规还规定了保护言论出版自由的政策。在自由思潮的影响下，该时期是近代与法制相关的报道最为自由和大胆的一个阶段，"姚荣泽案"即是例证。各大报刊媒体在报道"姚荣泽案"时评议尖锐、犀利，还多次对司法审判过程和法官的行为进行批评性报道。该案发生在民国刚建立后不久，新政权确立自由新闻体制的根本目的也是"巩固新生政权，不给敌人任何攻击新政权的自由"⑤，因此，民国初期的新闻法制建设为法制类报道创造了良好的发展环境。

从北洋政府时期起，与法制相关的报道实践开始呈现与政治管控博弈的现象。袁世凯篡夺辛亥革命的胜利果实后，加强了对新闻言论自由的控制。针对 1913 年的"宋教仁案"，《民立报》登载了"知此可骇、可诧之暗杀案，非仅二、三奸徒为之，而内幕中，必有政治关系有力之人，为之指使"⑥ 以及"然则直接以杀宋者，乃'夫己氏⑦'也"⑧。这里的"政治关系有力之人"和"夫己氏"，暗示元凶就是袁世凯。由此可见，媒体对北洋政府控制下的司法的不信任感日益加剧。媒体评论对袁世凯政府的执政形成了一定的压力，在"宋教仁案"发生之后的第二天，袁政府为钳制

① 《大清报律》1908 年 3 月 14 日奉旨颁行。该报律共 45 条，除将先前颁行的报刊禁载的规定全部收入外，还新增了不少限制性条款。
② 叶再生：《中国近代现代出版通史》（第一卷），华文出版社，2002，第 962 页。
③ 戈公振：《中国报学史》，商务印书馆，1927，第 354 页。
④ 戈公振：《中国报学史》，商务印书馆，1927，第 354 页。
⑤ 马光仁：《中国近代新闻法制史》，上海社会科学院出版社，2007，第 99 页。
⑥ 《呜呼，万恶之奸徒，人道之贼，公理之贼》，《民立报》1913 年 3 月 22 日。
⑦ 指某人，不欲明指其人名时之称。
⑧ 《为宋案责问政府》，《民立报》1913 年 4 月 10 日。

舆论，在其统治区域内实行严格的新闻预检，同时通令各地对报纸"严防取缔"。为压制舆论，掩盖事实真相，袁世凯于 1913 年 5 月 1 日亲自出面发布针对"宋教仁案"的专门性法令，明确规定："预审秘密，向为东西文明各国通例，宋案未公开以前，一切进行顺序姑无论虚伪如何，请勿登载，以维持法律。"① 内务部随即发出训令："凡罪案未经审判以前，照律不得登载新闻。"②

此外，1914 年 4 月，袁世凯政府制定了《报纸条例》，12 月又出台了《出版法》，这是中国历史上第一部《出版法》，主要内容涉及"报纸发行人（编辑人）""印刷人条件和要求""送检规定""禁载规定"等方面。《出版法》与《报纸条例》相比，其管辖范围扩大到了"所有用机械及其化学材料印刷之文书图画出售或散布的出版品"。可见近代法制类报道的自由几乎全无。

1927 年南京国民政府成立。为打击异己，巩固自身统治，蒋介石开始加强对新闻事业的控制，采取一系列措施整合国民党内部各派系的新闻事业，统一舆论口径。首先，1928 年 6 月，国民党中央第 144 次常务会议通过并颁布了《设置党报条例》、《指导党报条例》和《补助党报条例》3 个条例，意图以党内文件、党的纪律形式来加强对党的报刊的控制。其次，在人事安排上加强对《中央日报》等大报的控制，1931 年 6 月 CC 派③的赖琏接替严慎予任《中央日报》总编辑，《中央日报》吞并了《民国日报》和《京报》，成为国民党系统以"拥护中央，消除反侧，巩固党基，维护国本"为职责的最大报纸，完全成为蒋介石集团的舆论工具。1932 年 1~5 月，《江声日报》副刊《铁犁》陆续发表了《当》、《边声》、《端午节》、《下事须知》、《我们的希望》和《时代不是时代》6 篇文章。江苏省主席顾祝同指出这些作品有蓄意煽起阶级斗争、鼓动红色恐怖之用意，于是将刘煜生以"宣传共党，意欲颠覆政府"的罪名抓捕起来。社会各界都为刘煜生求情，但最终还是以刘煜生被判死刑而告终。可以说，这一时期

---

① 《应夔丞已受预审》，《盛京时报》1913 年 5 月 11 日。

② 穆中杰：《管窥袁世凯政府的新闻法制》，《新闻爱好者》2011 年第 5 期。

③ "CC 派"是指以陈果夫、陈立夫兄弟为首的国民党内的一股势力。他们以国民党组织部和中统局为根基，向文化、教育等区域横向发展。陈氏兄弟与蒋介石关系紧密，该股势力组织严密，根基非常深厚。

政府对媒体的控制达到了空前的强度。

在清末和临时政府时期，政府和媒体的冲突尚未达到激烈程度。但在北洋政府时期和南京国民政府时期，媒体对于立法、刑事、言论自由等各方面的报道越来越广泛，触动了政府敏感的神经，政府对于媒体的限制就越来越严格，从而新闻立法越来越多，规制越来越多，媒体报道司法的范围越来越小。从表面上看，是媒体与政府的关系日趋紧张；但从法制报道的进程看，此时期报纸无法自由报道与诉讼、司法案件相关的新闻，法制报道实践相对减少，导致这一阶段的法制新闻报道发展不快、进步不大。

（二）近代媒体自身处境影响律法新闻报道

近代媒体的自身处境与其报道的策略、尖锐程度、所持立场有很大的关系。例如《申报》是英国商人美查在上海创办的报纸，创办初期，由于美查外国人的特殊身份，所以在"杨乃武案"发展的整个过程中，其都能站在专业新闻媒体的立场去客观地报道，而不用顾及清政府当权的态度。除了报道"杨乃武案"，《申报》还刊登了一条《清廷查办一名渎职官员（云南按察使）》的专电。这是我国第一条报纸上的新闻专电，也是一则反映官员违法行为的涉法新闻。"《申报》勇于采访报道中国本土高官犯法事件的'打老虎'行为，实际上是占得'英国人办中文报纸，议论中国国内敏感事件不加束缚'的便利。"① 1912 年是《申报》最艰难的一年，它面临着资金周转困难、报社难以维系的生存问题，同时又没有了外国人的庇护，锋芒渐渐收敛，日渐保守。对于涉及政治案件的报道更是极为敏感和慎重，因此其舆论导向也随着政局而不断变化。在报道"宋汉章案"时，仅从报道标题就可以看出其对政府的恭敬和顺从，如《上海陈都督电》《财政部总长陈锦涛君致沪军都督陈其美函》《司法总长与沪军都督往来公文（为宋汉章被捕事）》《陈都督之宣言》等文章，从文章名称对新成立政府官员的尊称，可明显看出《申报》没有了之前报道的犀利、勇气与正气，只是扮演了传声筒的角色，其言论逐渐与政府立场保持一致。

媒体对司法事件的干预也影响着近代法制类新闻报道。当媒体对法制

---

① 姚广宜主编《法制新闻采访教程》，北京大学出版社，2007，第 68 页。

事件关注和评论过度时，司法就会排斥媒体，甚至打击报复；而当司法部门对媒体过分关注和限制时，媒体则会降低参与司法的积极性，此时媒体就无法更好地进行舆论监督，甚至只能与政府保持言论一致，在法制类新闻报道的发展上所能贡献的力量极其有限。如 1873 年"杨月楼案"发生伊始，《申报》就开始跟踪报道，《申报》除了刊登本报主笔的报道，还作为一个多方意见交流的平台刊登各方来稿，各方都对此案司法审判进行了不同程度的批判，对此司法官员作出回应：1874 年 6 月，上海县知县叶廷眷发起、创办了官报《汇报》，欲代表官方发言，以建立正统舆论为由压制民报《申报》的声音，正如报道所揭露的那样，"欲设官报以灭民报，亦如塞众口而独逞己志"①，另有上海邑尊贴告示诽谤申报馆受贿，想要破坏《申报》的名声。再如 1913 年发生在上海的"宋教仁案"，该案掀起了全国性的舆论浪潮，为当时国民党反抗袁世凯的统治奠定了一定的思想基础，在某种程度上影响了袁世凯政府的执政形象，故为遏制报纸对该案的报道，特由警察厅对报界发出禁令，明确规定："预审秘密，向为东西文明各国通例，宋案未公开以前，一切进行顺序姑无论虚伪如何，请勿登载，以维持法律。"②袁世凯政府还规定预审期间严禁报馆记者旁听，使报纸无从探其内容。在"宋教仁案"结束以后，袁世凯愈发加强了对报刊出版与发行的法律控制，尤其加强了对媒体报道司法案件的限制，这不能不说是"宋教仁案"中媒体过度干涉司法所造成的后果。

二 近代法制类新闻报道活动的内容和特点

由于中国近代没有真正的法律制度，因此也就没有所谓的真正的法制新闻。但相较于古代的法律传播活动，近代的律法新闻更近似于我们今天所说的法制新闻，比如近代报刊会经常针对一些诉讼案件、司法方面的新闻进行专门报道，一些较大的报刊、通讯社还聘用了专门的"法院记者"。这对法制新闻的发展来说，无疑是一个较大的进步。

清末是西法东渐的初始阶段，西方先进司法理念的输入主要依靠近代报刊的宣传。中国近代最具影响力的中文报刊是《申报》，于 1872 年 4 月

---

① 《上海日报之事》，《申报》1874 年 5 月 12 日。
② 《应夔丞已受预审》，《盛京时报》1913 年 5 月 11 日。

30 日在上海创刊，存续了 77 年，见证了中华民族半个多世纪的变革和抗争。《申报》77 年涉法新闻报道的功劳有二：一是凸显了法制新闻报道的专业性，赋予了法制新闻报道独立的报道特征，并以此区别于其他的新闻报道门类，二是成为中国近代宣传律法的载体之一。总的来说，《申报》的法制类新闻报道是中国法制发展的必然结果，也是中国法制发展进程不断推进的重要原因。

基于此，本书将以《申报》刊登的法制类报道作为考察蓝本，辅之以《民立报》《时报》《大公报》等对相关事件的律法报道，对一些主要案件的报道内容和特点进行分析。

（一）以诉讼案件为题材的法制类报道的内容及特点

《申报》所刊登的法制类报道以诉讼案件居多，更关注下层群众的不公平遭遇，学者这样评价《申报》："注重抓准新闻卖点，敢于伸张正义、不畏强权、不受利诱。"[①] 这些报道内容在一定程度上也与当时的政治环境有关。

1. "杨乃武案" 的相关报道

"杨乃武案" 是《申报》近代以来第一个连续报道的刑事案件，《申报》对 "杨乃武案" 平反昭雪发挥了至关重要的作用。自 "杨乃武案" 发生那一刻起，《申报》就对其进行跟踪报道，本着故事还原原则，在传统法律制度的背景下，有一份证据说一份话，让当时的读者了解真实的案情，引发社会广大群众关注，在一定程度上制造了舆论，推动了整个案件的平反（见表 2-1）。

表 2-1　《申报》对 "杨乃武案" 的部分报道

时间	报道标题
1874.1.6	《记禹航某生因奸谋命事细情》
1874.1.13	《详述禹航某生因奸谋命事案情》
1874.1.14	《禹航生狱中自毙》
1874.1.15	《禹航生并非监毙》

---

① 姚广宜主编《法制新闻采访教程》，北京大学出版社，2007，第 67 页。

时间	报道标题
1874.4.18	《记禹航生略》
1874.7.25	《杭州杂闻》
1874.12.5	《督察院御史广寿等奏余杭民妇呈控诬陷毙命等情请饬办折子》
1874.12.7	《浙江余杭杨氏二次叩阍原呈底稿》
1874.12.8	《接续浙江余杭杨氏二次叩阍原呈底稿》
1874.12.10	《论余杭案》
1874.12.14	《论听讼（读者来稿）》
1875.1.21	《余姚杨氏京控案覆审》
1875.1.28	《审杨氏案略》
1875.2.11	《续述杨氏案略》
1875.3.29	《余杭杨氏案又审》
1875.3.29	《再述杨氏案（六桥主人识）》
1875.4.6	《杨氏案略》
1875.4.10	《天道可畏》
……	
1876.1.17	《杨乃武案复审》
1876.2.4	《恭录谕旨》
1876.2.4	《光绪元年十一月二十二日浙江绅士递督察院公呈》
……	
1877.3.9	《书刑部验讯余杭案奏稿后》
1877.3.20	《余杭案疑窦》

从"杨乃武案"的初始报道来看，有几篇多是传闻和猜测，直到后来民间舆论怀疑"杨乃武案"是冤案，也随着案件的逐渐升级和案情的日趋明朗，《申报》才开始进行连续深入与贴近真实的报道。如 1874 年 1 月 13 日，《申报》刊载了《详述禹航某生因奸谋命事案情》：

> 故有置之炮烙之刑而尚不招明为某者，此番卖浆者之妻一上县堂不待刑讯，即行招出，可疑一也。某生读书明理，即使忍心为此，亦必有遮饰周旋之计，何至冒昧若此，此至愚极昧者之而不为，而谓智

者为之乎？可疑二也。当邑尊刘公傅到某生时，某生方从行省赴鹿鸣宴归，衣冠而往，邑尊一见，不问情由即喝令褫去冠带，长跪刑拷，某生抵死不承，加以大杖决臀者千数百下，使其死而复苏，招成屈打，可疑三也。……余独怪夫为邑尊者，既不能保全书生，又不能讯明疑案，徒听一面之词，非刑拷打。至令虎榜蒙羞，枭徒漏网，噫！岂曰能吏哉！①

在这篇报道中，《申报》通过认真分析案情，提出了该案的四大可疑之处，认为这是一桩冤案，并把攻击的矛头直指该案的司法审判者余杭知县刘锡彤，体现了《申报》坚持客观性与理性的特点。

1874年12月，"杨乃武案"经过杭州知府、浙江巡抚的层层复审，杨乃武被复审官多次严刑拷打，仍被定为死罪。《申报》12月8日的报道提出该案有八大疑点，称"不可解者八"，并指出"此案如再由本省问官审讯，势必回护前非，仍照原审议结。不过氏与氏夫又多受一番刑楚，而沉冤终无由昭雪"②。12月10日的报道称："此案众心为之大疑，所求于上司者，于复审之际，勿为同僚情分所惑，须彻底研鞫，使水落石出。"③ 通过以上报道，《申报》对官府复审此案的公正性表示怀疑，并要求复审官不要滥施刑虐，不要官官相护。1875年4月10日，《申报》又刊发题为《天道可畏》的文章，报道了嫌犯的翻供过程，对复审过程中严刑逼供、残暴虐民的官员大加鞭挞。《申报》刊发以上报道时，案件正处在复审过程中，其如此反复敦促政府和司法官员秉公办案，体现了当时报刊媒体对司法问题的重视和新闻舆论的进步。

随着舆论气氛的不断高涨，1876年，浙江绅士联名公呈都察院，指出杨案"出入甚重，疑窦甚多，实乃冤狱"④，而冤狱之根由在于各官"复审回护之处，情弊已属显然"⑤。再加上杨氏亲人上京控诉、浙江籍京官联名参劾，强大的社会舆论力量的汇聚，使得"杨乃武案""势固不能不平反矣"。此案越闹越大，终于惊动了整个朝廷乃至最高当权者慈禧太后。

---

① 《详述禹航某生因奸谋命事案情》，《申报》1874年1月13日。
② 《接续浙江余杭杨氏二次叩阍原呈底稿》，《申报》1874年12月8日。
③ 《论余杭案》，《申报》1874年12月10日。
④ 《光绪元年十一月二十二日浙江绅士递都察院公呈》，《申报》1876年2月4日。
⑤ 《光绪元年十一月二十二日浙江绅士递都察院公呈》，《申报》1876年2月4日。

1877 年，为了保证再次复审的公正性，慈禧太后亲自下令命刑部重审此案。时隔三年，"杨乃武案"最终以"杨乃武之罪名已脱……不特杨乃武系此案毫无干涉之人，即葛毕氏亦并无因奸谋夫情事"① 定案，以两当事人昭雪而告终。

其间，《申报》作为近代新式报刊，专门聘请了"坊事"跟踪此案，连续发回了 60 余篇追踪报道及评论，《申报》对案件的关注是揭露与传播案情真相、激起国人同情、引起官方重视、最终当事人得以平反昭雪的重要媒介和舆论力量。《申报》对"杨乃武案"的关注，体现了近代中国的媒体舆论正逐渐渗入社会生活，发挥应有的功效，并且在一定程度上影响着司法审判行为。

2. "宋教仁案"的相关报道

1913 年 3 月 20 日，宋教仁突然在上海北站遇刺，22 日医治无效去世。"宋教仁案"震惊全国，在报界掀起轩然大波，包括党派机关报刊在内的各大报刊纷纷开设"宋案"专栏，《申报》《民立报》上海《时报》、天津《大公报》等知名报刊也对该案件表现出极大的关注。以《申报》等为主的民间报刊对"遇刺时之情形""行刺人之状况""同志之激愤""缉凶之布置""巨金之悬赏""检察官之验伤""各界之揣度"等案件发生的主要过程作了详尽描述，报道态度较为平和。以《民立报》为代表的国民党报刊政治化倾向明显。在真相未明的情形下，国民党人徐血儿在《民立报》中登载的《呜呼，万恶之奸徒，人道之贼，公理之贼》一文中断言道："必有政治关系有力之人，为人指使。"② 《民立报》要求一旦凶犯确定，不管其是处于何等地位的人，必须按法律治罪，"海运局之营仓，检察厅之横舍（监狱），现已准备欢迎矣"③。在媒体舆论的影响之下，司法独立显然会受到干扰，甚至会出现"媒体审判"的现象。

为遏制报纸对该案的报道，特由警察厅对报界发出禁令，明确规定："宋案未公开以前，一切进行顺序姑无论虚伪如何，请勿登载，以维持法

---

① 《书刑部验讯余杭案奏稿后》，《申报》1877 年 3 月 9 日。
② 《呜呼，万恶之奸徒，人道之贼，公理之贼》，《民立报》1913 年 3 月 22 日。
③ 《杀人犯之主名，欢迎赵秉均》，《民立报》1913 年 5 月 11 日。

律。"① 尤其是在"宋案"结束以后，袁世凯加强了对报刊的出版与发行的法律控制，尤其强化了媒体报道司法案件的相关义务性规定，如"案件预审期间严禁报馆记者旁听"。不得不说，"宋教仁案"中的政治因素无形中破坏了司法独立，这终究与中华民国初期行政权独大，政治高于法治、高于媒体的监督有极大关系。由此，近代以诉讼案件为题材的法制报道也在不同程度上受到政治控制的影响。

（二）以民事案件为题材的法制类报道的内容及特点

1923年，"农民运动大王"彭湃成立海丰农会，下设机构"仲裁部"。据史料，海丰农会仲裁部审理的案件大部分是婚姻案、钱债案、业佃争议案等民事案件。与刑事案件不同的是，民事案件一般遵循不告不理的原则，即当事人不主动向司法部门请求诉讼，司法部门一般不介入干预当事人之间的纠纷。由于受到中国儒家司法观念"息讼"论和"贱诉"论的影响，近代媒体对民事案件的报道持有"息讼"的态度。如创刊初期的《申报》积极刊载"劝民息讼"的文章与告示，如《劝民息讼告示》《劝息讼事示》《劝民息讼示》等。通过报刊刊载的文章也可以看出，这种观念不仅对民事诉讼程序法与律师制度的发展造成了阻碍，还阻碍了近代民事法律报道的发展和完善。所以相较于刑事法律报道，近代的民事法律报道偏少一些，主要涉及婚丧嫁娶、偷盗、抢劫等。其中对"杨月楼案"的报道是近代比较著名的民事法律报道。

杨月楼是清末著名的京剧演员，因与富商韦姓之女成婚，违反了传统的"良贱不婚"的规定，被当时的官绅阶层要求从司法上予以严惩，以正民风。与之相对的是，许多民间文士不再固守传统的社会身份和尊卑观念，更多地对杨月楼报以同情。

表 2-2 《申报》关于"杨月楼案"的部分报道

时间	报道标题
1873. 11. 4	《杨月楼诱拐卷逃案发》
1873. 11. 5	《拐犯杨月楼送县》

---

① 《应夔丞已受预审》，《盛京时报》1913 年 5 月 11 日。

续表

时间	报道标题
1873. 11. 6	《杨月楼拐盗收外监》
1873. 11. 10	《持平子致辞本馆论杨月楼事》
1873. 11. 11	《记杨月楼事》
1873. 11. 13	《杨月楼复讯情形》
1873. 11. 17	《中西问答》
1873. 11. 19	《不平父论杨月楼事》
1873. 11. 21	《公道老人劝息争论》
1873. 11. 21	《续公道老人劝息争论》
1873. 11. 24	《劝惜字说》
1873. 11. 24	《新西旁观冷眼人致辞贵馆书》
1873. 11. 24	《劝持平子息论事》；《奉劝息争说并俚句一绝》
1873. 11. 26	《广东同人公致本馆书》
……	
1874. 2. 27	《杨月楼办拟遣》

《申报》最初报道"杨月楼案"的三篇报道分别是《杨月楼诱拐卷逃案发》、《拐犯杨月楼送县》和《杨月楼拐盗收外监》，在案件未审理清楚的情况下，文章就采用"诱拐""拐犯""拐盗"等结论性字眼，缺少对案件实情的理性分析，这一行为招致了民间强烈的谴责。不得不说，这一后果产生的原因是当时司法信息封闭、消息来源有限，所以《申报》对"杨月楼案"的初始报道常常带有强烈的"有罪推定"的感情色彩。直到笔名为持平子的作者在《申报》上为杨月楼受到非法刑讯和定罪而鸣不平，《申报》等媒体才开始注重对案件事实的报道。

复审阶段，《申报》汲取了杨月楼案初审阶段报道的教训，更加注重对司法审判中存在的问题进行深入剖析，对司法审判的评论慎重有余，对审判官员和司法弊病的批评也更加有理有据，如《杨月楼解郡》指出了官员在"杨月楼案"中定罪方面的不公之处：

> 亦有瞿茂和诱拐上海人潘某之女小金珠一案，情同事同，按律定罪断案，自无不同，何以彼蒙宽与笞责百许保释，而杨月楼诱拐香山

人韦某之女，独科以打胫及军遣乎？……大清律例可随意重轻罪，有等差，律无一定，随意援引以定爰书乎？①

上文指出上海县令对同类案件的不同判决，对司法官员在"杨月楼案"中的处罚不公嗤之以鼻。不过最终杨月楼还是在严刑拷打下屈打成招，以"诱拐罪"被发配充军。通过历时一年之余的媒体报道，"杨月楼案"在《申报》感叹舆论监督司法无力的回声中落下帷幕。从时间上看，关于"杨月楼案"的报道无疑是近代中国法律新闻报道的开始，由此近代报刊媒体开始在诉讼案件中发挥舆论监督作用，在很大程度上扭转了民间舆论的"失语状态"，从而对清末时期的司法弊端进行了强有力的抨击。

（三）以因言治罪为题材的法制类新闻报道的内容及特点

显然，"因言治罪"与刑事、民事不构成一种平行并列的关系，但中国近代类似案件时有发生，因此本文单独将其列为法制类新闻的一类报道题材。

轰动全国的"刘煜生案"属于因言治罪的案件，他用生命换来了中国记者节。1932 年 1～5 月，《江声日报》副刊《铁犁》陆续发表了《当》《边声》《端午节》《下事须知》《我们的希望》《时代不是时代》6 篇文章。江苏省主席顾祝同认为这些作品有蓄意煽起阶级斗争、鼓动红色恐怖之用意，如"一切旧的，马上就被冲倒，时代已敲撞起丧钟，旧的一切眼前就要葬送，奴隶们争斗吧"② 等语句，于是以"宣传共党，意欲颠覆政府"的罪名将刘煜生逮捕。

刘煜生被捕后，南京的新闻记者公会最先派人到镇江向江苏省当局抗议并要求保释。国民党江苏省党部也认为《江声日报》"无反动文字"，刘煜生"无反动行为"，希望江苏省政府"准江声日报复刊，将刘煜生交保释放"。国民政府监察院刘莪青、田炯锦两位监察委员依据国民政府《弹劾法》，以顾祝同非法逮捕拘禁刘煜生为由，联名弹劾顾祝同。就在弹劾案调查开始、监察院即将将刘煜生由司令部移送法院之际，顾祝同以刘煜生违反了《危害民国紧急治罪法》为由，下令判处刘煜生死刑并立即执

---

① 《杨月楼解郡》，《申报》1874 年 4 月 13 日。

② 《为非法枪决刘煜生案全沪新闻记者宣言》，《申报》1933 年 2 月 20 日。

行。第二天，上海《申报》率先披露这一消息①，立即引起了全国律师协会、首都新闻记者协会、刘煜生江西同乡会乃至全社会的关注，舆论为之大哗。

1933 年 2 月 17 日，北平新闻界举行追悼刘煜生大会，声讨顾祝同罪行，电请中央将其撤职查办。天津、武汉、广州等 15 个地方新闻界都发表宣言，强烈要求政府严惩顾祝同。全国律师协会对顾祝同提起控诉。2 月 19 日，上海各报社 239 位记者签名发表联合宣言，指出："顾祝同冤杀刘煜生案，论事实则断章周纳、颠倒黑白"，"毁法乱纪、摧残人权之江苏省政府主席顾祝同，必当受国法之制裁"②。

不可否认，"刘煜生案"是民国时期令全国震惊的一起因言治罪的政治事件，在中国历史特别是新闻史上占有一席之地。刘煜生以生命的代价，换来了言论自由。1933 年 9 月 1 日，行政院发出《保护新闻事业人员》的通令："查人民非依法律不得逮捕拘禁审问处罚，人民有发表言论及刊行著作之自由，非依法律不得停止或限制之，对于新闻事业人员，一体切实保护。"1934 年 8 月，杭州新闻记者公会向全国新闻界发出通电，提倡定 9 月 1 日为记者节，得到不少地方的响应。

近代中国的法制类新闻报道是近代中国的一个历史缩影：与政治紧密相连，相互影响，相互渗透；中国法制走向近代化，既是中国近代政治、经济、文化等方面的发展与国际环境对之进行刺激、挑战的结果，也是近代中国报刊介绍西方法治文明、拷问中国封建法治的种种弊端、探讨中国法制走向的产物；中国法制与报业相互区别又相互渗透，由此可以说，中国近代法制演进的历程也是法制类新闻报道发展的历程。

三　近代法制类新闻报道的运作机制

近代报纸是随着西方列强的入侵而进入中国的，西方资本主义国家将商品经济带入中国，商品经济又催生了规模化、系统化、组织化的新闻传播业。这在客观上也促进了近代法制类新闻报道的运行机制更加专业和规

---

① 《江声报经理刘煜生被枪毙》，《申报》1933 年 1 月 22 日。
② 《为非法枪决刘煜生案全沪新闻记者宣言》，《申报》1933 年 2 月 20 日。

范，下面将从采访、写作和编辑三个方面分别进行论述。

（一）近代法制类新闻采访

要做好法制类新闻报道，其首要的工作就是要做好采访工作。"法制新闻采访是对法制新闻信息的采集和访问，用新闻术语来说，是获取或采集与律法相关新闻素材的一种调查研究活动。这种活动既包括对法制新闻素材、材料、证据的搜集，也包括对法制新闻人物的访问。"[1] 邵飘萍在《实际应用新闻学》一书中就强调，在报纸的所有业务中，"以采访为最重要"，因为"一张报纸的最重要的原料厥为新闻，而新闻之取得乃在采访"。所以法制类新闻采访是新闻记者获取法制、司法信息的基本手段，也是法制类新闻传播的关键环节。

近代报刊对新闻采访非常重视，当然也包括法制类新闻采访。如《申报》在外埠设立特约通讯员，聘请了访员（也称访事）40余人，及时报道发生的重大新闻，先后在北京、南京、苏州、杭州、汉口、宁波、扬州等26个城市设立报纸分销处，为的就是方便对发生的各大法律案件进行实时采访。还有的探员会随军出发，哪里有战争，哪里就有记者，及时地采集法制类信息。

近代法制新闻的消息源除了一些专业人士供稿，还有一些非专业人士也在从事新闻采集工作。比如《上海新报》开辟了《公堂案件》、《英华案件》等专栏，这些法制专栏刊出的法制类新闻，都是由热心人撰述投稿的；来自官府的消息特别是公堂审判，都由报馆约请官厅书吏或者特约与官府相熟的人前去"抄案"。从其发挥的作用看，"抄案"可以被理解为今天报道法制新闻的"记者"。

随着报纸数量的不断增加，各报馆都有自己聘用的"抄案"。他们往往每天在会审公廨对面的"一洞天茶馆"聚集，相互交换消息，也相互竞争。于是，社会上平添了一种新职业，始称"抄案"，后改称"包探""探员""探事""报事人""包打听""访员""访友""访事"等，洞天茶楼也成了最早盛行"吃讲茶"、谈新闻刊出与否的交易场合——新闻茶会。这些人是各报馆特约的，但又不完全算各报馆的人，不在报馆里办

---

[1]　姚广宜主编《法制新闻采访教程》，北京大学出版社，2007，第10页。

公，仅每日送访稿到馆，在报馆里地位极低，与报馆主笔交谈往往只能站着答话，主笔"师爷"也视他们同仆婢。当时担任"抄案"的访员，人品不一。初期新闻界的索贿拆梢等腐败活动，往往是这些人所为。

但鉴于媒体的法制类新闻报道活动以及新闻舆论在社会生活中的巨大影响力，辛亥革命后成立的各地军政府和民国南京临时政府高度重视法制类新闻从业人员队伍的建设、规范和管理。① 《大汉四川军政府报律》规定："凡充发行人、编辑人者"，须是"年满二十岁以上之本国人"，"无精神病者"，而且"未经以私罪处监禁以上之刑者"；"发行、编辑得以一人兼任，但印刷人不得充发行人或编辑人"，"发行人或编辑人不得受人贿赂、颠倒是非。发行人或编辑人亦不得挟嫌诬蔑，损人名誉"。② 由此可见，近代已经开始注重对法制类报道队伍的建设。

（二）近代法制类新闻写作

探员们将自己搜集来的信息告诉报刊主笔，由他们来完成稿件的写作。除了上述所说的采写分离的情况之外，多数情况都是采写一体的，探员既是律法新闻采集者也是撰稿人。在法制类新闻写作方面，撰稿人被要求遵循以下内容。

第一，确保法制类新闻信息的真实性。《暂行报律》明确规定："流言煽惑，关于共和国体有破坏弊害者，除停止其出版外，其发行人、编辑人并坐以应得之罪。"③《大汉四川军政府报律》规定："记载失实事项，由他报转抄而来者，如见该报自行更正，登有辨误书函时，应于本报次号照登，不得收费"（第八条）。尤其值得注意的是，该报律不但规定了报纸的编辑人、发行人对保证新闻真实应承担的责任及违反该项规定应予处罚的标准，而且对报纸的撰稿人也提出了相应的要求，制定了违反规定予以处罚的标准和措施。"凡于报纸内撰发论说、纪事，填注名号者，不问何人，其责任与编辑人同"（第三十三条）；为防止有人以假名攻击别人，报律规

① 倪延年主编《中国新闻法制通史·第二卷：近代卷》，南京师范大学出版社，2015，第39页。
② 邱远猷、张希坡：《中华民国开国法制史：辛亥革命法律制度研究》，首都师范大学出版社，1997，第220页。
③ 张之华主编《中国新闻事业史文选》，第140页，转引自谭泽明《民元时期的新闻业：一个剖面的研究》，复旦大学出版社，2017，第132页。

定"凡投函报馆，必将本人姓名、住址注明，并押盖印章，始得登载"
（第三十四条）；为防止编辑人、发行人以"代理人"为由推脱责任，报律
规定"报纸以代理人名义发行时，即由代理人担其责任"（第三十五条）；
等等。①

第二，对刊载的法制类新闻内容、性质、禁载事项进行了规定。《大
汉四川军政府报律》规定："军政机密事件，报纸不得揭载"（第九条）；
"外交重要事件，政府未发表之前，报纸不得揭载"（第十条）；"凡政府
传确禁止登载及其他政府来往公文，未经政府公布者，报纸不得揭载"
（第十一条）；"诉讼事件经审判衙门禁止旁听者，报纸不得揭载"（第十
二条）；"预审事件未公判之前，不得揭载"（第十三条）；"（一）挑激外
交恶感之语，（二）淆乱政体之语，（三）扰害公安之语，（四）败坏风俗
之语"等内容，"报纸不得揭载"（第十四条）。对比《大清报律》的"诋
毁宫廷之语"和《钦定报律》的"冒渎乘舆之语"，《大汉四川军政府报
律》将第十四条的表述改为"挑激外交恶感之语"。本书认为，这一改动
与清朝报律相比，具有本质的变化。《大清报律》关于"不得揭载""诋
毁宫廷之语"和《钦定报律》关于"不得揭载""冒渎乘舆之语"的规
定，旨在维护清朝皇帝（皇室）的统治地位和权威。

还有法律规定了对刊载禁载法制内容的处罚，《大汉四川军政府报律》
规定，"对违规登载了审判衙门禁止旁听的'诉讼事件'和未公判以前的
'预审事件'的，对'该编辑人处十元以上、一百元以下之罚金'"（第
二十一条）；"对擅自揭载'军政机密事件'、'政府未发表以前的外交重
要事件'、'政府传谕禁止上登载'及未经政府公布的'政府往来公文'
的行为，对'该发行人、编辑人处二十日以上、六月以下之监禁，或二十
元以上、二百元以下之罚金'"（第二十二条）。②

（三）近代法制类新闻编辑

法制类新闻经过采访和写作完稿之后，便进入编辑加工阶段。新闻编

---

① 倪延年主编《中国新闻法制通史·第二卷：近代卷》，南京师范大学出版社，2015，第
40~41页。

② 倪延年主编《中国新闻法制通史·第二卷：近代卷》，南京师范大学出版社，2015，第
43页。

辑工作是整个法制类新闻报道活动中至关重要的一步，它在整个报道工作中起到"总串联、总合成、总把关"的作用。近代报刊的编辑工作一般都是由该报刊的创办人、主要负责人来负责的，如史量才、邵飘萍、秋瑾等报人。

史量才在接办了《申报》之后，在编辑业务上进行了重大改革。不仅设有法治新闻专职记者，还设有专职编辑。它效仿《新青年》通讯栏的做法，也在《申报》开辟了通讯栏，不仅回答读者提出的问题，还开展了生动的讨论。"五四运动"后，新闻编排也有了改进，不再把各种新闻混在一起，而是增设"专栏新闻"，其中也包括法律新闻专栏，这种编排方法使专业读者阅读方便，很受读者欢迎。在新闻标题上也有了进一步的发展，民国初的新闻标题一般是一行标题，史量才接办《申报》后，《申报》出现了多行题、眉题、主题、副题等，有时还用多层副题。在标题的制作上也出现了很多新花样：字号分大小，讲色彩，有层次，分虚实，加花边，还出现了通栏大标题。在报纸版面的编排上，也把通栏长行的编排方法逐步改为多栏短行的编排方法，这样版面内容更加醒目，也更方便读者阅读。

邵飘萍是我国近代著名报人，长期的办报实践让他在编辑领域积累了丰富的经验。他坚定地认为报刊是社会公共机关、国民舆论的代表，理应肩负监督政府、引导舆论的天然职责。法制类报道正是从侧面起到了监督政府的作用，因此他在《京报》上开设了《特别记载》栏目，主要对政府违法乱纪的行为予以正面揭露。从报纸能够传播新知识的特点出发，邵飘萍敏锐地发掘报刊的教育功用并大力提倡。在《特别记载》栏目中，邵飘萍强调要陈述法律事实，侧重传播法律知识，还要求客观理性地报道。此外，邵飘萍对报刊的编印质量也有很高的追求，认为报纸应当内容丰富、报容美观、印刷精当，如此方能为读者提供高质量的出版作品。因此，从选稿、编排到印刷、装帧，邵飘萍都十分重视。在选稿上，他力求避免内容单一，重视报纸内容的丰富多样，争取满足多数读者的需求。在编排上，他要求报刊版面设计须美观、整齐且有吸引力，力求出版物内容与形式的和谐统一。比如稿件之间用实心横线分隔开来，同时在每篇稿件题名的上方点缀以花朵、圆圈、三角等图案，不仅样式美观而且易于引导阅读。为了增添版面趣味、丰富报纸的可读性，邵飘萍还善于使用各种新闻图片。另外，邵飘萍也明确意识到副刊在报纸编辑中的重要地位，常常运用多种副刊联动出版和借助社会力量办副刊等策略来提高报纸销量、提升报纸声誉。邵飘萍凭借丰富的编辑实践经历，形成了一套较为完整的编辑思想体系，在价值层面秉持为国为民的编辑方针，在技术层面追求独具匠心的编辑风格，在经营层面施行副刊制胜的编辑策略，这些别具一格的编辑思想和出版经验，为现今的编辑出版工作者提供了历史镜鉴。

秋瑾也表现出高超的报刊编辑观：其一，她认为报刊具有"迷津筏""暗室灯"的导向作用；其二，她指出报刊有"左右舆论""监督国民"的作用；其三，在编辑过程中，她主张运用多种文章体裁，广采文论、书简、檄文、校书、散文、杂文、政论、译文、诗词、歌赋等诸多样式，来反映对法制案件的不同认识、态度、评价和倾向，不仅使版面新颖活泼，为读者所喜闻乐见，而且增强了刊物的宣传效果。

第三节　现代法治报道的形成与发展

肖义舜、何勤华认为，"1949 年 10 月 1 日，中华人民共和国成立标志着中国跨入了社会主义革命与社会主义建设的历史阶段，从此民主与法制建设走上了新的发展历程，法制新闻也迎来了初创期"[1]。

新中国成立初期，随着 1951 年底至 1952 年初"三反"运动、"五反"[2] 运动的开展，新华社、《人民日报》等媒体报道了一批重大的案例，揭发了贪污犯和不法资本家的罪行。如被称为"共和国反腐第一案"的"刘青山、张子善贪污案"[3]，经报道后在社会上产生了极大的影响。还有"上海奸商王海年案"，不法奸商王海年为了牟取暴利，用脏、旧的棉花充作医用药棉，卖给志愿军，赚取昧心钱，结果对志愿军伤病员造成了严重的危害。这些触目惊心的案例报道昭示着法制新闻报道对社会的重要性。

另外，新中国成立后，一系列重要的法律和法令得以颁布，如《婚姻法》、《土地改革法》、《惩治贪污条例》、《惩治反革命条例》等。1954 年 6 月 15 日，《中华人民共和国宪法（草案）》公布，并组织全民大讨论，全国各地媒体进行了大量生动的法制报道和法律宣传，积极地促进了社会主义革命和建设事业的初步开展。新中国宪法的诞生和全民宪法大讨论是法制新闻初创的标志。

---

① 肖义舜、何勤华主编《法制新闻学》，法律出版社，2001，第 33 页。

② "三反"运动：在国家工作人员中开展反贪污、反浪费、反官僚主义运动；"五反"运动：在资本主义工商业者中开展反贿赂、反偷税漏税、反盗窃国家资财、反偷工减料、反盗窃国家经济情报运动。

③ 刘青山、张子善经历过抗日战争、土地革命和解放战争的严峻考验，都是共和国初期党的高级干部，但是刘、张二人利用权力贪污、盗用机场建设费、救灾粮、河工粮及银行贷款等 171 亿元（解放初期币制改革前的货币，相当于改革后的 171 万元），还克扣河工口粮，造成民工病、残、死亡 10 余人。1952 年 2 月 10 日，刘、张二犯被判处死刑，执行枪决。

同时，新中国成立初期民主与法制建设的发展，催生了许多法制刊物，如最早有创刊于 1950 年 1 月 15 日的《中央政法公报》（半月刊），这是新中国的第一份法制专刊，后有《法院工作通讯》、《人民监察》等杂志。1954 年后，法制刊物，如中国政法学会的《政法研究》、最高人民检察院的《人民检察》，以及一些高等院校法学研究机关创办的法制刊物纷纷创办。这些法制刊物，在"五四宪法"的全民大讨论中发挥着巨大的法制宣传作用，形成了党领导下的法制宣传报道的第一个高潮，法制新闻就在中国特殊的社会环境下应运而生。

一　现代社会法制新闻报道的形成

我国的法制新闻自新中国成立以来，历经了含苞待放——凋零狼藉——重振旗鼓——蓬勃发展的过程。尤其是 20 世纪 80 年代以来，我国法制新闻报道厚积薄发，报道范围不断扩大，报道效果也愈发明显，发展之势非常迅猛。

（一）法制新闻报道初期

党的十一届三中全会以后，党中央非常重视民主与法制建设，全国人大加快立法步伐，并且十分重视法制宣传，要求运用各种宣传工具，采用生动活泼的方式，广泛深入地对广大党员、干部和群众宣传法律，加强法制教育。由此推动了大批法制新闻报刊、节目于 20 世纪 80 年代纷纷创立，中国进入了一个法制新闻飞速发展的时期。

1979 年 8 月，领时代之先风的《民主与法制》杂志在上海创刊，以报道法律、伦理、道德内容为主；1980 年 8 月，中国第一张面向全国公开发行的法制新闻报纸《中国法制报》（《法制日报》前身，2020 年 6 月正式更名为《法治日报》）在北京创刊，这是中央政法系统的专业报，也是法制报道真正被当作新闻的一个专门类别的开端。自这两份以"法制"命名的刊物创办以来，越来越多的报纸、广播、电视台以及网络媒体开辟了《法制新闻》栏目，法制新闻作为专业新闻报道中的一个重要分支，逐渐成为业界和理论界关注的新领域。为了规范管理，1986 年专门的中华全国法制新闻工作者协会成立，按年度评选"全国法制好新闻奖"，使法制新闻的报道向规范化跨进了一大步，对法制新闻的纵深发展提出了更高的要求。

《中国法制报》和《民主与法制》的创办带动和推进了地方法制报刊的兴办。1979 年 10 月，《学法与守法报》（现《福建法制报》前身）在福州创办，成为全国地方法制报的最先创办者。1980 年 8 月，江西司法厅作为司法行政机关，首创了全国第一家地方法制新闻刊物《江西司法》。9月，北京司法局的《北京司法》创刊。随后，《上海司法》、《辽宁司法》、《河南司法》、《福建司法》、《法制月刊》（湖南）、《新疆司法业务材料选译》等杂志纷纷创刊。与此同时，各地的法制报也先后兴办，例如《法制宣传报》（浙江）、《新疆司法报》、《陕西法制报》、《法制宣传报》（甘肃）、《广东调解报》、《青海法制报》等。到 1985 年，全国各地就有省级以上法制报 29 家、法制刊物 13 家。当时仅法制报的总发行量就超过了1000 万份，构筑起了宣传社会主义民主与法制建设不可缺少的阵地，成了指导干部和广大群众学习法律知识、提高法制观念不可缺少的读物。

随后，中央相关政法部门主办的《法制日报》《检察日报》《人民法院报》《法律与生活》《民主与法制》等大型法制报刊，以及地方创办的《法苑》《人与法》等法制期刊，进一步壮大了法制新闻报道的阵营。除报刊外，广播、电视等电子媒体也大量报道法制新闻，开发各种法制栏目，如中央人民广播电台的《法制园地》、中央电视台的《社会经纬》《今日说法》《焦点访谈》、北京电视台的《法制进行时》、上海电视台的《案件聚焦》《法律与道德》《庭审纪实》《法治天地》、东方电视台的《东方110》、深圳宝安广播电视台的《法制纵横》等法制新闻报道的节目专栏，纷纷破土而出，内容涉及新法律的颁布、立法工作和对重大案件的报道等，为法制新闻的进一步繁荣奠定了基础。同时，广播、电视生动活泼、丰富多彩的视听效果，更容易吸引广大受众，对推动普法教育、增强公民法律意识起了巨大的作用。

1999 年全国人大以宪法修正案的形式，将依法治国基本方略写入了国家根本大法。这标志着中国的社会主义民主法治建设进入了一个新的发展时期，表明中国的政治、经济、文化和社会生活等方面都将逐步被纳入法制轨道，以传播法制信息为己任的法制新闻报道也获得了新的发展、兴盛、改革与创新的机遇和条件。法制新闻的内涵与价值追求，随着我国法治国家的建设也被镌刻上了"法治"的烙印。2002 年 12 月 30 日,《中国青年报》以《2002 年法治新闻回放 盘点曾发生的法治事件》为题对当年的重大涉法新闻事件进行了盘点,初次使用了"法治新闻"这个概念。此后,许多新闻媒体开始把法治新闻作为一个栏目予以设置,先后出现了中国法治网、东方法治网、法治最前线、法治现场等新闻栏目或者板块。同时,《中国青年报》创办的"法治社会"和《南方周末》创办的"法治"专版等,也成了很受读者欢迎的法治新闻深度报道专版。经过多年的发展壮大,目前,中央电视台除了《今日说法》《法治在线》等专门法治栏目外,还在涉及社会和经济新闻等方面的栏目中播出法治节目。另外,法治新闻报道在互联网上也大显身手,不但综合性网站开辟了包含法治报道在内的深度报道专题,而且许多直接以"法律""法治"命名的中文网站、网页,例如中国普法网、中国法律服务网、中国法治网、北大法意网等,都将法治新闻报道作为重要的组成部分。①

(二) 法制新闻报道萎缩停滞时期

中国报业长期以来以机关报为主,法制新闻题材也主要源于政法机关,大多为政法机关活动、会议,各种政令、文件、典型报道等,普法宣传色彩、官方色彩较浓,群众贴近性较弱。在都市报快速发展的态势下,具有机关报特色的法制新闻开始受到冲击。都市报以"短、广、软"② 的特点获得了竞争优势,以更具贴近性、可读性、趣味性、服务性等优势赢得了读者的青睐。

1995 年 1 月 1 日,四川日报报业集团创办的中国第一张都市报《华西都市报》迅速走红,各家处于困境中的党报纷纷效仿,创办都市报,到 1999 年全国已经有近 30 家具备相当规模的都市报。如《三湘都市报》期发行量达 20 万份,年广告收入达 2700 万元;《燕赵都市报》期发行量达 35 万份,年广告收入达 2000 万元;《大河报》期发行量达 46 万份,年广告收入达 6800 万元;《华西都市报》期发行量高达 52 万份,年广告收入

---

① 戴文芳:《新世纪我国法治新闻深度报道发展研究》,硕士学位论文,南京师范大学,2011,第 6 页。

② 潘滢:《赵超构新闻思想在网络时代值得发展与提倡》,《新闻知识》2018 年第 7 期。

达 1.3 亿元。[①]

相较于都市报的火热发展，具有机关报属性的法制报刊仍受制于旧有宣传体制，发展停滞不前。"根据 1996 年 1 月的统计数字，各省委机关报与历史最高发行量相比普遍下滑 40% 左右，发行量下跌幅度达 30% 以上的省级党报有 23 家，《安徽日报》比历史最高发行量下跌 60%。《河南日报》的发行量与 1995 年相比增长幅度为-51%，《四川日报》与 1995 年同期相比增长幅度为-44%，《陕西日报》与 1995 年同期相比增长幅度为-33%，《广西日报》为-57%。"[②]

1981~1994 年，中国 31 家省级党报发行量连年下滑，平均发行量从 1981 年的 37.78 万份，下降到 1994 年的 28.66 万份。1999 年，全国省级党报的平均发行量甚至跌至最低点 23.91 万份。[③]

都市报的崛起把行业报刊、机关报刊以及法制新闻报道逼入了非常困难的境地。面对这一强大的冲击，以机关报和行业报形态为主的法制类报刊同样陷入了被动的局面，很多报刊的发行量跌到只有 2 万~3 万份，特别是法制新闻报道，在报道形式、风格、语言方面的发展停滞不前，所占的报刊版面也越来越小。

（三）改革冲击之下法制新闻报道的成熟

随着社会经济水平的提高、民主法制化进程的加快、信息化的飞速发展，以及受众需求的日新月异，报刊媒体的新闻传播面临新的挑战。

2003 年是我国法制类报刊发展的一个重要拐点。随着机关报和行业报群体日益膨胀，我国部门报刊散滥和利用职权摊派发行的现象变得愈发严重，为从根本上解决这个问题，中共中央办公厅和国务院办公厅于 2003 年 7 月 15 日联合发布《关于进一步治理党政部门报刊散滥和利用职权发行，减轻基层和农民负担的通知》，决定通过压缩部门报刊总量、调整结构，

---

① 唐绪军、崔保国：《中国报业四十年的改革发展之路》，中国产业经济信息网，http://www.cinic.org.cn/hy/yw/432954.html，最后访问日期：2022 年 6 月 23 日。

② 张林贺：《报业重生》，黄河水利出版社，2019，第 50~51 页。

③ 中华全国新闻工作者协会编《党报改革途径新探索》，南方日报出版社，2001，第 5~6 页。

有效治理报刊散滥现象。在此次调整中法制类报刊首当其冲①，大量法制类报刊被整顿、淘汰。

　　这一釜底抽薪之举赋予了法制新闻报道新的发展机遇，全国法制类报刊开始了新一轮的生存探索。从机关报转企改革、自主经营，到改文风、讲案例，满足读者需求；法制类报刊更贴近民生，实现了法制新闻报刊的复兴，这其中以《法制日报》、《法制晚报》、《民主与法制》等最具典型性。

　　社会背景的变化和传播平台的变迁和升级，也给法制新闻报道的发展和成熟提供了新的机遇。为顺应新形势下报刊市场化的发展趋势，不少报纸新设置法制报道版面或增加其比重，将办好法制新闻板块作为报刊新的竞争点，像《法制晚报》这种以法制新闻为特色的都市法制报刊，不但成功地在市场竞争中生存下来，而且获得了更大的发展空间。

　　纵观数十年的发展历史，中国的法制新闻报道作为一种专业性很强的报道类型，经历了"法制宣传—法制新闻报道—法治新闻报道"的转变，而这一转变与中国整个传媒行业的变革和发展密不可分。如今，随着对专业类法制报刊和综合性报刊法制新闻关注的提升，法制新闻报道已成为与经济新闻、时政类新闻、社会新闻等传统新闻形式并重的重要新闻体裁之一，并不断走向成熟。②

二　现代法治新闻报道的内容与特点

　　党的十一届三中全会后，随着国家立法、普法宣传的深入和法制宣传队伍的不断扩大，法制新闻报道进入了一个新的发展时期。记者采访的范围不断扩大，专业的法制报刊纷纷创立，电视台、广播电台也开辟了法制专栏。这些新出现的法制媒体和栏目，在兼具法制新闻教育性和趣味性的前提下，及时向全国人民传播法治新闻、普及法律知识、进行法制宣传和

---

① 2003 年 7 月 23 日，新闻出版总署下发了《关于落实中办、国办〈关于进一步治理党政部门报刊散滥和利用职权发行，减轻基层和农民负担的通知〉的实施细则》，明确规定省级和省级以下政法、公安、财政、税务、工商、计生、交通、检验检疫、环保、消防等部门所属行业性协会、学会、研究会等不办报刊，已办的一律停办。

② 姚广宜主编《法制新闻实证研究：对媒体法制新闻报道的检测与分析》，北京大学出版社，2014，第 116~122 页。

教育。不仅对违法犯罪的现象予以曝光，还采写了一些关于"我国某些法律法规不适用于治理当下社会问题"的案件，这对我国的法治建设和完善起到十分重要的作用。

（一）现代法治新闻报道的内容分析

现代法治新闻报道涉及社会生活的方方面面，相较于古代和近代，其内容丰富了很多，通过对现代法治新闻报道进行考察，归纳总结出以下三个特点。

1. 法治新闻报道与法治建设相互促进

我国法治建设的发展促进了法治新闻报道的繁荣，法治新闻报道的繁荣又反过来推动了法治建设的进程。依法打击各种严重的刑事犯罪活动和经济犯罪活动，是法治建设的"重头戏"，也是法治新闻报道的重要内容。多年来，全国各大媒体、特别是法治新闻媒体，密切关注我国公安机关、纪检监察机关、检察机关和法院的重大执法行动，及时报道了一大批震惊全国的大案要案。比如关于渤海二号沉船事件①的报道，关于石家庄 2001年 3 月 6 号特大爆炸案的报道，关于湛江、厦门等海关特大走私放私案的报道，关于北京站敲诈勒索顾客事件②的报道，关于成克杰特大贪污受贿

---

① 1979 年 11 月 25 日凌晨 3 点 30 分左右，石油部海洋石油勘探局的渤海 2 号钻井船在渤海湾迁移井位拖航作业途中翻沉。当时船上有 74 人，其中 72 人死亡，直接经济损失达 3700 多万元。对此事件，石油工业部照例"丧事当作喜事办"，隆重召开遇难者追悼大会、授予烈士称号，并命名渤海 2 号钻井队为英雄钻井队，开展了所谓的"大表彰""大评比""大学习"活动。《工人日报》的记者出于较强的职业敏感，开始调查这起翻船事故，发现事故是由严重违章指挥造成的。1980 年 7 月 22 日，《工人日报》率先披露了事件真相，推动有关部门查处了有关领导，充分显示了新闻媒体在弘扬正义、制约失职犯罪方面的独特力量。这次报道打破了长期以来批评报道不敢涉及高级领导干部的禁区，长了新闻批评的志气，灭了腐败官僚的威风。《工人日报》发挥新闻媒体的独特作用——舆论监督，一时成为法制媒体和法制栏目的效仿对象。

② 1986 年 10 月，新华社记者连续采访了北京火车站行李托运处一些不法分子以代办快件托运为名勒索敲诈顾客，甚至行凶打人的事件；随后，《经济参考》刊发题为《北京车站行李托运处秩序混乱，不法分子假代办托运勒索顾客》的报道，《人民日报》也刊登了题为《铁道部长"托运"彩电被敲诈，丁关根搞火力侦察获实证》的报道。这一消息的刊发立刻产生了广泛的社会影响，多家媒体纷纷予以转载、转播。一些记者通过深入挖掘和分析指出，北京站敲诈勒索顾客事件发生的主要原因在内部；而铁道部长"托运"彩电遭到敲诈的事实，客观上证实了记者的调查。这则新闻对北京火车站乃至整个铁路系统整顿领导和职工队伍、纠正行业不正之风，起到了有力的推动作用。

案①的报道、关于重庆市检查机关出庭公诉綦江虹桥垮塌案②的报道（见图
2-3-1）等，都在社会上产生了广泛的影响。

图 2-3-1   "重庆市检察机关出庭公诉綦江虹桥垮塌案"庭审现场

资料来源：法制日报摄影部：《40 年法治影像记录》，"法治日报"微信公众号，https：//
mp. weixin. qq. com/s/fIYxiOz8Fs24GIzoK9mM5Q，最后访问日期：2022 年 7 月 15 日。

积极反映群众呼声，开展舆论监督，伸张社会正义，敢于披露某些重
大的疑难案件，是法治新闻报道义不容辞的责任。这一做法不仅赢得了人
民群众的赞赏和信赖，还得到了最高领导层的重视和肯定。其中，最具代
表性的有对以下几大案件的报道。

2003 年关于孙志刚案件的报道。2003 年 3 月 17 日，27 岁的大学生孙
志刚，因为没有随身携带身份证和暂住证，在广州街头被派出所民警当作
"三无人员"收容。之后，又被强行送到收容站。3 月 20 日凌晨，身患疾

---

① 成克杰受贿案是一起非常典型的领导干部违法违纪案件。北京市第一中级人民法院于
  2000 年 6 月 26 日受理了北京市人民检察院第一分院对成克杰受贿案的起诉，并于 7 月 13
  日、14 日依法对该案进行了公开审理。同年 9 月 14 日，成克杰以受贿罪被判处死刑。其
  间，国内外各大媒体纷纷对该案加以报道，央视《新闻调查》的著名主持人王志还亲自
  采访了成克杰本人。该案受到人们如此关注，不能否认，不仅与成克杰是新中国成立以
  来因受贿被送上法庭的级别较高的领导干部有关，还与其被控受贿数额巨大、受贿手段
  特殊、情人现象公开化等因素有关。

② 1999 年 1 月 4 日 18 时 50 分，重庆市綦江县城古南镇，号称"綦江县第一号形象工程"
  的虹桥整体垮塌，坠入綦河，40 人死亡，14 人受伤，造成直接经济损失 631 万元。专家
  组初步认定虹桥整体垮塌是一起人为的责任事故。其中违法设计、无证施工、管理混乱、
  未经验收等，是事故发生的重要原因。1 月 8 日，重庆市纪检监察部门对綦江县委原副书
  记林世元、县建委原副主任孙立立案审查；重庆市公安局对施工设计方有关责任人费上
  利、李孟泽、段浩等人立案并予以刑事拘留；同时，重庆市检察院迅速抽调人员，对林
  世元等人涉嫌职务犯罪的问题展开全面初查。

病的孙志刚遭到 8 名被收容人员的两度轮番殴打后，于当日上午休克死亡。《南方都市报》记者接到反映后，展开了深入的调查，并于 4 月 25 日发表了《被收容者孙志刚之死》的深度报道，立即引起了社会各界的广泛关注。新浪、网易、搜狐等网站以及各报纸，纷纷在显要位置予以转载或摘登。一时间，孙志刚事件成为全国舆论关注的焦点。广东省和广州市随后组成调查组，对该事件展开调查。4 月 29 日，余樟法、杨支柱等百名人士致信全国人大，呼吁废止收容遣送制度。随后，知名学者旷新年、李陀等 5 人也致信全国人大，呼吁改革收容遣送制度和暂住证制度。5 月 14 日，俞江、滕彪、许志永 3 位法学博士，以中国公民身份，向全国人大上书，建议对《城市流浪乞讨人员收容遣送办法》进行违宪审查。6 月 4 日，孙志刚事件有关责任人广州市公安局副局长林培坤等 23 名政府官员受到党纪政纪处分。6 月 9 日，孙志刚事件主犯乔燕琴、李海婴、钟辽国等人被分别判处死刑、死缓等。6 月 18 日，温家宝总理主持国务院常务会议，审议并通过了《城市生活无着的流浪乞讨人员救助管理办法（草案）》。6 月 20 日，温家宝总理签署国务院第 381 号令，公布《城市生活无着的流浪乞讨人员救助管理办法》，该办法自 8 月 1 日起正式施行，1982 年国务院发布的《城市流浪乞讨人员收容遣送办法》同时废止。

另外，从 2005 年关于佘祥林冤案的报道[①]、2009 年关于李乔明案的报道[②]、2009 年关于孙中界案的报道[③]等法治新闻报道可以看出，法治新闻

---

① 关于佘祥林冤案的报道：佘祥林在被关押 11 年后无罪释放，该案暴露了刑讯逼供等问题，最终国家最高人民法院收回死刑复核权。2010 年赵作海冤案几乎以同样的形式重复了一个相同的冤案，在被媒体大量披露后，不仅赵作海获得了国家赔偿 53 万元，国家还启动了责任追究制。

② 关于李乔明案的报道：李乔明案，坊间一般称为"躲猫猫"案。"躲猫猫"事件的曝光，有赖于媒体的大力介入。对该案的报道不仅曝光了此案看守所内的牢头狱霸问题，还推动了各地看守所命案接连曝光。为此，从 2010 年 4 月 20 日开始，最高人民检察院和公安部对全国看守所开展了为期 5 个月的监管执法专项检查活动。一些地方的看守所开始改造监控系统，实行"阳光公安监所工程"改革。2010 年 6 月 1 日施行的《公安机关人民警察纪律条令》更是明令规定，警察醉酒驾车与刑讯逼供者，一律开除。

③ 关于孙中界案的报道：孙中界遭遇"钓鱼执法"而不得不"断指诉冤"，引发社会广泛同情。从中央电视台到地方媒体的大量报道，不仅使上海浦东新区人民政府承认存在违规的"钓鱼执法"现象，还直接促使上海市政府明确必须坚持"两个坚决"：坚决依法整治非法经营行为，维护交通营运市场的正常秩序；坚决禁止交通行政执法过程中的不正当调查取证行为，坚持依法行政、文明执法，切实维护合法经营者和消费者的权益。

报道的特别之处就在于在我国当前的法治建设条件之下，其担负着监督司法、引导舆论、促进法治建设等重要任务。从上述案件中我们可以看到，成功的法治新闻报道，不但促进了公民权益维护和政府制度改革的互动，也促进了中国的法治建设。

2. 法治新闻报道样式不断增加

法治新闻报道的具体呈现有很多方面，往往针对同一个事件，报道所出发的角度不同，报道的重点不同，报道样式也就不同。从这个意义上本文将其分为五大类：事件性报道、法律法规动态、人物报道、专家学者访谈以及法学教育。第一，事件性报道，主要包括对公安部门已经介入调查、立案或者结案的案件的报道，以及已经发生的为记者所调查的法治事件报道；第二，法律法规动态，指的是立法、司法、法律条文、法规、制度等的解释、最新变动以及宏观走向；第三，人物报道，主要指以人物为主题的法治报道，包括案件或事件的主体，例如违法乱纪的人物、与违法乱纪者作斗争的人物、受害者等；第四，专家学者访谈，即针对案件、现象或趋势，请相关的专家或者学者进行谈论和分析，既包括访谈对话，又包括专家或学者直接撰文；第五，法学教育，就是对高校法学教育现状、问题的报道。

其中，事件性报道一直是法治新闻报道的主打内容。以《南方周末》为例，在倡导建设社会主义法治国家的大环境下，《南方周末》由过去对社会底层个案和生存状态类新闻的聚焦，转变为更看重群体利益和宏观制度层面的新闻深度透视；由以报道大量刑事案件为主，转变为其他诉讼类案件和调查类事件并重。报道类型向多元化发展，报道题材也得到了极大的丰富，无疑能够更加全面展示处于动态变化中的中国法治环境的全貌，在无形中增强了报道的"真实性"。

3. 法治新闻报道写作上的三个变化

现代法治新闻报道写作的第一个变化是写作手法方面。20世纪90年代，法治报道以揭露性内容为主，形式夸张，视觉冲击力强，整体风格显得激情有余而理性不足，很多法治新闻报道属于大特写或纪实文学，有的调查性的法治报道笔调类似惊险小说，有的揭露性报道在导语或者引语部分用一系列的追问，引导读者不自觉地带着情感去看新闻，例如《"点子大王"何阳宁夏喊冤，银川警方认定"涉嫌诈骗"》一文的导语中写道

"何阳被刑事拘留是否符合刑事诉讼，银川警方插手经济案件，是否有'地方保护主义'之嫌，何阳两次被羁押，审理过程中是否被刑讯逼供……"导语在报道主体内容尚未展开之时就给银川警方的行为定了性，先入为主的价值判断损害了新闻事实的丰富性，在某种程度上违反了新闻真实性原则的要求。而这些情况在 2003 年之后明显减少，新闻用语越来越理性和中性，导语基本上不再是编辑的评论，而改为截用文中的点睛之笔。

第二个变化是报道内容不再局限于具体的人和事，新闻专题策划渐多，叙事走向宏观。现代法治新闻报道的做法是，将类似的新闻进行策划，组合报道，扩大相关问题报道的影响力，提升公众的关注度，从中探寻到某些现象的规律，以期找到解决的方案。如 2009 年"牢头狱霸之治"专题系列报道，"危险驾驶"法律争议专题，2006 年邱兴华案的专题报道，等等。值得一提的是《南方周末》所刊登的许多法治专题报道，如它针对被拆迁人利益受损问题所策划的一系列的专题报道，除"拆迁十年悲喜剧"专题外，还策划了"拆迁之殇"报道专题，单篇报道有 2009 年 10 月 8 日《被拆迁者捅死拆迁者被判缓刑重获自由》、11 月 5 日《拆你房子，与你无关》、12 月 10 日《五学者建启人大审查拆迁条例》、12 月 17 日《拆迁条例有望破旧立新》、12 月 24 日《拆迁条例》。作为一份周报，能够如此密切地关注某个法治问题，这种情形在当时可谓前所未有。

第三个变化是报道文本深度写作呈短稿化倾向，"大块头"文章减少。为了应对市场变化，许多法治类报刊进行内部改革。例如《南方周末》2007 年对文本内容进行了充分调整，即"要求短稿化，规定除封面报道及三个二级封面的主稿外，其余稿件字数不得超过 3500 字，要求精细编辑，规定对长文章必须进行切分，必须作提要性编辑等"①。

（二）现代法治新闻报道的特点

无论在报道方式上还是在报道的专业程度上，现代法治新闻报道都做得更好，要求更高。在报道方式上，现代法治报道让公众看到的不只是冷冰冰的法律，还有温暖的人文关怀；不仅是探求事实与真相，还能在强大

---

① 向熹：《赢在"第一市场"——〈南方周末〉新传播环境下战略转变解析》，《中国记者》2010 年第 7 期。

的舆论洪流中保持理性和独立。现代法治新闻报道更强调专业性，不仅要求记者具备新闻传播知识和技能，还要求精通法律专业知识。

1. 理性之中深刻展现人文关怀

人文精神或者人文关怀的渊源是欧洲文艺复兴时期的人文主义，其核心内容是肯定人性的价值和人的主体性。阿伦·布洛克在《西方人文主义传统》一书中指出，人文主义的范畴与内涵随着时代、地域不断发展，但始终坚持"两个核心"不变：一是以人和人的经验为关注对象；二是尊重人的尊严①。人文关怀在法治新闻传播中表现在两个层面上。一是用理性的文字架起人文关怀的桥梁。通过在具体的法治新闻事件报道中融入人道的情感，体现传播者的关切，发挥媒介的规范和批判功能。二是理性精神中蕴含浓厚的人文精神，真正做到以人为本，关注新闻事件中的人。从字里行间渗透出来的人文精神往往更具有叩击人心的力量，这在法治新闻报道中表现得尤为丰富。以"城市流浪少年调查"专题报道为例，全国上百万流浪少年偷窃或抢劫，似乎终究难逃悲惨的命运。面对这样的故事题材，一般报纸要么写成社会治安类的社会新闻，要么写成青少年教育的反面教材，但是这一专题报道舍弃了这种常见的"俯视"型的视角，具备政法教育背景的记者傅剑锋走入流浪少年群体中，以平等的姿态获得流浪少年的信任，以一种人性化的笔触，从法治层面描述流浪少年问题、现象，透出背后的家庭、社会、制度等因素。《随时可能成为犯罪后备军》向我们讲述了两个流浪少年在被家人亲友抛弃后犯罪的过程，以及那种无助、无奈的复杂心理：

> 我最怕的是别人看我的那种眼神，那种骂你是贼，看不起的眼神。
>
> 被不认识的人打我从来都不会哭，只有被亲人打的时候我才会哭。

现代法治新闻报道的人文精神还体现在刑事案件报道中。它一般会将罪犯的个人性格、生活空间、经历等与他的社会生活密切联系在一起，最终将其犯罪的原因指向他的生活环境，同时对受害者的境况予以关注。近

---

① 〔英〕阿伦·布洛克：《西方人文主义传统》，董乐山译，群言出版社，2012，第164页。

年来，那些生计艰难、常与公权力发生冲突的弱势个体，是现代法治报道较为关注的对象。例如与城管频频发生冲突的城市小贩崔英杰，在城市拆迁中利益遭受侵害的唐福珍、潘蓉，以及对公权力深感不公而怀恨报复的杨佳，等等。这些事件的发生往往有着深刻的社会背景，记者力图通过对这些极端个案的报道来发掘事件背后发人深省的社会问题，以探寻可能的解决办法和方案，在给人以警醒的同时，希冀防止此类事件的再次发生。

2. 在强大的舆论面前保持理性和独立

当今网络媒体已经成为最大的舆论"集散地"，网络媒体提供了实现广大公众参与权和表达权的平台。但同时，网络把关人的缺失以及论坛平台上言论的匿名性，使得网络舆论从最开始形成就缺乏理性，盲目的社会情绪在缺乏理性引导的情况下往往积聚成网络暴力。现代许多法治报道的可贵之处在于报道热点事件没有屈于强大的网络民意，而是保持理性和独立，通过深入调查、多方求证，尽自己最大努力将真相传达给受众。这种传统媒体的客观、中立、平衡的报道促进了公共话语空间的良性发展，既有利于民众对权力部门的有效监督，也有利于政府、社会团体与民众之间的沟通和相互理解，弥补社会群体之间的隔阂、断裂。

以"切除智障女童子宫案"的报道为例。2005年4月，江苏省南通市的主刀医生王晨毅应当地儿童福利院的要求，给两个重度智障少女实施了切除子宫手术，此事被人披露到网上，随后引起全国众多的媒体跟进报道。当时一家媒体甚至将这一行为和纳粹德国的"绝育法"相提并论，广大网友也纷纷用"禽兽行为""令人发指"等词描绘这次手术，舆论几乎一边倒地谴责医生和福利院。《南方周末》记者经过深入调查后，发现此事存在巨大争议——作为监护人，福利院该如何使智障少女免于性侵害？智障人的生育权在中国没有法律明文规定，面对这一问题该怎么办？类似情况在民间是如何处理的？国外是否有判例？而调查表明，此事在中国民间并不罕见，在美国、澳大利亚和巴西等国早有"经监护人同意切除智障女子子宫"的法规或判例。凤凰卫视等媒体评论此文发出的是"理智而独立的声音"①。

———————————

① 鞠靖：《尊重法治精神谨守法治底线——"切除智障女童子宫案"采访手记》，《新闻实践》2010第5期。

《南方周末》副总编伍小峰总结这篇深度报道相对于一般信息的优势之一就是在引发司法思考的基础上颠覆了部分受众对此事的固有认识。在竞争日趋激烈的今天，媒体如果能够保持理性，面对大众舆论不人云亦云，用深入调查的方式不断探求事实和真相，从而在强大的舆论洪流中发出自己独立的声音，这是恪守新闻专业主义原则、实现舆论监督的一柄锐利之剑。

3. 高度专业化

现代法治新闻报道是一个非常专业的新闻报道领域，法治新闻报道不仅需要专业的新闻传播知识，需要新媒体技能、法律专业知识等方面的积累，还需要公共关系、舆论应对、新闻发布、沟通交流等社会性知识和技能。从实际情况看，因为法治新闻报道涉及争议双方的权利义务划分，涉及社会的安定，涉及网络舆情引导与应对，报道的专业性较强、争议焦点多，极易受到报道不公的指控，并有可能引发其他相关社会舆情问题，所以，法治新闻报道工作是一个对专业知识和社会经验要求都比较高的行业。从这个角度考虑，法治新闻报道专业队伍的打造是必要的。系统的新闻专业、法律专业、新媒体技术以及舆情应对等知识培训，统一的价值观、操作理念以及应对突发事件协调一致的团体行动意识等，对于法治新闻报道工作者掌握报道范围、权衡报道的分寸、运用报道的语言、操控相关技术、设置相关议程、引导相关舆论，是十分有益且必要的。

三　现代法治新闻报道的运作机制

现代法治新闻报道依然离不开法治新闻采访、法治新闻写作、法治新闻编辑三大生产流程。这三大生产流程，既各自独立、有着不同的运作规律和任务要求，又相互联系、有机统一。

（一）现代法治新闻报道的价值选择

法治新闻报道在进入生产流程之前，首先要面对的第一个问题就是价值选择。一般来说，法治新闻报道面对四个价值选择：新闻价值选择、法律价值选择、宣传价值选择、道德价值选择。

1. 新闻价值选择

首先，新闻价值的核心要素包括"七性"：新鲜性、真实性、具体性、重要性、显著性、接近性、趣味性。就法治新闻报道而言，具有新鲜性的法治信息可以概括为如下几类：①新出台的法律法规及其司法解释和司法解答；②新设立的法律制度；③新发生的法律案件、事件和灾难事故；④执法、学法、守法、护法的新人物、新经验和新风尚等。

2. 法律价值选择

对新闻信息进行新闻价值的筛选之后，紧接着要对其进行法律价值的选择。所谓法律价值选择，就是要求法治新闻报道的内容、方式、手法，都必须符合法律法规的规定，符合社会主义法治精神。

（1）有关国家利益方面

对涉及国家机密的内容、有损国家利益和社会公共利益的内容，要予以删除和过滤。比如，国家政治机要、军事秘密情报、外交秘密情报等国家机密；有关公安、检察机关在办案过程中使用的秘密侦查手段和方法；有关司法机关正在侦查、检察、审理过程中、尚未终结而不宜公开的相关案情；等等。

（2）有关公民权利方面

法治新闻报道一定要遵守国家宪法和法律规定，要尊重公民的人格尊严，不得用任何方法对公民进行侮辱、诽谤和诬告陷害，不得擅自披露他人隐私，不得擅自使用他人肖像，等等。

法律价值的选择，可以说是一种硬性的选择。面对所有的法治新闻信息，新闻报道者要严格按照相关法律规定，对信息进行法律价值的过滤和筛选。如果不重视这一价值选择，不但会对国家、社会的利益造成损害，而且会对公民的合法权益造成损害。情节严重的，新闻媒体和记者会被追究责任。

3. 宣传价值选择

宣传价值，指新闻信息中所包含的能够证明和说明传播者的政治主张，并且有利于传播者控制受众行为的因素及其分量。换言之，宣传价值就是宣传主体用以衡量和判断新闻传播行为能否取得预期的宣传效果的标准。法治新闻信息的宣传价值标准包括以下"五性"：一致性，指法治新闻报道要与党和政府的中心工作保持一致；针对性，指新闻报道要做到"有的放矢"，根据不同情况调整报道策略；普遍性，指法治新闻报道的信息对于广大受众具有广泛而普遍的教育意义和指导作用，而不是只对一小部分人起作用；典型性，指新闻所选择的信息是众多同类事物的代表，能够起到举一反三、触类旁通的作用；时宜性，指新闻报道要选择恰当的时机进行报道，尤其对于司法机关正在审理、尚未终结而不宜公开的案情时，就需要延缓报道。

4. 道德价值选择

道德价值选择，是较法律价值选择和宣传价值选择更进一步的选择。强调在法治新闻报道的过程中，不做违反法律规定的事情，这是最基本的道德要求。只有新闻工作者保持清正廉洁，才能保证新闻报道的客观、真实和公正。为了帮助新闻人员更好地进行道德价值选择，国家规定了相关的新闻职业道德准则。

（二）现代法治新闻采访

所谓法治新闻采访，是法治新闻记者通过对相关法治事件和案件、相关法治机构和当事人进行调查访问等各种方式、途径和方法，有目的、有鉴别地寻找和采集法治新闻素材、材料和证据，并从中捕捉具有为受众所及时知晓意义的法治新闻信息的活动。

法治新闻采访在整个法治新闻报道活动中具有非常重要的地位和作用。第一，法治新闻采访是整个法治新闻报道活动的起点，没有法治新闻采访，法治新闻写作和编辑就无从谈起；第二，法治新闻采访的真实性和公正性决定法治新闻写作的真实性和公正性；第三，法治新闻采访所获素材的多寡决定法治新闻写作可使用材料的多寡。所以在采访时，切记走马观花、对实际情况一知半解、搜集的材料丢三落四。只有材料越丰富、证据越充足，在写作时下笔才更加顺畅，更得心应手，法治新闻报道才更加专业。

1. 显性采访

法治新闻报道中的显性采访常常与政法部门的相关事件挂钩。政法部门，包括国家立法机关、司法机关和政府行政执法部门。现代法治新闻采访实践中不约而同地形成了这样一个共识：紧盯政法部门，放眼全社会。也就是说，法治新闻采访要以政法部门为立足点，同时顾及社会各个方面。"紧盯政法部门"是指把政法部门作为新闻来源，及时地捕捉和反映政法方面的新形势、新情况、新动向、新问题；"放眼全社会"是指在现代社会中，法律已经深入社会的各个领域，渗透到生活的各个层面，应对与社会、公民息息相关的各种法治事件和案件予以关注。

2. 隐性采访

现实生活中许多犯罪案件是隐秘发生的，其本身就是不可告人的，记者只能进行暗访，也叫隐性采访。所谓隐性采访，是新闻记者以部分公开或者完全不公开自己职业身份、不公开自己的采访工具或者设备、不公开自己的采访意图的方式所进行的新闻采集活动。从采访的对象来看，有些当事人的行为涉及违法犯罪，所以他们因害怕事情暴露，是绝对不会接受公开采访的；就采访者而言，对于那些凶杀、抢劫、绑架、强奸、吸毒等违法犯罪事件，记者公开采访，很可能会遭到歹徒的攻击而危及人身安全。所以，隐性采访是法治新闻报道必不可少的一种采访方式。

3. 案件采访

依据案件类型，案件采访可以分为诉讼案件采访和刑事案件采访。第一，诉讼案件采访。新闻记者一定要站在法律的公正立场上，平等地听取诉讼双方的陈述并如实记录。案件开庭时，记者应该到庭旁听，以便更详细地听取诉讼双方陈诉的事实、理由和诉讼请求。要特别注意法庭调查以及举证、质证阶段，因为这是分辨证据真伪、判断谁是谁非的关键阶段。在法庭作出判决之前，记者只管倾听和记录，不要轻易表态。第二，刑事案件采访，是对那些最终适用刑事诉讼法的案件的采访。在这里，我们不使用"诉讼"二字，而直接使用"刑事案件"，是因为刑事案件一般不是、也不能首先和直接进入法庭诉讼（刑事自诉案件除外），而是最后才进入诉讼阶段。所以，对于刑事案件采访，采访者不是、也不能等其成为诉讼案件才介入。刑事案件一般先经过公安机关侦查、检察机关审查，再由检察机关提起公诉，最后才进入诉讼程序。在经济犯罪案件中，犯罪嫌疑人是党员的，还要先经过党的纪律检查，是国家公务员的，还要经过监察机关调查，再移送检察机关审查和提起公诉。经过这样几次的侦查、审查、调查、检察，进入法庭诉讼阶段之后，刑事案件被告人的违法犯罪行为及相关证据，可以说已经是比较清楚的了，已经集中反映在检察机关的公诉状中。记者不用费多大工夫，就可以掌握相关的事实和证据。因此，对于刑事案件的采访，记者必须提前介入，即当犯罪嫌疑人受到公安侦查，或者受到纪检审查时，就要想办法介入采访，积累素材。如果记者等到案件进入司法审判阶段才进行采访的话，就有点晚了。

（三）现代法治新闻写作

如果说法治新闻采访属于素材和原料的积累阶段，那么法治新闻写作是在对原料整理、筛选之后，进行加工和制作，则属于法治新闻作品的生产制作阶段。从法治新闻作品的生产制作流程来看，法治新闻写作在整个法治新闻报道活动中处于核心的地位。从某种意义上说，法治新闻采访和编辑，都是围绕着法治新闻写作而开展并且为法治新闻写作服务的。前者是为法治新闻写作积累素材，后者是对生产出来的新闻作品进行再加工。

面对社会生活中丰富多彩的法治信息，媒体不可能把所有的事实都呈现给受众，那样既显得没有重点，实际上也没有版面能够实现。因此，在法治新闻写作阶段，还要进行价值选择。当然，不同阶段的价值选择的重点也不尽相同。采访阶段更注重把握新闻价值，写作阶段则重点考虑的是宣传价值和法律价值。也就是说，在法治新闻写作阶段，应当重点关注：现成的法治新闻信息是否与党和政府的中心工作保持一致？是否符合社会主义法治的原则？对于受众当前迫切需要解决的思想和法律问题是否具有针对性？是否具有普遍性和典型意义？是否合乎时宜？在现成的这些信息中，越是与党和政府的中心工作一致的，越是有利于弘扬社会主义法治精神的，越是具有针对性的，越是具有普遍性和典型意义的，越是合乎时宜的，其宣传价值和法律价值就越大，就越值得去写。

在法治新闻写作的具体操作过程中，还需要注意以下几个方面。

第一，要用法律事实说话。所谓用法律事实说话，就是用"符合法律的事实"和"有事实证明的法律"来写作，而不是用"感情"、"哲理"、"理念"或"逻辑符号"来写作。

第二，实事依法实说。用法律事实说话，是关于"用料"的问题；实事依法实说，则属于"制作方法"的问题。所谓实事依法实说，总的来说，就是要用合法的、客观叙述的手法和朴实的语言来写作，而不要采取违法的、夸饰的手法来写作，不要采用华丽的词藻。比如，要充分运用"白描"的手法；充分运用现场图片；注重使用直接引语，少用间接引语；善于交代新闻来源；等等。

第三，写不出来的时候，补充采访再写。当由于材料欠缺或事实不清、不实等而无从下笔的时候，不要硬着头皮写下去，明智的做法是针对相关问题采取相应措施：政策法规不明的，要查阅相关政策法规的原文，或者打电话向权威部门或专家请教；事实不清、不实的，要进行补充采访，弄清疑点和问题。

明白了"写什么"和"怎么写"，还要清楚"写成什么样"。现代法治新闻报道最为常见的四大题材是法治消息、法治通讯、法治特写和法治新闻评论。法治消息通常以简明扼要的文字、概括叙述的方法、短小精悍的篇幅，快速地反映法治建设的新动态和新风貌，具有"短、新、快"的特点。法治通讯以报道与法治相关的重大事件、重大案例、典型经验、典型人物见长，强调对事物的全貌和过程有一个比较完整的报道，具有内容丰富、报道翔实的特点。法治特写通常抓住法治事物中最重要、最精彩、最富个性特征的瞬间或片段做文章，具有笔墨集中、描写精彩、视觉独特的特点。法治新闻评论是对新近发生的法治事件进行评论，具有很强的时效性和针对性，是法治媒体的灵魂和旗帜。

（四）现代法治新闻编辑

现代法治新闻经过了采访和写作完稿之后，便进入编辑加工阶段。编辑工作是整个法治新闻报道活动中至关重要的一步，它在整个法治新闻报道工作中起着"总串联、总合成、总把关"的作用，肩负着联系、协调和带动采访、写作、编辑、出版等各个方面的职能，责任重大。

法治新闻编辑的基本任务，可以概括为以下几项。

第一，制订报道计划，根据媒体和版面的设置，对新闻选题进行策划，向记者和作者提供采访和写作的选题计划，引导采访和写作。一般来说，法治新闻报道在制定规划时，要紧紧围绕当前法治建设的任务和需要，及时传播法治信息，为促进社会主义法治建设服务。

第二，组织稿件，包括向记者和作者提供采访联系和组织相关作者来稿。就法治新闻而言，约稿的主要对象有如下几方面的人员。一是本媒体的法治新闻记者和法治专栏记者。二是各级党委和政府的宣传部门、各级政法委的研究室，以及法院、检察院、公安、司法行政部门等。其中，法院和检察院等政法机关，还专门设置了新闻媒介联系的法治新闻宣传中心，设有专职的法治新闻报道人员。三是立法部门、法学研究和教育部门的学者、专家、教授，他们对法学基础理论和法学前沿有着比较深入的研究，可以向媒体提供专业的法治新闻评论稿件。

第三，选择稿件，从各方面、各类型、各样式的来稿中，选择适合传播的稿件，决定稿件的采用与否。在实际的法治新闻选择中，媒体通常用"劣汰法"和"优选法"来进行稿件的选择。"劣汰法"指看稿件是否具有新闻性、是否符合当前的宣传政策、是否符合法律规定和法治精神、是否符合本媒体的宗旨和风格、是否贴近受众的生活。"优选法"指在经过了"劣汰法"之后，对剩下的稿件进行进一步选择的方法，在同样的稿件中，选择时效性最强的、针对性最强的、内容最重要的、最能引起读者阅读兴趣的以及与受众生活最贴近的稿件。除此之外，还要考虑平衡的原则，比如全国性的法治报刊在稿件选择上就应该适当顾及全国各地，顾及政法机关的各个方面。

第四，加工稿件，包括对稿件进行修改和提炼，主要是提炼主题、制作标题、修改稿件、校正错误修饰文字等。提炼主题就是对稿件进行梳理，去芜存菁，去粗取精，删去那些表述不清、模棱两可的材料和议论，删去那些与主题无关的情节，使主题更加鲜明。校正错误指校正稿件中相关法律政策、事实、证据存在的明显错误。

第五，合成稿件，将编辑好的稿件进行统筹考虑，并按照一定的模式进行组合、搭配、合成。从稿件合成的类型来看，有综合版、专题版、号外版。就法治类报刊而言，它本身属于专业类报纸。它的综合版，从地域来说，应当包括来自全国各地乃至世界各地的法治新闻稿件；从行业来说，应当包括来自人大、法院、检察、公安、司法行政以及与法治相关的各个领域的稿件。它的专题版，有以不同行业来划分的，也有以案件类型来划分的，比如刑事案件报道、民事案件报道、行政案件报道等。以法治类报刊的综合版为例，一般来说，法治类报刊的综合版或头版，应当由8篇或8篇以上的稿件组成。而这8篇稿件，从体裁形式来说，应当有消息、有评论、有照片，做到品种多样，图文并茂；从内容上来说，应当既有弘扬法治精神和社会正气的，也有批评揭露违法乱纪现象的；从篇幅长短来说，应当做到错落有序、生动活泼，而不要千篇一律。

第六，编排版面。将稿件安排到一定模式的版面上，或按一定的样式剪辑合成。

　　第七，校对清样，对版面和合作品进行最后审定，对文字进行最后把关，制成版式或录像带，交付刊播。

　　在本章中，主要探讨了三个方面的问题，分为三节进行叙述，这三部分在逻辑上是递进的关系。第一节论述了古代律法新闻活动的萌芽阶段，这一阶段从新闻来源、报道内容、报道载体、报道环节、报道形式等方面进行阐述，律法报道活动的成熟度基本呈递增的演进状态。但是这一时期传播媒介的性质始终是代表朝廷和皇帝意志的朝廷官报，是封建王朝维护统治的重要手段。第二节梳理了近代律法新闻报道的发展阶段，近代开始出现新式民间商业报刊，这些报刊大多由在华外国人和中国新兴知识分子创办，摆脱了政府官文书的性质，但还是会受到近代政府政策的影响。总体来看，近代律法报道呈现媒体、司法与政治三者之间相互影响、相互较量的特点，也体现了媒体与政治的紧密关系。第三节写的是现代法治新闻报道的形成和发展阶段，自我国第一份以"法制"命名的报纸创办以来，"法制新闻"就成了专业新闻报道中一个重要的分支，后改称"法治新闻报道"，在内容上呈现客观理性、高度专业化、人文关怀等特征，在运作机制上较古代和近代都更加成熟、系统和专业。中国法治新闻报道经过漫长的起源、形成和发展，在传播法制信息、进行法制教育、提高公民法律意识等方面起到了重要的作用，未来，法治新闻事业更是重任在肩。

第三章 民事法治报道

CHAPTER 3

民事法治报道是指新闻媒体以民事法律的思维和视角进行的新闻报道。作为"日常生活的百科全书",民事法律与人民日常生活的各个方面都紧密相关。以民事法律的视角进行的新闻报道,在呈现法治新闻专业性的同时,也"软化"了专业新闻的"硬性"特征,拉近了读者和专业报道的距离。更为重要的是,民事法律领域诞生了我国第一部法典,以民事法律视角进行的新闻报道,生动勾连起了《民法典》在人们生活中的作用,从"小切口"记录了我国法治进程和人民幸福生活之间的关联。

本章将从民事法治报道的定义及分类、民事法治新闻报道的选题及民事法治新闻报道的手法三方面进行阐述。第一节介绍了民事法治报道的定义及分类,基于"以民事法律的视角做新闻"这一视角明确了民事法治的内涵,并根据民事法律立法、司法的"内部运行体系"描述了民事立法和民事案例两种外延范围;根据民事法律关注的生活领域的"外部观察体系"扩展出了民事法律视角下的民生新闻报道这一外延类型。第二节则从民事法治新闻报道的选题展开,重点介绍民事法治报道的主要对象和内容,依托民事法治报道的日常性及普及性选题,介于情理、止于法理,最终达到以法沟通大众、以法阐释生活的建设性目的。第三节重点介绍民事法治新闻报道的手法,从角度、时机、信源、立场、呈现五个方面出发,在精准界定民事纠纷的基础上,对不同类型的报道手法辅以大量案例予以呈现,对民事法律立法、司法的"内部运行体系"和"外部观察体系"进行充分阐释。

第一节　民事法治报道的定义及分类

民事法治报道包括三个方面：民事立法报道、民事法律案例报道和民法视角下的民生报道。这是遵循本书"以法治视角进行的报道"这一思路，在民事法律视角下根据一定标准进行的类型划分。尽管可以简单地将民事法治报道描述为"民事法治视角下进行的新闻报道"，但民事法治本身就是一个宽泛的概念，既包括民事法律体系的内容与执行，也与若干民事权利义务关系相关。具体到新闻报道领域，民事法律几乎可以调整所有的日常行为，因此，本书要立足于专业报道的标准，对民事法治报道进行描述。

一　民事法治报道的定义

2020 年 5 月 28 日，第十三届全国人大三次会议表决通过了《中华人民共和国民法典》（以下简称《民法典》），于 2021 年 1 月 1 日起施行。《民法典》作为社会生活的百科全书，集中体现了以人民为中心的立法原则。与此同时，长期以来，《民法典》背后的民事法律知识和理念，都在民事法治新闻中有所展现，无论是《民法典》还是民事法治新闻，都将保障人民的民事权利作为最根本的出发点和落脚点。它们最大限度地回应人民的法治需求，同时对人民的根本利益做出了很大的保障。基于此，本部分主要从民事法律关系、民生新闻和民事法治报道、民法视角下的新闻报道方面对民事法治报道进行定义。

（一）作为新闻题材的民事法律和民事法律关系

民法调整平等主体自然人、法人和非法人组织之间的人身关系和财产关系。民事法律关系是民事主体之间就一定的物或其他对象（客体）而发生的由国家强制力保证其实现的民事权利义务关系。民事法律关系是一种人与人之间的社会关系，而不是人和物的关系。尽管在财产关系中其标的常常是物，但法律关系的内容——权利和义务，是发生在人与人之间，而不是人与物之间。经民法确认的民事法律关系分为财产法律关系和人身法律关系。因此，在此类报道的题材选择上，其要素要与民法所调整的民事法律关系相吻合，超出民事法律调整范围的报道，则不能算作民事法治报道。例如在恋爱关系中，恋爱的双方虽然是平等主体，但是双方之间没有国家强制力保证其实现的权利与义务关系，双方之间的关系只能算作民事关系，但不能构成民事法律关系，因此，不足以作为民事法治报道的新闻题材。但是，婚姻关系，则是由合法婚姻而产生的男女之间的人身和财产方面的关系，是由民事法律规范所确认和保护的以民事权利和民事义务为基本内容的社会关系，所以，婚姻关系可以作为此类报道的新闻题材。由此可见，媒体在选择民事法治报道的题材时，不能一概而论，将民事关系与民事法律关系混为一谈，应掌握一定的民事法律知识，以便更好地生产新闻。

（二）民生新闻和民事法治报道

民生新闻是一种关注百姓日常生活、体味民生民情的新闻类型，它不仅反映了人民日常生活中的千姿百态，还反映了一个时代下人民的精神面貌、思想文化以及价值观念等。可以说，民生类的新闻具有很强的人本思想和人文关怀，它践行着从群众中来、到群众中去的基本理念，从人民的视角看问题、以人民的口吻讲述民生，通过人民的生活去展现民本思想的魅力。民生新闻从人民的生活中来，到人民的生活中去，这一点使其具有很强的日常性和普及性。在民本思想的基础上，民生新闻不仅反映着人民基础的生活，也代表着新闻报道的基础。

民事法治报道，是将民事法律思想与精神运用到新闻传播领域的结果，这主要体现在其法律视角的专业性和以人为本的人民性上，是对传统民生新闻在专业上、内容上、深度上的精深与延展，是较传统民生新闻，专业性、目标性更强的新闻形式。综上所述，本书认为，民事法治报道是以民事立法、民事法律案例和民生新闻为对象进行报道的法治新闻。民事法治报道既立足于民事法律发展，也重视人民日常生活；既关注实体问题，也关注程序法和案例中的程序问题；既着重法律、司法的内部运行体系，也呼应人民生活的外部观察体系。将日常性的民生问题通过报道与相对应的法律问题相联系，是民事法治新闻报道作为专业报道的主要内容。

民事法律的发展本身就是对日常化的社会生活进行规范的结果，与民生议题息息相关。在新闻传播领域，民生新闻是电视新闻改革中逐渐发展起来的一种报道题材，后来成为一种报道的特定形态。这种自下而上的新闻改革，契合了后来的"三贴近"原则①，更是新闻报道中"人民性"②的重要体现之一。将民事法律视角与民生新闻报道相结合，更是能够在关注民生的同时，以专业报道的手法体现新闻"用法律事实说话"的特征，成为引导舆论的有效路径之一。民事法律与民生新闻，都是以服务民生为出发点，以回归民生为落脚点。民事法律思想在民生新闻中的应用，使得民事法治新闻得以成型与完善。

（三）民事法律视角下的新闻报道

民事法律视角下的新闻报道属于民事法律关注的生活领域的"外部观察体系"的扩展。上文提到，民事法治新闻在民事法律的视角下重新审视了民生新闻。这种审视与发展，是对传统民生新闻功能与可能性的再定义。这类新闻背后所展现的，是民事法律思想中的人民性与专业性。从人民性的角度看，民本思想是民事法律立法过程中占主导地位的立法思想，受民本思想的影响，民事法治新闻的内容与我国当下社会的主要问题一一对应，报道体现了民事法律思想所蕴含的精神，即回归人民、造福人民。从专业性的角度看，它为传统意义上的民生新闻提供了一种新的法治视角下的报道方式，用一种崭新的视角重新审视民生新闻中的大小纠纷，在赋予平常事非凡意义的同时，还可以为新闻报道的发展与定位找到一个落地性更强、解决性更强的新发展路径。除此之外，民事法律思想所赋予民生新闻的意义，并不只停留在内容层面，较传统民生新闻，民事法律新闻可以更冷静地审视民众日常纠纷中的法律点，并且以一种专业的思维切入，使得新闻传播过程间接形成一个新闻与法律双领域共同进步的格局。在法

---

① 张洋：《感受舆论监督的力量和价值》，《新闻战线》2020 年第 2 期。
② 张研农：《坚持党性和人民性相统一》，《人民日报》2013 年 9 月 16 日，第 7 版。

治社会的背景下，对于日常新闻的报道，以更为专业的民事法律视角切入，可以在传播信息、解决问题的同时，最大限度地推动民众知法懂法，对法治社会的建设进行有效的回应，成为共享共治的社会治理的媒体动员途径之一。

本书认为的民事法治报道，就是从民事法律视角对民事立法、民事法律案例和日常生活中的民事关系和民事纠纷进行的报道。这种报道体现法治新闻报道的专业性，包括选题的专业性和报道手法的专业性。

二　民事法治报道的分类

民事法治报道内容广泛，不仅有关于民事立法的报道，还包含民事法律案例报道以及民事法律视角下的民生报道。民事立法报道和民事法律案例报道是指对进入立法或者司法程序的新闻事实的报道；民事法律视角下的民生报道则是指对没有进入立法或司法程序的事件的报道，但由于该事件涉及民事关系，可以从民事法律的视角进行呈现和解释，因此有必要从民法视角出发对这些事件进行报道。

民事法律体系可以说"包罗万象"，仅从《民法典》的各编来看，物权、合同、人格权、婚姻家庭、继承以及侵权责任等编的内容全面覆盖社会生活的各个方面，因此，即便是对于没有进入法律程序的争议和纠纷，从民事法律的视角来区分新闻事件中的权利义务、厘清事件中人物的相互关系，不仅可以从专业角度调整报道的逻辑，还可以通过增加相关的专业信源和背景知识，达到宣传法律知识、增强法治意识的报道目的。同时，在一些争议中，法律视角下的报道更能够凸显媒体立足于法律的客观立场，在引导舆论的过程中显得"有理有节"。

（一）民事立法报道

新中国成立以来，中国当代民事立法随着社会的变迁不断发展。中国民事立法"五起四落"，经历了非法典化、类法典化和法典化三个时期的大开大合，[①] 终于迎来《中华人民共和国民法典》的诞生。当代民事立法

---

① 杨立新、李怡雯：《中国当代民事立法 70 年之发展与经验》，《新疆师范大学学报》（哲学社会科学版）2019 年第 5 期。

七十多年的发展过程中，新闻媒体对相应立法事件的报道起着上传下达的重要作用，是人民了解党中央重大法治建设的重要途径，同时，也生动地记录了中国民事法治发展的历史进程。

1. 一起一落：1954 年尝试编纂民法典过程中的新闻报道

1950 年我国制定了《中华人民共和国婚姻法》，自此之后的一段时间内，我国的民事立法偃旗息鼓。1954 年，立法机关基本仿照 1922 年《苏俄民法典》进行民法起草工作，将其分为总则、所有权、债（通则、分则）以及继承四篇，婚姻法单独规定，不在民法草案之中。轰轰烈烈进行的第一次民法立法活动，在 1957 年戛然而止。民法草案还未来得及被提交立法机关正式审议，民事立法活动就与其他立法一样不了了之。①

在这一起一落的过程中，新闻媒体有关民事立法的报道真实地记录了当时的情况。如《中华人民共和国婚姻法》颁布时，《人民日报》刊发的头版报道（见图 3-1-1）。该报道醒目地公布了该法的具体内容。

图 3-1-1　1950 年 4 月 16 日《人民日报》资料图片

资料来源：朱君超、吉意：《为什么新中国第一部法律是婚姻法？》，"人民网"微信公众号，https://mp.weixin.qq.com/s/tGoE0s7VOyder73eVJp-PQ，最后访问日期：2020 年 7 月 15 日。

2. 二起二落：1962 年开始的第二次民法典编纂过程中的新闻报道

经济困难期之后，为了规范经济生活，1962 年 3 月 22 日，毛泽东同志在谈话中提到："不仅刑法要，民法也需要，现在是无法无天。没有法

---

① 杨立新、李怡雯：《中国当代民事立法 70 年之发展与经验》，《新疆师范大学学报》（哲学社会科学版）2019 年第 5 期。

律不行。刑法、民法一定要搞。不仅要制定法律，还要编案例。"① 随后，全国人大常委会组织了民法典的第二次编纂工作。经过四次修改后，草案于 1964 年 11 月 1 日定稿为《中华人民共和国民法（试拟稿）》，但是其不论在体例上还是内容上，都没有遵循民法的立法传统。这一部具有鲜明政治色彩的民法试拟稿，尽管尽量贴合当时的社会现状，但后因社教运动，起草工作停止，我国民事立法再次告终。② 由于这一时期民事立法并未成功，相关的媒体报道较少。

3. 三起三落：1979 年开始的第三次民法典编纂过程中的新闻报道

1978 年改革开放后，我国接连草拟了《中华人民共和国民法草案（征求意见稿）》《中华人民共和国民法草案（征求意见二稿）》《中华人民共和国民法草案（第三稿）》《中华人民共和国民法草案（第四稿）》（以下简称"民草四稿"），与前两次民事立法中的民法草案相比，"民草四稿"有了重大进步，但当时中国社会正处于转型时期，难以立即制定一部完整的民法典。立法机关决定根据现实需要，分步制定民法典。而后民事立法逐渐进入类法典化阶段，1985 年《中华人民共和国继承法》颁布，1987 年《中华人民共和国民法通则》实施，1995 年《中华人民共和国担保法》通过审议，1998 年《中华人民共和国收养法》修正，1999 年《中华人民共和国合同法》出台。至此，主要的民法部门，除了物权法之外，基本上都有了单行法。

在这一时期，关于民事立法的报道也随着新法的颁行而丰富多样。

案例 3-1-1：六届人大四次会议主席团举行第三次会议 通过有关决议草案和法律草案 通过任命副总理名单草案和补选副委员长候选人名单③

全国人大法律委员会主任委员彭冲今天向主席团会议作了法律委员会关于民法通则草案、义务教育法草案和外资企业法草案审议结果的报告。他说，代表们在审议这三个法律草案时对这三个草案表示赞同，认为这三

---

① 王利明等：《民法新论》（上册），中国政法大学出版社，1988，第 98 页。
② 杨立新、李怡雯：《中国当代民事立法 70 年之发展与经验》，《新疆师范大学学报》（哲学社会科学版）2019 年第 5 期。
③ 《六届人大四次会议主席团举行第三次会议 通过有关决议草案和法律草案 通过任命副总理名单草案和补选副委员长候选人名单》，公共数据开放平台，https://cn.govopendata.com/renminribao/1986/4/12/1/#723607，最后访问日期：2022 年 11 月 3 日。

个法律草案总结了我国的实践经验，坚持了社会主义原则，反映了改革、开放、搞活的成果。法律委员会召开了四次全体会议，根据各代表团讨论的意见，对三个法律草案逐条进行了审议。法律委员会认为，三个法律草案经过多次修改，是比较成熟的、可行的，这三个法律的制定，对于健全社会主义法制将发挥重要的作用。彭冲还向今天的主席团会议报告了根据代表们所提意见，法律委员会对这三个法律草案的修改和补充提出的建议。彭冲说，法律委员会建议，将这三个法律草案修改后，提请大会通过。今天的主席团会议通过了法律委员会关于民法通则草案、义务教育法草案、外资企业法草案审议结果的报告，决定把按照法律委员会提出的修改建议修改过的民法通则草案、义务教育法草案、外资企业法草案，提请大会通过。

通过案例可知，在这个阶段，由于民事立法呈现松散化的特征，因此上述法律的通过和施行都没有引起强烈的反响，很多立法信息是被包含在某次会议中，融合会议上的其他议程事项来综合报道的。另外，《人民日报》对上述立法过程的报道一带而过，且没有针对该法律的意义向大众进行解释和普及，没有引起普通民众的重视。

4. 四起四落：2000 年开始的第四次民法典编纂过程中的新闻报道

2000 年 3 月，时任全国人大常委会委员长的李鹏同志提出："力争在本届人大任期内编纂一部比较完整的民法典。"[①] 2002 年 12 月 23 日，立法机关向全国人大常委会提交了《中华人民共和国民法（草案）》进行审议，包括总则、物权法、合同法、人格权法、婚姻法、收养法、继承法、侵权责任法、涉外民事法律关系适用法九编。该草案体系存在较多矛盾，在初次审议后受到诸多批评。此后，立法机关决定在各分编的基础上，继续制定民事单行法，以形成松散型的民法典。于是相关法律陆续出台，2007 年 3 月 16 日通过《中华人民共和国物权法》，2009 年 12 月 26 日通过《中华人民共和国侵权责任法》（以下简称《侵权责任法》），未制定人格权法。

---

① 《李鹏细说有中国特色社会主义法律体系建设》，中国新闻网，https://www.chinanews.com/2001-03-09/26/77103.html，最后访问日期：2022 年 11 月 3 日。

案例 3-1-2：全国人大常委会第十二次会议表决通过侵权责任法①

新华网北京 12 月 26 日电（记者邹伟、顾瑞珍）　十一届全国人大常委会第十二次会议 26 日表决通过了《中华人民共和国侵权责任法》，国家主席胡锦涛签署第 21 号主席令予以公布。新华社受权全文播发这部法律。

侵权责任法共 12 章 92 条，分别为一般规定、责任构成和责任方式、不承担责任和减轻责任的情形、关于责任主体的特殊规定、产品责任、机动车交通事故责任、医疗损害责任、环境污染责任、高度危险责任、饲养动物损害责任、物件损害责任、附则。

法律规定："本法所称民事权益，包括生命权、健康权、姓名权、名誉权、荣誉权、肖像权、隐私权、婚姻自主权、监护权、所有权、用益物权、担保物权、著作权、专利权、商标专用权、发现权、股权、继承权等人身、财产权益。"

法律明确，被侵权人有权请求侵权人承担侵权责任。承担侵权责任的方式主要有：停止侵害；排除妨碍；消除危险；返还财产；恢复原状；赔偿损失；赔礼道歉；消除影响、恢复名誉。以上承担侵权责任的方式，可以单独适用，也可以合并适用。

法律规定，侵害他人造成人身损害的，应当赔偿医疗费、护理费、交通费等为治疗和康复支出的合理费用，以及因误工减少的收入。造成残疾的，还应当赔偿残疾生活辅助具费和残疾赔偿金。造成死亡的，还应当赔偿丧葬费和死亡赔偿金。

法律明确，侵害他人人身权益造成财产损失的，按照被侵权人因此受到的损失赔偿；被侵权人的损失难以确定，侵权人因此获得利益的，按照其获得的利益赔偿；侵权人因此获得的利益难以确定，被侵权人和侵权人就赔偿数额协商不一致，向人民法院提起诉讼的，由人民法院根据实际情况确定赔偿数额。

法律规定，侵害他人人身权益，造成他人严重精神损害的，被侵权人可以请求精神损害赔偿。

此外，法律还对产品责任、机动车交通事故责任、医疗损害责任、环

---

① 邹伟、顾瑞珍：《全国人大常委会第十二次会议表决通过侵权责任法》，央视网，http：// news. cctv. com/china/20091226/102740. shtml，最后访问日期：2022 年 7 月 10 日。

境污染责任、高度危险责任、饲养动物损害责任、物件损害责任做了规定。

侵权责任法自 2010 年 7 月 1 日起施行。

上述案例是新华网在《侵权责任法》审议通过时发布的新闻报道，报道全文围绕立法事件展开，详细介绍了《侵权责任法》的主要内容、法律保护范围、侵权者的侵权责任承担方式以及侵权赔偿方式等。全文简洁明了，易于读者理解侵权责任的相关内容。对该立法事件的报道，也是对民事立法过程的生动记录。

5. 五起：2015 年开始的第五次民法典编纂过程中的新闻报道

2014 年 10 月 23 日，《中共中央关于全面推进依法治国若干重大问题的决定》将"编纂民法典"列入依法治国的重大任务，立法机关决定用五年时间完成这一立法任务，具体按照"两步走"的工作思路进行，第一步编纂民法典总则编；第二步编纂民法典各分编，争取在 2020 年形成统一的民法典。2017 年 10 月 1 日《中华人民共和国民法总则》正式实施；2021 年 1 月 1 日，被称为"社会生活的百科全书"的《民法典》正式施行，至此，新中国第一部以法典命名的法律诞生。

在这一阶段，主流媒体的报道不但内容丰富翔实，而且形式多样化。主流媒体掌握着权威、一手的新闻来源，因此，肩负着及时传递立法信息、解读法条重要内涵的重任，对于民众了解立法政策、信息起着十分重要的作用。

案例 3-1-3：从民法总则到民法典草案：中国民法制度将迎新时代①

民法，社会生活的记载与表达。民法典，"社会生活的百科全书"，也是市场经济的基本法。十三届全国人大三次会议召开在即，民法典草案即将提请全国人代会审议，中国民法典呼之欲出。我国的民法制度也将迎来民法典时代。

……

---

① 杨维汉：《从民法总则到民法典草案：中国民法制度将迎新时代》，新华网，http：// www.xinhuanet.com/2020-05/12/c_1125974049.htm，最后访问日期：2022 年 7 月 10 日。

蹄疾步稳：民法典立法之路一步一个脚印

全国人大代表、中国社会科学院法学研究所研究员孙宪忠为编纂民法典提出了很多议案、建议和立法报告，倾注了大量心血……

我国民法典编纂采取"两步走"：第一步出台民法总则；第二步编纂民法典各分编，并将修改完善的各分编草案同民法总则合并为完整的民法典草案，由全国人大常委会提请全国人民代表大会审议……

2016年6月，民法总则草案首次提请全国人大常委会审议，标志着民法典编纂工作正式进入立法程序。2017年3月，民法典编纂完成了关键的"第一步"。作为中国民法典开篇之作的民法总则，获十二届全国人大五次会议表决通过。2018年8月，民法典编纂迈出"第二步"，各分编草案首次提请十三届全国人大常委会第五次会议审议，其中包括6编，即物权编、合同编、人格权编、婚姻家庭编、继承编、侵权责任编，共1034条。此后，2018年12月、2019年4月、2019年6月、2019年8月、2019年10月，十三届全国人大常委会第七次、第十次、第十一次、第十二次、第十四次会议对各分编草案进行了拆分审议。

2019年12月23日，"完整版"中国民法典草案首次亮相。十三届全国人大常委会第十五次会议现场，一本本《中华人民共和国民法典（草案）》摆放在与会人员面前。7编加附则、84章、1260个条文……民法典各分编草案与2017年制定的民法总则终于"合体"面世。编、分编、章、节……厚重的草案文本中，体例结构的"大树"枝繁叶茂。

"草案'合体'，标志着民法典编纂进入收官阶段。"中国人民大学法学院院长王轶说："民法典必将成为中国特色社会主义法律体系日益完善的又一重要里程碑，必将有力提升国家治理体系和治理能力现代化水平。"

适应发展：民法典编纂要把复杂的系统工程建设好

大到合同签订、公司设立，小到缴纳物业费、处理离婚纠纷……几乎所有的民事活动都要能够在民法典中找到依据；从国家发展看，我国农业社会、工业社会和信息化社会并存。因此，编纂民法典被喻为"一项复杂的系统工程"。

2016年，民法典编纂工作进入立法程序之前，我国已修改婚姻法，出台继承法、民法通则、担保法、合同法、物权法、侵权责任法等一系列民事法律，为编纂工作打下基础。

......

从将绿色原则确立为基本原则，到强化对胎儿民事权利的保护；从将法人分为营利法人、非营利法人和特别法人3类，到新增非法人组织为民事主体；从增设个人信息保护条款，到加大对网络虚拟财产的保护；从人格权独立成编强调维护公民人格尊严，到增加物业服务合同、保理合同等；从明确禁止高利放贷、禁止性骚扰，到解决高空抛物难题，保护人民"头顶上的安全"......

以人民为中心：让民法典更好保护人民权益

"公开征求意见期间，民法典草案共收到13718位网民提出的114574条意见。"2020年4月22日，全国人大常委会法工委发言人岳仲明透露的数字，可见民法典立法的参与之广。

民法典草案于2019年12月28日至2020年1月26日，在中国人大网公布，公开征求意见。社会公众普遍认为，编纂民法典，以法典化方式确认、巩固和发展改革开放取得的法治成果，充分彰显、集中体现了中国特色社会主义法律制度成果和制度优势。

上述报道从立法背景、立法进程及立法意义三个角度全面、客观地展现了《民法典》从编纂伊始到编纂完成稳扎稳打、立足人民的立法宗旨，媒体通过对民法法典化过程的跟踪报道，从不同侧面记录了我国《民法典》诞生的全过程。上述报道梳理了《民法典》的提出、审议、表决和通过等完整的编纂过程，并通过生动形象的文字向公众解释了民法法典化的不易进程。该则报道体例虽小，但展现了中国众多民事法治报道中的重要内涵，充分彰显、集中体现了中国特色社会主义法律制度成果和制度优势，也展现了民事法治报道在记录中国法治进程中的重大作用。

（二）民事法律案例报道

民事法律案例报道主要指对进入法律相关程序的一些典型案例的报道，包括对民事诉讼、仲裁、调解等法律案例的报道。人们在社会生活中，难免会发生各种民事纠纷，纠纷若不能得到妥善解决，不仅会损害当事人合法的民事权益，还可能波及第三者甚至影响社会的安定。解决民事纠纷的制度或方式主要有民事调解、民事仲裁以及民事诉讼三种。在新闻报道实践中，民事法律案例报道也是从这三个类型出发，对事件所涉及的民事法律问题进行探索和挖掘，增强新闻报道的呈现效果。

1. 民事调解类案例报道

调解是由第三者（调解机构或调解人）出面对纠纷的双方当事人进行调停说和，用一定的法律规范和道德规范劝导双方当事人，促使他们在互谅互让的基础上达成解决纠纷的协议。调解协议不具有法律上的强制力，但具有合同意义上的效力。民事调解类案例报道就是对以民事调解的方式来解决纠纷的事件进行报道。

案例 3-1-4：十倍赔偿！广州首例消费民事公益诉讼案调解成功①

2021 年 12 月 22 日，广州市人民检察院诉被告广州某冷冻食品公司、林某消费民事公益诉讼一案最终通过"调解"方式落下帷幕，公益诉讼人与被告就赔偿问题达成调解协议，分三期履行。据悉，该案是广州市首例以调解方式结案涉消费民事公益诉讼案件。

该案件作为广州首例以调解方式结案的消费民事公益诉讼案，地方媒体对该案的报道具有一定的积极意义，该案既有利于促进被告主动履行义务，弥补受损的社会公共利益，又在不违反法律规定、不损害社会公共利益的情况下，通过分期履行减轻被告负担。该报道充分发挥了马克思主义新闻观下媒体正面宣传的功能，起到了警示、教育的作用。

2. 民事仲裁类案例报道

仲裁是由双方当事人选定的仲裁机构对纠纷进行审理并作出裁决的纠纷解决方式。仲裁不同于调解的地方在于，仲裁裁决对双方当事人有法律上的约束力。但是，仲裁与调解相同点是以双方当事人的自愿为前提条件，只有纠纷的双方达成仲裁协议，一致同意将纠纷交付仲裁，仲裁程序才能够启动。对民事仲裁类事件的报道就属于民事仲裁类案例报道。

3. 民事诉讼类案例报道

民事诉讼是法院在当事人和其他诉讼参与人的参与下，以审理、判

---

① 魏丽娜、胡涛：《十倍赔偿！广州首例消费民事公益诉讼案调解成功》，"人民日报" App，https://wap.peopleapp.com/article/rmh25726322/rmh25726322，最后访问日期：2022 年 7 月 10 日。

决、执行等方式解决民事纠纷的活动，以及这些活动产生的各种诉讼关系的总和。民事诉讼动态地表现为法院、当事人及其他诉讼参与人进行的各种诉讼活动，静态地表现为诉讼活动中产生的诉讼关系。民事诉讼类案例报道就是以民事诉讼事件为对象的新闻报道，这也是民事法治新闻中占比较大的一种报道。

案例 3-1-5：大连十岁女童被害案相关民事诉讼案宣判：法院判赔偿 128 万①

大连 10 岁女孩小淇（化名）被杀案相关民事诉讼案宣判。

8 月 10 日，澎湃新闻从受害女孩小淇母亲和代理律师处获悉，大连市沙河口区人民法院对小淇案做出民事诉讼判决，判处蔡某某、庄某某于本判决生效之日起十日内在辽宁省级平面媒体上向原告小淇母亲及家人公开赔礼道歉（道歉内容需经法院审核），此外民事赔偿部分，判处蔡某某、庄某某于本判决生效之日起十日内赔偿原告合计 1286024 元。

上述案件具有一定的典型性和特殊性，案件中 13 岁大连男孩蔡某某杀害同小区居民 10 岁女孩小淇（化名），因蔡某某未达到法定刑事责任年龄，警方依法不予追究其刑事责任，小淇家人提起民事诉讼。澎湃新闻对该案件的报道简单明了、客观公正，除了对该案民事诉讼宣判结果的报道之外，后文附上了对该事件此前报道的梳理，让读者一目了然。

（三）民事法律视角下的民生报道

此前关于民生新闻的论述，已经对其定义及特点进行了界定和阐释，这里将着重从民法视角来关注民生报道。从对象来看，民生报道关注人民生计，关心市民生活，而民法调整平等主体的自然人、法人和非法人组织之间的人身关系、财产关系，因此二者紧密相连；从本质来看，民生新闻以"民生、民情、民意"为主要关注点，以百姓"身边事、麻烦事、稀奇事、关心事"为主要报道题材，而民法则是在这些日常问题解决不了、产生纠纷时，需要运用到的法律手段。民法视角下的民生报道，其内容虽非

---

① 喻琰：《大连十岁女童被害案相关民事诉讼案宣判：法院判赔偿 128 万》，澎湃新闻，https：//m. thepaper. cn/newsDetail_forward_8660285，最后访问日期：2022 年 7 月 10 日。

民法意义上的纠纷问题，但其反映的诸多现象均与民事权益息息相关，值得我们关注。

民法视角下的民生报道，依据涉事内容在民法领域的归属，可以按照《民法典》的各编分为物权类、合同类、人格权类、婚姻家庭类、继承类以及侵权责任类民法视角下的民生报道。

第一，物权类民法视角下的民生报道，是指对涉及物权关系新闻事件的报道。《民法典》第一百一十四条有明确的规定："物权是权利人依法对特定的物享有直接支配和排他的权利，包括所有权、用益物权和担保物权。"所以，民生事件中只要涉及人与人之间对物的支配控制关系的，都属于这类报道内容。

第二，合同类民法视角下的民生报道，是指新闻的内容涉及因合同问题产生民事关系的法治报道。合同是当事人之间设立、变更、终止民事法律关系的协议，按照性质划分，合同可分为有名合同与无名合同、双务合同与单务合同、有偿合同与无偿合同、诺成合同与实践合同、要式合同与不要式合同、主合同与从合同等。

第三，人格权类民法视角下的民生报道，其关注的事件涉及自然人或法人的人格权关系或争议。人格，是指人在法律上的资格，而人格权是指民事主体专属，以人格利益为客体，为维护其独立人格所必需的固有权利，包括人格独立、人格自由、人格尊严、人身安全等抽象人格利益，以及姓名权、名称权、肖像权、名誉权、隐私权等具体人格利益，与上述人格利益相关的民生事件都属于该报道内容。

第四，婚姻家庭类民法视角下的民生报道，是指对涉及婚姻家庭如结婚、家庭关系、离婚、收养的民生事件，从婚姻家庭类民法视角进行的报道。

第五，继承类民法视角下的民生报道，是指新闻内容与继承有关，可从继承权民法视角来报道和解读该民生事件。继承权，是指继承人依法取得被继承人遗产的权利，主要是指财产上的继承，即死者的个人合法财产归其生前在法定范围内指定的人或者法定的亲属依法承受。这类报道内容涉及继承权的取得、丧失、行使和保护，是民众正确理解我国继承权的一个重要窗口。

第六，侵权责任类民法视角下的民生报道，是指从侵权责任的民法视角对可能涉及侵害民事权益的事件的报道。通常涉及产品、机动车交通事故、医疗损害、环境污染和生态破坏、高度危险、饲养动物损害、建筑物和物件损害等民事问题。这些事件并没有真正进入相关法律程序，但是可以从侵权责任的视角来向大众解读。

案例 3-1-6：西安已有小区启用人脸识别系统 业主：希望"刷卡""刷脸"同时使用①

颐和郡小区业主发来的盖有小区物业红戳的"温馨提示"显示：为进一步推进平安小区建设、打造智慧平安社区，现对小区各大门及单元门禁全面启动人脸识别系统。3 月 15~17 日业主（住户）、租客需到物业客服中心前台授权登记，登记时需持身份证，租客还需有房屋租赁合同原件。3 月 18 日，正式使用人脸识别系统进出各大门及单元门……

据了解，大部分业主的诉求是：人脸识别系统和门禁卡同时使用，业主可根据自身需要选择。

经社区、街道工作人员了解，华商报记者最终联系到该小区所在的大明宫街道综合治理和网格化服务管理中心，一位工作人员介绍，"向业主宣传人脸识别登记时，也强调了这是平安西安智慧社区建设的一部分，数据将和公安系统联网，安全性可以保证。当然，部分业主不理解会继续做好解释。"

《华商报》的这则新闻报道的主要内容是西安某小区启用人脸识别系统的门禁，由此引发了业主关于人格权的担忧和争议。这是一起民生事件，并不涉及诉讼、仲裁等法律程序，但是记者从人脸识别系统涉及业主的隐私、肖像等这一切口入手，从人格权类民法视角报道了这一起民生事件，并引入相关部门的解释以及法律专家的解读，不仅可以培养读者用更理性的思维来关注民生，还能够体现新闻报道的法治专业性，可以为媒体把握新闻报道的品质和专业度提供一定的参考。

---

① 肖琳、付启梦：《西安已有小区启用人脸识别系统 业主：希望"刷卡""刷脸"同时使用》，网易网，https://www.163.com/dy/article/G5BULHBK0534A4SB.html，最后访问日期：2022 年 7 月 10 日。

第二节　民事法治新闻报道的选题

民事法治新闻报道的选题，是指民事法治新闻报道的"题材"，即民事法治报道的主要对象和内容。具体来说，选题包括报道什么、从哪个方面或角度进行报道等问题。本节阐述了民事法治新闻报道的选题所具有的特征：以小见大的日常性、通俗易懂的普及性以及于情于理的建设性。日常性主要体现在民事法治新闻报道的选题往往与大众的日常生活密切相关，包括接近性选题、关切类选题等。建设性来源于民事法治视角下进行的新闻报道，其具有民事法治专业性，肩负正面疏解公众情绪和引导舆论的社会责任。由于民事法治报道中承载的知识性信息既非常丰富又具有专业性，因此，民事法治新闻报道的选题必须具有普及性特征。

一　以小见大的日常性

民事法治新闻报道选题的日常性特征，体现在其选题源于日常生活、反映日常生活并指导日常生活上。以小见大是指民事法治新闻报道的选题往往通过小题材、小事件和细节来揭示重大主题、反映深广内容，因此，在选题上，日常性是一个选题的诉求，以小见大则是实现这个诉求的具体要求。要抓住日常的民事法治新闻事实，从大处着眼、小处落笔，深入挖掘，为新闻受众揭示一个比现实生活更为广阔、更为深远的主题，从而达到发人深省的目的。具体来说，可以分为接近性选题、关切类选题，这两类选题共同指向"日常性"这一特征。

（一）和大众具有新闻接近性的专业选题

接近性选题满足了民事法治新闻报道选题以小见大的日常性这一特

征，大众都具有求近心理，接近性也是新闻价值的判断标准之一，这种接近主要是指地理、心理、利益、年龄及利害关系等方面的接近。一般而言，离受众越近、与受众关系越密切的事，越容易引起读者的关注，使人易于接受、理解，引起共情，相应地新闻价值也就越大。比如，新闻事实中的人大多为普通百姓，事件可能就发生在受众生活的地域周边，抑或报道中的纠纷矛盾正是读者当下所面临的难题等。接近性选题通过以小见大的方式，体现了民事法治新闻报道选题的日常性，能够激发读者的阅读兴趣，使其产生共鸣，从而体现新闻价值并增强民事法治报道的传播效能。

案例 3-2-1："人脸识别第一案"判动物园删除原告照片信息，原告称将继续上诉①

新京报讯（记者 韩沁珂）　11 月 20 日，被称为国内"人脸识别第一案"的杭州市民郭兵诉杭州野生动物世界有限公司（下称动物世界）一案宣判。杭州市富阳人民法院一审判决，动物世界删除郭兵办理年卡时提交的面部特征信息，赔偿郭兵合同利益损失及交通费共计 1038 元。驳回郭兵提出的确认动物世界店堂告示、短信通知中相关内容无效等其他诉讼请求。11 月 20 日晚，郭兵向新京报记者表示，由于其大部分诉讼请求未得到法院支持，将继续上诉。

上述报道内容属于典型的接近性选题类型，选题与读者的心理、利益具有很强的接近性，这种接近性反映了民事法治新闻报道选题的日常性。《新京报》这则报道的选题是关于人们在日常生活中经常遇到的与人脸识别相关的问题，正如新闻当事人的律师所说，"我们从来不反对人脸识别，只是反对滥用，反对没有给人选择的权利，或缺少同意知情或风险告知等操作"。如今，无论是进入小区大门、公共领域，还是小平台、手机上的小应用等，都可能会用到人脸识别，因此该选题与大众日常生活密切相关。由于人脸识别收集的面部特征信息属于个人敏感信息，一旦被泄露、非法提供或者滥用，极易危害人身和财产安全，因此，对该选题的报道，

---

① 韩沁珂：《"人脸识别第一案"判动物园删除原告照片信息，原告称将继续上诉》，新京报，https://www.bjnews.com.cn/detail/160588893515122.html，最后访问日期：2022 年 7 月 10 日。

对大众来说，具有风险警示效果。

该选题涉及社会公共利益，因此在传播过程中，读者会油然而生强烈的心理接近感，这种共鸣引发了社会大众对该事件的广泛关注和讨论。"以小见大"则体现在通过较为细小的接近性选题，提示谨慎使用人脸识别，从而正面引导舆论导向，传播主流价值观，就传播效果而言，其在大范围内起到了警示作用。

（二）回应大众关切的民生选题

关切类选题同样指向民事法治新闻以小见大的日常性特征。由于我国遵循马克思主义新闻观，党的新闻事业以全心全意为人民服务为宗旨，所以新闻选题要积极回应广大人民群众的关切，想百姓之所想，忧百姓之所忧。就业、教育、住房、食品安全、社会保障、收入分配、医疗卫生、征地拆迁、社会治安等，这些问题既是人民群众最关心、最直接相关的利益问题，也是人民群众最担忧的问题，民事法治新闻报道的选题自然不能游离于这些问题之外。新闻选题只有深入基层、深入群众，才能回应广大百姓的关切，关切类选题聚焦的就是人民群众最关心的问题。

案例 3-2-2："噪音扰民"诉前禁止令更好守护你我"安静权"[①]

最高人民法院环境资源审判庭相关负责人 6 日说，根据最高法此前出台的环境禁止令司法解释，在噪声污染案件中，人民法院可以根据申请人在诉讼前或诉讼中的申请，出具禁止令，及时制止正在发生的噪声污染。

"今年 4 月，广州市海珠区人民法院发出全国首份'噪音扰民'诉前禁止令，有力保障了疫情防控期间人民群众的居家学习生活安宁。"该负责人说，禁止令保全措施是为及时制止被申请人正在实施或者即将实施的污染环境、破坏生态行为，避免申请人合法权益或者生态环境受到难以弥补的损害，向人民法院申请作出的临时性救济措施。

据介绍，家住广州市海珠区某小区的王先生一家，近年来每天都会在房间内听到持续不断的古怪吼叫。经调查，声音来自邻居李先生。根据相关部门监测，虽然该噪声清晰可闻，但并未达到噪声限值相关标准。根据

[①] 罗沙：《"噪音扰民"诉前禁止令更好守护你我"安静权"》，新华网，http://www.xin-huanet.com/2022-06/06/c_1128718594.htm，最后访问日期：2022 年 7 月 10 日。

当时有效的环境噪声污染防治法等法律，相关执法部门无法予以处罚。

无奈之下，王先生于今年4月向法院提交诉前禁止令申请书，请求法院禁止被申请人李先生采取制造"荒山野鬼"声音等其他方式制造噪声。法院依据民事诉讼法、环境禁止令司法解释的相关规定作出裁定，支持王先生的禁止令申请……

这则新闻关注的是噪声污染的问题，在中国裁判文书网以"噪声污染"为关键词进行搜索，2018～2021年相关文书多达7000多件。噪声污染是人民关切的问题，因为其会导致失眠、焦虑、烦躁、难以集中注意力等问题，是居民安宁生活的一大难题。报道中，困扰王先生家的噪声虽然清晰可闻，但并未达到噪声限值相关标准，执法部门无法根据当时的相关法律予以处罚，《中华人民共和国噪声污染防治法》的正式施行正好解决了这类问题，具有重大意义。新华网记者对王先生的遭遇以及"噪音扰民"诉前禁止令颁布的报道，回应了人民百姓的关切。该报道内容属于关切类选题，这类选题报道人民最关心的问题，体现了以小见大的日常性特征。

除了要聚焦人民所关心的问题之外，关切类选题还应该着重回应人民最关心的问题，给出答案。

案例3-2-3：老人超市偷拿鸡蛋猝死，家属索赔38万，法院驳回①

在超市拿走两个鸡蛋未付款，被工作人员阻拦后猝死，家属能否以此为由要求超市赔偿？近日，江苏省南通市中级人民法院终审判决了这起纠纷案。

……

崇川法院审理认为，超市工作人员的行为属于自助行为，是权利人对合法权利的自我保护，一审判决驳回原告的全部诉求。谷某的家属不服一审判决，认为超市未尽到安全保障义务和基本的救助义务，向南通市中级人民法院提起上诉，请求撤销原审判决，改判支持全部诉讼请求。

---

① 《老人超市偷拿鸡蛋猝死，家属索赔38万，法院驳回》，"人民日报"App，https：// wap. peopleapp. com/article/6179843/6082847，最后访问日期：2022年7月10日。

《人民日报》这则报道的选题，涉及人民关心的问题——"有的行为法律允不允许""有的行为法律支不支持"等问题，老百姓都期待法律能给出答案。比如该报道中，超市是否有权留置被怀疑偷窃的老人，新闻报道通过法院判决结果和专业人士的解读，回应了人民的关切。随着法治观念的不断普及，民事主体平等保护理念逐渐深入人心。该案中，法院最终判决超市不承担责任，体现了从个案侧重保护社会困难群体，到民事主体平等保护的理念转变。该案被最高人民法院列为典型案例，其"典型性"在于本案旗帜鲜明地宣示，公平责任不应成为"和稀泥"的法律依据，任何人都不能将自身应承担的风险转嫁给他人，不是所有损害都应由他人来赔偿填补，损害发生如果不具有法定原因，就不能要求他人承担侵权赔偿责任，这符合《民法典》有关公平责任规定的精神。《人民日报》的这篇报道充分地呈现了这种"典型性"。

从民事法治新闻报道所产生的社会效果层面而言，无论"以小见大"的这个"小题材"的选题是正面事实还是负面事实，都应该着重突出报道为社会带来的"正能量"，都应该聚焦新闻报道产生的正面效果。从小处着眼，从大处正面引导舆论，对类似行为进行鼓舞、警示或批判，最终推动全社会健康进步，这才是民事法治新闻选题"以小见大"的意义和精髓所在，也正是法治新闻媒体之社会责任的体现。

二　通俗易懂的普及性

民事法治新闻报道是民事法律思想和精神在新闻传播领域应用的结果。如前所述，民事法律是和人民群众的日常生活最为接近的法律规范，因此民事法治报道中所承载的知识性信息相对于其他法律部门的报道类型会更丰富一些。但与此同时也要看到，民事法律体系本身的体量巨大，知识性信息非常庞杂，并不是所有的法律案例都适合进行新闻报道，也不是所有的能够成立民事法律关系的民生新闻都能让受众理解到其中的知识性含义，因此，在选题上，普及性是一个选题的诉求，通俗易懂则是实现这个诉求的具体要求。

（一）选题要平衡民法知识的专业性与新闻现象的通俗性

民事法治新闻报道既涉及专业的民法知识，又呈现日常通俗的民生百态。虽然民事法律是与人民生活最接近的一种法律规范，但是熟练掌握和运用该法律知识对大部分民众来说，依然具有一定的难度。过于专业和深奥的民事法治新闻报道选题，不仅无法引起读者的兴趣和共鸣，还不能实现新闻报道作为沟通桥梁的上情下达、下情上达的作用。因此民事法治新闻报道的选题要平衡民法知识的专业性与新闻现象的通俗性。

案例 3-2-4：北京冬奥组委详解"冰墩墩"使用规范 须依法依规使用"冰墩墩"形象或名称①

近期，北京冬奥会吉祥物"冰墩墩"受到极大关注。什么情况下"冰墩墩"可以依法合规使用，需要履行哪些手续，遵守哪些规则？针对这些问题，北京冬奥组委帮大家进行了总结。

首先，吉祥物"冰墩墩"是北京冬奥组委的重要财产，北京冬奥组委对"冰墩墩"的形象依法享有著作权、注册商标专用权、外观设计专利权，对"冰墩墩"中英文名称还依法享有注册商标专用权。因此，任何人对"冰墩墩"形象或者名称的使用，都应当遵守《中华人民共和国著作权法》《中华人民共和国商标法》《中华人民共和国专利法》等相关法律法规的规定。

……

其次，北京冬奥组委对"冰墩墩"的形象和名称除了享有传统的著作、商标、专利等知识产权以外，还特别享有奥林匹克标志专有权……

据悉，奥林匹克标志的使用可以分为商业和非商业两种情况。

一是商业使用。《奥林匹克标志保护条例》规定，未经奥林匹克标志权利人许可，任何人不得为商业目的使用奥林匹克标志……

二是非商业使用。机关法人、基层群众性自治组织法人、事业单位等非营利法人或者组织可以申请非商业使用北京冬奥会吉祥物"冰墩墩"……

按照国际奥委会和北京冬奥组委签订的《主办城市合同》要求，北京冬奥组委将于 2022 年 12 月 31 日之前将"冰墩墩"所涉包括奥林匹克标志

---

① 侯建斌、刘欣：《北京冬奥组委详解"冰墩墩"使用规范 须依法依规使用"冰墩墩"形象或名称》，法治网，http://www.legaldaily.com.cn/index_article/content/2022-02/16/content_8673945.htm，最后访问日期：2022 年 7 月 10 日。

专有权在内的所有知识产权转让给国际奥委会。

2022 年北京冬奥会期间，吉祥物"冰墩墩"具有很高的知名度，备受民众喜爱，甚至出现了"一墩难求"的现象，事实本身的通俗性就体现在这里。同时，关于"冰墩墩"形象的使用涉及《中华人民共和国著作权法》《中华人民共和国商标法》《中华人民共和国专利法》等相关法律规定，作为形象和名称的"冰墩墩"，对其的使用所涉及的相关的侵权问题又十分多样，这是该事实背后蕴含的民法知识的专业性和复杂性。《法治日报》的这篇报道聚焦当下广受欢迎的吉祥物"冰墩墩"，通过采访北京冬奥组委，借其专业身份向民众普及了"冰墩墩"相关的法律知识，不仅具有专业性，还具有可读性和趣味性，介绍了在不同场景下使用"冰墩墩"形象的法律规范和注意事项，该新闻选题较好地平衡了民法知识的专业性与新闻现象的通俗性。

（二）在庞杂的民法案例中选择具有普及性的选题

我国的《民法典》共 7 编 1260 条，是我国法律体系中条文最多、体量最大、编章结构最复杂的一部法律。在民事法治报道的外延部分已阐述过，民事法治新闻报道的选题类型有民事立法、民事法律案例以及民法视角下的民生事件，在如此庞杂的案例事实中，并不是所有的案例都适合媒体报道，有的案例涉及深奥晦涩的民事法律知识，其中一部分事件即使被报道出来也不便于普通受众透彻理解。民事法治新闻报道应该在庞杂的民法案例中，选择具有普及性的选题。

这里所说的普及性，包含普适性和易懂性两方面内容。一方面，所选取的报道案例尽管是个案，但与较多的人的生活具有一定的相关性；另一方面，案例中涉及的实体法律和程序法律知识在具体案例的展示中便于普通人理解。

案例 3-2-5：成年后，她说出了被父母好友猥亵的秘密[①]
2015 年，女儿小舟（化名）告诉李辉夫妻，自己童年时遭遇了性侵。

[①] 李冰洁：《成年后，她说出了被父母好友猥亵的秘密》，"新京报"微信公众号，https://mp.weixin.qq.com/s/UIxPGPE0DtMV2ifISLzUtQ，最后访问日期：2022 年 7 月 10 日。

两年后，小冉称侵害她的人是被她称为"岳叔叔"的岳某金。经过四年官司，李家民事案一审胜诉，成为国内首起未成年人遭受性侵害，成年后刑事追诉期已过无法追究刑责而民事诉讼胜诉的案件。

……

2017 年 11 月，小冉报案。2018 年 1 月，警方以涉嫌强奸罪和猥亵儿童罪两罪对岳某金提请逮捕，岳某金坚决否认强奸，承认的猥亵儿童行为按 2004 年案发时刑法的规定，只有 5 年刑事追诉时效，未予批捕。2019 年 1 月，河北任丘检方对岳某金作出不起诉决定。

……

在媒体报道中，这是国内首起未成年人遭受性侵害，成年后刑事追诉期已过无法追究刑责而民事诉讼胜诉的案件。小冉的代理律师万淼焱告诉记者，此案最大的困难在于没有先例可循，她认为，本案的胜诉对同类受害者来说是可参考的、有益的信号。

……

判决书的"本院认为"部分写道：公民的身体权、健康权受法律保护。原告提供的证据能够证实被告岳某金在小冉未成年时期对其实施了猥亵行为，原告小冉的身体权受到被告岳某金侵害，岳某金应当承担侵权责任。任丘市人民检察院根据《民事诉讼法》第十五条规定支持起诉，符合法律规定。

此案是国内首起未成年人遭受性侵害，成年后刑事追诉期已过无法追究刑事责任而民事诉讼胜诉的案件。该新闻事件的经过通俗易懂，其报道选题具有普及性，因为该案涉及刑法知识和民法知识，记者在报道时客观讲述了事件的经过，引用了律师的话语，还公布了法院对判决书的解读，清晰而客观地借用多方观点向读者解释了刑事追诉期已过但民事诉讼可以胜诉的缘由。关于此案的报道也将成为一个参照案例，对当公民有类似遭遇时该如何维权、在未来的相关案件中法院该如何判决、新闻媒体该如何报道类似事件等，都有重要的借鉴意义。另外，对此案的详细报道和对判决结果的解读，体现了新闻媒体行使自己正面引导舆论的职责，潜移默化地向社会大众传递法律知识，培养大众合理运用法律武器维权的意识。

通俗易懂的普及性还体现在与众多普通人生活的相关性以及报道中法律知识的易懂性上。

案例 3-2-6：专家点赞"电梯劝烟猝死案"改判：让人依然有勇气挺身而出①

1 月 23 日，备受全国关注的"电梯劝烟猝死案"在河南郑州市中级人民法院驻经开区综合审判庭二审公开宣判。

据（2017）豫 01 民终 14848 号判决书，法院驳回了死者家属田女士的诉讼请求，一审中判决杨先生补偿田女士 1.5 万元的判决结果也被纠正，一审二审共计 1.4 万余元诉讼费由田女士承担。

……

代理律师：这起案件体现了"法治的精神"

河南风向标律师事务所律师单艳伟对澎湃新闻说，"我作为本案被告的代理人参与了本案的整个诉讼过程，觉得本案中郑州法院的判决体现了真正的'工匠精神'"。

……

法律专家：判决合乎《侵权责任法》的立法精神

中国政法大学王青斌教授对澎湃新闻表示，郑州中院的二审判决合乎《侵权责任法》的立法精神。

王青斌说，田某某诉杨某生命权纠纷一案的二审判决，肯定了一审被告杨某劝阻吸烟的行为未超出必要限度、属于正当劝阻行为，而且其劝阻段某某吸烟是履行公民应尽的社会责任，依照《侵权责任法》不应承担责任。

因此，撤销了一审判决并且在一审被告没有上诉的情况下，二审法院作出了有利于一审被告的判决，看似违反常理。但事实上，二审判决的做法不仅合法，而且合理。

……

---

① 李珣、刁凡超：《专家点赞"电梯劝烟猝死案"改判：让人依然有勇气挺身而出》，澎湃新闻，https://www.thepaper.cn/newsDetail_forward_1964701，最后访问日期：2022 年 7 月 10 日。

控烟专家：这是中国控烟史上里程碑式判决

著名心血管病专家、中国控烟协会会长胡大一说，吸烟者戒烟和公共场所禁止吸烟是减少和预防上述等疾病最重要的手段。吸烟者有吸烟的自由，但不能侵犯他人的健康权益。杨帆医生劝阻吸烟既是为吸烟者自身健康着想，也是维护公众不受二手烟危害的社会担当。郑州市中级人民法院的判决让人欣慰。

上述报道的选题是"电梯劝烟猝死案"，尽管该案是个案，但其内容与较多普通人相关，民众在生活中常常会坐电梯，电梯中抽烟的行为很常见也令人厌恶，选题的普适性就体现于此。另外，这则报道中，记者采访了大量法律专家，包括被告代理人，郑州市中级人民法院负责人，西南政法大学、中国政法大学等高校的学者，以及法律实务界人士，更是采访了三位控烟专家。如此，短短的一则报道用丰富、专业的信源向读者解释了为何被告杨某未提起上诉，二审法院就直接改判：一审判决在认为被告的行为与老人的死亡没有必然的因果关系的情况下，却要求杨先生向老人家属补偿1.5万元，这是适用法律错误，让正当行使劝阻吸烟权利的公民承担补偿责任，将会降低公民依法维护社会公共利益的积极性，不利于引导公众共同创造良好的公共环境。该报道在让普通读者明白其中的法律逻辑的同时，也起到了正面引导的作用，体现了选题的易懂性。

三　于情于理的建设性

民事法治新闻报道选题的建设性特征，主要体现在其情绪价值层面的引导上，能够使得受众在接触报道时，获得更大的情绪价值与感知力，产生正向积极的情绪，从而将选题本身的积极性转化为自身行动的正向性。新闻报道在日常的普法过程中，不仅连接了法律与大众，阐释了生活中的民事法律，还以新闻报道的视角观察了法律与当下人民生活的互动，"不动声色"地达到了介于感情、止于法理的报道目的。因此，在选题上，建设性是它的诉求，于情于理则是实现这个诉求的具体要求。具体来说，要达到"介于情、止于理"的要求，搭建积极框架、彰显法律视角是它的基本要义。

（一）选题要搭建积极框架，以共鸣促引导

民事法治新闻源于生活，其新闻报道的人物、地点、事件，对于受众而言，都具有很强的接近性。无论是事件主角，还是事件纠纷，都在百姓生活的周围，这便会使读者产生地理或心理上的接近性。

民生新闻中的心理接近性来源，即通过新闻内容，给不同的受众创造共同的语境，从而建构出受众与角色想法相同、处境相同的可能性。在民事法治新闻中，日常纠纷背后的相同处境，往往代表着某一受众群体的共同利益，受众会更多地把焦点放到纠纷中是否有相同损失、后续跟进的措施等问题上，这样容易获得同理心与共情后的关注。如"陕西一公司高管因家暴妻子被停职""微信辱骂前婆婆，女子被判道歉和赔偿"等案例，都来自日常生活，极易引起受众共鸣。因此，此类选题通过涉及公众的共同利益，能够使受众在阅读新闻报道时有更强的代入感，从而更容易引起社会的普遍关注和反响，起到广泛的警示作用。

当然，民事法治新闻在起到警示作用的同时，还会为受众提供更多的采取积极行动的动力和指示。在充分调动受众的积极情绪之后，受众会在日常生活中，将积极的情绪转变为切实可行的积极举措。它往往在有警示意味和教育意味的语境下出现，在针对案件进行报道之后，为受众留出足够的空间去反思自身、改变自身。通过这种引导、示范，民事法治新闻使受众完成积极情绪与积极行动间的转换，实现正面行为引导的目的。

来看中国新闻网发表的一篇题为《海拔 4000 余米高原上的乡村法庭》的通讯：

案例 3-2-7：海拔 4000 余米高原上的乡村法庭①

4 月，海拔 4000 余米的四川白玉县阿察镇，冰雪还未消融。天蒙蒙亮，起床后的呷绒翁登，一手拿着铁锤，一手端着塑料盆走进宿舍隔壁房间，对着蓝色塑料桶内的冰块一阵猛敲，随后将冰放进水壶，常年的高寒气候，这里一年有 7 个月都得"煮冰取水"。待冰融化成水后简单洗漱后，

———————————

① 刘忠俊、罗文婕、多吉翁休：《海拔 4000 余米高原上的乡村法庭》，"中国新闻网"百家号，https://baijiahao.baidu.com/s?id=1729710177153019303&wfr=spider&for=pc，最后访问日期：2022 年 7 月 10 日。

与同事们一起下乡开始了一天紧张的工作。

白玉县阿察镇民风淳朴，但信息闭塞等因素，导致法治基础薄弱，许多农牧民群众认为将纠纷闹到法庭是件"丢脸事"，碍于面子不敢诉、不愿诉。群众依法维权意识滞后等现象，成了白玉县人民法院法官们的"心头病"。经多方调研和考量，白玉县人民法院阿察镇法庭巡回小组决定因地制宜，靠熟练的双语底子和对藏族传统文化的了解，开辟"谚语新讲"的新路子，面对村民不再生硬讲述法言法语，而将表达公平正义的藏族谚语用作法治宣传手段……

据了解，白玉县人民法院阿察镇法庭的"背包法官"们走遍了辖区每村每户。为解决两户村民纠纷案件，"背包法官"们需驱车 3 小时、骑马 2 小时、步行 2 小时。而途中涉水也是法官呷绒翁登最难克服的障碍。身有旧疾的他，最怕严寒，而高原雪水融汇的溪流对他来说犹如"刑场"，每一次涉水总让他疼得肌肉抽搐，随之而来的还有高反和眩晕。即便这样，也从未抵挡住呷绒翁登的工作热情。

巡回法庭庭审中，法庭巡回小组要从源头防范来化解矛盾纠纷，做到小事不出村，大事不出乡。在排查时紧盯婚姻家庭、邻里关系、经济往来、土地资源权属等纠纷和问题，分层、分类建立健全矛盾纠纷多元化解制度机制，防止各类"民转刑""刑转命"案件发生。

乡村巡回法庭打通了乡村司法服务的"最后一公里"，使得乡里乡亲在产生纠纷时不必动辄跑去数百里外的法院打官司，在家门口便可开庭。中国新闻网的这篇报道以海拔 4000 多米的四川阿察镇为背景，记录了白玉县人民法院的"背包法官"们驱车、骑马、步行跋涉为法治基础薄弱的农牧民群众开庭审理纠纷的全过程。通讯中对法官对农牧民的引导、庭途中的艰辛等描述，贴合了受众心理，能够引起读者的共情；又置入以案说法、寓教于审的情节，让人民群众切实感受到司法服务的温暖和关怀。

（二）选题要彰显法治视角，以专业尽责任

建设性理念下民事法治新闻选题的落脚点，是通过选题本身的内容折射出社会责任。法治议题通过专业视角的建构、普法宣传的推广和社会责

任的承担，使得内容本身的问题解决性不断增强，受众的积极行为和新闻内容中的问题解决方案可以在真正意义上得到落实。

一则优秀的民事法治新闻的选题，在法治思想的引导下，其内容具备了对社会民众进行普法教育的特殊功能，在这种情况下，选题的情理不仅体现在其法治视角的专业性上，还体现在其普法宣传的教育意义上。因此，无论从哪类民事纠纷入手进行报道，最终的落脚点都是传播法律知识，使受众在阅读新闻报道的同时，提升自身知法懂法的程度。

来看一则中国新闻网关于离婚纠纷案的报道：

案例 3-2-8：宁某花诉陈某华离婚纠纷案宣判①

【"5 年 4 次起诉离婚被驳"当事妻子第五次起诉离婚 当庭判离】4 月 30 日，衡阳县人民法院开庭审理了原告宁某花诉被告陈某华离婚纠纷一案。原告宁某花及其诉讼代理人、被告陈某华到庭参加诉讼。庭审中，原、被告双方均向法庭提供了证据，法庭组织双方进行了质证，并听取了双方辩论意见和最后陈述。我院经审理后，当庭宣判：准予原告宁某花与被告陈某华离婚。

本案中，原告先后多次起诉要求与被告离婚，离婚态度坚决。被告虽不愿离婚，频频寻求和好机会，但夫妻关系并未得到改善，甚至还与原告及原告亲属发生肢体冲突，进一步加剧了矛盾，双方和好已无可能。原告自法院判决不准离婚后，与被告分居生活已超过一年，我院根据《中华人民共和国民法典》第一千零七十九条第五款"经人民法院判决不准离婚后，双方又分居满一年，一方再次提起离婚诉讼的，应当准予离婚"之规定，遂作出上述判决。

中国新闻网的这则报道选题充分体现了民事法治新闻的严谨性，这种严谨性集中体现在议题选择的安全性和闭合性上。从问题发生到问题解决，都能够采用专业的视角对问题进行报道和解读，根据民事法律的思想和来源，从民事法律思想和措施中追根溯源。在案例中，宁某花四次起诉离婚都被驳回，直至第五次起诉才被判决离婚，新闻内容的细节部分涵盖

① 《宁某花诉陈某华离婚纠纷案宣判》，"中国新闻网"微博号，https：//m.weibo.cn/status/4631669632140616，最后访问日期：2022 年 7 月 10 日。

了当事双方庭审全过程，不仅告知了受众具体情况，还对法院的判决作出了相应的解释。这样，依托于法律，在进行普法宣传的同时，有利于促进法治议题所倡导的建设性方案切实可行、科学合理，更有利于在具体的解决方案建构过程中，增强议题的普适性，提高议题的接受度。

建设性新闻理念核心强调从解决当下问题到干预未来成长的转变。建设性理念下的民事法治新闻的选题，较其他传统意义上的选题内容而言，更能彰显社会责任。在蕴含民事法律思维的民事法治新闻中，选题就更需着重于问题背后的社会责任意识，通过对其法治视角的专业性和普法教育的社会意义进行深入剖析及二者的合成来实现媒体的社会责任。

除此之外，在此类法治报道议题的建构过程中，会建构和谐的、积极的语境，在这种语境的塑造与宣传过程中，民事法治新闻议题不仅在潜移默化地塑造着一种严谨、科学的法治社会语境，还会通过一系列可操作性强的问题解决引导，塑造积极、安全的和谐社会语境。与此同时，在传播过程中，这类新闻可以从基层实践的角度，深化民事法律的内涵和意义，通过对法律思想的传播，不断地增强民事法律宏观架构下具体内容的落地性和可操作性。

第三节　民事法治新闻报道的手法

民事法治新闻报道的手法，是民事法治新闻报道所采用的采写方法和编排技巧。作为法治新闻报道类别之一，由于民事法律涉及的社会生活内容的日常化特征，民事法治新闻报道手法也因其选题的不同而具有一定的个性特点：需要在精准发掘平等民事主体之间纠纷的基础上，由不同的信源组合，以受众喜闻乐见的形式进行呈现。本节从角度、时机、信源、立场、呈现五个方面，对民事法治报道中需要采用的手法和技巧加以分析，以求能更加生动地阐释此类法治报道的手法，使得民事法治报道背后的法律意义深入人心。

一　角度：争议发掘与有效性

新闻角度，是指新闻记者在对所要报道的事件进行采写时，根据不同事件的不同特性所选择的新闻切入点。选择哪个角度报道，决定着新闻表达什么样的主题，这既关乎媒体对纠纷处理的价值倾向，关乎记者的新闻价值观，又取决于记者选取角度的业务能力。

法治新闻的新闻点来源于对实体事实和程序事实中争议的报道，新闻报道不仅要关注案件审判走向中程序事实的内容，对于实体事实的报道也要着重于其具有法律意义的内容。这就对报道角度的选择有了更高的要求。

对于同一事件中的不同纠纷点，新闻工作者需要发掘其中最具法律价值、社会效果的角度进行报道，这样不仅能在有限的篇幅中实现社会效果的最大化，还能在充分体现报道专业性的基础上，取得最好的普法效果。对于最具专业价值纠纷点的报道，要通过对事件的报道突出其背后的法律问题，并且能够从始至终地对所选角度法律事件进行跟进。

民事法治新闻在选取切入的角度时，要注意纠纷点和争议点的明确化，即对争议事实的明确表述，不可在叙述过程中对争议点进行模棱两可的描写。越明确的语言，越能够使受众有效地获得信息，并且正确理解报道突出的法律点。法律专业角度的选取，是议题建构过程中的一种可能性和可行性。在这样的视角下，问题解决的路径规划得更为专业严谨，相较于过去刻板的报道，法律专业视角下议题的选取，具备了更大的科学性和操作性。

新闻事件中专业角度的选取，是民生报道法律价值的体现，一个专业而严谨的切入角度，可以通过报道对受众的思维过程进行引导，从而在无形中对受众的法治观念起到启发和培育的作用。与此同时，以法治专业的视角来报道民生事件，能够以一种正确姿态应对当下舆论环境及新闻作品参差不齐的现象，在为受众提供正确引导的同时，高效地肃清网络环境。来看一则《法治日报》的报道：

案例 3-3-1："双奥之城"对知识产权侵权违法"零容忍"①

在 2022 北京新闻中心 2 月 14 日举行的新闻发布会上，北京市知识产权局局长杨东起表示，作为首座"双奥之城"，北京市高度重视冬奥会和冬残奥会知识产权保护工作，始终将履行国际承诺、发扬奥运精神和展示良好国际形象作为办会的要求和目标。建立完备的工作机制，市级四部门共同制定印发奥林匹克标志知识产权保护实施方案，多部门联合成立市级工作专班，成员单位之间线索及时移送、信息充分共享、问题集中会商，确保知识产权保护效果。

杨东起介绍说，与此同时，强化区域协同和市区联动，形成立体监管网络。一方面，与天津、河北签订海关、市场监管等领域的执法协作协议，实现京津冀地区合力共治；另一方面，市级单位加强对各区工作的监督指导。通过这种纵横相交的立体网络，实现监管的无缝衔接。

加大排查力度，实现侵权违法"零容忍"。杨东起指出，坚持常规检

---

① 候建斌：《"双奥之城"对知识产权侵权违法"零容忍"》，光明网，https：//m.gmw.cn/baijia/2022-02/15/1302804644.html，最后访问日期：2022 年 7 月 10 日。

查，针对场馆周边、旅游景区、批发市场等重点区域加强巡查，严厉查处各类侵权案件。

此外，针对互联网领域予以重点监管。在国家知识产权局指导下，多部门联合约谈重点企业，强化体育赛事知识产权保护，指导电商平台成立工作小组，及时处理侵权投诉。充分利用大数据，对包括移动互联网应用程序在内的侵权易发领域开展专项检查，取得了良好效果。

这则报道以北京冬奥会为主线，从法律视角切入，选取知识产权保护进行报道，报道以北京市知识产权局局长的介绍为主，一方面展现了对此次冬奥会相关知识产权保护的重视程度，另一方面也涵盖了对于体育赛事知识产权的保护，不失为一篇定位准确、角度专业的好报道。

二　时机：节点选择与契合性

报道时机，是指现实生活中潜存着的有利于某项报道获得良好效果的机会。[①] 把握报道时机是民事法治新闻取得良好社会效果的重要前提。一个事件发展到了不同节点，受众的关注点也会发生变化，对某个具体的新闻事件而言，只有在契合社会大背景的情况下推出新闻报道，才能产生较好的传播效果和较大的社会影响，一旦错过这个时间节点，大众的聚焦点已经转移，报道就难以得到最有力的支持。民事法治报道的时机与刑事法治报道的程序性、行政法治报道的舆论曲线参考、经济法治报道的重大政策匹配不一样，它显得更为"自由"一点，凡事件出现了新的法律或生活知识，出现了新的重大进展，新闻工作者都可以把握时机予以报道。

报道时机，可以根据事件发展的节点来选择，有些民事法治事件历时较长，影响较深远，不必从事件发生、经过到结束不间断地持续追踪报道，而应该在此过程中选择重要节点，报道面也要有所侧重，通过报道事件的关键节点，满足受众的信息需求。

例如，江歌案最初发生在 2016 年 11 月 3 日，距 2022 年 2 月 16 日江

---

① 童兵：《理论新闻传播学导论》，中国人民大学出版社，2011，第83页。

秋莲诉刘暖曦生命权纠纷案二审庭审，已经持续了5年多，该案到此还没有完全告一段落，持续时间较长。但"生命权"这一概念几乎是第一次进入公众的视野，报道需要把握时机，对这一法律概念进行解释，同时又必须梳理复杂的案情中，为何刘暖曦的一个关门行为涉及了他人的"生命权"问题。

民事法治新闻报道的时机把握相对"自由"，但在把握不准时，普遍而言，民事法治新闻报道可以抓住几个关键节点：事件发生时、有实质性进展或告一段落时及案件审判时。这几个关键节点既能满足受众的新闻欲，又能避免过度报道使受众产生信息疲劳。当然除此之外，民事法治新闻记者还应该具体情况具体分析，时刻保有新闻敏感。

首先，在事件发生时，应立即予以报道。如2019年发生在重庆渝北的事件。保时捷女车主李某，在某街口斑马线掉头时，与驾驶奇瑞汽车的男司机杨某发生争吵。争吵过程中，李某与杨某互扇耳光。当时该事件持续占据微博热搜榜前两名，网友们对此热议不断。这是一起民事纠纷，事发后，各大媒体争相报道。及时的报道披露了社会大众关注的种种细节，保障了民众的知情权，避免了可能出现的谣言传播，这是对当事人的一种保护；同时，表明了媒体的立场，报道对穿高跟鞋驾驶机动车、动手打人等负面行为的谴责，体现了新闻媒体的社会责任担当。

其次，事件有实质性进展或告一段落时，是民事法治新闻报道的最佳时机之一。例如2022年5月发生的备受关注的奥迪汽车广告文案涉嫌抄袭事件，在舆论发酵的过程中，不断有新的事实和细节出现在公众面前，舆论不断反转，受众很关心事实的真相，同时也出现了很多谣言和假消息。此时，就需要媒体及时跟进报道，使受众能及时了解事件进展。

最后，案件的审判也是媒体进行报道的一个关键节点。部分影响力较大的民事案件经过媒体前期的报道，已经为大众所周知，民众不仅想了解民事案件的结局和定论，还会将判决结果作为参照来检验自己的主观判断是否正确，对于在经验范围之外的案件，也想通过判决来补充相关的法律知识。

案例 3-3-2：测评博主被荣耀诉侵害名誉权案一审：发道歉声明并赔偿近 9 万①

小江（化名）是一名拥有 10 万+粉丝的微博加 V 用户，用户名为"小江测评（化名）"，其微博账户认证为"数码博主"。2021 年 2 月至 5 月，小江在其微博上连续发布了一系列针对荣耀 V40、Play5t、畅玩 20 以及 x7 平板电脑多款数码产品的评价。

荣耀终端有限公司（以下简称荣耀公司）认为小江在数码圈有着较大的网络影响力，其持续发布诋毁、诽谤荣耀产品的内容，已严重侵犯了荣耀公司的名誉权，遂诉至法院，要求小江立即删除案涉侵权内容、赔礼道歉并赔偿经济损失 100 万元及维权合理支出 76698 元。

庭审中，小江确认其并未就微博所述荣耀产品进行过实际的测评。

广州互联网法院一审判决：小江在其微博账号首页置顶发布道歉声明，向荣耀公司赔礼道歉，为荣耀公司消除影响、恢复名誉；小江向荣耀公司赔偿经济损失 60000 元以及合理开支 26698 元，合计 86698 元；驳回荣耀公司其他诉讼请求。

后续双方未上诉，该判决已生效……

这则报道涉及一起名誉权纠纷案的判决，该报道抓住了法院宣布一审判决结果这个关键的时间节点，不仅呈现了事件的来龙去脉，还公布了判决结果和裁判理由，另外还增加了法官对相关法律知识的专业解读。因此，在案件审判之时，民事法治新闻报道可以采取深度报道的形式，梳理案件发生的原因及其引发的反思，还可以引用专家的观点来对案件进行深度解读，甚至可以对判决结果提出合理质疑。总之，在不干涉司法独立和避免媒介审判的前提下，新闻媒体可以围绕新闻事实展开全方位报道，以获得全方位报道的矩阵效应。

---

① "广州市中级人民法院"微信公众号：《测评博主被荣耀诉侵害名誉权案一审：发道歉声明并赔偿近 9 万》，"澎湃"App，https：//m. thepaper. cn/newsDetail_forward_16626667，最后访问日期：2022 年 7 月 10 日。

三　信源：多元角色与平衡性

新闻信源，即新闻的消息来源，指新近发生事实的消息提供者。① 民事法治新闻中信源的选取，对于其体现法律思维而言至关重要，平衡不同信源间的关系，能保证民事法治新闻客观性和公正性，是议题建构中严谨性的重要体现。在新闻报道中，新闻工作者需要收集多方信源来保持立场的平衡，即信源来自同一事件中的不同当事人。在坚持平衡报道立场的基础上，要对多个当事人收集信源，展示当事人的真实状况，还原事件本来面貌。与此同时，媒体应当减少刻板化及倾向性语言的选用，在陈述基本事实时一定要准确、全面、公正、客观。

因此，在对于信源的选取上，要秉承多元化原则，除从当事人的角度选取信源外，信源应有与事件相关的人员的看法和价值评判。信源也要多维度化，从与当事人相关的其他人处收集信源，平行排布，对当事人信源形成印证。信源的选取还要体现价值取向的多维度性，注重对事件和当事人有不同看法和主观判断的信源的收集。

此外，在民生新闻的法治报道中，要引入专家信源来保证报道的严谨性。由于专家信源具有权威性和公正性，所以也要注重信源身份的认定，即专家信源权威性的认定，专家权威信源可以来自同一领域，有不同侧重研究方向。这样可以通过专家信源，对法律关键点进行阐释，陈述规则，起到普法的作用。在专家信源发表观点时，指向的对象是不合法的行为或事件，以及与之对应的法律法规，而不是对当事人作过多评判。

值得注意的是，并非所有的信源信息都是真实可靠的，在接触不同立场的信源时，由于诸多因素，其给出的信息可能是不可信的言论或者编造的谎言。在这种情况下，新闻工作者要时刻保持敏锐性，及时地察觉到信息的出入和不合理处，并对信息进行判断和证明。这个过程，是用民事法律的视角报道民生新闻所需要注意的点，也是对新闻工作者个人职业素养的考验。

---

① 陈力丹、费杨生：《隐匿权·新闻真实·审判公正——从水门事件中的"深喉"说开去》，《当代传播》2005 年第 6 期。

青花椒商标侵权案在川渝地区乃至全国范围内引起了很大关注。但是，报道如何才能解答受众的疑惑、使受众印象深刻，信源的选择非常重要。若只报道判决结果，没有对审判过程、当事人陈述、律师观点进行阐释，受众很难了解到"青花椒"事件争议的源头所在，也无法产生共鸣。但如果在陈述事实的基础上加入各方的有关内容，经过对比，"青花椒事件"的荒诞性就显而易见了。上海万翠堂餐饮管理有限公司将带有地方特色的调料"青花椒"作为商标进行注册，钻法律的空子，受众在被普法的同时也对该公司的"碰瓷行为"有了相应的认知。更重要的是，以"青花椒案"为契机，其他多个特色小吃、地方美食等进行商标注册，然后对使用该名称的商铺提起诉讼的案例被媒体纷纷报道，引发了对这一问题的社会性讨论，引起了国家知识产权局的注意。

所以说，有效的信源选择，往往可使报道效果事半功倍。

四 立场：众声喧哗与客观性

民事法治新闻报道的立场是新闻媒体和记者秉持的报道原则在具体的报道活动中的体现。众声喧哗是指在民事法治新闻的报道过程中，面对复杂的案件纠纷，案件中的各方利益主体各执一词。但民事法治事件往往不像刑事法治事件有"非黑即白"的判断标准，因此，民事法治新闻选题的客观性就主要体现在对于"平等的主体之间的法律关系"的报道上，需要站在多元立场上进行平衡报道，使得不同的立场和观点拥有平等而公平的表达机会和平台，并且在多重声音中，民事法治新闻报道应始终保持"平衡者"的立场。

坚持客观的报道立场，要求在对民事纠纷的报道中，做到公平公正，不添加主观情感，避免媒介审判的出现。"媒介审判"现象是新闻媒体对正在审理的案件，超过司法程序的限定范围使用一些定性语言进行报道，从而出现受众被误导、新闻媒体影响司法审判的独立性与公正性的现象。而杜绝媒介审判的出现，需要新闻媒体在进行法治新闻报道时，保证公正性和客观性。新闻记者没有权利对任何事情定性，没有权利对所谓的"坏人"进行惩罚，新闻报道可以反映大众的声音，但不能代表大众的态度。

例如，在"刘学州自杀"的事件中，2022年1月18日前后，有媒体相继发表了《刘学州无理取闹逼亲生父母买房》《刘学州被生母"拉黑"，这场闹剧不该悲剧收场》等报道，这与后来刘学州遗书中所透露的事实有所出入，说明媒体在进行上述报道时未经采访当事人刘学州，就采信了刘学州父母提供的信息，引发了针对刘学州的网络暴力。在事实尚未明确之时，舆论环境的情绪走向很容易出现偏差，媒体要坚定自身的客观性立场，拒绝"带节奏"，拒绝媒介审判。

在民事法治新闻报道过程中，新闻媒体要坚定客观性立场，就需要找准争议点，从同一争议点的不同角度进行阐释来体现其公正性。民事纠纷中所展现出来的矛盾和问题通常是多方面的，往往不能一言以蔽之，这时需要寻找一个合理、合适、核心的争议点进行报道。

案例 3-3-3：丈夫"以房抵债"给情人被妻子起诉，法院判返还：侵犯共有权①

自己与丈夫刘先生共同的房屋竟然被丈夫以"抵付借款"的名义，私自过户到了其"情人"夏女士名下，妻子刘女士怒而起诉，请求法院确认被过户房产系她与刘先生共同所有，并由夏女士返还该套房屋。

近日，湖南省浏阳市人民法院依法审结此案，法院查明刘先生系以合法形式掩盖其将涉案房屋变相赠与夏女士的事实，遂判决支持刘女士的全部诉求。澎湃新闻从法院获悉，该案一审判决后，原被告双方均未提起上诉，判决现已生效。

……

法院：赠与行为违反公序良俗，侵犯夫妻共有权。

法庭上，刘女士表示，案涉房产系夫妻共同财产，刘先生通过隐瞒事实、虚构债务、重新拟定房屋买卖合同等方式，在未经其同意的情况下，私自将房屋过户到"第三者"名下，实为非法转移夫妻共同财产，严重损害了自己的合法权益，并有违公序良俗。

面对刘女士的诉求，被告刘先生承认，其向夏女士借款及处置房产的行为均系个人行为，没有得到刘女士的同意，但其本人对该房屋享有50%

---

① 谭君：《丈夫"以房抵债"给情人被妻子起诉，法院判返还：侵犯共有权》，"澎湃" App，https://m.thepaper.cn/newsDetail_forward_16694645，最后访问日期：2022 年 7 月 10 日。

的份额，刘女士只能拿回她本人的那一半。同时，刘先生与夏女士均表示，房产过户行为系发生普通借贷关系后，以房产抵付借款的履约行为。

……

综上，案件现有证据无法证实刘先生与夏女士之间存在真实的借贷关系和房屋买卖关系，刘先生向夏女士出具欠条并与其签订房屋买卖合同，其目的在于以合法形式掩盖刘先生将涉案房屋变相赠与夏女士的事实，双方的行为违反了公序良俗，依法应认定为无效。此外，在婚姻关系存续期内，夫妻双方对共同财产不分份额地共同享有所有权，也享有平等的处理权，夫或妻非因日常生活需要处分夫妻共同财产时，应当协商一致，任何一方无权单独处分夫妻共同财产。

据此，法院审理认为，公民的财产权利以及其他合法权益受法律保护，任何组织或者个人不得侵犯，民事主体从事民事活动，不得违反法律，不得违背公序良俗，夫妻一方擅自将共同财产赠与"第三者"的行为应认定全部无效，遂判决涉案房产系刘女士与刘先生共同所有，夏女士在判决生效后应返还该房屋。

一审判决后，双方均未提起上诉，判决现已生效。

这则报道抓住了该案的关键争议点，就是刘先生与夏女士之间是否存在借贷关系和房屋买卖关系，然后针对这个争议点，从刘女士、刘先生和夏女士的角度分别阐述，体现了新闻媒体客观陈述事实的公正立场，最后引用法院的观点和判决结果：刘先生向夏女士出具欠条并与其签订房屋买卖合同，其目的在于以合法形式掩盖刘先生将涉案房屋变相赠与夏女士的事实。该报道从内容上描述了客观存在的事实，从形式上通过事实自身的逻辑力量显现了新闻媒体的倾向性，而没有直接表达观点，通过这种方式客观地体现了新闻媒体的立场。

在民事法治新闻的报道过程中，基于对事件争议点的集中阐述，新闻媒体还需平衡个体立场与公共责任之间的关系，因为不同性质、不同场域的媒体往往有着不同的立场，但尽管立场不同，核心不变的是新闻媒体是政府的喉舌这一原则。因此，在以民事法律思想为出发点对民生新闻进行报道时，新闻媒体应该秉持新闻原则，保证公信力，用事实说话。

五 呈现：故事叙事与融入性

呈现，即新闻出现在受众眼前的样态。在融合媒体的大背景下，新闻媒体人逐渐对新闻的呈现形式加以重视，民事法治新闻由于其特有的性质——平等主体之间的纠纷，更加适合辅以故事加以融入和说明。赋予好内容新的呈现形式，不仅让新闻有温度，也为受众所喜闻乐见。①

运用讲故事的手法进行报道是新闻媒体经常使用的一种方法，这种写作的方式能够拉近与受众的距离，突破传统新闻写作方式的束缚。民事法治新闻由于其特有的"案例冲突性"，在具体的操作中可以更好地实现内容的故事化。当然，能够在民事法治报道中讲故事的前提是，故事结果具有普法性，故事主题服从于普法、积极引导舆论的需要。好的新闻呈现不仅能够令受众喜闻乐见，也能以报道本身的内容带动受众群体，引发受众的情感融入与共鸣，从而达到"崇尚积极，内容普法"的最终效果。要做到以上这些，就需要在写作前对民事纠纷中的人物建构和材料选取进行耐心斟酌与细致打磨，在搭建框架后采取新兴的形式进行呈现。

一方面，人物形象的选取与建构，是故事性叙事中较为核心的环节。因此，在新闻作品的创作过程中，需要在保证真实性的基础上对新闻人物进行选取和塑造，充分体现其典型性。这种典型性表现为人物要成为新闻报道主题呈现的核心与助力。而在民事法治新闻创作中，典型性则需要体现得更为清晰。因为民生新闻本体的特性，使得其报道中的新闻人物更需要具备心理上或地理上的接近性。

另一方面，随着媒体融合向纵深发展，新闻呈现的形式也发生了新的变化。因此，在新闻呈现上，应善于随着时代发展，选取合适的新闻报道手段，如 H5、短视频、数据对比等方式，在故事叙事的基础上融入新型的报道模式。

来看一则《扬子晚报》关于"童话大王"郑渊洁维权的报道：

---

① 曹皓：《新闻报道呈现形式浅谈》，《中国广播电视学刊》2021 年第 11 期。

案例 3-3-4：19 年维权终成功　对话"童话大王"郑渊洁①

"对舒克内衣侵权商标开始维权时，我 48 岁。维权成功时，我 67 岁。人生有多少个 19 年？"6 月 21 日晚，"童话大王"郑渊洁在个人微博发文，感叹历时十九年，终于对舒克内衣侵权商标维权成功。但他表示这并不是终点，还有 676 个侵权商标等待着他。

……

他在信里写道："36 年来，我每天清晨 4 点半起床写作《童话大王》月刊，无一天中断。过去我认为没有任何事情能阻止我写作《童话大王》月刊，但是我错了。你们三个商标能够阻止我写作《童话大王》月刊，你们做到了。"

郑渊洁所说的是与他相关的三个商标侵权纠纷。2003 年起，未经他本人授权，有三家公司分别注册了皮皮鲁、童话大王、舒克商标，用于商业经营，并且在他多次提醒后，仍不下架修改侵权商标。

6 月 21 日，他告诉扬子晚报/紫牛新闻记者，《童话大王》休刊就是为了吸引大家关注他商标维权这件事，"事实证明，这个起到作用了。"

就在接受扬子晚报记者采访的前一天，郑渊洁收到国家知识产权局寄来的裁定书，宣告第 7197328 号皮皮鲁猪皮肉侵权商标无效，此前他在那封休刊信里提到的童话大王、舒克商标也陆续被宣告无效。其中维权时间最久的第 5423972 号舒克内衣侵权商标，长达 19 年。

至今，郑渊洁已经成功维权了 35 个涉及他名下作品的商标纠纷案。其实在 20 世纪 90 年代，身为作家的他就注意到商标保护问题，并且花费数十万元注册了皮皮鲁、鲁西西、舒克贝塔等商标，"一共注册了 200 多个，但还是防不胜防。"

他向记者举例，现在国内商标法有 45 大类，一类又分出许多支类，他注册了"皮皮鲁"某一类的某一分支，还会有人钻空子，给商标变个字体，换个背景图，又能注册一个新的商标。

……

这么多年，一个是时间成本，一个是经济成本。他向记者透露："我

---

① 孙庆云：《19 年维权终成功　对话"童话大王"郑渊洁》，"扬子晚报"百家号，https://baijiahao.baidu.com/s? id=1736256910612325208&wfr=spider&for=pc，最后访问日期：2022 年 7 月 10 日。

前几天稍微统计了一下维权支出的数字，那真是一个非常吓人的数字。"去年因为销售皮皮鲁系列丛书，他缴纳了8位数的税额，但是他却吐槽说，挣的钱不足以支付他以后对676个侵权商标维权的费用。

《扬子晚报》的这篇报道对数据的使用频次非常高，不仅列举了作者维权的时间线，而且以直观的数字呈现了维权成本及维权案件数。数据之所以在传达新闻内容时能够更加精准，是因为数据与生俱来的客观性、信息传递的迅速性、报道角度的独特性以及可视化的呈现形式。① 记者报道民事法治内容，当涉及侵权时间跨度较长、维权次数较多的情况时，要使受众更容易理解并增强传播效果，达到普法的目的，便可以通过数据来实现。数据因其本身的真实客观性，使该篇报道掷地有声，架构更加丰富，读者在阅读中也更能体会"童话大王"维权的艰辛，从而对知识产权保护有更深的理解。

再来看一则新华网关于表情符号的报道：

案例3-3-5：这些表情符号被写进判决书，评论区亮了②

近日江苏高院发文科普已有表情符号被写入判决书。经检索裁判文书网，2018年以来，全国共有158起以表情符号为证据的案件，其中2018年8件、2019年23件、2020年66件、2021年61件，增幅明显。那么对于表情符号的司法认定实践中有什么样的困难？

含义解读难度大

表情符号的表意解读具有较强主观性，缺乏统一标准，法院难以精准"翻译"当事人的真实意思。如在广东地区一起房屋租赁纠纷案中，承租方刘某某在租赁期满后，面对出租方多次提醒、提出加租意愿，既不表示继续承租，也不表示搬离案涉房屋，只是回复了一个"太阳☀"表情符号。后双方就该表情是否代表达成加租合意产生分歧，出租方起诉至法院并据此主张承租方同意加租，得到了法院的支持。

……

---

① 徐徐雪：《数据新闻报道研究》，《新闻前哨》2022年第5期。
② 《这些表情符号被写进判决书，评论区亮了》，"新华网"微信公众号，https：//mp. weixin. qq. com/s/LGUxlGzXE9eJBUQAjcYYNA，最后访问日期：2022年7月10日。

犯罪暗语甄别难

部分"黄赌毒"犯罪案件中，犯罪分子利用表情符号替代敏感词表达隐喻含义以逃避侦查。如某组织卖淫案中，卖淫人员以"笑脸😶"表情符号代指嫖娼人员，向上线报送交易数量。

再如某非法利用信息网络案中，犯罪分子潘某某先后创建4个聊天群，宣传和出售其自制的迷奸药、催情药等违禁物品，同时为了逃避公安机关的侦查和打击，潘某某在聊天群内与买家使用"糖果🍬""酒杯🍸"等符号代指违禁药品并进行交易。

效力认定存分歧

不同法院对表情符号是否具有证据效力持不同意见。

如广州中院在一起仓储合同纠纷案中认为，表情符号是辅助表达心情、情感和想法的可视化图像，不能仅凭表情符号而认定为法律意义上的承诺，故没有认定当事人发送的"OK🐰"表情系同意之意。

而厦门中院在一民间借贷纠纷中则认为，根据日常交流习惯和聊天语境，当事人发送的"OK🐰"表情符号应视为对对方请求的同意，并据此作出裁判。

新华网这则关于表情符号使用的报道在呈现上十分有特色，全文共使用了7种表情符号，一方面解释了不同表情符号在聊天过程中的运用，另一方面也通过案例的形式体现了法院针对此类表情符号使用问题的判定，形象、生动、传神，使得读者在了解新闻内容本身的同时，以表情符号为中介进行自我代入，更加拉近了与受众之间的距离，取得了很好的普法效果。

随着国家依法治国进程的不断推进，我国民法体系也在不断完善，但社会上仍有重大民事纠纷事件发生，众声喧哗，也给主流媒体的舆论引导带来了一定的挑战。在这种纷繁复杂的环境下，研究民事法治新闻的选题内涵及报道手法，提升主流媒体对民事法治报道品质和专业度的把握水准，增强公众的法律意识和社会责任感，任重而道远。

第四章 CHAPTER 4

刑事法治报道

刑事案件因其本身的反常性和话题性，成为最早进入法治新闻报道视域的新闻题材，"犯罪新闻"甚至一度成为法治新闻的代名词。本章所讨论的刑事法治报道，是基于刑事法律对社会关注的、对法治改革具有典型意义的刑事案件的报道。刑法作为法律规则的"底线"，刑事法治报道往往反映法义与人情、规则与伦理之间的冲突，是法治新闻报道重要的组成部分。本章分为三节，首先对本书所称的刑事法治报道进行内涵描述和外延整理，重点突出刑事法治报道作为一种专业报道类型，对勾勒我国刑事法治进程和回应社会关切的重要意义。第二节和第三节将立足于这一界定，在实际报道案例分析的基础上，分别阐释刑事法治报道的选题如何凸显公共利益的重大性、底线思维的尺度性、惩恶扬善的宣泄性，以及其如何具体地体现在报道手法的角度、时机、信源、立场、呈现等方面。

第一节 刑事法治报道的概念及分类

刑事法治报道往往被等同于起源于西方的犯罪新闻报道。但事实上，犯罪新闻报道不一定是一种专业报道，大量的犯罪新闻报道似乎更应该被归类在"社会新闻"的范畴。这是因为这些报道往往更追求报道中的冲突性，以及这种冲突的社会性意义。在学术界，相关的学术定义也并不鲜见。本书立足专业报道的角度，对刑事法治报道做出以不同犯罪行为为报道对象的新闻学新界定。

一　刑事法治报道的概念

刑事法治报道是基于刑事法律进行的专业报道。要界定刑事法治报道的概念，必须对几个相关概念也进行说明。除了区分与刑事报道紧密相关的犯罪报道之外，还要说明如何将体系庞杂的刑事实体法律和程序法律作为新闻报道的具体展开视角和题材的分野。

（一）犯罪新闻报道

犯罪新闻这个概念是一个西方"舶来品"，又称"警察新闻""法庭新闻"，主要指针对刑事案件的犯罪情节和审理的现场进行报道的新闻。由于案件本身的离奇性，报道的现场感和纪实性强，这类新闻常常引起受众关注。有人认为，"犯罪新闻报道是新闻媒介以声音、文字、图像等手段，对公众关注的、刑事法律加以禁止且以刑事处罚为威慑的危害社会行为及其相关现象的最新事实信息的传播"①。

---

① 朱颖：《守望正义：法治视野下的犯罪新闻报道》，人民出版社，2008，第57页。

案例 4-1-1：警长和侦探追踪犯人杀害女孩的步骤①

案件侦办与收证开始并不顺利。案发现场外的秩序管理混乱，影响警方与侦探办案。案发现场外有许多围观的人群，甚至人群中有些好奇的人冲过警戒线进入现场观望，这无疑影响了警方对案发现场的搜查。案发地点在工厂地下室，警方对现场的封锁引起了工人们的不满。现场每个部门的工人都很紧张，恐惧在人群中蔓延开来，他们都无法进行工作，经过几小时的询问，工人与雇员都变得异常不安。但在勘察现场的过程中，警方发现一些重要的线索，最终断定女孩死前有过反抗，致死原因为粗麻绳勒缠。

图 4-1-1　媒体报道

我国现代新闻界较早的法治新闻实践虽说受到西方犯罪新闻的影响，但因国情、语言环境的不同，与西方犯罪新闻有着很大的差别。我国的犯罪新闻报道在介绍案件事实的基础上，更多关注刑事案件中的人性呈现和矛盾冲突，侧重将刑事案件进行一种"社会性"书写。比如在第二章中介绍的有关"沈荩因案""杨月楼案"等刑事案件的报道，都属于此类。并且在我国近代新闻史上，犯罪新闻又被归为"社会新闻"，属于其中的一个子类别。

---

① Anonymity, "Phagan Mystery Is Solve", *The Atlanta Georgian*, Vol. 11, No. 229, 19, p. 1.

目前，在学术界，以"犯罪新闻"为研究对象的学术成果仍然不少。有人认为，"犯罪新闻通常指有关未成年或青少年违反法律的事件，或社会问题的相关议题，犯罪防制的方法和犯罪率的起伏，因此犯罪新闻报道涵盖犯罪事件本身、警察故事、犯罪侦查追击，犯罪率的高低、犯罪成因与犯罪措施等方面"①；"凡是违法、违警、违反道德及社会规范的记载都属于犯罪新闻"②。

以上对于犯罪新闻的定义将其限定在对于法律现象和事实层面的报道，这种定义将犯罪局限于"法律定义"，即"犯罪是指违反国家法律给社会造成一定危害，并根据法律应当受到刑事处罚的行为"③。但如果严格按照"无罪推定原则"和"罪刑法定原则"，行为人的行为要被确定为犯罪，只能由司法机关按照正当程序裁判。因此根据前述定义，真正的犯罪新闻只能是在该行为人被确定为罪犯之后，对于这件事情的报道。这样缩小了犯罪新闻报道的范围。

此外，上述对于犯罪新闻报道的界定没有涉及其社会学意义。也就是说，学者对于犯罪新闻的界定更多的是指案件本身，是对于案件前因后果的报道。刑事法治报道更多的是从刑事法治的角度来"全景式"地报道刑事案件，相对而言内容更为多样化，除案件本身外，调查过程、审判过程、后续案件反思等都是刑事法治报道的内容。

（二）刑事法治报道

犯罪新闻报道与刑事法治报道不能一概而论，需要明晰两个概念的不同内涵。刑事法治报道的内容范畴远大于犯罪新闻。更重要的是，刑事法治报道除了关注刑事案件的案情本身，以及相关的司法程序，还应该关注相关的刑事立法和司法改革。刑法作为"底线的底线"，刑事法治报道往往牵动着人们公正、惩恶扬善等朴素的法律观念，因此在报道的时候，更应该把握法治新闻的三种价值，强化以正面报道为主的舆论导向。

---

① 苏蘅：《新闻里的罪与罚——报纸与电视新闻如何再现青少年犯罪》，《新闻学研究》2002年第70期，第59~96页。

② 陈梁：《台湾主要日报犯罪新闻之比较》，《新闻学研究》（台湾）1972年第9期，第55页。

③ 《什么是犯罪》，中国人大网，http://www.npc.gov.cn/zgrdw/npc/flsyywd/flwd/2002-04/17/content_292718.htm，最后访问日期：2022年11月6日。

　　本书认为，刑事法治报道是主要以刑事法律和刑事案件为对象进行报道的法治新闻。它针对刑事立法动向、刑事案件的发生、诉讼程序等相关客观事实展开报道，更是立足刑事司法改革，回应社会对重大、恶性案件的关切的报道，以新闻书写和记录中国刑事法治的发展。

　　这个定义与之前的"犯罪新闻""罪案报道"等相关定义比较而言，具有立足专业法律改革和回应社会关切两个特点。前者指相关的立法、司法报道要注意挖掘我国刑事法律制度的进步性，观照纵向角度的深入描述，从单个的新闻报道中解释和凸显具体事实在整个刑事法治历史中的意义。后者则是指刑事法治新闻报道题材本身具有离奇性，事件往往会被媒体错误引导而导致"舆论失焦"，这样的报道虽然吸引读者眼球，但与报道目的大相径庭。本书认为选择刑事案件作为报道对象的标准应该更着眼于其社会价值，以回应社会关切为选择标准。

　　首先，刑事法治报道应聚焦刑事司法改革对相关立法和案件的观照。新闻报道立足刑事司法改革，意味着新闻报道要站在法治进步的立场上去观照具体的司法过程，关注有所争议的刑事实体问题和程序问题，也要对刑事司法内部改革有所关注。

　　报道要站在法治进步的立场上去观照具体的司法过程。媒体在法治报道中传达出的法治进步的信息，构成了民众对于国家法治形象的基本认知。法治报道的一个重要方面就是对刑事司法改革过程中产生的与科学立法、公正司法有关的新闻事件的报道，通过关照具体案件的司法过程，彰显国家法治的进步。

　　与抽象的法律条文和司法政策相比，个案的判决更能让受众认识司法，了解司法。近年来，备受社会关注的"呼格吉勒图案""聂树斌案""昆山反杀案"，勾勒出法治的进步。无论是"呼格吉勒图案"中的真凶再现，还是"聂树斌案"的疑罪从无，再审改判之路的确并不平坦，其中有诉讼程序和证明规则的技术性制约，更重要的还是在理念、态度和工作机制上有许多需要反思和改进的地方。媒体通过对刑事个案的报道，能够让社会真切地感受到"以个案推动制度建设"的法律进步性与时代性，在个案上升为制度的过程中，彰显法律的权威性和其中内含的普遍价值。

　　报道要关注刑事司法内部改革。司法形象是法治国家形象的重要方面，加强对刑事司法内部改革的观照、突出公正司法的报道对法治国家形象塑造具有重要的意义。司法是正义得以实现的重要保障，是检察机关和审判机关依法对案件进行审理，既独立行使自己的法定职权，又相互配合、相互协调，对案件进行公正、高效的审理过程。司法报道是法治新闻的重点，公正客观地报道案件的审理过程，准确公正地报道检察机关的公诉行为和人民法院的审判行为，体现了检务公开和司法公开的原则，宣传了公正司法。近年来国内一些热点案例都体现出媒体在展现或者推动刑事司法改革上的影响，例如在"于欢案"中，就可以看到新闻舆论促成司法系统自我纠偏的可行性，"于欢案"刚一发酵，官方就表态：最高人民检察院派人赴山东对案件事实、证据进行调查，对媒体反映的警察渎职等行为进行调查；山东省人民检察院也组成调查组，对警察在此案中的失职渎职行为进行调查；山东省公安厅派出工作组，对民警和案件办理情况进行核查。这一系列的第一时间的表态和行动，体现了公检法在新闻舆论推动下的进步，体现了司法体系内部的积极改革。

其次，刑事法治报道积极回应社会对刑事案件的关注。相较于第一点，针对刑事法律领域进行的新闻报道涵盖的内容更加宽泛。既包括对于刑事案件事实的报道，又包括对于事件的反思教育以及对于受众质疑的积极回应。前者体现的是媒体"环境监测"以及"传声筒"的核心功能，对于刑事司法领域相关的财产损害、人身伤害、危害公共安全等内容进行报道，使公众知道犯罪分子和犯罪行为的存在，提高警惕。后者体现的是媒体报道刑事法治新闻的社会学意义，报道不是就事论事，而是通过对于案件的报道，起到社会警示作用。例如 2020 年发生的"北大女生包丽自杀事件"，媒体的报道通过议题设置让大家认识到了现实生活中潜存的精神控制问题，更是通过一系列深度报道从社会层面揭示了女生如何进行自我保护以及面对类似事件该通过什么渠道解决的问题。对于悲剧，不能只停留在惋惜受害者和谴责加害者的层面，这样就没有办法从该事件本身获取能够警醒更多人的现实意义。要记住悲剧，更要记住悲剧为什么会发生，怎样尽可能避免悲剧，这也是报道的价值所在。

二 刑事法治报道的分类

根据本书关于刑事法治报道内涵的描述，刑事法治报道按照题材领域的不同可以被具体分为刑事立法报道、刑事案件报道以及刑事司法改革报道三种类型。在此主要针对前两种展开论述。刑事立法报道主要是对刑事领域的重要法律法规、司法解释等的修正、立法事实的报道。刑事案件报道则主要针对社会关注的刑事案件在司法程序中的进展进行报道。接下来将结合典型报道展开叙述。

（一）刑事立法报道

刑事立法报道注意挖掘我国刑事法律制度的进步性，可以单纯介绍刑事立法、相关法律修正，也可以从单个的新闻报道出发，通过对于案件的描述，解释和凸显具体事实在整个刑事法治进程中的意义，是一种具有解释性、教育性、指导性的报道。刑事立法报道是法治宣传的重要组成部分，对于全社会法治氛围的营造和法律法规的实施起到重要推动作用。

新形势下，如何做好刑事法律法规的解读报道，让更多公众深入了解法律制订过程，更好普及法律知识、弘扬法治精神，是媒体需要认真思考的问题。结合报道实践，当前刑事立法报道主要有以下两种类型。

第一，对于刑事立法进行直接解读的报道。这类报道注重对于刑法、刑事诉讼法修订进行解读的时效性，是一种权威的程序性报道，注重的是报道的"鲜度"，报道的"首发"。但如果仅仅报道创新条款具体内容，在众多媒体同题材报道中并没有竞争力。要在相同题材报道中保持"鲜度"，做到"出彩"，刑事立法报道就要立体化，不仅要报道"创新了什么"，还要关注"为什么创新"，以及该创新对于刑事立法的意义。

案例 4-1-2：最高检公安部有关部门负责人就修订后《公安机关管辖的刑事案件立案追诉标准的规定（二）》答记者问[①]

4 月 29 日，最高人民检察院、公安部联合发布修订后的《关于公安机关管辖的刑事案件立案追诉标准的规定（二）》，自 5 月 15 日起施行。为便于执法司法实践中正确理解与适用，最高人民检察院、公安部有关部门

---

① 《最高检公安部有关部门负责人就修订后〈公安机关管辖的刑事案件立案追诉标准的规定（二）〉答记者问》，腾讯网，https：//new.qq.com/omn/20220429/20220429A0F1LQ00.html，最后访问日期：2022 年 7 月 10 日。

负责人接受了采访，回答了《法治日报》记者的提问。

该报道主要介绍了修订后的《最高人民检察院、公安部关于公安机关管辖的刑事案件立案追诉标准的规定（二）》的亮点所在，通过采访最高人民检察院、公安部有关部门的负责人，了解近年来检察机关惩治犯罪的工作情况，突出该修订文件实施的意义以及可行性，让公众对于该文件的认识不仅停留在"是什么"上，而是深入了解该文件的"前世今生"，了解修订的契机以及修订后该如何实施，让这一类较为枯燥的立法解读变得更加立体。

第二，是以案释法的报道。这类报道更加注重报道的可读性，力求做成权威与生动兼具、可读与导向并行的舆论引导型报道。任何的刑事立法都有一定的民生视角，找准贴近性就能增强可读性，而且这类解释性报道注重深入浅出，从具体案例出发进行司法解读，解读背后涉及的法律法规，将准确性和通俗化融入其中。

此前备受关注的"唐山寻衅滋事、暴力殴打他人案"，警方在通报唐山打人事件最新情况时，提到唐山打人案2人轻伤2人轻微伤，对此就有不少网友提出质疑，"为什么看起来很严重的样子却只是轻微伤或者轻伤"。关于这一点，澎湃新闻客户端在6月21日报道了一篇名为《被打女子的"二级轻伤"到底有多重？打断6根肋骨也才轻伤？》的文章，通过查阅我国的《人体损伤程度鉴定标准》以及刑法关于故意伤害和侵犯他人人身权利的相关判定标准后，对于伤情界定进行了详细的解释，并且制作了一张损伤程度分级图。不仅解决了公众对于法律规定的"轻伤""轻微伤"界定的模糊问题，同时也通过以案释法，让公众从法理的角度看待这一恶性事件。

（二）刑事案件报道

这类报道聚焦社会关注的刑事案件本身，围绕案件的发生、侦破、诉讼等相关客观事实和其中的人物关系、法律实体和程序知识等展开。本书从犯罪性质角度，将刑事案件报道分为财产犯罪报道、人身伤害报道、危害公共安全报道三种类型。

首先是财产犯罪报道。"财产犯罪在所有现代化国家都是犯罪的主要形式。"① 财产犯罪是为满足个人私欲而故意实施的非法占有、挪用、毁坏公私财物的犯罪行为。随着现代化的发展，我国财产犯罪总量大幅上升。实际上，从 1978 年开始，我国财产犯罪在刑事犯罪中所占比重就一直在 80% 左右，最高的时候甚至超过 90%。② 由此可见财产犯罪在中国是一种很普遍的犯罪。及时报道财产犯罪案件，既是媒体与社会相适应的必然要求，也是及时发掘社会热点议题、扩大媒体影响力的必然选择，更是使公众有效避免潜在风险的媒体职责所在。

案例 4-1-3：内蒙古一干部投案自首！5 年挪用公款 260 余万元③

2020 年 12 月 10 日，内蒙古自治区赤峰市翁牛特旗人民法院对赤峰救助站原出纳员董宁挪用公款一案进行公开审理。2008 年至 2020 年董宁在担任救助站出纳员期间，利用职务便利，采取现金支票和转账支票支款不入账的方式挪用公款 107 笔，挪用金额在 200 万元以上，且系特定的救灾款物，数额较大，情节严重，应当追究其刑事责任。

上述案件被告人行为既属于财产犯罪，也属于职务犯罪，由于犯罪主体具有一定的特殊性——具有一定职务、掌握一定权力，其罪行比一般犯罪更为严重，社会危害性更大，可能造成公共财产的大量流失，也会减损国家和政府的声誉。因而对于这类特殊主体财产犯罪的报道，不仅要就事论事，还要通过报道起到一定的震慑和警示作用，让公众感受到国家打击贪污腐败的决心。

案例 4-1-4：黄智博获刑三年三个月：以卖口罩为名诈骗 11.7 万元④

被告人黄智博，原系北京乐华圆娱文化传播股份有限公司训练生，疫

① 《最高检公安部有关部门负责人就修订后〈公安机关管辖的刑事案件立案追诉标准的规定（二）〉答记者问》，腾讯网，https：//new.qq.com/omn/20220429/20220429A0F1LQ00.html，最后访问日期：2022 年 7 月 10 日。
② 陈屹立：《收入差距、经济增长与中国的财产犯罪——1978—2005 年的实证研究》，《法制与社会发展》2007 年第 5 期。
③ 《内蒙古一干部投案自首！5 年挪用公款 260 余万元》，澎湃新闻，https：//www.thepaper.cn/newsDetail_forward_9055833，最后访问日期：2022 年 7 月 10 日。
④ 《黄智博获刑三年三个月：以卖口罩为名诈骗 11.7 万元》，"澎湃新闻"百家号，https：//baijiahao.baidu.com/s？id=1661375761262587502&wfr=spider&for=pc，最后访问日期：2022 年 7 月 10 日。

情期间因涉嫌诈骗罪被公安机关刑事拘留。经依法审查查明：2020年1月30日，被告人黄智博在网络贴吧中发布出售口罩的虚假信息。以预付款的名义共计骗取被害人袁某人民币117000元。最终，上海浦东法院宣判，被告人黄智博犯诈骗罪，判处有期徒刑三年三个月，并处罚金1万元。

上述案例则属于取得型犯罪。这一类案件的受害者多为公众个体，因此对于这类犯罪的报道，目的是降低公众财产被侵害的可能性，这类报道会聚焦非法占有的常见"套路"，让人们可以有效地识别骗局，将潜在风险降至最低。以澎湃新闻的这篇报道为例，疫情防控时期口罩短缺，供不应求，犯罪分子利用公众的心理进行诱骗，受害者往往无意识地落入圈套中。对这类常见骗局的报道，可以让公众有效保护个人财产。

案例 4-1-5：起底网络大 V 陈杰人：打着公平正义旗号，实则敲诈勒索非法敛财数千万[①]

2018年网络大 V 陈杰人因涉嫌非法经营敲诈勒索等刑事犯罪被采取刑事强制措施。陈杰人案系具有网上黑恶势力性质的"家族式"团伙犯罪，该团伙打着"法律和舆论监督"名义和公平正义的幌子，以网络为犯罪平台，大肆敲诈勒索，涉嫌敲诈勒索等多种违法犯罪，严重扰乱了网络管理秩序，破坏基层政治生态和社会稳定。敲诈勒索受害者不仅有企业主和普通民众，还包括一些政府部门，哪里有"商机"，他们的触角就伸向哪里。

新型支付方式使财产流动加快，支付方式的多元化和财产转移的快捷性增加了财产流通渠道，在这种大背景下，犯罪手段变得更加隐蔽。上述案例就是典型的新型财产犯罪，当下一部分有粉丝基础的自媒体人实施财产犯罪的行为，这部分自媒体目的不是表达自由，其目的是通过网络舆论赚钱、敲诈别人。此外，网络支付中的第三方发展的业务较多，除了支付业务以外还涉及金融行业的其他业务，包括小额信贷、投资和分享消费信息，自媒体犯罪行为也因第三方网络支付业务涉及的利益不同而有不同的

[①] 《起底网络大 V 陈杰人：打着公平正义旗号，实则敲诈勒索非法敛财数千万》，"红河网警巡查执法"百家号，https://baijiahao.baidu.com/s? id＝1608957256959134214&wfr＝spider&for＝pc，最后访问日期：2022年7月10日。

手段，总的来说，就是针对使用第三方支付的用户和第三方支付机构的财物进行犯罪。媒体通过对于案件以及这类新型财产犯罪触犯的法律的报道，有效应对这类犯罪手法专业化、智能化的趋势，让公众不再防不胜防。

其次是人身伤害报道。人身伤害特指侵犯人身权行为造成的对于他人的伤害。人身伤害主要指人的人格和身份两种权利受到的侵害，既包括身体上受到的不法侵害，也包括人格方面诸如名誉、荣辱、隐私等受到的侵犯，多在刑事案件中被提到。人身伤害对于自然人的生命权、健康权和身体权造成一定的侵害，社会危害性较大，因而成为媒体报道的重要内容。人身伤害形式很多，在这里以有关未成年人犯罪、隐性人身伤害为例，列举人身伤害事件中的媒体报道。

青少年犯罪主要集中于寻衅滋事、盗窃抢劫、性暴力犯罪等几个类型，被害人多为犯罪人员的同学、朋友等同龄人。青少年犯罪不仅给个人、家庭带来沉重打击，而且产生严重的社会危害和恶劣的社会影响。近年来，青少年犯罪成为各界瞩目的社会问题，强奸、霸凌、抢劫、盗窃、聚众斗殴成为我国未成年人权益保护、犯罪惩处中常见的字眼，也是媒体关注的重点。2021年观察者网报道的"王岭案"就是一起典型的未成年人犯罪案件。其情节严重，影响恶劣，给有效预防未成年人违法犯罪、有效保护未成年人的工作敲响了警钟。类似现象在全国普遍存在，是暴力倾向、物质攀比、生理缺陷、成绩嫉妒、异性讨好等引发的校园欺凌，反映出学校监管的缺失、家长的过度溺爱、社会闲散人员的参与、校园周边环境的乱象以及监管执法不严等深层次问题。媒体通过对于未成年人犯罪的报道，加强社会对未成年人权益保护的重视，引起社会各界对于未成年犯罪的重视，配合家长、学校重视青少年的成长，加强对青少年错误行为的监督管理。

近年来，媒体对于"学生学业压力""公司996制度"等问题进行了大量的报道，让全社会意识到这种隐性人身伤害的危害性。隐性人身伤害，比如在校园中教育方法不当，或者公司中管理方式、措施的失当所导致的学生或职员精神或身体不太明显的、较为迟缓的人身伤害。这类人身伤害具有内隐性、滞后性、延续性和不确定性，因此需要媒体将问题"显性化"，及时止损。

案例 4-1-6：程序员群体压力大 "工作 996，生病 ICU" 该引起重视了①

近日，一个新词——"996" 工作制引发社会关注，所谓 "996"，是指员工从每天上午 9 点工作到晚上 9 点，每周工作 6 天；"ICU" 则指，经受了长时间工作的折磨后，员工可能罹患各种重大疾病，到时候直接送去 ICU 病房就可以了。在工作中，加班非常常见，但加班时间过长，则会对员工的身体、心理产生巨大的影响。虽然这只是个案，但体现出了当下的 "社会人" 承受着的加班压力。

"996" 工作制在互联网大厂和其他一些物流、科技行业中盛行。几年前，某互联网名人曾专门为这种工作制发声。人们在抱怨调侃之际，可能没有意识到这样的工作方式不仅侵犯了休息权，还可能会造成隐形人身伤害，媒体近年来关注这一非常态化的工作制，让被实行这样作息制的职工勇于揭露，也让各地社区大规模、长时间对超时加班问题排查整治。2021年，最高法、人社部联合发布超时加班典型案例，明确 "工作时间为早 9 时至晚 9 时，每周工作 6 天"，严重违反法律关于延长工作时间上限的规定，应认定为无效。

最后是危害公共安全报道。危害公共安全罪是一个概括性的罪名，它同侵犯人身权利的杀人罪、伤害罪以及侵犯财产的贪污罪等有显著的不同，危害公共安全罪有着造成不特定的多数人伤亡或者使公私财产遭受重大损失的危险，其伤亡、损失的范围和程度往往难以预料。因此，只要行为人的犯罪行为足以危害公共安全就构成犯罪。由于危害公共安全是一个概括性的表述，这里以公交车司乘冲突、寻衅滋事案件为例进行说明。

在公交车上拉拽、袭击、殴打司机是危害公共安全的行为，且危险性较高。中国司法大数据研究院近日发布的一份研究报告显示，2016 年以来，全国各级人民法院一审审结的公交车司乘冲突刑事案件共计 233 件，此类事件时有发生。

---

① 《程序员群体压力大 "工作 996，生病 ICU" 该引起重视了》，央视网，http://news.cctv.com/2019/04/07/ARTIFxdKH9gsVfuZGNG44JVa190407.shtml，最后访问日期：2022 年 7 月 10 日。

案例 4-1-7：重庆万州公交车坠江原因公布！①

重庆市万州区一辆公交车与一辆小轿车在万州区长江二桥相撞后，公交车坠入江中。据调查事实，乘客刘某在乘公交车过程中，与正在驾车行驶的公交车驾驶员冉某发生争吵，两次持手机攻击公交车驾驶员冉某，严重危害车辆行驶安全。冉某作为公交车驾驶人员，在驾驶公交车行进中，与乘客刘某发生争吵，遭遇刘某攻击后，未采取有效措施确保行车安全，其行为严重违反公交车驾驶人职业规定。

在万州公交车事件发生之前，公众和法律界对于"车闹"没有足够的重视，媒体的报道将这一问题摆在了大众面前，让法律界意识到如果公交车驾驶员本身的安全得不到应有保护，势必会威胁车上乘客的安全。"车闹"乱象，根源在于惩戒性措施过软，行为人违规成本过低。因而第十三届全国人大常委会第二十四次会议通过《中华人民共和国刑法修正案（十一）》，自 2021 年 3 月 1 日起施行，明确将抢夺方向盘行为入刑。这绝不仅是治标，而是一项标本兼治的重要措施，对保护乘客和驾驶员的生命安全具有极为重要的意义，同时也彰显出媒体对于公众关注公共安全法律保护的民意的放大作用。

（三）刑事司法改革报道

司法是社会公正的最后一道防线，对于社会纠纷的裁决、社会矛盾的化解、利益关系的调整，司法是最公正客观的。如果一个社会的司法体系的公信力持续下降，甚至走向崩解，就会直接危及人们的社会认同，因此必须要保证中立和公正的司法裁判。因而刑事司法改革报道聚焦刑事司法改革内容以及解释，让公众正确理解罪刑法定、罪责刑相适应、证据裁判、疑罪从无等原则，在保持法治定力的基础上，要维护司法权威，彰显司法的公信力。

---

① 《重庆万州公交车坠江原因公布！》，搜狐网，https：//www.sohu.com/a/272854112_99997438，最后访问日期：2022 年 7 月 10 日。

案例 4-1-8：2021 年度人民法院十大案件　赖小民受贿、贪污、重婚案①

2021 年 1 月 5 日，天津市第二中级人民法院以受贿罪、贪污罪和重婚罪判处赖小民死刑，剥夺政治权利终身，并处没收个人全部财产。赖小民提起上诉后，天津市高级人民法院裁定驳回上诉，维持原判。经最高人民法院核准，2021 年 1 月 29 日上午，天津市第二中级人民法院依照法定程序对赖小民执行了死刑，巨贪伏法、罚当其罪。赖小民案是新中国成立以来受贿数额最大的职务犯罪案件，是党的十八大以来第一个被判处死刑立即执行的职务犯。

媒体对于"赖小民案"的报道彰显了司法担当。本案时间跨度长达 10 年，涉案金额高达 17 亿余元，仅涉及受贿犯罪事实就多达 22 件。媒体对于"赖小民案"审理过程的报道，体现了诉讼证据出示在法庭、案件事实查明在法庭、诉辩意见发表在法庭、裁判结果形成在法庭，包括上诉权在内的被告人诉讼权利得到了充分保障。与此同时，通过对两审判决事实的报道，让公众深刻感受到公正司法中"欲治其重，必知其轻"的宽严相济原则。

疫情防控时期，许多案件的快速告破都彰显了司法改革效能的充分释放。比如浙江省宁波市鄞州法院审理的一起虚假出售口罩诈骗案，从抓获犯罪嫌疑人到宣判一共只用了三天。新冠肺炎疫情背景下，司法需要有勇气，更需要有智慧；需要坚守，更需要变革。当疫情下的种种办案不便遇上特殊时期人们强烈又亟待满足的司法需求与司法期盼，司法机关就要在新冠肺炎疫情的大考中反求诸己。

本节主要对刑事法治报道的概念以及分类进行了介绍，将刑事报道与和其紧密相关的犯罪报道进行区分，在分析了国内外其他学者研究成果的基础上，对于刑事法治报道的概念进行了界定。此外，本节将刑事法治报道分为刑事立法报道、刑事案件报道以及刑事司法改革报道三大类，在此分类下，又进行了进一步的细化，对不同题材的报道特征以及效果、意义进行了分析，突出了刑事法治报道内容的广泛和价值的多元等特征，为下一节分析报道选题奠定理论依据。

---

① 《2021 年度人民法院十大案件　赖小民受贿、贪污、重婚案》，中国法院网，https：//www.chinacourt.org/article/detail/2022/01/id/6471366.shtml，最后访问日期：2022 年 7 月 10 日。

第二节 刑事法治报道的选题

刑事法治报道的选题和报道案件本身的特征密切相关。

首先，在选题观念方面，要坚守刑事法律的底线思维。如果说法律是开展社会活动所要遵守的底线的话，那么可以说刑事法律就是底线中的底线。刑事案件往往会侵犯公民的生命财产安全，社会危害性大，会引发社会更多的关注，因此在策划刑事案件选题的时候，要优先聚焦危害社会公共安全以及利益的选题。

其次，选题具有阶段性的特征。刑事案件在程序上较为复杂，不仅包括常规性的诉讼程序，还包括侦查、审查起诉等诉前程序，以及死刑复核等特殊程序。根据不同程序阶段司法机关的办案特点和案件性质，刑事报道的选题应有相应的侧重点，同时也有一定限制。比如在侦查阶段媒体不能泄露侦查手段，不能以媒体的"体验"越俎代庖，干扰侦查机关的工作。除此之外，由于案件的复杂情形，有的案件的程序会持续较长的时间，在这个过程中媒体也需要跟进程序类选题，向公众解释程序法律知识，保持与司法机关的良性沟通，从而营造尊重法律的良好氛围，为案件的推进建构健康的媒介生态环境。

最后，选题内容具有反常性的特征。刑事案件常常由于犯罪情节的反社会性、犯罪过程的感官刺激性、结局的戏剧性及司法过程的曲折性受到社会的广泛关注，因而在选题和具体呈现上如何把握尺度，避免造成负面影响也自然成为报道者考虑的重点。

一 公共利益的重大性

现代社会的文明与法治化赋予社会公众知情权，刑事案件关乎公共安全，与公共利益密切相关，媒体在对刑事法治事件进行新闻报道时要以体现公共利益为根本要义。只有立意远、站位高，才能发掘选题对公共利益的意义，避免对刑事法治事件的报道成为"博眼球"的选题。

（一）聚焦案件性质，关注刑事法治热点

哈特在《法律的概念》中提到，现代法律具有开放性结构，法律无法消除一切不确定性，更多的时候真正的答案是许多相冲突利益间理性妥协的结果，要避免法律走向"概念主义"和"形式主义"的道路。[①] 刑事案件较为复杂，根据案件性质，可以决定对犯罪分子处刑的轻重。根据犯罪危害后果和社会影响程度，刑事案件性质可分为一般、严重、特别严重。近年来新型犯罪增加，案件在法律上的界定和量刑情况也在不断变化调整，媒体及时关注刑事法治热点不仅可以起到警示教育的作用，还可以推动整个法治社会的进步。

案例 4-2-1：痛心！极罕见"中华鲟"遭捕杀，嫌疑人被抓时正在烹煮[②]

3 月初，长航南通公安启东派出所民警在工作中获悉，有人在长江口水域偷捕野生中华鲟。得知消息后，长航南通公安迅速成立专案组展开调查，很快锁定了嫌疑人李潘某，并组织精干警力将其一举抓获。查获被分解的野生中华鲟鱼段 50 余斤。

《刑法修正案（十一）》已将"非法猎捕、杀害珍贵、濒危野生动物罪"和"非法收购、运输、出售珍贵、濒危野生动物罪"修改为"危害珍贵、濒危野生动物罪"，并于 2021 年 3 月 1 日施行。

法院根据被告人的犯罪事实、犯罪性质、犯罪情节和对社会的危害程度，依法一审判决：9 名被告人分别被判处有期徒刑 3 年至有期徒刑 12 年、有期徒刑 1 年至 2 年等刑期，判决 9 名被告人赔偿相应的生态修复费共计人民币 47 万余元，并通过市级以上新闻媒体向社会公开赔礼道歉。

刑法修正案作为对刑法条文的具体修正，与现行刑法具有同等法律效

---

① 〔英〕哈特：《法律的概念》，许家馨、李冠宜译，法律出版社，2006，第 129 页。
② 《痛心！极罕见"中华鲟"遭捕杀，嫌疑人被抓时正在烹煮》，光明网，https://m.gmw.cn/2021-03/26/content_1302191958.htm，最后访问日期：2022 年 7 月 10 日。

力，体现了法律随着社会变化及时进行调整的动态性，将"非法猎捕、杀害珍贵、濒危野生动物罪"和"非法收购、运输、出售珍贵、濒危野生动物罪"修改为"危害珍贵、濒危野生动物罪"，意味着对于此类不法行为的界定范围变大，不仅仅局限于此前刑法规定的行为。媒体对于这一法律修正的及时报道，是对于公众的教育，也是对于潜在犯罪者的警示，彰显了法律在打击损害社会公共利益行为方面的决心。

刑事案件往往具有极大的社会影响力，与公众的利益密切相关。及时关注刑事法治热点，在尊重法律和司法独立的前提下，刑事法治报道聚焦公众应当合理知悉的案件细节和材料，及时报道与公众息息相关的最新法律知识，让公众明晰法律底线。增强刑事案件报道的纵深拓展性，增强刑事司法案件报道的服务性和警示性。

案例 4-2-2：注意！明日起，这些行为将入刑！[①]

明天（3 月 1 日）起，《中华人民共和国刑法修正案（十一）》将施行。"高空抛物罪""冒名顶替罪""妨害安全驾驶罪""负有照护职责人员性侵罪"等新罪名也在《最高人民法院、最高人民检察院关于执行〈中华人民共和国刑法〉确定罪名的补充规定（七）》中明确。

上一个案例，媒体通过以案释法，向公众介绍了刑法修正案具体的调整内容，通过犯罪个例的法律运用，发挥媒体报道该有的教育和警示作用。央视新闻的这篇报道，以图片十分清晰地对修正案中新加入的罪名进行介绍，并且标题也十分言简意赅，在告知公众最新法律知识的同时让其明晰法律底线。

（二）回应受众关切，及时引导舆论

以往新闻传播具有信息流通单向、信源单一、反馈渠道不畅通等特点，传播者和受众界限分明，媒体更多的是从自己的角度出发去寻找新闻点，受众的反馈很难及时有效地受到媒体关注，信息存在明显的不对称。在当下的新媒体环境中，媒体的泛社会化导致传统媒体的议程设置权力弱化，信息的发布主体呈现多元化的特征。在刑事报道领域，一些恶性重大

---

① 《注意！明日起，这些行为将入刑！》，"中国青年网"百家号，https：//baijiahao.baidu.com/s？id=1692922119614375408&wfr=spider&for=pc，最后访问日期：2022 年 7 月 10 日。

案件或者情节离奇、尚在侦破中的案件往往因为司法系统的相对独立运作，在信息传播的过程中，信源较为单一，这固然是严格司法程序的必然要求，但同时在传播领域也容易因为信息来源的有限甚至缺失而使群体注意力反弹，甚至滋生谣言。面对多元化的利益群体和多平台的发声渠道，媒体要想实现自身社会协调和舆论引导的功能，就要尽量在报道选题上积极回应社会关切。一方面，可以消除公众的多重揣测，防止社会舆论极化；另一方面，可以及时保护刑事案件中的当事人，避免对当事人造成二次伤害。

案例 4-2-3：监控画面公布！还原成都 49 中学生坠亡事件时间线①

5 月 9 日傍晚，在成都 49 中就读的高二学生小林（化名）坠楼身亡。根据成都成华警方的有关通报，小林系高坠死亡，排除刑事案件。13 日，根据警方提供的学校监控设备拍摄到的内容以及通报信息，《四川日报》制作 40 秒短视频，还原小林走出教室后，到坠亡之间的活动轨迹。与此同时，在 12 日的时候，《四川日报》记者多方采访学校、教育局、公安机关等相关部门，试图回应大众关心的问题，其中包括"关键监控视频是否存在缺失""校方何时拨打 120 急救电话""家长为何晚上近 9 点才接到通知""家长何时看到遗体"。除了回答上述问题之外，记者还还原了小林生前最后的行动轨迹，并且根据警方提供的学校监控设备拍摄到的内容以及通报信息对事发前后的详细时间点进行了梳理。

成都四十九中高二学生小林坠楼事件引发社会的广泛关注，在事实没有调查清楚之前，大量网络谣言和各种未经证实的匿名信息，裹挟了网络舆论，情绪化的表达代替了理性客观的讨论。随着有关部门调查的持续深入，媒体对更多案件细节进行了披露，使得真相得以还原，事实得以澄清。追问事情真相、了解来龙去脉，这是家长的权利、公众的关切，可即便技术手段再发达，对于一个突发事件，查清事实也有一个过程，媒体针对警方提供的学校监控设备拍摄到的内容以及通报信息，第一时间对事发

---

① 《监控画面公布！还原成都 49 中学生坠亡事件时间线》，"共青团中央"百家号，https：//baijiahao.baidu.com/s？id＝1699628680983574302&wfr＝spider&for＝pc，最后访问日期：2022 年 7 月 10 日。

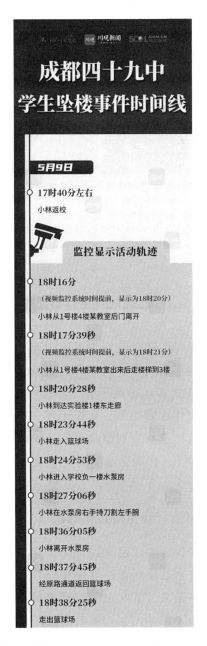

前后的详细时间点进行了梳理，主动发布权威信息、公开回应舆论关切，及时披露更多事实，有效解决了信息不对称的问题，挤压了谣言滋生的空间。

图 4-2-1　记者前往现场介绍事发地监控视频

资料来源：《监控画面公布！还原成都 49 中学生坠亡事件时间线》，"共青团中央"百家号，https：//baijiahao.baidu.com/s? id = 1699628680983574302&wfr = spider&for = pc，最后访问日期：2022 年 7 月 10 日。

二　底线思维的尺度性

很多国家的犯罪新闻报道都曾经为了追求新闻的视觉冲击力，在报道中放入大量的案发现场的镜头和对犯罪过程的渲染描述，这不仅对公众造成了负面的情绪冲击，还导致了青少年模仿犯罪行为的严重后果。这种传播效果与我国媒体揭露犯罪、弘扬正气、普及法律知识的法治新闻报道的初衷是相悖的。把握好刑事报道尺度，就要在选题中充分考虑一些基本的"游戏规则"，在确立选题的时候要做到有所舍弃，将尺度作为选题的边界之一。

（一）注重专业解读，避免情绪化选题

对于刑事法治新闻报道的选题来说，由于其中涉及的人与人的关系天然充满着某种叙事张力，公众普遍能够在相对简单的"二元对立"中进行对与错、正义与非正义、善与恶等伦理道德标准的判断。当这些判断与法律专业判断有所不同的时候，容易引发情绪性话题，这些话题一旦成为媒体报道的选题，报道将无法很好地从法律的底线思维角度去引导公众的认知。因此，刑事法治新闻的选题更要注重专业解读，避免在"后真相"的情绪中丢失主流媒体的话语权。比如在一些涉及儿童侵害案件的报道中，"愤怒"有时候绑架了媒体的正义感，甚至出现了信源

失衡的报道，有的媒体甚至试图替代侦查机关，直接将犯罪画像用文学化的手法描述出来。

要避免这种情绪化选题，可以将选题的重点放在"解释"上，以刑事法律的专业知识和理念来回答"为什么"，并且引导受众在正常的司法运行环境中认识和评价法治事件。

案例 4-2-4：年轻女司机醉驾玛莎拉蒂撞宝马 背后还有七个故事①
盛夏，深夜，诸事不宜。
谁都知道：
喝酒不开车，开车不喝酒。
然而，
总有那么一些人，
或许是因为侥幸心理，
或许是因为无所谓的态度，
在违法犯罪的边缘试探。
今天，
法报君就通过七个故事，
带着大家了解一下，
关于酒驾和醉驾的那些事儿。

2019 年 7 月 3 日晚 10 点 42 分左右，河南商丘永城市东城区发生重大交通事故。谭某驾车发生多次剐蹭碰撞后加速逃逸，猛烈碰撞一辆正常等红灯的小轿车。谭某醉驾玛莎拉蒂撞宝马，除了案件本身的恶劣之外，车主身份也一再吸睛，舆论氛围十分紧张。上述《法治日报》的内容是 7 月 5 日的报道，媒体的选题十分巧妙，不是用生硬的条文通过这一事件对于酒驾和醉驾进行解读，而是用七则小故事，有效进行了与案件相关的专业解读。从这则消息评论区的留言可以看出选题和网友的情绪产生了某些"共振"。

---

① 《年轻女司机醉驾玛莎拉蒂撞宝马 背后还有七个故事》，凤凰网，https://auto.ifeng.com/qichezixun/20190706/1307186.shtml，最后访问日期：2022 年 7 月 10 日。

图 4-2-2 玛莎拉蒂醉驾事件报道评论

资料来源：《年轻女司机醉驾玛莎拉蒂撞宝马 背后还有七个故事》，凤凰网，https：//auto.ifeng.com/qichezixun/20190706/1307186.shtml，最后访问日期：2022年7月10日。

（二）定位社会责任，避免故事化消费

刑事案件与社会的安全底线息息相关，媒体的底线思维体现在选题时的责任意识上，不能以追求轰动效应、流量热搜为目标，因此要避免消费刑事案件的故事化消费选题。具体来说，选题中不能以当事人的主观感受为选题，不能以追求对"细节"的还原为选题。即便是对于已经判决的刑事案件，在考虑类似"口述"类等以当事人为主要信源的报道选题时，也应该持较为谨慎的态度，因为消费故事的选题，必然会消解法治新闻报道的专业性特征。

案例 4-2-5："他亲了我一下说，去死吧"，泰国坠崖孕妇口述绝地逃生[1]

"他在亲吻我以后，大概这个行为也就停顿了一两秒，随即就把手从我的肚子上顺着我的身体滑向我的后背，两侧的肩胛骨，然后在我耳朵边上，恶狠狠地说：去死吧。"

费里尼在1957年拍摄过一部名叫《卡比利亚之夜》的电影。在电影

---

[1] 《"他亲了我一下说，去死吧"，泰国坠崖孕妇口述绝地逃生》，腾讯新闻，https：//view.inews.qq.com/a/20201114A0C9X400，最后访问日期：2022年7月10日。

的结尾，未婚夫为了谋取卡比利亚的财产，意图将她推下悬崖。时代变迁，同样的故事在当下再次上演，2019 年 6 月中旬，一则名为一孕妇在泰国被丈夫推下悬崖的消息震惊了国人。事故发生在泰国，6 月 9 日上午，王灵被丈夫俞东从 34 米高的悬崖上推下。幸运的是，她被随后赶来的工作人员拯救，丈夫俞东在帕登悬崖实施谋杀之前，曾带着妻子王灵以旅游的名义在泰国三处踩点，而去的都是一些陡峭、高低落差较大的森林公园，或是人烟稀少之地。因为没有找到理想的作案地点，于是他带着妻子回到了曼谷……

这则报道发表于 2020 年 11 月 14 日，该案二审尚未开庭之前。虽然庭审在泰国进行，但媒体在最终判决之前以受害者角度进行的单一视角的故事化的叙述，容易使读者形成事实的高度确定性和无可置疑的客观性，从而将读者导向一种实质主义的公正观，如果最终的审判没有达到受众预期，可能会使公众产生情绪落差。因此建议在刑事法治报道中，在法庭判决之前，媒体的报道尽量多元化，从而尽量使报道兼具事实的客观性和平衡性。

（三）侧重审判阶段，客观呈现司法公正

媒体在报道刑事案件时，尽量使报道选题的时间节点后移，有的在案件侦查阶段的报道以公安机关披露的信息为主，但由于信息有限，无法将来龙去脉讲清楚。将选题的重点放在审判阶段，一方面可以掌握较为全面的信息，另一方面可以司法进程自身呈现的公正性来报道新闻。同时，审判阶段有丰富的选题，庭审现场公诉方提供的案情信息、公众对于案情的反应等，较案件发生之初的选题似乎损失了时效性，却提升了报道的深度。

案例 4-2-6："拉姆案"二审维持原判[①]

2020 年 9 月 14 日，30 岁的拉姆在阿坝州金川县观音桥镇的家中直播时，前夫唐路突然闯入，泼汽油将拉姆烧成重伤。半个月后，拉姆去世。2020 年 12 月，阿坝州金川县检察院以故意杀人罪对唐路批捕。2021 年 10

[①] 《"拉姆案"二审维持原判》，"澎湃"百家号，https://m.thepaper.cn/baijiahao_17313 123，最后访问日期：2022 年 7 月 10 日。

月 14 日，四川省阿坝藏族羌族自治州中级人民法院对被告人唐路故意杀人案进行了公开开庭审理并当庭宣判，认定被告人唐路犯故意杀人罪，判处死刑，剥夺政治权利终身；赔偿犯罪行为给附带民事诉讼原告人造成的物质损失。

一审法院经审理认为，被告人唐路致拉姆死亡的行为已构成故意杀人罪，且犯罪手段极其残忍，社会影响极其恶劣，所犯罪行极其严重，依法应予严惩，遂作出上述判决。

一审宣判后，唐路提起上诉。2021 年 12 月 28 日，该案二审在阿坝州汶川县开庭，四川省高级人民法院未当庭宣判。据知情者透露，2022 年 1 月，受害方家属接到法院通知，该案二审维持原判，判处唐路死刑。近期，受害方家属已拿到了二审判决书。

"拉姆案"时间线

2010年 拉姆和唐路结婚，婚后育有两子

2020年3月9日 唐路被指长期"家暴"拉姆，两人第一次离婚

2020年3月底 在唐路"软硬皆施"下，拉姆无奈同意复婚，但不久再次被打

2020年6月底 拉姆向法院提起诉讼，和唐路再次离婚，孩子抚养权归后者

2020年9月14日晚 拉姆在家直播时，被闯入房间的唐路用汽油大面积烧伤

2020年9月17日 拉姆父亲向网友公开求助，筹钱"救女"，100万元目标很快达成

2020年9月17日 金川县公安局通报，犯罪嫌疑人唐路已被警方控制

2020年9月30日 中秋、国庆前夕，历经半个月抢救的拉姆仍不幸去世

2020年10月4日 拉姆父亲对外发声称，"我的爱女是个善良、孝顺积极向上的人，是我没能保护好她。"

2020年12月10日 四川省金川县人民检察院依法以涉嫌故意杀人罪对嫌疑人唐路批准逮捕

2021年10月14日 阿坝州中级人民法院一审判处被告人唐路死刑，剥夺政治权利终身

2021年12月28日 四川省高级人民法院二审开庭，未当庭宣判

2022年3月23日 记者获悉，该案二审维持一审判决

在拉姆案中，可以充分看到媒体报道后移、彰显司法公正的重要性。澎湃的这篇报道发表于二审宣判之后，用时间线的方式对案件进行了完整的复盘，并且对案件庭审查明内容进行了详细的展开，彰显了司法的严谨公正性，对于审判结果的公开报道也达到了很好的传播效果，这在报道下面的评论中彰显得淋漓尽致。

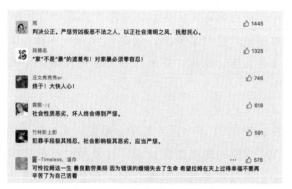

图 4-2-3 拉姆案报道评论

资料来源：《拉姆案"二审维持原判》，"澎湃"百家号，https：//m.thepaper.cn/baijiahao_17313123，最后访问日期：2022 年 7 月 10 日。

在对拉姆事件进行复盘的时候，很多媒体都对拉姆生前进行了追忆，将"开朗、善良"的拉姆展现在大家面前，在让大家对受害者的遭遇感到惋惜的同时，也更能够让大家对于审判结果产生极大的认同，获得良好的社会反响。

然而，在拉姆案之后，出现了声称自己是"另一个拉姆"的马金瑜事件。对该事件的报道就可以看出媒体报道选题时间节点后移的重要性。2021 年 2 月 6 日，名为"真实故事计划"的微信公众号发布网文——《另一个"拉姆"》，引发网友广泛关注和热议。

案例 4-2-7：中央政法委长安剑评论"女记者为爱远嫁屡遭家暴"：隐忍退让只会自断生路！[①]

6 日，另一个"拉姆"刷屏了。

她叫马金瑜，是一位曾在一线城市工作的媒体人，为了爱情，她远嫁到西部一个闭塞地区，生儿育女。

别人眼里，她养蜂养花，过着世外桃源般的生活；可在现实生活中，她忍痛挨打，长期遭受着家暴欺凌。

受过高等教育、获得过专业领域大奖的马金瑜，为爱辞掉工作远赴他

---

① 《中央政法委长安剑评论"女记者为爱远嫁屡遭家暴"：隐忍退让只会自断生路！》，"杭州网"百家号，https：//baijiahao.baidu.com/s?id=1691002803773660944&wfr=spider&for=pc，最后访问日期：2022 年 7 月 10 日。

乡，嫁给青海蜂农做助农电商，这本是一个多么奇妙而美好的故事。

然而大家都仿佛只猜到了开头，没猜到结局——她自述一次又一次被丈夫殴打到大小便失禁、骨折、昏厥，下身不断流血……那些场面，简直无法想象。

这篇报道发表于 2021 年 2 月 6 日马金瑜发声第二天。由于之前刚发生了"拉姆事件"，30 岁的藏族姑娘拉姆，在直播时被前夫泼汽油焚烧不幸离世。正值社会上被反家暴舆论包围之时，马金瑜的发声会让人自动为事件定性，认为她是受害者，因此等不到相关部门的调查，等不到丈夫的发声，媒体就开始对事件"指指点点"，对所谓的家暴者"口诛笔伐"，但随后丈夫的发声和相关部门的介入却使事件反转，至少在事实认定上出现了反转。

三 惩恶扬善的宣泄性

惩恶扬善是人们对于作为底线的法律的朴素想象，较其他部门法律，刑事法治事件中的"善"与"恶"显得更加分明，对于行为的边界来说，触犯刑法往往带来惩罚性的后果，因此，对刑事法治事件的报道，对于集体心理来说，更具有一定的宣泄性，能够产生安抚公众情绪、恢复秩序和保卫安全的社会效果。具体来说，选题的惩恶扬善既体现在对一些重要案例和热点案例的判决和执行内容的报道上，也体现在选题本身所直接具有的"大快人心"的善恶观的表达上。前者如对"甘肃白银案"历经 30 年最终告破的报道；后者如对警察街头执法的视频呈现。尽管在法律性质和后果的严重性上，这些新闻事件有较大的差别，但无疑都具有"大快人心""极度舒适"的报道效果。

（一）忠实记录审判和执行，充当社会解压阀

刑事案件是一种非日常状态的事件，一般来说，在刑事案件的背后，都有一些较为极端的原因，要么是人格的反社会性，要么是人与人之间的冲突发展到难以调和的地步，其中也不乏激情犯罪。如果刑事法治报道单纯从情节的离奇性入手进行选题，就容易使刑事法治报道泛法治化，也容

易偏离法律的判断而令社会陷入多元化的伦理和道德争议。因此，对于刑事法治报道的选题来说，其惩恶扬善的宣泄性并不直接体现为人们的口诛笔伐，而是体现为法律后果的严重性，忠实记录法律的严厉惩罚才是专业报道的选题原则。

比如媒体对于"甘肃白银案"的报道，就突出了"正义或许会迟到，但不会缺席"的理念。

案例 4-2-8：白银杀人案办案细节：审结报告达百余页，公诉意见书建议死刑①

2018 年 3 月 30 日上午，在首度开庭 8 个多月之后，"白银连环杀人案"一审在甘肃省白银市中级人民法院宣判。被告人高承勇被判故意杀人罪、强奸罪、抢劫罪、侮辱尸体罪，数罪并罚，判处死刑。这一情节残忍离奇、破案过程极尽曲折，甚至一度幻化为都市传奇的系列杀人案，在第一起案件发生整整 30 年后，终于画上句号。

在庭审阶段，检察官要在有限时间内完成指控、举证、辩论等工作，这对公诉人素质提出极高的要求。由于该案历史久远、被害人众多、案情复杂，从 4 月 24 日提起公诉起，一直到开庭，白银市检察院忙碌准备了近 3 个月时间，仅案件审结报告就长达 120 余页、6 万余字，询问提纲 80 余页、4 万余字，举证质证提纲 120 余页、6 万余字，PPT 近千张。

该案侦破跨度为 28 年，被称为"世纪悬案"。公诉人在法庭上强调，"白银案"是新中国成立以来国内影响最为重大的命案之一，犯罪嫌疑人手段极其残忍，这种极端的"无差别"犯罪引发社会不安，造成地方声名的损害。媒体对于案件庭审现场情况的报道，突出了公诉方开庭前所做的充足准备以及对于庭审结果的信心，案件的侦破以及罪犯的伏法对警方来说是一种欣慰，更是对于受害者的告慰，也让这种极端的"无差别"犯罪造成的社会不安、地方声名损害、公共信任消解，都随之消解。

如果说"白银案"这样的世纪大案的最终告破大快人心，那么还有一

---

① 《白银杀人案办案细节：审结报告达百余页，公诉意见书建议死刑》，观察者网，https：//user. guancha. cn/wap/content？id = 9982&s = fwzwyzzwzbt，最后访问日期：2022 年 7 月 10 日。

些屡禁屡犯的现象，虽然没有像白银案一样轰动，却也依旧让公众愤怒不已。比如酒后失德造成他人人身财产损害的现象，公众对其的谴责和愤怒情绪正在上升。

有的报道往往聚焦案件发生时，当案件真正进入诉讼程序，或许已经不再是热点，因此会有一些报道的缺位，报道不再把审理和判决作为重点。有一些媒体将选题的目光投向了社会化议题，比如社会环境问题、家庭教育问题等，这些选题非常丰富，同时也是一种一些典型案例在进入诉讼程序后不被人"遗忘"的报道路径。对于人们关注的案件"有始有终"地报道，甚至"复盘式"报道，能够彰显主流媒体的真实、全面的新闻叙事逻辑，这也是媒体社会责任的体现。

案例 4-2-9：李某某犯强奸罪被判十年 法院：不能将陪酒行为作为强奸的诱因①

法院判决李某某等五名被告人强奸罪成立，李某某获刑十年，其余 4 人获刑三年至十二年不等。法院的量刑意见显示，李某某在共同犯罪中属于犯意提起者、主要暴力行为实施者，地位与作用明显大于其他被告人，且无悔罪表现，鉴于其犯罪时已满十六周岁不满十八周岁，系未成年在校学生，对其依法从轻处罚。

南方周末的这则报道并没有因"明星犯罪"而过度强调被告人身份的特殊性，而是围绕强奸罪和未成年人犯罪的量刑考量出发，并且在报道中出于保护未成年人的考虑，使用了代名，做到了从专业化的角度解释案件，忠实记录审判和执行。

（二）延伸情感角度，拓展多维度要素解读

刑事报道选题的惩恶扬善还体现在，一些案情不是很恶劣的案件却因为其与日常生活的联系而给新闻媒体的报道提供了诸多普遍意义。特别在对一些家庭内部犯罪、校园霸凌等案件的报道中，法律的惩罚后果就带有更多的"启示意义"，媒体的新闻选题就需要从表面入手，纵深挖掘事件

---

① 《李某某犯强奸罪被判十年 法院：不能将陪酒行为作为强奸的诱因》，南方周末，http://www.infzm.com/contents/94648/，最后访问日期：2022 年 7 月 10 日。

发生背后的深层原因，进行多维度的要素解读，不仅仅聚焦个案，更要对于事件所反映出的个人、家庭、社会、制度等多重问题进行及时的分析，推动类似问题的防治与解决。

案例 4-2-10：东评｜益阳老人疑因养老骗局裸身跳江，地方政府需积极干预阻止类似悲剧①

当普通人老了，实际上是无路可选的。

2008 年 9 月，一个叫付达信的 69 岁农村老人，拖着干瘦且疾病缠身的身体，用捡破烂的钱，花了 10 天从衡阳市祁东县灵官镇赶到北京火车站，去抢劫。

2008 年 11 月，法庭认定付达信属于「犯罪未遂」，且认罪态度较好，判有期徒刑 2 年。付达信觉得判太轻了，跟法官"求情"判得再重一些。后面还因为减刑，他只被关了一年半。付达信不是坏人，也不是怪人，他只是一个无处可去的老人。他是从报纸上看到类似的事情，得到了启发。他说："（监狱里）有馒头和稀饭，不用劳动，生病了有人看。"

入狱养老在日本已经是一个社会怪象。老人去超市小偷小摸，期待被抓住，然后被关进牢里，只求一日三餐能按时吃饱。如果被放出来，他们还会继续偷，二进宫、三进宫。甚至希望老死在牢里，总比独自在家里去世，无人收尸要好一些。在国内，付达信入狱养老是公开报道的第一例。

一个人想要体面地走完最后一段路，原来是非常艰难的事情。难道是因为老年人遭受更多来自社会的恶意吗？应该说老年人要遭受更多失意，以及整个社会的不在意。

凤凰网的这则报道，以付达信"入狱养老"的社会怪象为例，深度剖析了当下社会在养老方面存在的问题。该案不是个例，报道中除了付达信之外，还以曹迎林老人因为被"益阳纳诺老年公寓"的民办养老机构骗钱而跳江自杀为例，揭示我国老龄化问题以及我国目前的社会福利体系尚不

---

① 顾佳赟：《东评｜益阳老人疑因养老骗局裸身跳江，地方政府需积极干预阻止类似悲剧》，凤凰新闻，https://ishare.ifeng.com/c/s/v002wLI6uCRun-1sQcssWPYAHIR5-_xk36YnIYw506OMFQqY__，最后访问日期：2022 年 7 月 10 日。

完善的现状。媒体通过个案的报道，延伸出社会上绝大多数不富裕的老人们面对的核心难题，推动对该类问题的关注以及问题的解决，让个案有了更为广泛的意义，并且在法律之外进一步延伸，进行了更多人情味的思考。

本节从公共利益的重大性、底线思维的尺度性、惩恶扬善的宣泄性三点出发，对刑事法治报道的选题进行了详细的介绍。报道选题涵盖的范围很广，一般情况下，只要是与犯罪事实相关、不违背法律原则的内容，都可以对其进行报道，也因为这样，要做好刑事法治报道的选题难度较大。媒体在选题上一定要以公共利益为根本要义，关注热点事件，积极回应公众关切。此外在选题上要将尺度作为选题的边界之一，注重专业解读，定位社会责任，将呈现司法公正作为报道的一大目标。最后，选题要具有一定的宣泄性，能够产生安抚情绪的社会效果，以"人"的角度挖掘案件事实之外应当考虑和反思的内容，充当社会解压阀，只有这样媒体的报道选题才更有意义。

第三节 刑事法治报道的手法

由于刑事法治新闻选题具有重大性、底线性和宣泄性，报道的手法要根据具体选题具有的特点进行设计，具体来说，报道的角度、信源和呈现等方面都应该最大限度地突出选题的价值。从报道角度和立场来看，刑事法治新闻选题具有的非常态性，反而令角度的选择更为丰富，无论是从"展示伤痛""展示惩罚"来看，还是从反思来看，都具有可操作性。与此相反的是，刑事法治报道在信源的获取上难以达到民事法治新闻的平衡，因为刑事诉讼程序更为严格，刑事案例的相关信息实际上只在司法系统内部，不一定有必要让普通公众接触到一些信息和细节，因此对于刑事法治报道来说，权威性信源的获取和呈现更为重要。在内容呈现上，刑事法治报道要把握好报道、新闻、监督三大尺度，避免"过细、过俗、过度"，避免报道的随意性和片面性，将法治思维贯穿报道始终，确保报道内容的真实准确，营造良好的舆论氛围。而在题材的选择以及报道目的方面，也要把握建设性新闻的理念，回归普法意义。以解决问题为导向，在报道框架上不仅关心案件"是什么"，更重要的是"怎么办"。

从报道角度和立场来看，刑事法治报道既要在角度上注重热点发掘以及引导的侧重性，又要在立场上严格遵守真实客观的单一标准。这一点虽然与新闻报道的共通标准不谋而合，但落实到刑事案件中显得更为重要。刑事法治报道与其他新闻报道相比具有更大的社会影响力，因而更需要新闻媒体进行及时的、富有价值和深度的议题挖掘。在信源选择上，刑事法治报道要注重信源的权威性和平衡性。由于刑事案件涉及的法律知识专业性较强，因此在报道中需要权威的信源对案件进行解读，阐释其中的疑点。但对于一起案件，并不是所有的权威声音都是一致的，有时对于热点案件可能会存在不同的专业意见，此时在报道中也要做好不同权威观点的平衡，通过观点的争锋对案件进行更加深入的报道。

一　角度：多元角度与引导性

新闻角度是记者挖掘和展现新闻事实的角度，只有选择好角度，才能够最大限度地吸引受众，尽可能使某件事实在社会上引起最大反响。刑事法治报道同样要彰显报道的价值，既要注意热点的挖掘，也要注意内容与读者的心理接近性，引导受众关注案件社会意义，避免舆论失焦。同时要看到的是，传统的犯罪新闻报道的角度选择相对单一，一般会选择判决角度或者受害人角度，这两种角度的选择当然有助于呈现犯罪行为的严重后果，但是，对于刑事法治新闻事件的非常态性，实际上能够从多个角度进行讨论，因此，报道的角度是丰富的。

（一）以"展示惩罚"彰显法律的底线意义

底线是最低标准，是最起码要遵循的规则，是逾越之后需付出巨大代价的最后屏障。媒体对于重大或者特大案件判决的报道，彰显了我国不放过任何犯罪分子的决心和态度。

案例 4-3-1：广西"百香果女童"被害案再审宣判：对杨光毅改判死刑①

2020 年 12 月 28 日，广西壮族自治区高级人民法院对最高人民法院指令再审的原审被告人杨光毅强奸案进行公开宣判：撤销原二审判决，改判杨光毅死刑，剥夺政治权利终身，并依法报请最高人民法院核准。

2018 年 10 月 4 日，杨光毅使用残忍的暴力手段奸淫年仅十周岁的被害人杨某某，致被害人死亡。广西壮族自治区钦州市中级人民法院一审以强奸罪判处杨光毅死刑，剥夺政治权利终身。广西高院二审改判死缓，对其限制减刑。其间，被害人母亲向最高人民法院提出申诉。最高人民法院于 2020 年 11 月 3 日指令广西高院再审。

---

① 杨陈、翟李强：《广西"百香果女童"被害案再审宣判：对杨光毅改判死刑》，中国新闻网，https://baijiahao.baidu.com/s? id = 1687294844120473771&wfr = spider&for = pc，最后访问日期：2022 年 7 月 10 日。

广西高院经再审认为，杨光毅犯罪手段极其残忍，情节极其恶劣，社会影响极大，罪行极其严重。杨光毅虽有自首情节，但结合其犯罪的事实、犯罪的性质、情节及对于社会的危害程度，依法对其不予从轻处罚，对该案作出上述改判。

媒体报道"百香果女孩被害案"，彰显了法律罚当其罪的原则。刑罚的功能是惩治犯罪，而在合法性之外，还有合乎伦理的要求。杨光毅如此凶残、泯灭人性，却还能苟活于世，不要说女童的亲属，即便是社会公众也难掩愤懑。审判结束后，最高人民法院有关负责人在学习贯彻"两法"①加强新时代少年审判工作座谈会讲话中表示，对各类侵害未成年人权益的违法犯罪要依法严惩。对性侵未成年人犯罪，一般不得适用缓刑，不得假释。这一明确表态，在某种程度上"回应"了此案引起的巨大争议，表明了坚决惩治此类犯罪、抵御"弹性"的立场，也为各级法院统一判决标准、严防跑偏提供了科学指引。对于这一讲话要旨，实有形成统一、刚性规定，或推出司法解释的必要。

（二）以"展示伤害"彰显法律惩罚的必要性

这一点是站在受害者的角度进行报道的，但是"展示伤害"并不意味着吸引受众眼球，给报道对象及其家属再次带来伤害，而是在保护当事人的前提下，通过事实的陈述，在当事人允许的情况下对于细节的展示。媒体这类"揭露当事人伤疤"的报道，更多是为了彰显法律惩罚的必要性，是对受害者的安慰和补偿，也是对潜在不法者的震慑。

案例 4-3-2：评论｜捐赔偿款、继续起诉，江歌母亲的坚持值不值？②
江歌母亲江秋莲诉刘暖曦（刘鑫）生命权纠纷案一审宣判，刘暖曦被判赔 69.6 万元。江秋莲却表示，她会把赔偿款捐给失学儿童。针对诋毁女儿名誉的人，接下来也将继续提起诉讼。从种种表态来看，江秋莲的人生仍将以"江歌之名"为重点。这份坚持值不值？

---

① "两法"，指《未成年人保护法》和《预防未成年人犯罪法》。
② 白晶晶：《评论｜捐赔偿款、继续起诉，江歌母亲的坚持值不值？》，腾讯网，https://view.inews.qq.com/a/20220111A05QPT00，最后访问日期：2022 年 7 月 10 日。

对江秋莲来说，丧女之痛只能独自一人承受。早年离异、婚姻坎坷，她人生所有梦想和规划全部围绕江歌展开。女儿的离开，等于把一个人唯一的依靠给剥夺了。由此来看，她的绝望崩溃、她的诉讼维权，在外人眼中或许是停在痛苦中打转，但在她的世界里，这就是人生的唯一答案。

有位摄影师名叫夏天，他跟拍江秋莲长达四年时间。在他眼中，江秋莲全部心思都落在给女儿"讨一个说法"上，这似乎比"重新开始生活"更能带给她慰藉。而用江秋莲自己的话说："我是个没有自我的人，就是为了女儿而活。"

"未经他人苦，莫劝他人善"，对江秋莲来说，丧女之痛或许终生无法平复。红星新闻的报道，不仅仅是为了凸显江秋莲的坚持，更凸显了法律惩罚的重要性，避免更多的人承受无法治愈的伤害。

（三）以"展示反思"彰显制度或环境的改进

媒体报道有时很多时候会忽视犯罪人的角度，而犯罪人的反思恰恰可以体现法律制度的有效性，犯罪者的自述不仅仅是对案件的复盘和对自己所犯之错的忏悔，更体现了法律在打击犯罪方面的有效性。

案例 4-3-3：累计 9000 多万元，"小海鲜"有大猫腻！孙力军案细节曝光①

王立科，曾任辽宁省公安厅副厅长、大连市公安局局长，江苏省副省长、省公安厅厅长，江苏省委常委、省政法委书记，与孙力军收受财物达数亿元，2021 年 9 月被开除党籍和公职。在一次公务中，王立科认识了当时在公安部担任办公厅副主任的孙力军。在王立科眼中，孙力军岗位重要、上升空间很大，于是借各种机会拉近关系。

孙力军：他每年来北京四五次，每次都给我 30 万美金，放在一个小的海鲜盒里面。他每次来就说，我给你送点"小海鲜"，我就知道怎么回事了。

---

① 《累计 9000 多万元，"小海鲜"有大猫腻！孙力军案细节曝光》，"中国青年网"百家号，https://baijiahao.baidu.com/s? id = 1722065031635474331&wfr = spider&for = pc，最后访问日期：2022 年 7 月 10 日。

孙力军：我的权力变得更大了，犯了更严重的罪过。举个例子，我从来没有过闯红灯的历史，到了公安部之后，我认为闯红灯是很正常的。

孙力军：我一直在反思，我为什么犯了这么多错、走了这么远？我是做公安的，是公平和正义的维护者，没想到自己成了一个法治建设或者公平正义的破坏者。

"孙力军政治团伙案"是党的十八大后，严重违反党的政治纪律的典型。目前，对孙力军政治团伙案的调查还在进行中，中央已决定对司法部原部长傅政华等人立案审查、调查。上述报道是由中央纪委国家监委宣传部与中央广播电视总台联合摄制的五集电视专题片《零容忍》第一集《不负十四亿》的部分内容，片中曝光了公安部原副部长孙力军政治团伙案大量细节，也通过孙力军的自述展示了他的犯罪心理和历程。专题片披露的这些案情有很强的警示作用，呈现了我国对待腐败的鲜明立场，那就是零容忍。贪腐问题再隐蔽，花样玩得再多，也不可能天衣无缝。在反腐严字当头、始终坚持无禁区全覆盖的当下，变质干部迟早会落入法网。反腐大片让落马官员现身说法，也是要发挥惩前毖后、治病救人的功效。

二　时机：回应争议，发挥媒体的沟通功能

媒体作为传声筒，应当发挥上传下达的作用。传统媒体时代，媒体报道为单向传播，受众的意见很难及时有效地"上流"，这样的断层会使政策无法响应民声，反馈不及时诱发群众不满的现象频发。因此互联网时代媒体要积极主动地利用网络倾听民声民意，在多元主体的舆论场起到"润滑剂"的作用，及时进行舆情监测，将预警信息第一时间反馈给有关部门，大大降低了响应的时滞性，通过双向沟通达到正向引导舆论的效果。

（一）侦查阶段的报道：传递式报道

在案件侦查阶段，媒体报道要避免主观臆断，坚持以报道侦查机关的通报为主，避免对案件造成错误的引导。类似于报道中常见的"媒体重走现场""媒体实地探访"这样的行为以及报道（见图4-3-1），在案件侦办结束深入剖析犯罪心理以及原因的时候可以进行，但是在前期的侦查阶

段，这样的行为及报道会由于缺乏专业性而带有一定的导向性。

● 记者重走路线 事发路段光线差

记者在晚上实地体验的过程中发现，司机周某
连续转向驶入的这几条路，光线条件与导航规
划的路线相比，确实比较昏暗。

● 因信号灯和车辆少 附近居民多选该路出行

记者发现，事发地点距离司机周某的家仅有
600米左右的距离，距离车女士搬往的新居住
地，直线距离也仅有3公里。在对周某居住的小
区进行走访中，当地居民告诉记者，由于事发
的曲苑路红绿灯和车辆都比较少，当地居民出
行也大都会选择走这条路，但这条路夜间的照
明条件确实不是很好。

图 4-3-1　货拉拉事件记者重走路线报道

资料来源：《"货拉拉事件"最新细节：女孩曾询问偏航原因，司机称心情不好未回答》，
"新京报"微信公众号，https://mp.weixin.qq.com/s/SZNClXzoMtowtLnIHEvUqA？search_click_id
=&clicktime=1657854407&enterid=1657854407，最后访问日期：2022 年 7 月 15 日。

在货拉拉事件前期侦查阶段，很多记者为了回应公众对于"司机为什
么不按导航路线行驶"的疑问，专门前往出事路段，试图通过实地体验分
析犯罪嫌疑人的犯罪动机。光线差虽然是事实，但不意味着这会是司机选
择调整路线的原因，这样的分析在事实没有明晰之前具有很大的暗示性，
显然是不利于事实判断的。

（二）审判阶段的报道：解释性报道

在审判阶段，犯罪事实已经基本明晰，因此这个阶段的报道要在事实
性报道基础上，更多地聚焦解释性的内容，比如犯罪者的动机、量刑时候
的考量，以及公众在侦查阶段的疑问，这些内容都是需要报道者进行解释
的内容，从而让公众体会到案件侦破的公平、公正。

案例 4-3-4：生母回应姐弟被生父抛坠案两被告人上诉：现在只等二审判决①

2021 年 12 月 28 日，重庆市第五中级人民法院依法对被告人张波、叶诚尘故意杀人及刑事附带民事诉讼一案进行一审公开宣判，以故意杀人罪判处张波、叶诚尘死刑，剥夺政治权利终身；对刑事附带民事诉讼原告人陈某某的撤诉申请，依法裁定准许。

法院经审理后认为，被告人张波与被告人叶诚尘共谋，采取制造意外高坠方式，故意非法剥夺张波两名亲生未成年子女的生命，致二人死亡，张波、叶诚尘的行为均已构成故意杀人罪。公诉机关指控的犯罪事实和罪名成立。

在共同犯罪中，张波积极参与共谋，设计将女儿接到家中，直接实施杀害两名亲生子女的行为；叶诚尘积极追求二被害人死亡结果的发生，多次以自己和家人不能接受张波有小孩为由，催促张波杀死两名小孩，并在张波犹豫不决的情况下，逼迫张波实施杀人行为，最终促使张波直接实施故意杀人犯罪行为，与张波在共同犯罪中的地位、作用相当。

法院认为，二被告人的行为突破了法律底线、道德底线、人伦底线，作案动机特别卑劣，主观恶性极深，作案手段特别残忍，犯罪情节、后果和罪行极其严重，社会影响极其恶劣，依法应当严惩。

《南方都市报》的这则报道对于法院一审判处被告人死刑的结果进行了详细的说明，并且披露了犯罪者当庭口头表示认罪，但并未真正认罪、悔罪，庭审中叶诚尘拒不供述主要犯罪事实的细节，这也是没有减轻刑罚的原因。此外，在报道中还采访了律师，讨论了如果上诉二审维持原判的可能性，并且进行了详细的说明。法院也对故意杀人罪的判处进行了说明，及时回应了舆论的关注。

三　信源：冲突角色与平衡性

采访核心信源，并以多个信源交叉印证，这是新闻报道的基本操作规

---

① 马铭隆：《生母回应姐弟被生父抛坠案两被告人上诉：现在只等二审判决》，腾讯网，ht-tps://xw.qq.com/cmsid/20220127A03VVJ00，最后访问日期：2022 年 7 月 10 日。

范。然而在刑事案件报道中，以单一信源构成的报道很多见，这与客观方面的媒体采访难度和主观方面的媒体采访意愿密切相关。在刑事法治报道中，犯罪嫌疑人一旦被捕，其信源是很难获得的，但这并不表明信源的缺失，因为要犯罪嫌疑人对作案过程进行说明，这并非媒体的职责所在，新闻媒体也不具备专业能力来甄别其中信息的真伪，这和民事、行政、经济法治新闻是根本不同的。因此，刑事法治报道的信源应该主要是权威信源和专业信源。

（一）权威信源为主

权威信源是报道中关键数据、重要事实的支撑，应该贯穿案件侦查及后期评审的全过程，权威信源的运用对于媒体和信源本身都至关重要。对于媒体而言，在报道中提供权威信源既是新闻客观性本身所需，也是培养受众重视权威信源的阅读习惯的方式。

案例 4-3-5：昆明警方发布李心草案进展：成立专案组一查到底①

9 月 9 日凌晨 2 时 4 分许，昆明市公安局指挥中心接报警称，有人跳入盘龙江。市公安局、盘龙分局两级指挥中心随即指令两辆巡逻车、鼓楼派出所民警出警，并通知盘龙江沿线的 20 个派出所和市消防支队展开搜救。11 日在发现李某草遗体后，盘龙公安机关对该警情开展调查。9 月 16 日，死者李某草表姐陈某到公安机关反映称，李某草在落水前遭猥亵，鼓楼派出所立案调查。

10 月 10 日，李某草的母亲向公安机关提出书面尸体解剖申请。10 月 13 日，昆明医科大学司法鉴定中心应李某草母亲委托，对李某草尸体进行解剖；云南公安司法鉴定中心和昆明医科大学司法鉴定中心对检材分别进行检验鉴定。

10 月 14 日，昆明市公安局综合现场勘查、走访调查、视频分析、物证检验等工作情况，对盘龙分局负责的李某草死亡事件，提级成立由市公安局分管副局长任组长的专案组，对李某草的死亡立案侦查；市级检察机关同步介入监督。

---

① 《昆明警方发布李心草案进展：成立专案组一查到底》，搜狐网，https：//www.sohu.com/a/347042148_100252837，最后访问日期：2022 年 7 月 10 日。

市公安局督察支队牵头成立工作组对专案工作进行督察，对盘龙分局前期工作展开倒查。

"李心草案"报道的特殊之处在于，该案的权威信源出现了"信源污染"的情形：在前期调查取证过程中，昆明市纪检监察机关发现盘龙公安分局及分局指挥中心、刑侦大队、鼓楼派出所等部门在案件处置、执法办案工作中存在履职不到位、执法行为不规范等问题，这些问题被媒体报道后，引发了较大的舆情。李心草溺水而亡发生在2019年9月9日，罗秉乾正式被警方立案则已经是同年10月31日。在这一个多月里，李心草的家人怀疑基层派出所民警存在推诿现象，发布微博，新闻媒体介入，才推进了案件调查的进展。上述报道的跟进迅速对侦查机关权威信源的"置换"进行了报道，重新恢复了人们对于权威信源的信任。

（二）当事人信源的平衡和选择

刑事案件中的当事人包括受害者、目击者以及犯罪者，刑事法治报道中有时会存在信源缺位的问题，这样的缺位主要有主观和客观双重原因。从新闻媒体的客观角度来看，受害者或者目击者在舆论的压力下，有时会选择回避镜头，有时又试图主动提供信息，希望案件快速侦破和审判。而犯罪嫌疑人被正式拘留后，提供信息的可能性也较小。因此，刑事法治报道中的当事人信源，有可能偏重于受害者一方，也有可能双方信源都缺失。这就需要报道者予以平衡和选择。

案例4-3-6：南京女大学生遇害案一审宣判：隐秘的杀机[①]

7月7日女儿李倩月被害案将进行一审宣判，他和妻子可以在家乡的法院通过视频听审。

李胜拒绝了视频听审，7月9日是女儿遇害的忌日，他早就计划那天要到女儿被害地点——云南勐海县普洱茶公园去祭奠。5日早上5点多，他录了个短视频发在社交平台上，视频中，他戴着无框老花镜，眉头蹙着，嘴唇有点干，跟他发布的其余80条视频的诉求一样，他希望"要一

───────

[①] 《南京女大学生遇害案一审宣判：隐秘的杀机》，"新浪新闻"App，https://news.sina.cn/2022-07-07/detail-imizirav2309998.d.html，最后访问日期：2022年7月10日。

个公平、公正的结果"。

李倩月的父亲李胜今年 51 岁，一米七左右的个子，体形偏瘦。这起悲剧发生前，他只是宝应县西安丰镇粮管所一名普通员工，年轻时当过 3 年兵，退伍后回乡到粮管所，一干就是 20 多年，平时没多少交际，也不太善言辞，生活圈子就在宝应县城内的战友和亲戚内。但自从女儿被害后，他不得不面对媒体和镜头，持续接受采访，"十个问题里有七个都是回答过的"，但他还是要说。与面对陌生媒体和公众的恐惧相比，这位乡镇的粮管所员工更担心仅凭自己的力量无法替女儿讨回公道，"我们都是农村来的，法律上什么也不懂，只好求更多人帮忙"。

在"南京女大学生遇害案"中，受害者的父亲是一个不善言辞的人，但是为了要一个公平、公正的结果，他在社交平台发了 80 多条视频，表达自己的诉求，并且持续接受采访，就是要让更多的人关注案件，让事实真相尽快水落石出。

天都塌了07 👑
22-7-7 12:04 来自 新加关注
发布于 云南

全国的网友你好，我是南京遇害女大学生李倩月的父亲，今天我刚刚从西双版纳州中院出来，对于判决结果，我们基本是满意的，这个结果体现了法律的公平公正，我也相信这是全国人民的心声。
经过两年的煎熬，我觉得这个结果，就是给女儿一个最好的告慰，也是我们以后生活归于平静的源头
很感谢西双版纳勐海县警方，很感谢西双版纳州检察院，很感谢西双版纳州中院，很感谢全国人民给我的支持，也很感谢两位律师给我的支持，谢谢大家。
我马上要去勐海祭奠女儿，把这个消息告诉她，告慰她的在天之灵。

图 4-3-2　被害人父亲社交平台发表内容

资料来源：《南京女大学生遇害案一审宣判：隐秘的杀机》，"新浪新闻"App，https：//news. sina. cn/2022-07-07/detail-imizirav2309998. d. html，最后访问日期：2022 年 7 月 10 日。

除了当面对当事人一方进行采访之外，有的采访还聚焦当事人双方，这样可以保证信源的平衡，让公众通过双方的博弈自行判断，避免了报道的主观性。

江歌被害 300 天后，江歌母亲与案件亲历者刘暖曦（刘鑫）第一次见面，当事人双方面对面接受采访的情况是比较少见的，一边是江歌母亲对刘鑫的诘问，一边是刘暖曦（刘鑫）的辩解，这样直接的"博弈"，让公众可以在舆论道义的质疑下更多地倾听刘鑫的自辩，避免出现当事人双方在公开场合的"失声"情形。

犯罪嫌疑人能提供信源的情形少之又少，有时媒体能通过警方的审讯和被告人在庭审中的发言来获取信息。

案例 4-3-7："女孩坐滴滴顺风车遇害案"嫌犯被抓，嫌犯否认滴滴说法，谁在说谎?①

8 月 27 日，乐清市人民检察院对"女孩乘滴滴顺风车遇害案"犯罪嫌疑人钟元，以涉嫌抢劫罪、强奸罪、故意杀人罪依法批准逮捕。

犯罪嫌疑人钟某承认川 A31J0Z 车辆就是当时的作案车辆。但对于滴滴平台发布的道歉和声明当中提到"案发时车牌系钟某线下伪造"的这一说法，在记者采访时，滴滴方面未作出解释。

在乐清滴滴顺风车事件中，滴滴平台在发布的道歉和声明当中提到"案发时车牌系钟某线下伪造"。但是据犯罪嫌疑人供述，他从去年五六月份开始就一直在用案发时车牌跑滴滴顺风车，警方调取的监控也记录下案发当时川 A31J0Z 车辆在案发地附近出现。媒体通过警方的通报，可以获得犯罪嫌疑人的信息，保证了信源的多元性，增加了可信度。

当然，也有记者采访的当事人或者目击者正好是犯罪嫌疑人的情形，但犯罪嫌疑人提供的信息往往是虚假的信息，只能给报道增加一些饭后茶余的谈资而已，与报道本身质量的关联度并不大。

在"杭州杀妻案"中，嫌疑人许某某趁妻子来某某熟睡之际，将其杀死，分尸后将尸体分散抛弃。随后，许某某等人报警称，来某某失踪，并且在接受警方询问时显得格外冷静。这样的当事人最后反转为犯罪人的案件是很少有的，但是也应该引起媒体的警惕，在采访信源的时候保证多元性，这是最基本

---

① 《"女孩坐滴滴顺风车遇害案"嫌犯被抓，嫌犯否认滴滴说法，谁在说谎?》，"共青团中央"百家号，https://baijiahao.baidu.com/s? id = 1610019309132992925&wfr = spider&for = pc，最后访问日期：2022 年 7 月 10 日。

的职业准则。

（三） 热点案件中不同专业意见的平衡

在一些热点案件中，不仅会出现公众对部分法律案件解决结果不认同的现象，对于案件的专业意见有时也会出现矛盾和冲突，因此要注意，在报道中不能形成专家"一言堂"的情况，对于不同的专家意见要做到全面呈现。专业信源通过对案件的实体性或者程序性知识的解释，或者冲突意见的对抗，最终会更加具有说服力，推动问题得到解决。很多公共事件或涉及公共安全，或涉及案件侦破，或涉及当事人隐私和利益，有关调查部门会根据事件进展适时对外披露消息。因此在不同的侦查阶段，专业信源对于事实认定的看法可能会发生变化，但这样的变化不是天马行空的臆想，而是有理有据的客观判断。

案例 4-3-8：念斌案 8 年多次庭审 律师称公检法不愿认错致错判①

2014 年 8 月 22 日，中国社会广泛关注的念斌案由福建省高级人民法院作出终审判决，福建省高级人民法院撤销了福州市中级人民法院的有罪判决，判决上诉人念斌无罪。在历经 8 年 10 次开庭审判，遭遇了四次死刑立即执行的有罪判决之后，念斌投毒杀人一案最终因为控方证据不足而作出无罪的终审判决。控辩双方争议的一个焦点问题就是两名死者是否因为氟乙酸盐鼠药中毒而死亡。在本案漫长的办理过程中，一个重要的转机就是辩方律师邀请了多位专家加入辩护团队，对控方有关中毒过程相关证据的鉴定提出重要质疑，严重动摇了控方的证据基础，并最终导致念斌案的无罪判决。

过去的 8 年间，念斌的律师通过社交网络不断列出案件疑点，此案一直为公众所关注。本案之所以可以澄清关键事实，是因为本案多位专家的研讨、支持，通过对专家冲突意见的呈现，形成更加具有说服力的证明，推动案件事实的查明。

---

① 《念斌案 8 年多次庭审 律师称公检法不愿认错致错判》，中国新闻网，https：//www.chinanews.com.cn/fz/2014/08-23/6523365.shtml，最后访问日期：2022 年 7 月 10 日。

四　立场：单一标准与包容性

记者立场不能改变新闻事实本身，却可以在很大程度上改变受众对事实本质的看法和理解。记者在报道中应以案件事实的客观真实为最高追求，这在刑事法治报道中体现为尊重法律的基本立场，以法律标准对行为的判断为基本立场，以这种"单一"立场报道刑事法治新闻能够凸显这类新闻题材对底线行为的描述与判断。同时，也要避免立场的单一，尤其是在利益多元化的时代，对不同立场要秉持包容的态度，突破记者自身所持的刻板印象导致的偏颇观念。

（一）立足判决标准，尊重法律对行为边界的判断

媒体在审视自身存在的价值时，自然要考虑近似于道德性评价的"正义性肯定"，但更要紧的，是维护更具底线意味的法律，以法律判断为最后的标准判断。因为媒体存在的先决条件是宪法和法律赋予的权利空间，而非某一种工具和感情的宣泄地。"匡扶正义"可以作为媒体价值的高标准要求，却不能作为存在理由。媒体更要以法律为唯一标准，用法律视角来正确地引导公众。只有这样，报道才能既维护客观真实、尊重法律，又起到较好的法治宣传作用。

案例4-3-9：《亲爱的》原型寻亲成功，冲淡不了养父母法律责任｜快评[①]

对《亲爱的》原型孙海洋来说，12月6日是个特殊的日子，就在这一天，他和被拐14年的儿子孙卓相认。在认亲现场，孙海洋夫妇紧紧抱着"失而复得"的儿子痛哭不止，情绪一度失控。

对于涉嫌拐卖儿童的犯罪嫌疑人吴某某，无疑必须依法追究刑责，但对于是否应当处罚孙卓养父母，网上还有不同声音。有人认为，生恩不如养恩大，拐卖儿童是不法分子个人所为，养父母并非罪魁祸首。从情理上

---

① 柳宇霆：《〈亲爱的〉原型寻亲成功，冲淡不了养父母法律责任｜快评》，"新京报"百家号，https://baijiahao.baidu.com/s? id=1718473567078531324&wfr=spider&for=pc，最后访问日期：2022年7月10日。

讲，孙卓的养父母"养恩"的确不容忽视。孙卓也表示过，"从小到大，他的养父母还有两个姐姐都待他很好，有什么好吃的东西都先给他吃"，"不管怎么样，现在的父母养了他十几年，对目前的他来说，这些年的感情就是全部"。

但是，也要看清楚的是，孙卓养父母的这种"养恩"，是建立在不合法的收买儿童行为的基础上的，是建立在拆散他人骨肉亲情的基础上的。从法律上说，对孙卓养父母采取刑事强制措施也合乎规定。在严惩拐卖者的同时，理应追究收买方的法律责任，加大拐卖犯罪成本，切断犯罪链条，具体到追究刑责层面，也应把握好尺度。考虑到养父母一家善待孙卓，没有虐待行为，也未曾阻碍对其进行解救，不妨结合受害人一方意见，作出符合法律、契合民意的从轻处罚决定。

从申军良到郭刚堂，再到孙海洋，他们成功寻亲的背后，离不开"寻子联盟""宝贝回家"等民间力量，更是"买卖同罪"的立法改变、公安机关系列打拐行动等的侦查努力和审判机关的公正审判等的结果。"孙海洋案"以孙卓的认亲获得团圆的结局，但更多地引发了人们对于"买卖同罪"的讨论。在 2015 年 11 月 1 日之前，为了鼓励收买被拐卖儿童家庭配合解救等，刑法"网开一面"作出规定，"对被买儿童没有虐待行为，不阻碍对其进行解救的，可以不追究刑事责任"。但是，《刑法修正案（九）》生效后，上述从宽规定变成了"从轻处罚"。这就意味着，只要收买被拐卖儿童，就要入罪，而这也是为了遏制"买方市场"。媒体在对"孙海洋案"的报道中，有意识地进行这方面的引导，正是尊重法律对行为边界的判断。从上述报道的评论中，我们可以看到，公众通过媒体的报道，更多从法律的角度来评判养父母的责任，而不是简单的情感冲动，说明媒体起到了正确引导作用。

（二）立足包容与多元立场，突破冲突刻板印象

包容与多元理念要求在刑事法治报道中要秉持这一立场，要涵盖多方声音，摆脱"官—民""富人—穷人""施害者—受害者"等二元对立的框架。当前的刑事法治报道中，充斥着大量的"施害者—受害者"这一二元对立现象，有着很强的冲突性。冲突性有助于吸引眼球，但是这样的倾

向会放大二者的对立，长此以往，受众心中就会构建出"以强凌弱"的刻板印象，会出现舆论倒向弱者的情况，公众会陷入自己的"信息茧房"。

媒体在判决标准之外，可以淡化所谓的阶级冲突、贫富矛盾等问题，以"人"的立场关注案件本身，不是因为当事人的某个身份标签进行报道，而单纯只是用法治的视角进行报道。

案例 4-3-10：医生陶勇：受难与抵抗[①]

36 岁的崔某双眼高度近视，是视网膜脱落的高危人群，一年多前来到朝阳医院治疗一只眼睛的视网膜脱落。他先在眼科一位医生那里做了三次手术，但像许多高度近视的患者一样，畸形的眼部结构使视网膜反复脱落，患病的眼睛已近失明，他又找到陶勇。陶勇记得自己接手时，崔某的那只眼睛若不做手术将保不住眼球，但即使做完手术也不可能完全恢复视力。2019 年年底，陶勇忍着复发的腰伤，为崔某完成了两个小时的手术，将他的视网膜复位，令他恢复到数指视力的水平。

陶勇在术后告知他因病情严重，数指视力已是最好的结果，需定期复查。他当时没有异议，但之后找到朝阳医院的社工办投诉，认为手术不成功。社工办把他引到眼科的副主任医师杨硕那里检查，杨硕检查认为陶勇的手术没有问题，又将病情的利害告知崔某，他仍没有表露不满。此后，崔某再找陶勇复查，陶勇免费为他做了激光治疗，治疗的过程也很平静。但此次复查后，崔某再一次找到社工办索赔，当时没有得到确切说法。

2020 年 1 月 20 日下午，崔某带着菜刀来到了朝阳医院 7 层。崔某在诊室外坐了约一个小时，待帮助配诊的助手被派去帮患者拍片，看门的助手去卫生间时，他提刀冲进了诊室。陶勇正低着头全神给患儿做检查时，崔某的刀砍在了他的脖子和后脑处，陶勇被推进手术室，七个小时后才脱离危险。

近几年涉及医患关系的敏感报道值得关注，媒体应引导受众突破对医患关系固有的医患矛盾的刻板印象，合理塑造医生和患者的形象，把注意力放在对案件的关注上。对于医患纠纷导致的人身伤害，法治新闻报道的

---

① 刘畅：《医生陶勇：受难与抵抗》，新浪财经，http://finance.sina.com.cn/wm/2020-03-09/doc-iimxyqvz9150418.shtml，最后访问日期：2022 年 7 月 10 日。

视角应该始终是该行为的性质。对任何公民的人身伤害，都是文明社会法律所不允许的。

五　呈现：情境叙事与反思性

媒体对于刑事案件的报道呈现要把握尺度，聚焦事实描述、问题讨论和反思建议三大框架，事实描述避免"过细、过俗、过度"，同时促进体裁多样化，加大深度报道的采写力度，丰富文本内容，通过反思单一事件提高人们的法律素养，让人们知法、懂法、用法，从而构建良好的法治环境。

（一）事实描述避免过细、过俗、过度

当前媒体融合背景下，阅读量、点击量是媒体采编人员考核的重要指标，部分新闻采编人员为了片面追求点击量、吸引大众眼球，无视新闻事实，夸大其词，成为"标题党"，甚至出现虚假报道，严重影响法治报道的公信力，给公众和社会带来不良影响。因此，在法治新闻报道中，要精准把握报道内容的尺度，避免报道的随意性和片面性，将法治思维贯穿报道过程，确保报道内容的真实准确，营造良好的舆论氛围。

首先，要把握报道尺度，避免"过细"。犯罪方法呈现过细会增加"模仿犯罪"可能性。媒体对于犯罪事实的描写过细所造成的影响可能是潜移默化的。人们在看到这类新闻报道后也许不会立即模仿，但是如果个体长期受到这种暴力合理性的暗示并最终内化成自己合理的价值体系，很难保证其不会实施模仿行为。

其次，要把握新闻尺度，避免"过俗"。刑事报道中要注重以人为本，体现对人的关怀，不能一味追求事件本身的重大性、趣味性，忽视对人的尊重。犯罪嫌疑人在被判决有罪前不是"罪犯"，即便是在判决生效后其仍有自己的隐私权，新闻记者要注重保护犯罪嫌疑人的个人隐私，强化人文关怀。

最后，要把握监督尺度，避免"过度"。媒体为了吸引大众眼球，在对司法审判报道过程中超越司法程序进行媒介审判，超出司法监督的界限，常常会影响司法独立，致使司法审判不能依法进行，被告人不能受到

公正审判。受众对于受害者具有天然的"同情心理",对于犯罪行为人存在固有的刻板印象,使得犯罪行为人在报道中常常处于"失语"状态。媒介审判会导致社会舆论极端现象,不利于案件侦查和司法审判。

案例 4-3-11:警方通报 16 岁初中女生在校分娩,如何保护"少年的你"?①

5 月 24 日,记者从权威渠道获悉,5 月初,云南昭通一名正上初一的 16 岁女生小梦(化名)在学校宿舍内分娩,被宿管阿姨发现后,校方将其送至医院。目前,当地县公安局已受理家属的报警,案件正在调查当中。

小梦在一段视频中自述,她今年 16 岁,事发时就读在当地一中学初一,"这是一个很不幸也很丢人的事情,我被人强奸了。"

小梦说,5 月 4 日,她在学校宿舍内分娩时大出血,宿管阿姨听闻婴儿啼哭声后循声发现了她,并联系校长,将她紧急送往医院。

小梦指称,侵犯她的是隔壁村一同学的父亲蔡某某。据她说,2021 年 7 月,她就读小学六年级时,乘坐蔡某某的面包车去学校,途中蔡某某强行和她发生了关系,蔡某某事后威胁她不许向外人告知,"我也不敢向任何人说起,包括父母,后来他威胁我,前后共侵犯了我 3 次,后来我一直在学校,不敢回去。"

小梦在视频中说,她不知道自己会怀孕,直到肚子一天天大起来才明白怀孕了,"我不知道该怎么处理,不知道怎么办,又不敢给任何人说起,很害怕很无助。"

"16 岁初中女生在校分娩"本身是引起舆论广泛关注的敏感话题,大多数媒体在报道的时候都恪守了尊重当事人的原则,对当事人的个人隐私及犯罪情节的报道都以"儿童利益最大化"原则为前提,将法治新闻报道的议题泛化为"保护'少年的你'"。毕竟,对于当事人来说,未来还有漫长的人生道路要走。避免悲剧的再度发生,才应该是刑事法治报道通过情境叙事追求"法治进步性"的体现。

---

① 《警方通报 16 岁初中女生在校分娩,如何保护"少年的你"?》,"中国青年网"百家号,https://baijiahao.baidu.com/s?id=1733799780550191592&wfr=spider&for=pc,最后访问日期:2022 年 7 月 10 日。

（二）个案报道带来的反思性

法治新闻报道作为一种专业报道，不应该仅停留在对于个案“热度”的追求上，作为社会公器的新闻媒体选择某一些案件进行报道，其标准不只是其中的曲折情节和爱恨情仇，而是这些个案于法治建设和社会进步的典型意义。这在刑事法治报道中更为明显。但这种反思性如何通过新闻的具体呈现，能够承载新闻、传播知识，达成社会共识，还需要媒体在当下的融合传播语境下进行更多的探索。

比如腾讯新闻推出的固定栏目，通过新闻当事人分享自己的生活、故事，展示“后热点”时代的个体命运浮沉（见图 4-3-3、图 4-3-4）。案件虽然已经结束，但是对于当事人生活的关注、案件带给社会的启示，都不能止步于此。

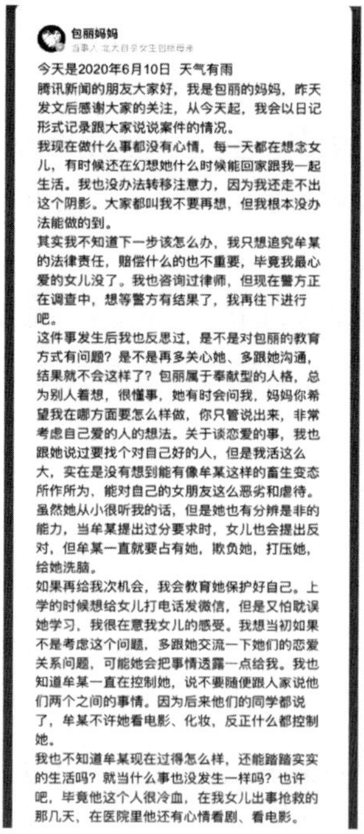
包丽妈妈

今天是2020年6月10日 天气有雨

腾讯新闻的朋友大家好，我是包丽的妈妈，昨天发文后感谢大家的关注，从今天起，我会以日记形式记录跟大家说说案件的情况。

我现在做什么事都没有心情，每一天都在想念女儿，有时候还在幻想她什么时候能回家跟我一起生活。我也没办法转移注意力，因为我还走不出这个阴影。大家都叫我不要再想，但我根本没办法能做的到。

其实我不知道下一步该怎么办，我只想追究牟某的法律责任，赔偿什么的也不重要，毕竟我最心爱的女儿没了。我也咨询过律师，但现在警方正在调查中，想等警方有结果了，我再往下进行吧。

这件事发生后我也反思过，是不是对包丽的教育方式有问题？是不是再多关心她、多跟她沟通，结果就不会这样了？包丽属于奉献型的人格，总为别人着想，很懂事，她有时会问我，妈妈你希望我在哪方面要怎么样做，你只管说出来，非常考虑自己爱的人的想法。关于谈恋爱的事，我也跟她说过要找个对自己好的人，但是我活这么大，实在是没有想到能有像牟某这样的畜生变态所作所为，能对自己的女朋友这么恶劣和虐待。虽然她从小很听我的话，但是她也有分辨是非的能力，当牟某提出过分要求时，女儿也会提出反对，但牟某一直就要占有她，欺负她，打压她，给她洗脑。

如果再给我次机会，我会教育她保护好自己。上学的时候想给女儿打电话发微信，但是又怕耽误她学习，我很在意我女儿的感受。我想当初如果不是考虑这个问题，多跟她交流一下她们的恋爱关系问题，可能她会把事情透露一点给我。我也知道牟某一直在控制她，说不要随便跟人家说他们两个之间的事情。因为后来他们的同学都说了，牟某不许她看电影、化妆，反正什么都控制她。

我也不知道牟某现在过得怎么样，还能踏踏实实的生活吗？就当什么事也没发生一样吗？也许吧，毕竟他这个人很冷血，在我女儿出事抢救的那几天，在医院里他还有心情看剧、看电影。

图 4-3-3　腾讯新闻：北大自杀女生包丽之母：我也反思过女儿的教育 | 当事人@你

资料来源：《北大自杀女生包丽之母：我也反思过女儿的教育 | 当事人@你》，“腾讯新闻”微信公众号，https：//mp. weixin. qq. com/s/s7_TLXssOTYQJv6QzoRRCA，最后访问日期：2022 年 7 月 15 日。

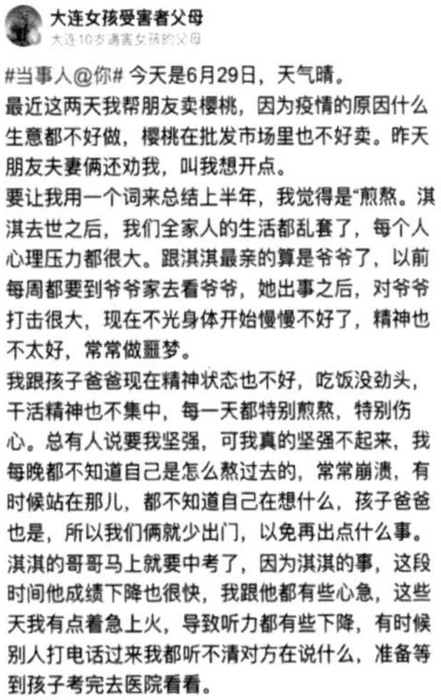

大连女孩受害者父母
大连10岁遇害女孩的父母

#当事人@你# 今天是6月29日，天气晴。
最近这两天我帮朋友卖樱桃，因为疫情的原因什么生意都不好做，樱桃在批发市场里也不好卖。昨天朋友夫妻俩还劝我，叫我想开点。
要让我用一个词来总结上半年，我觉得是"煎熬。淇淇去世之后，我们全家人的生活都乱套了，每个人心理压力都很大。跟淇淇最亲的算是爷爷了，以前每周都要到爷爷家去看爷爷，她出事之后，对爷爷打击很大，现在不光身体开始慢慢不好了，精神也不太好，常常做噩梦。
我跟孩子爸爸现在精神状态也不好，吃饭没劲头，干活精神也不集中，每一天都特别煎熬，特别伤心。总有人说要我坚强，可我真的坚强不起来，我每晚都不知道自己是怎么熬过去的，常常崩溃，有时候站在那儿，都不知道自己在想什么，孩子爸爸也是，所以我们俩就少出门，以免再出点什么事。
淇淇的哥哥马上就要中考了，因为淇淇的事，这段时间他成绩下降也很快，我跟他都有些心急，这些天我有点着急上火，导致听力都有些下降，有时候别人打电话过来我都听不清对方在说什么，准备等到孩子考完去医院看看。

图 4-3-4　腾讯新闻：大连 10 岁女童被杀案受害者之母：上半年关键词“煎熬”丨当事人@你

资料来源：《大连 10 岁女童被杀案受害者之母：上半年关键词“煎熬”丨当事人@你》，“腾讯新闻”微信公众号，https://mp.weixin.qq.com/s/CGM3XkQEcLACtFYxPP92NA，最后访问日期：2022 年 7 月 15 日。

腾讯新闻通过口述报道形式，通过当事人第一人称的叙述，反思案件发生的原因，更能够引起共鸣，引起社会对案件背后涉及的社会问题的重视，在个体问题之外，这更是亟待解决的社会普遍问题。口述新闻反映了人的活动、人的经历及人的感受，可以让报道的内涵更加丰富，加上当事人的直接参与，增强了报道的真实性。

媒体在进行法治报道的时候，既要具有法治品格，以事实为依据，正确言说法理，又要重视题材的多样性，注重法治新闻的创新叙事手法，不能是冷冰冰的陈述，可以将情景融入客观的叙事，只有通情达理，以人为本，坚持尊重人格尊严的叙事基础，让公共效益和社会效益实现统一，才能让法治新闻的叙述有温度。

本节从报道角度、时机、信源、立场和呈现五个角度分析了刑事法治事件的报道手法，报道手法一定要根据具体选题自身具有的特点进行设计。媒体的工作是“记录”而不是“评论”。法的价值具体到记者的报道工作中，就是要记者保护人权、维护司法公正、维护法律面前人人平等，注重报道的多元角度以及舆论引导的作用，在合适的时机回应社会争议，发挥媒体的桥梁作用，保障信源的平衡性，在呈现上注重法治新闻的创新叙事手法，实现公共效益和社会效益的统一。只有做到以上几点，才能保证报道的公平、准确，让报道真正走近受众。

　　本章通过对刑事法治报道的概念、选题以及手法的梳理，在对本书所称的刑事法治新闻报道进行内涵描述和外延整理的基础上，分别阐释刑事法治报道的选题原则如何凸显公共利益的重大性、底线思维的尺度性、惩恶扬善的宣泄性，以及这些原则如何具体地被体现在报道手法的角度、时机、信源、立场、呈现等方面。总的来说，刑事法治报道是主要以刑事法律和刑事案件为对象进行报道的法治新闻。它针对刑事立法动向、刑事案件、诉讼程序的相关客观事实展开报道，更立足于刑事司法改革，回应社会对重大、恶性案件的关切。刑事法治新闻报道要根据案件本身的特征进行选题，有相应的侧重点，同时也要把握尺度，在具体报道中突出选题价值和媒体责任。报道只有以维护公共利益和社会安定为最终目的，发挥教育警示功能，才能维护自身公信力，彰显媒体价值。

第五章 行政法治报道

CHAPTER 5

行政法治报道是指新闻媒体对行政立法、行政法律案件，以及行政行为和内部监督行为的新闻报道。本章将从行政法治报道的概念及分类、选题及手法三方面进行阐述。第一节详细介绍了行政法治报道的定义和分类，以行政法律的视角做新闻，明确了行政法治的内涵，并依据行政立法、行政法律案件丰富了行政法治的外延。行政的"内部运行体系"描述了行政立法、行政法律案件两种外延，并且根据行政法律关注的"行政行为和行政内部监督行为"，扩展了以行政法律视角进行的舆论监督报道以外的外延类型。第二节从行政法治报道的选题展开，从新闻报道的角度来看，不是所有涉及行政法律的事件都值得报道。从新闻价值出发，行政法治报道的选题应当具有舆论监督的实践性、上下通达的沟通性、机关形象的建构性三个特征。第三节重点介绍行政法治报道的手法。在报道手法上，行政法治报道从角度、时机、信源、立场、呈现五个方面分别呈现探究性、解释性、倾向性、调和性、行动性的特征。事实上，由于行政法治报道是对行政机关行使职权的报道，除了少数行政立法报道，大量报道都集中在行政法律案件上，并且对公民个体与行政机关之间的争议尤为关注，也就是俗称的"民告官"和"官告民"新闻报道，这类报道往往引起舆论的关注，具有很强的"话题性"。

第一节　行政法治报道的概念及分类

行政法治报道是围绕国家行政机关行使行政职责和行政监督职责的过程，以行政法律视角进行的新闻报道。在前人的研究中，对于包括行政机关在内的国家机关、机构和相关组织的报道通常被归为舆论监督类的新闻报道。这个概念偏重于批评性，事实上，围绕行政机关履行行政职责的过程，行政法治报道既包括对行政机关和行政相对人的争议和纠纷的报道，也应该包括行政机关履行行政职责时一些具有时新性、重要性、接近性等新闻价值的正面报道。基于此，本节将对本书所称的行政法治报道进行概念的界定，这也是第一次对行政法治报道的概念进行学术性论述。

一　行政法治报道的内涵

行政法治报道的内涵从"能指"的方面对什么是行政法治报道进行了描述，主要根据行政法和行政法律关系的基本内容来对报道范围进行界定，并与舆论监督报道这个既存的概念进行比较，突出本书所称的"法治的视角做新闻"这一对法治新闻的界定在行政法治领域的具体体现。

（一）作为新闻题材的行政法与行政法律关系

行政法是一个独立的法律部门，是调整行政关系及国家行政人员行使职权中发生的其他社会关系的法律规范的总称。[①] 行政法调整的对象是行政关系，就是行政关系各方当事人之间的权力义务关系。

行政法律关系，是行政关系经行政法规范调整后形成的行政法上的权

---

① 应松年主编《行政法学新论》，中国方正出版社，2004，第55～59页。

利义务关系。① 它以行政法律为基石，是受行政法调整或约束的一种社会关系。行政法律关系的主体，即行政法律关系的当事人，是在具体的行政法律关系中享有或者行使权利（力）和承担义务的双方或多方当事人。行政法律关系主体通常包括行政主体、行政相对人、行政第三人。这种关系既应包括在行政活动过程中所形成的行政主体与行政相对人之间的行政法上的权利义务关系，也应包括行政活动产生或引发的救济或监督关系。行政法律关系的客体，则是指行政法律关系各主体的权利、义务所指向的对象。②

　　行政法律关系被反映在具有新闻价值的事件中时，就有可能成为行政法治报道的对象。尽管行政法治新闻不会像民事法治新闻那样，能够对事件进行法律视角下的解读，但行政机关行使职责的过程实际上也与整个社会运作的大小事务紧密相关，因此，行政法治新闻有的时候也表现出和民事法治新闻一样的接近性。

　　来看这则"法治日报"微信公众号在 2018 年 9 月 3 日的报道：

案例 5-1-1：高铁"霸座男"入黑名单，已被限制乘坐所有火车席别③

　　8 月 21 日，一段"女乘客在 G334 次列车上遇座霸"视频热传，在济南开往北京的高铁上，一名男子在女乘客上车前，先坐在了属于女乘客的座位上，并拒绝与乘务人员沟通，称"无法起身，不能归还座位"。

　　8 月 24 日，针对社会关注的乘客"霸座"事件，济南铁路公安处、济南铁路局集团公司客运处相关负责人接受媒体采访时称，事件发生后，铁路公安部门随即对事件进行调查、取证。目前，调查取证完结，济南铁路公安处依据治安管理处罚法第二十三条一款三项之规定，给予孙某治安罚款 200 元的处罚。

　　铁路客运部门依据《关于在一定期限内适当限制特定严重失信人乘坐

---

①　徐静琳主编《行政法与行政诉讼法学》，上海大学出版社，2013，第 41 页。
②　《行政法与行政诉讼法学》编写组：《行政法与行政诉讼法学》（第二版），高等教育出版社，2018，第 24 页。
③　韩玉婷等：《高铁"霸座男"入黑名单，已被限制乘坐所有火车席别》，"法治日报"微信公众号，https://mp.weixin.qq.com/s/1ojZAz_dI1lPJuqd5e3RzQ，最后访问日期：2022年 7 月 8 日。

火车推动社会信用体系建设的意见》《关于限制铁路旅客运输领域严重失信人购买车票的管理办法》的规定，在铁路征信体系中记录该旅客信息，并在一定期限内限制其购票乘坐火车。

在这则案例中，济南铁路公安处作为公安系统的重要部门之一，对"霸座男"孙某依法进行处理，是本案中享有权利、承担义务的当事人，也就是行政主体，孙某则是行政相对人。这是行政法律关系在新闻报道中最直观的呈现。

此外，行政法治报道也会因为报道全局性的立法政策和国家机关的重大行政举措而具有重要的新闻价值。比如在立法的报道上，紧跟与改革开放步伐，记录了我国行政立法从起步阶段（1978~1986年）、发展阶段（1987~1996年）、体系形成阶段（1997~2011年）到完善深化阶段（2012年至今）40多年的行政立法进程。在重大行政举措报道中，行政法治报道承担着上情下达的沟通功能，成了连接百姓与政府通知决议的桥梁。例如在2022年夏天我国防疫政策调整中，国家工信部发布通知称"即日起取消通信行程码星号标记"，每日经济新闻等媒体迅速转发并分析该举措将带来"健康码重要性更加凸显""文旅、物流等行业恢复"等多项变化。报道有利于公众及时调整出行计划，同时提醒广大民众对于疫情不能掉以轻心。

案例 5-1-2：工信部：取消通信行程卡"星号"标记①

6月29日，国家工业和信息化部官方网站通知，为坚决落实党中央、国务院关于"外防输入、内防反弹"总策略和"动态清零"总方针，支撑高效统筹疫情防控和经济社会发展，方便广大用户出行，即日起取消通信行程卡"星号"标记。

事实上，行政关系的内容本身也比较丰富，既包括行政组织的职权和其行使职权的过程中产生的法律关系，也包括行政组织内部的行政监督关

---

① 《工信部：取消通信行程卡"星号"标记》，"每日经济新闻"百家号，https://baijia-hao.baidu.com/s? id=1736981654892634464&wfr=spider&for=pc，最后访问日期：2022年7月8日。

系，对于这些关系运行中具有新闻价值的事实，都可以进行报道。同时，由于行政机关在行使职权过程中，常常与行政相对人，也就是普通的公民和其他社会组织产生权利义务关系，因此在这个过程中如果产生了争议甚至发生了诉讼，就可能成为人们常说的"民告官"或"官告民"的新闻题材，比如在法治新闻报道的历史中屡屡被提及的"包郑照案"① 的报道。由于这种题材具有较大的新闻价值，也容易引发社会的广泛关注，因此这类行政法治报道往往具有明显的舆论监督功能，是媒体监督行政机关履行责和进行舆论引导的重要报道领域。

（二）行政法治报道与舆论监督报道

上文提到，行政争议和纠纷常常成为新闻报道的题材，这类被称为"民告官""官告民"的事件，由于加入了新闻媒体的观察和传播，往往被视为新闻媒体行使舆论监督权的重要方式。因此有研究者称其为"舆论监督报道"，即人民群众通过新闻传播工具对党和国家各级机关及其工作人员进行监督（批评、赞扬或提出建议），包括对其决策和行为的监督。②

新中国"舆论监督"的开局可以追溯至《人民日报》1950 年 8 月 30 日刊登的由毛泽东亲自改定的新中国成立后第一个关于人民监察和舆论监督的文件，题为《中共中央关于在报纸刊物上展开批评与自我批评的决定》："必要时组织读者集体力量，实行群众舆论监督，以达到批评的目的。"③ 此后 1997 年召开的党的十五大进一步明确了建立和完善舆论监督机制的重要性和紧迫性，在其通过的政治报告中强调："要深化改革，完善监督法制，建立健全依法行使权力的制约机制。坚持公平、公正、公开的原则，直接涉及群众切身利益的部门要实行公开办事制度。把党内监督、法律监督、群众监督结合起来，发挥舆论监督作用。"④ 党的十六大报

---

① 1985 年包郑照案被称为"官告民第一案"，农民包郑照状告苍南县政府。
② 张洋：《感受舆论监督的力量和价值》，《新闻战线》2020 年第 2 期。
③ 童兵：《构建舆论监督的法律体系——兼议依法治国和舆论监督的改革》，《新闻爱好者》2015 年第 2 期。
④ 江泽民：《高举邓小平理论伟大旗帜，把建设有中国特色社会主义事业全面推向二十一世纪》，中国政府网，https://www.gov.cn/test/2008-07/11/content_1042080.htm，最后访问日期：2022 年 7 月 8 日。

告继续强调："加强组织监督和民主监督，发挥舆论监督的作用。"① 党的十七大报告指出："落实党内监督条例，加强民主监督，发挥好舆论监督作用，增强监督合力和实效。"② 党的十八大报告再次强调："加强党内监督、民主监督、法律监督、舆论监督，让人民监督权力，让权力在阳光下运行。"③ 党的二十大报告再次提出，意识形态工作是为国家立心、为民族立魂的工作。加强全媒体传播体系建设，塑造主流舆论新格局。④ 一系列改革举措让媒体更加重视发挥舆论监督功能，特别体现在针对行政行为形成的批评性报道上。这种批评性报道大多针对行政部门的工作行为和工作作风展开，新闻界逐渐形成了一系列主流媒体对行政机关进行舆论监督的报道形态。

在民主社会，民众监督、批评政府与官员最重要的渠道就是传播者提供的新闻媒介。⑤ 进入互联网时代以来，舆论监督尤其是网络舆论监督便成了新闻媒体帮助公众了解政府事务、问政，并促使政府在法治轨道上行稳致远的利器，是社会主义民主政治的重要内容。

从对舆论监督报道的相关研究来看，有人认为"舆论监督的最高形式就是人民利用报刊批评政府及其官员"⑥；有人认为"新闻媒体通过新闻报道对国家行政机关及其工作人员行政行为进行批评、建议，以引起公众的广泛关注，实现对行政工作人员的监察和督促。其中，舆论监督主体是新闻媒体，监督对象是国家行政机关及其公职人员，监督方式既包括揭露、

① 江泽民：《高举邓小平理论伟大旗帜，把建设有中国特色社会主义事业全面推向二十一世纪》，中国政府网，https://www.gov.cn/test/2008-07/11/content_1042080.htm，最后访问日期：2022年7月8日。
② 胡锦涛：《高举中国特色社会主义伟大旗帜 为夺取全面建设小康社会新胜利而奋斗——在中国共产党第十七次全国代表大会上的报告》，新浪网，http://news.sina.com.cn/c/2007-10-24/205814157376.shtml，最后访问日期：2022年7月8日。
③ 胡锦涛：《坚定不移沿着中国特色社会主义道路前进 为全面建成小康社会而奋斗——在中国共产党第十八次全国代表大会上的报告》，360文库，https://wenku.so.com/d/7a2772545fedf50751278f252f653663，最后访问日期：2022年7月8日。
④ 习近平：《高举中国特色社会主义伟大旗帜 为全面建设社会主义现代化国家而团结奋斗——在中国共产党第二十次全国代表大会上的报告》，中国政府网，http://www.gov.cn/xinwen/2022-10/25/content_5721685.htm，最后访问日期：2022年11月6日。
⑤ 童兵：《理论新闻传播学导论》（第二版），中国人民大学出版社，2011，第28页。
⑥ 孙旭培：《舆论监督的回顾与探讨》，《炎黄春秋》2003年第3期。

曝光和批评，又包括建议、表扬和赞赏"[1]；有人认为，舆论监督是公民通过新闻媒介对国家机关、国家机关工作人员和公共利益有关的事务的批评、建议，是公民言论自由权利的体现，是公民参政议政的一种形式。[2]

总体来看，上述定义都把舆论监督报道描述为一种媒体行使监督职责过程中对国家机关及其工作人员的批评性报道。本书所讲述的行政法治报道中固然包括这一种报道方式，但也包括对行政权力运行过程的正面报道，比如对行政改革的创新举措、重要政策的出台的报道；还包括对行政法律法规的制定、颁行等的立法报道；等等。也就是说，行政法治报道的是行政机关履行职责的整个过程中具有新闻价值的事实，其外延远远大于舆论监督报道。

概括来说，本书从法治的角度出发，认为以行政法治的视角对这些争议进行报道，只构成了行政法治报道的一部分。行政法治报道应从专业的法律角度来报道具有新闻价值的有关行政作为或不作为的事件，这样一方面有助于行政机关本身的形象建构，另一方面能从舆论监督的向度帮助行政机关正确对待某些争议和冲突。同时，这种报道所搭建的桥梁能够促进社会的相互理解。

（三）行政法治视角下的新闻报道

行政法治新闻是从行政法律视角，围绕行政职责行使和行政监督的过程中行政机关与行政相对人的关系进行的新闻报道。报道目的除了对行政机关及其工作人员进行监督以外，还在于处理行政机关与公民、社会团体和组织之间的争议，促进冲突的解决，发挥主流媒体的舆论引导作用。

例如这篇《桂林晚报》对全州县卫生健康局不当处理信访事项的报道：

案例 5-1-3：关于全州县卫生健康局不当处理信访事项情况通报[3]

7 月 5 日，全州县卫生健康局不当处理信访事项引发社会关注。事情发生后，桂林市委市政府高度重视，派出由市纪委、市委组织部等相关部

①　陈力丹：《论我国舆论监督的性质和存在的问题》，《郑州大学学报》（哲学社会科学版）2003 年第 4 期。

②　王强华、魏永征主编《舆论监督与新闻纠纷》，复旦大学出版社，2000，第 27 页。

③　《关于全州县卫生健康局不当处理信访事项情况通报》，"桂林晚报"微信公众号，ht-tps：//mp. weixin. qq. com/s/UB-ZczCg6624ecHgd44bwQ，最后访问日期：2022 年 7 月 8 日。

门组成的联合工作组到全州县进行调查。根据初步调查情况，责成全州县对漠视群众诉求、行政不作为的县卫健局局长和分管副局长等相关人员停职检查。工作组将深入调查了解有关情况，切实维护信访人合法权益。

桂林市人民政府新闻办公室
2022 年 7 月 5 日

这则报道及时回应了公众热议，展现了政府工作人员日常的行政行为。同时也希望通过报道对相关部门进行公开监督，促使事件早日解决，给上访群众一个交代。

除了对一般的行政行为和行政监督行为进行报道，展现相关主体间的行政法律关系以外，行政法治报道还关注行政法律的制定及实施过程，如对行政立法重要节点的报道，以及对行政案件的报道。这是依法治国在行政法律领域的体现。行政法治报道是我国新闻改革进程的体现，其在选题及手法上均有着特殊的要求。

案例 5-1-4：嘀嘀嘀嘀嘀嘀……QQ 提示音成商标了！①

"这是一个有声音的热搜，一个有声音的新闻。"

这两天，QQ 提示音"嘀嘀嘀嘀嘀嘀"可以注册声音商标的新闻登上热搜，这个陪伴无数人网络聊天的 QQ 提示音，引发了网友们的集体回忆，也让很多人脑洞大开：

QQ 验证消息的咳嗽声有注册声音商标吗？英特尔的"灯，等灯等灯"呢？Windows 开机声音呢？诺基亚手机的开机声音呢？"hello！酷狗"呢……到底什么样的声音可以注册商标？

近日，北京市高级人民法院终审判决，认定腾讯公司申请的"嘀嘀嘀嘀嘀嘀"声音商标具有显著性，准予注册。这也是我国商标法领域首例声音商标案件。

尽管尘埃落定，但回顾整个过程，"嘀嘀嘀嘀嘀嘀"申请声音商标之路却是一波三折。

QQ 在 1999 年 2 月诞生，作为新消息的提示音，"嘀嘀嘀嘀嘀嘀"一

---

① 姚露：《嘀嘀嘀嘀嘀嘀……QQ 提示音成商标了！》，"中国新闻网"微信公众号，https：//mp. weixin. qq. com/s/CCxLU6oX-qBDGJnBXi5lEg，最后访问日期：2022 年 7 月 8 日。

直陪伴着每一个用户。

到 2013 年，《商标法》进行修改，声音可以申请注册商标，新法在 2014 年 5 月 1 日正式实施。在 2014 年 5 月 4 日，新《商标法》施行的第一个工作日，腾讯就向当时的国家工商行政管理总局商标局提出"嘀嘀嘀嘀嘀嘀"（声音商标）商标的注册申请。

2015 年 8 月 11 日，商标局以"申请商标由简单、普通的音调或旋律组成，在指定使用项目上缺乏显著性"为由驳回申请。随后，腾讯向商标评审委员会提出复审申请，但商标评审委员会以"难以起到区分服务来源的作用"为由，驳回注册申请。

于是，腾讯向北京知识产权法院提起行政诉讼，最终得到支持。不过，商标评审委员会向北京市高级人民法院提出上诉，理由是：

申请商标"嘀"音组成的声音常见于包含电子组件的相关产品的报警音或提示音等情况，"嘀"音较为常见，缺乏商标应有的显著性，难以起到区分服务来源的作用。

二审中，北京市高级人民法院认定，"嘀嘀嘀嘀嘀嘀"声音通过在 QQ 上的长期持续使用，具备了识别服务来源的作用，并认同一审法院认定申请商标在与 QQ 相关的服务上具备了商标注册所需的显著特征。

自此，成为无数人记忆的"嘀嘀嘀嘀嘀嘀"，可以注册声音商标了。

中国新闻网这则报道中，腾讯 QQ 提示音申请声音商标之路可谓一波三折。2013 年修正的《商标法》首次将声音纳入可注册的商标范围，2014 年 5 月 4 日，新《商标法》施行的第一个工作日，腾讯就向当时的国家工商行政管理总局商标局提出了"嘀嘀嘀嘀嘀嘀"声音的商标注册申请。但商标总局两次驳回申请，腾讯公司在两次提请复议仍然未获批准之后，向北京知识产权法院提起了行政诉讼。中国新闻网这则报道既梳理了作为行政机关的国家工商行政管理总局和行政相对人腾讯公司之间行政复议和行政诉讼的全过程，对双方的争议焦点进行了讨论和分析；又就我国《商标法》关于声音商标的申请注册标准和流程进行了知识普及。经过 4 年的司法程序，腾讯胜诉。北京高院的终审结果意味着"嘀嘀嘀嘀嘀嘀"成为中国第一个通过行政诉讼得以注册成功的声音商标。

综上所述，本书认为行政法治报道的内涵是，新闻媒体对行政立法、行政法律案件，以及行政行为和内部监督行为的新闻报道。因为行政法治报道关注的主要是行政机关和行政相对人之间的权利义务关系，法治新闻报道和舆论监督报道的双重属性非常显著，因此需要立足于行政改革和法治进步的立场进行报道。

二　行政法治报道的分类

根据上述对于行政法治报道内涵的描述，可以具体将行政法治报道分为三个类型：一是行政立法报道，对重要的行政法律法规的制定、修正等事件进行及时的报道和解释；二是行政纠纷报道，主要是对行政机关和行政相对人之间进入相关程序的争议的报道；三是对日常行政行为中具有新闻价值的事实的报道。

（一）行政立法报道

1978 年党的十一届三中全会提出了健全社会主义法制的要求，行政法开始逐步复兴。改革开放以来，我国的行政法治建设随着时代发展而不断进步，至今已经经过了 40 多年。如今，具有中国特色的行政法学理论体系初步形成，一套较为有效的行政法律制度初步实现了对行政权的规范，依法行政的观念逐渐深入人心。回溯行政立法的重要节点，新闻媒体的报道始终伴随左右，生动记录着这 40 多年来的法治进程。

1979 年，《人民日报》刊登了刘海年教授的《健全与严格执行行政法》一文，这是改革开放以来第一次刊登有关行政法的文章。① 也正是在这个时期，我国的行政立法开始进入起步阶段（1978~1986 年）。

案例 5-1-5：行政立法研究组在京成立②

本报讯　10 月 4 日，部分政法院校、法学研究部门、政法工作部门有关同志，在北京人民大会堂召开会议，成立行政立法研究组。

这个研究组的任务是通过广泛的调查研究，把研究工作与我国行政管理实践、行政立法实践和司法实践紧密结合起来，对我国行政立法应该包含的

① 马怀德、孔祥稳：《中国行政法治四十年：成就、经验与展望》，《法学》2018 年第 9 期。
② 应松年：《行政立法研究组在京成立》，《人民日报》1986 年 10 月 4 日，第 4 版。

大致内容提出一个框架，供立法机关正式起草行政法和行政诉讼法时参考。

　　1986 年 10 月，行政立法研究组在京成立，《人民日报》第 4 版对此进行了报道，报道明确表明了研究组成立的目的，即专注行政立法的相关研究，为日后起草行政法和行政诉讼法奠基。

　　1987 年 8 月，行政立法研究组完成了《行政诉讼法（试拟稿）》。法工委在此基础上开始正式起草工作，广泛征求意见，还在《人民日报》上全文公布草案，[①] 行政立法开始进入快速发展阶段。1989 年 4 月第七届全国人民代表大会第二次会议通过了《行政诉讼法》、1994 年通过了《国家赔偿法》、1990 年通过了《行政复议条例》，以行政复议、行政诉讼和国家赔偿制度为载体的，具有中国特色的行政监督和救济制度基本确立。1989 年《行政诉讼法》的颁布、1996 年《行政处罚法》的出台，创立了听证制度。这一时期的行政立法报道也随着法律的颁布而不断丰富，但大都以短消息为主，或是草案或正文的简单公布，如下面案例中的报道。

案例 5-1-6：《湖南省行政程序规定》10 月 1 日起实施[②]

---

① 马怀德、孔祥稳：《中国行政法治四十年：成就、经验与展望》，《法学》2018 年第 9 期。

② 李伟锋：《〈湖南省行政程序规定〉10 月 1 日起实施》，《湖南日报》2008 年 9 月 26 日，第 B2 版。

1997~2011 年是行政立法的体系形成阶段。以《行政处罚法》《行政许可法》《行政强制法》三部法律的出台为依托，我国初步建立起了具有中国特色的行政行为法体系。值得注意的是，2008 年行政法治建设的另一个重要里程碑——《湖南省行政程序规定》出台，该部规章是我国第一部对行政程序进行系统规定的立法。《湖南日报》在当日的头版头条进行了报道，足以见得社会各界对行政立法的重视程度不断加深。

2012 年，行政法体系进入深化完善阶段。2014 年，《行政诉讼法》生效 20 余年以来首次作出修正，力求解决"立案难、审理难、执行难"等实践中存在的突出问题。2015 年，《立法法》进行了较大幅度的修正。新《立法法》赋予设区的市立法权，大幅扩大了享有地方立法权的主体范围，回应了近年来社会发展中的治理精细化需求。2017 年 6 月，全国人大常委会决定对《行政诉讼法》作出修改，行政公益诉讼制度正式在全国推开。

这一时期的立法报道不同于 20 世纪的草案和全文的简单公布，而是开始聚焦立法中的细节，包括修订的过程和专家评论。

案例 5-1-7：行政诉讼法大修：让"民告官"不再难①

2013 年岁末，行政诉讼法修正案草案提请十二届全国人大常委会第六次会议初次审议。这是被称为"民告官"法律的行政诉讼法在施行 23 年后的首次大修。社会公众对于此不仅倍感振奋、高度认同，也充满期待。在当前贯彻落实党的十八届三中全会精神的契机下，人们期盼通过修改这部法律，让"民告官"渠道能够更加畅通，改变"信访不信法"现状，朝着法治中国的目标向前再迈一步。

施行 23 年后首次提请

全国人大常委会审议

作为我国三大诉讼制度之一，行政诉讼制度涉及政府公共权力的行使和公民、法人、其他组织合法权益的保护。1989 年 4 月 4 日，第七届全国人民代表大会第二次会议通过了行政诉讼法。新中国第一部"民可告官"的法律由此诞生。法律于 1990 年 10 月 1 日起施行。法律实施 23 年来，在解决行政争议、推进依法行政等方面发挥了重要作用。但是，

---

① 王萍：《行政诉讼法大修：让"民告官"不再难》，人民网，http：//politics.people.com.cn/n/2014/0210/c1001-24316006.html，最后访问日期：2022 年 7 月 8 日。

近年来屡见不鲜的"民告官"难，严重损害了社会公正，也制造了大量的社会问题。

中国人大杂志社对《行政诉讼法》时隔 20 多年的首次修正进行了报道。报道分析了当前《行政诉讼法》面临的"立案难、审理难、执行难"等问题，公开了全国人大常委在审议时的修改意见和探讨过程。全文清晰明了地展现了《行政诉讼法》是什么、为什么、怎么做，以及修正后将产生何种效果。社会公众对于此不仅倍感振奋、高度认同，也充满期待，这预示民与"官"对簿公堂将不再是难事，离法治中国的目标也更近了一步。

2018 年，多家媒体发文报道了 40 年间中国的立法故事，如中国人大网《行政立法 40 年》、《法治日报》《讲述 40 年中国立法故事｜杨景宇：行政诉讼法出台的前前后后》……这些报道清晰地梳理了行政立法 40 年来的发展脉络，讲述了《行政诉讼法》出台前后的种种故事，既是记录也是总结，鼓励着一批又一批的法律工作者不忘初心，朝着法治中国的目标不断前进。

（二）行政纠纷报道

行政纠纷报道与司法的法律程序有关，又可分为行政诉讼报道和行政复议报道。行政相对人向法院提起诉讼，认为行政机关的行为侵犯其权益，对此的报道就是行政诉讼报道。行政复议则是行政相对人向行政复议机关提出对行政行为进行复查，对此的报道就是行政复议报道。

行政纠纷报道的目的在于客观呈现行政机关与行政相对人之间的争议和矛盾。在行政纠纷报道中，对行政诉讼案例的报道无疑是更为常见的，因为行政机关和行政相对人要"对簿公堂"，意味着出现了较大的分歧。这就是常说的"民告官"和"官告民"的新闻报道。被认为是"民告官第一案"的"包郑照案"就是一起因为土地使用在县政府和普通农民之间发生的法律纠纷，尽管因为行政立法的相对滞后，这起纠纷的审理当时是在民事审判庭进行，但关于该案的报道也可以说是行政纠纷报道的第一例。

案例 5-1-8：浓墨重彩的"民告官"第一案——包郑照一家诉苍南县人民政府强制拆除案①

由于行政纠纷报道尤其是行政诉讼报道背后的新闻事实往往和行政机关的不当行政或者行政不作为有关，因此，这种类型的报道也集中体现了行政法治报道舆论监督的特点。

案例 5-1-9：中国立案首例公民状告政府行政"立法"不作为案②

中新网 5 月 28 日电 据《法制日报》报道，经过两个月的等待，江苏省南京市美亭化工厂厂长杨春庭 27 日终于接到了法院的通知书，南京市江宁区法院正式立案受理了这起全国首例公民状告政府行政"立法"不作为案。

2003 年 4 月 23 日，杨春庭向南京市中级人民法院递交了一份行政起

---

① 《浓墨重彩的"民告官"第一案——包郑照一家诉苍南县人民政府强制拆除案》，"澎湃"App，https：//m. thepaper. cn/newsDetail_forward_2798836，最后访问日期：2022 年 7 月 8 日。

② 薛子进：《中国立案首例公民状告政府行政"立法"不作为案》，中国新闻网，https：//www.chinanews.com.cn/n/2003-05-28/26/307841.html，最后访问日期：2022 年 7 月 10 日。

诉书，状告南京市江宁区政府不按上位法规及时修改房屋拆迁管理办法致使自己损失惨重的行政不作为。《法制日报》于4月25日最先报道了这起全国首例公民状告政府行政"立法"不作为的内情，一些专家学者也对这一行政诉讼案件给予了高度的评价，认为公民的这种起诉有利于依法促使政府改变行政懈怠行为，也有利于促进依法治国和依法行政。

南京市中级法院依相关规定将此案移交江宁区法院受理，5月26日，江宁市法院正式给杨春庭发出了立案受理通知书。

该篇《法制日报》的报道讲述了江苏省南京市美亭化工厂厂长杨春庭，以南京市江宁区政府不按上位法规及时修改房屋拆迁管理办法致使自己损失惨重为由，状告江宁区政府行政立法不作为。因为这则报道发掘出了该案是全国首例公民起诉政府行政立法不作为案件的价值，一经传播便引起了社会的广泛关注。

这篇报道对政府不按上位法规及时修改房屋拆迁管理办法一事的来龙去脉追根溯源，对涉事职能部门进行问责。在报道的最后，提到补偿和改进措施，传达专家意见和读者建议，在很大程度上将一个行政事务内部的案例变成了一个公共议题，媒体这种鼓励公民拿起法律武器和行政机关讲道理的做法也令自己在后续的舆论发酵中居于引导者的立场。

行政复议报道，是指媒体对行政相对人向行政复议机关提出复查行政机关的行为的报道。

案例5-1-10：赢了行政复议却被拖四年多，他们一封信寄到了司法部①

"这么多年来，由于这个问题没有解决，那块地也一直没有开发利用，我公司蒙受了十几亿的损失……"

"我公司一个既简单又合理的维权请求，没想到竟然会这样艰难！真是叫天天不应，叫地地不灵……"

这是一份寄给司法部的行政复议监督申请材料，字里行间透露着恳请

---

① 张维：《赢了行政复议却被拖四年多，他们一封信寄到了司法部》，"法治日报"微信公众号，https://mp.weixin.qq.com/s/utefxzfYOoLKLLFkdFgeaw，最后访问日期：2022年7月8日。

国务院监督行政复议决定履行到位的迫切和心酸，一起"民告官"案件的最终解决也由此开启。

这是《法治日报》一则关于海南省东升老人院对海南省人民政府提起行政复议监督的报道，请求国务院监督 142 号行政复议决定落实到位。该案件中的行政复议决定得到了履行，但报道最后也提出了"个案虽然解决，但现象依然存在。行政复议决定的履行难问题该如何破解"的问题。在《法治日报》记者深入了解后，司法部表示下一步拟将行政复议决定的履行作为今年行政复议工作的重点，着力解决不依法履行行政复议决定的突出问题，对有关典型案例进行通报或者媒体曝光，同时对于经督促仍不改正的责任人员，依法追究法律责任，切实保护公民和企业的合法权益。媒体能够深入平常百姓触碰不到的专业领域，了解政府工作的规划和进展，其报道对于典型案例的解决具有督促和推进作用，监督行政工作在"依法治国"的轨道上有序进行，同时也鼓励公民可以以多种程序寻求自身权益和公共利益的维护。

（三）从法治视角对日常行政行为的报道

前面已经论述，本书所称的行政法治报道的外延比舆论监督报道更加宽泛。对行政机关日常行政过程中具有新闻价值的事实的报道就是其中的一部分。与行政纠纷报道相比，对行政机关日常行政过程中具有新闻价值的事实的报道多聚焦我国国家治理的创造性维度，以正面报道为主，在展现行政创新举措、建构政府形象方面具有重要的意义。也正是因为这种报道的积极意义，可以将其具体分为行政改革创新报道和优秀公务人员的典型报道两种类型，这两种报道一种指向"事"，一种指向"人"，共同对不同政府部门的优秀工作和先进人物进行正面报道。

案例 5-1-11：12 个空间治理数字化场景"赛马"①

比学赶超，赛马争先，杭州市空间智治数字化改革奋战尤酣。

---

① 刘园园：《12 个空间治理数字化场景"赛马"》，杭州日报，https：//mdaily. hangzhou. com. cn/hzrb/2022/04/05/article_detail_1_20220405A0110. html，最后访问日期：2022 年 7 月 8 日。

"过去几年，我们聚焦老百姓最关切的办证问题，去中介、跨平台，实现了百姓新房随时随地24小时交房云办证……""我们以企业需求为导向，实现工业用地从规划编制、策划、审批、验收、登记到监管全生命周期的'一码'协同审批的新模式……"4月2日下午，市规划资源局搭起"擂台"，聚焦当前规划资源工作与数字化改革最佳"融合点"，12个机关业务处室、事业单位相关负责人带着各自的数字化改革应用场景上台"比武"。

……

"数字化改革，就是要少花钱、多办事、办好事，解决线下模式、传统思路解决不了的问题。目标是守底线、提效率、减负担、降风险，不断将空间智治数字化改革推向深入。"市规划资源局负责人表示，下一步将持续深化省市数字化改革大会、市"两会"相关部署，当好数字化改革标杆，加快探索形成一批具有全国影响力的标志性成果，助力杭州打造数字治理标杆城市。

随着互联网技术的发展，各领域都在追求"数字化转型"，杭州市政府也不例外。《杭州日报》报道了杭州政府与时俱进，在城市治理方面进行数字化创新，改革单位涵盖市规划局、机关业务处室、事业单位等，力求通过数字化改革解决线下模式、传统思路解决不了的问题。对杭州市的老百姓来说，办事、办证不用再跑来跑去，打破了各单位、部门间的区分，避免其相互推诿，极大地提高了效率。这是政府一心为民、便民利民的印证，同时也为全国其他省市提供了改革模板，促使行政工作一路向好、向新发展。

案例5-1-12：奋斗百年路　启航新征程·"七一勋章"获得者｜扶贫干部黄文秀：新时代的青春之歌①

盛夏的百坭村，漫山苍翠，鸟鸣阵阵。许多人从各地赶来，走进村里的黄文秀先进事迹陈列馆，在一件件展品面前静静驻足。

---

① 徐海涛：《奋斗百年路 启航新征程·"七一勋章"获得者｜扶贫干部黄文秀：新时代的青春之歌》，新华网，http：//www.xinhuanet.com/2021-07/24/c_1127690689.htm，最后访问日期：2022年7月8日。

百坭村是广西百色市乐业县新化镇的一个边远山村，是"七一勋章"获得者黄文秀生前战斗过的地方。这位年轻的壮族姑娘研究生毕业后，放弃大城市的工作机会，主动请缨到贫困村任第一书记，把生命奉献给脱贫攻坚事业，谱写了新时代青春之歌。

初心如磐

【"我就是要回来的人"】

暑期已至，百坭村的房前屋后，孩子们的身影多了起来，阳光下的脸庞充满朝气。

"文秀书记驻村时，特别关心孩子，有时下屯入户还会特意带些文具、小礼品。"百坭村党支部书记周昌战难忘昔日场景："她说自己也是从大山里走出来的，想多帮帮孩子。"

黄文秀的老家位于广西百色市田阳区，地处山区，家境贫寒，黄文秀在国家助学政策帮助下一步步完成了学业。

"她很刻苦，也懂得感恩，梦想考上大学，学成后回报家乡。"黄文秀高中时期的老师李品忠回忆道。

初心如磐。2016 年，黄文秀北京师范大学硕士研究生毕业，面对人生选择，她毅然回到家乡，2018 年 3 月，奔赴百坭村。

"我们村属于深度贫困村，当时条件比较艰苦，她一来就直接在村里住下了，说'我就是来驻村的，不怕苦'。"百坭村脱贫户黄态昇对这位年轻的第一书记印象深刻。

"很多人从农村走了出去就不想再回去了，但总是要有人回来的，我就是要回来的人。"黄文秀曾这样对同学说。她在入党申请书里写道："一个人要活得有意义，生存得有价值，就不能光为自己而活，要用自己的力量为国家、为民族、为社会作出贡献。"

新华网的这则报道详细讲述了黄文秀同志生前的一系列扶贫事迹和成果。传播优秀国家工作人员的工作事迹，也是行政法治报道的内容之一。行政法治报道不仅包括批评监督报道，对于行政机关在日常工作中的创新举动和工作人员在工作中展现的一切为了人民的工作作风，无疑也是行政法治报道中具有"正能量"的报道内容。

本节根据行政法治新闻的内涵将其外延分为三类，扩展了以行政法律视角进行的舆论监督报道这一外延类型，区分了不同类型报道的具体作用。行政立法报道记录立法历程，展望法治建设的未来；行政纠纷报道呈现矛盾争议，公开透明回应社会热点；从法治视角对日常行政行为的报道则聚焦行政生活中的点点滴滴，展现社会治理风貌。当然，这类报道不仅有正面的，还包含批评报道，但无论是表彰还是批评，报道都能够指出事件中的合理性或不当性，表彰先进，鞭策后进，充分调动和激发人们的创造性与积极性，使其做出更多有益于社会、有益于国家、有益于人民的事情，最终实现国家和社会的治理目标。

第二节　行政法治报道的选题

新闻选题就是记者、编辑在广博的知识、丰富的阅历、深厚的报道经验基础上选择的有价值、值得报道的新闻点，拥有好的新闻选题是写出优秀新闻内容最为关键的一步。不只是引人关注的行政纠纷，在日常化的行政活动中，也富含具有新闻价值的选题。本节主要分析行政法治报道的选题及其呈现的特征，具体来说，通过舆论监督的实践性、上下通达的沟通性和机关形象的建构性三个方面对如何做好行政法治新闻的选题进行分析。

一　舆论监督的实践性

上节已经提到行政法治报道在报道行政纠纷时具有突出的舆论监督的特征。这一类报道往往是借助媒体的公共属性，调动起人们对具体事件的关注，从而促成困难的解决。从这个意义而言，行政法治报道具有较强的建设性，这种建设性体现在选题上，应该具有一种舆论监督的实践性，也就是对一些纠纷性选题，不仅仅停留在对其批评的层面上，应该本着建设性新闻的理念，以有实践操作空间的事件为选题。

《中国青年报》于6月29日发表了《惨剧真相扑朔迷离——聚焦繁峙金矿爆炸案》，并进行十多天连续报道，有力推动了矿难调查工作的进行。2004年，湖南嘉禾在进行珠泉商贸城项目开发建设过程中强制拆迁，同年5月8日，《新京报》发表的《湖南嘉禾县拆迁引发一对姐妹同日离婚》一文，对嘉禾拆迁事件中的问题予以报道。5月13日、14日，中央电视台《东方时空》栏目连续播出"嘉禾拆迁"专题，质疑当地政府的做法。6月，根据国务院的批示，湖南省政府、建设部联合调查组基本查明主要违法违规事实。

从上述报道中可以看出，实践性实际上是一种行动性，一方面是新闻媒体在舆论监督及时跟进，以法律视角进行的有理有节的监督性报道；另一方面是面对舆论监督，政府知错就改、严格按照法律办事的行政实践。

《人民日报》读者来信版自 2019 年改版后相继推出《年后结账不可为》《5 年前在山东临沂修建安置房 200 多万元工钱至今没拿到》《讨薪近一年仍无果》《多为农民工提供法律帮助》等报道。在《跟随农民工去讨薪》这一报道中，《人民日报》读者来信编辑部记者特地前往四川宜宾市高县深入采访。此报道一出，当地有关部门迅速组织专员进行调查，几天时间便发放了拖欠的工资。

此外，新闻媒体还将"实践性"体现在对时下热门事件的追踪上。

案例 5-2-1：市监局回应钟薛高雪糕烧不化①

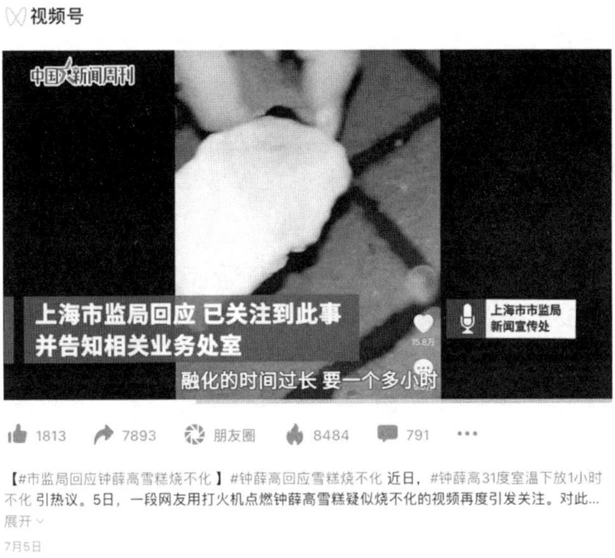

图 5-2-1　"中国新闻周刊"视频号报道截图

钟薛高继晒不化后，又烧不化了，事件起因是一段网友用打火机点燃钟薛高雪糕疑似烧不化的视频再度引发了网友的关注。《中国新闻周刊》

————————

① 《市监局回应钟薛高雪糕烧不化》，"中国新闻周刊"微博视频号，https://weibo.com/1642512402/LAUuyDIq6？type＝comment，最后访问日期：2022 年 7 月 6 日。

的短视频栏目《周刊君现场》在视频引起热度后，联系了上海市市场监督管理局宣传处工作人员，官方回应已告知相关业务处室对此事进行调查，同时，该媒体也联系到了钟薛高客服，请对方对雪糕不化一事作出解释。足以可见，媒体紧跟时事，持续关注热门事件的处理，回应大众对相关信息的获取需要。并且，随着短视频报道的兴盛，媒体的事件追踪能力愈发增强，其实践性也愈发明显。

案例 5-2-2：《被"隔离"的小卖部》追踪　小卖部面临倒闭　房屋征收无进展①

南国早报客户端记者邓振福

事件回顾：桂林市民易女士的家在秀峰区甲山乡新立村委北冲村，之前广西商业技师学院将她家及周边村民的田地征收扩建校园，唯独没有征收她家的有证房屋。学校建围墙将她家围在学校里面，为了生计，她家开了一间小卖部，手续齐全。

2020 年 5 月，学校在小卖部前面设置警戒线、岗亭和保安，劝阻学生不要进去购物。起初她以为是为了疫情防控，便向学校提出愿意按学校的防控要求去做，希望校方解除对小卖部的隔离和监控。但学校负责人称，校园里已经有一家超市，并通过招标确定经营者，只能维护学校和校园超市的利益。

当时表态：9 月 9 日，广西商业技师学院校长陆先生称，易女士提出异议后，学校已将她家门口的警戒线、岗亭和保安撤走。对于民房小卖部，学校无权监管，学生的食品安全存在隐患。2019 年底，校园超市进行招标，有经营者以 430 万元取得了十年的经营权，学校肯定要保障经营者的权益。至于学校未将房屋征收下来，有多方面原因。他表示，为便于学校安全管理，愿意以高于国家相关标准的价格征收易女士家的房屋。

记者回访：近日，易女士介绍，虽然学校撤走了警戒线、岗亭和保安，但学校保卫科还是将学生管得十分严。有一天晚上，有两名学生想到小卖部买泡面，结果学校保卫科负责人用强光手电照过来，大声制止。

---

① 邓振福：《〈被"隔离"的小卖部〉追踪　小卖部面临倒闭　房屋征收无进展》，"南国早报"百家号，https://baijiahao.baidu.com/s? id = 1687110677993837202&wfr = spider&for = pc，最后访问日期：2022 年 6 月 25 日。

易女士说，曾有帮学校施工的人员称，上面已有批文，要建围墙，将她家围起来。她提出要看批文，对方却表示她没有资格看，后来就没有了下文。由于没有学生光顾，小卖部的货一部分退回进货渠道，一部分因过期处理了。目前，小卖部面临倒闭。关于房屋征收的事，也没有进展。

12月21日，广西商业技师学院校长陆先生回应，从学生安全考虑，学校建议建设围墙将民房与学校隔开，另外开一道门给民房业主出入，方案得到相关部门同意。后来，小卖部不开了，学校就没有建围墙。对于房屋征收的问题，因民房业主要价太高，双方无法达成一致，等明年继续商谈。

这篇报道中，广西商业技师学院校长表示，为便于学校安全管理，愿意以高于国家相关标准的价格征收易女士家的房屋。而在几个月后的回访中却又称"因民房业主要价太高，双方无法达成一致，等明年继续商谈"。虽然事件最终仍没有得到解决，但显示了《南国早报》对舆论监督阵地的重视以及为公众利益"穷追不舍"的韧劲。

这种实践性在视听媒体中，还可以有更多的表现方式，比如"电视问政""听证会直播"等形式，不仅可以高效推动问题的面对面解决，还可以让观众通过"围观"直观感受行政机关的执行力和沟通感。比如湖北武汉电视台于2020年推出的一档直播节目《电视问政：每周面对面》，在此节目中，民众可以到现场提问政府官员关于社会安全、食品安全、民生的问题，在这种模式下，能让各单位的"一把手"、分管领导、基层负责人上台接受问政，有效化解矛盾纠纷。

山东广播电视台推出的《问政山东》栏目2020年上半年代表作"问政临沂政府"选题，聚焦经济社会发展中存在的多个短板，安排6路问政记者利用近一个月的时间深入基层、深入群众，调查剖析相关问题；现场问政，节目主持人和督办员对标对表，直击问题症结所在，反映了个别部门存在的形式主义、官僚主义突出问题，推动了相关问题的快速解决。节目中提到了临沂智慧商城成摆设、新建幼儿园变成"烂尾楼"、补办社保卡周期过长、青龙河黑臭水体治理等问题。节目播出后，临沂市连夜部署整改工作，对于节目中提到的补办社保卡周期过长的问题、幼儿园烂尾问题、普惠幼儿园补贴问题等全部整改完成。报道展示了当地市委市政府直

面问题、直面群众、担当作为、狠抓落实的新形象，达到了舆论监督和正
面宣传相统一的效果，得到了社会各界的高度认可。

二　上下通达的沟通性

对于行政法治报道而言，其选题中的"人"是行政机关及其工作人员
和行政相对人。行政相对人包括行政机关之外的所有公民、企业和其他社
会组织等，因此行政法治新闻实际就是关于政府部门和民众的接触、关系
的报道。从新闻选题来看，其天然地具有上下通达的沟通性，也就是报道
能够通过呈现和反映政府和个体层面对行政法律法规、行政举措的不同理
解，来起到良好的沟通作用。

沟通性的报道是双向的，行政法治报道宽泛的外延令它的选题既能够
包括"上情下达"的报道，比如对于行政立法、重要政策等的解释性报
道，也能够包容"下情上达"的监督性报道，比如对于"办事难"的报
道，能够通过报道梳理问题发生的原因。

行政法治报道的选题不仅仅是新闻事件本身，往往还包含了对事件的
分析及法律法规的科普，例如"法治日报"微信公众号在 2021 年底发布
的《执法为民初心更加明确｜2021 年行政执法新特点新趋势盘点》就总结
了 2021 年反垄断、税务、教育等多个行政领域的重大新闻，其中包括知名
主播薇娅被查，腾讯、阿里、京东、滴滴、美团、百度等企业被罚，校外
培训机构整改等热点新闻事件。

**案例 5-2-3：执法为民初心更加明确｜2021 年行政执法新特点新趋
势盘点**①

2021 年，放在深入推进严格规范公正文明执法进程中去看，一定是拥
有特别记忆、特殊地位的一年。

这一年，执法风暴在包括反垄断在内的多个领域刮起，以雷霆之势将
有损公平正义的那些"钉子"一一拔除。

---

① 张维：《执法为民初心更加明确｜2021 年行政执法新特点新趋势盘点》，"法治日报"微
信公众号，https://mp.weixin.qq.com/s/KgrcsCtvWcjWJg9Ky1OD_g，最后访问日期：
2022 年 7 月 5 日。

这一年，执法有如春风化雨般滋润着每一个在疫情之下遭遇困阻的市场主体，放管服改革红利进一步释放，柔性执法让他们感受到执法在彰显力度的同时又不失温情。

这一年，执法为民的初心更加明确，用司法部行政执法协调监督局局长赵振华的话来讲，"必须牢固树立执法为民理念，在思想上坚持一切为了人民、人民群众利益高于一切，在方法上坚持从群众中来到群众中去、充分调动和发挥群众智慧，在制度上坚持维护人民群众根本利益，在效果上坚持人民评判、人民满意"。

该报道标题就突出了"行政"二字，内容上对多个领域的多个事件进行了总结和分析，其中不乏对未来工作的规划，脉络清晰，有理有据。这是对年度行政工作的验收报道，也是面向人民群众的一次行政年度事件的总结报道。

此外，行政法治报道在传达和解读最新立法政策上也发挥着沟通的作用。

案例 5-2-4：全国首个！深圳已立法：尊重病人不抢救意愿①

2022 年 6 月 23 日，《深圳经济特区医疗条例》经深圳市七届人大常委会第十次会议修订通过，其中第 78 条"收到患者或者其近亲属提供符合条件的患者生前预嘱的，医疗机构在患者不可治愈的伤病末期或者临终时实施医疗措施，应当尊重患者生前预嘱的意思表示"②。在"临终决定权"规定如果病人立了预嘱"不要做无谓抢救"，医院要尊重其意愿，让病人平静走完最后时光。深圳也因此成为全国第一个实现生前预嘱立法的地区。《上海法治报》的短视频栏目《法治新闻眼》通过聚焦人们所关注的代表"尊严死"的预嘱政策，对民众如何进行预嘱签署进行了解释，同时介绍了预嘱的可更新性以及其他情况下的特殊性。该则短视频新闻以图文、解说的形式既符合了当下用户的阅读习惯，又介绍了新的预嘱政策，体现了行政立法的沟通性以及新闻报道的解释性。

"下情上达"的报道内容是，本应该在正常的行政活动中解决的问题，

---

① "法治新闻眼"微信视频号：《全国首个！深圳已立法：尊重病人不抢救意愿》。
② 深圳市人大常委会：《深圳经济特区医疗条例》（2022 年修订），第 78 条。

图 5-2-2　《上海法治报》"法治新闻眼"视频号报道截图

由于一些特殊情况的发生，或者个别行政部门的不作为，而没有及时得到解决，群众因此有一些情绪和诉求的事件。比如《农民日报》常年关注拖欠农民工工资事件中相关机关的举措，就很好地体现了"下情上达"的沟通性。

比如，《甘肃：讨薪仍是农民工维权首难》（2007 年 12 月 18 日）报道了甘肃省政府设立农民工权益维护日，并开展政策法规咨询活动，为农名工维权提供解答与咨询服务；《沈阳为 5 万农民工讨薪逾 2 亿元》（2015 年2 月 11 日）则报道了沈阳市开展了清理整顿拖欠农民工工资专项行动，沈阳市各方采取法律手段、行政手段及媒体曝光等多种办法来对付拖欠工资严重且偿还又不积极的"老赖"；《直面农民工"讨薪难"》（2016 年 11月 16 日）中，通过对话人力资源和社会保障部副部长，进一步探讨了农民工讨薪难在何处以及解决农民工工资拖欠问题在行政执法上有何良策；《海南：省委书记接访解决农民工网上讨薪》（2022 年 1 月 20 日）一文则提到，海南省各级各部门要把"治欠保支"作为重大政治任务，从事前、事中、事后 3 个环节协同发力。

除了农民工讨薪的报道之外，《人民日报》的《读者来信》栏目（2019 年改版后）也推出过《6 年前拍得河北一块地，为啥至今办不成过户？》《一块土地的四个问号》等报道，主要内容集中在土地过户和拆迁赔款等问题上。

案例 5-2-5：6 年前拍得河北一块地，为啥至今办不成过户？①

编辑同志：

我 2012 年 6 月通过河北省滦南县法院组织开展的司法拍卖活动，拍得位于滦南县扒齿港镇的唐山双龙乳业公司 13333 平方米（约 20 亩）土地的使用权及机器设备、房屋建筑物。

拍卖成交后，我将全部招标款 550 万元交付到滦南县法院指定账户，并持滦南县法院裁定书到县国土部门办理土地过户手续，可是没能成功过户。

由于不能过户，土地一直荒废着，厂房、设备也有破损和锈蚀，建厂经营更是无奈搁置了。我心痛啊！6 年来无数次北京至滦南的奔波，投资没有任何回报……

诚恳希望贵报给予关注，助我早日走出困境。

武永平

为什么 6 年办不成一个过户手续？其中究竟有什么缘故？11 月 20 日，记者乘车赶赴河北唐山滦南县进行采访调查。

竞拍遇"瑕疵"

记者首先来到滦南县扒齿港镇米官营村，找到了武永平拍卖所得的地块。一眼望去，地上杂草丛生，建筑物大门紧锁，厂房顶部的"唐山双龙乳业"6 个字褪去光泽。

这里原是唐山双龙乳业有限公司（以下简称双龙乳业）的厂址，2008年因拖欠奶农钱款，依法被滦南县法院采取强制执行措施。2012 年 6 月 28日，经司法拍卖，双龙乳业 13333 平方米（约 20 亩）土地使用权、机器设备 42 项、房屋建筑 18 项，被武永平以 550 万元的价格中拍。

---

① 张洋等：《6 年前拍得河北一块地，为啥至今办不成过户？》，"人民日报"百家号，ht-tps：//baijiahao.baidu.com/s？id=1618874328822409416&wfr=spider&for=pc，最后访问日期：2022 年 7 月 5 日。

据武永平介绍，拍卖成功后，他便着手土地过户事宜，却一直被滦南县国土资源局告知"无法过户""只能过户9亩土地"。之所以如此，是因为双龙乳业的实际建设用地与国土规划用地有较大出入。双龙乳业北临唐乐公路，根据滦南县国土资源局颁发的土地证，双龙乳业的规划用地是与公路呈平行关系、东西方向的20亩地，可实际建成了与公路呈垂直关系、南北方向的20亩地。实际建设用地与国土规划用地仅有9亩是重合的，其他部分并不吻合。

据了解，在司法拍卖之前，滦南县法院于2011年3月13日出具《关于唐山双龙乳业有限公司土地使用权瑕疵说明》："经本院与滦南县国土资源部门将地宗进行违法占地所作的处罚显示，该土地使用面积准确，但占用土地与实际批复不符，部分建筑物建于未有批复的土地上。特此说明，望拍卖过程予以告知。""对于瑕疵，我是清楚的。但当时只告知有瑕疵，没告知后果。要是早知道无法过户，我肯定不会参加竞拍。"武永平说。

对于武永平的问题，记者走访了滦南县法院。根据法律规定，司法拍卖前，法院一般需要对拍卖标的物进行审查。在双龙乳业资产拍卖前，滦南县法院也组织开展了相关审查工作，其中，先后委托两家评估公司，作了关于双龙乳业机器设备、房屋建筑的资产评估和土地估价。记者从这两份评估报告中进一步了解到，评估只是资产评估，不涉及性质问题的审查，比如土地属性、违章建筑。

双龙乳业的实际建设用地和国土规划用地约有一半不吻合，为何依然进行司法拍卖？"按照相关法律规定，只要事先告知竞拍人，瑕疵物是可以拍卖的。一半不吻合属于瑕疵，哪怕是90%的不吻合，也还是瑕疵，照样可以拍卖。"滦南县法院执行大队大队长孙更生给出的解释是，"我们将评估报告分别送至双龙乳业和奶农，双方均未提出异议，认为可以由此解决欠款债务纠纷。我们自然就组织司法拍卖了。"

基层干部对于民众诉求处理不及时而导致的"历史遗留问题"，明明可以在短时间内就能办理的土地审批手续却在经历了三任县长换任后还未完成。"交了钱土地却过不了户，自那以后，武永平常年奔波。'6年了，来往北京和滦南的过路费、住宿费都花了10万多元'"，"能找的人都找了，当地县委书记、县长换了三拨儿了"，"'当地每个领导见到我，都是笑脸相迎、态度也好，表示尽快协调或正在协调。但是 6 年了，问题就是得不到解决'武永平说。'550 万元烂在这里，想到这事就整晚整晚睡不着'武永平表示想了很多办法，都没有取得实质效果。他还介绍，2015 年经过反复协调，县政府批准赔偿了损失 110 万元，并且承诺当年年底办好土地过户手续。'可是，钱是拿到了，证就没下文了'"。

随着《人民日报》的《读者来信》编辑部记者的深访，过户手续难以办理的缘由最终浮出水面。

> 从实地看，双龙乳业实际上只是利用了国土规划用地的 9 亩，国土规划剩余 11 亩依然被米官营村的被征地村民使用。办理土地过户，就会涉及这些被征地村民能否再继续使用的问题。在滦南县多个部门看来，这是土地一直不能过户的重要症结。
>
> 据孙更生介绍，这 11 亩地已从村集体土地规划变更为工业用地，双龙乳业当年依法缴纳了征地费用，被征地村民应取得每亩地 2.8 万元的补偿。可是这笔钱被当时的村委会截留了，事后换届时又没有及时交账，这笔钱到底去哪了？其二，有人提出，每亩 2.8 万元是当年的征地补偿标准，应该按照现在的土地价格进行补偿，即五六万元，那么这笔钱该谁出，中间差价该谁给？"这两个问题查不清楚，解决不了，武永平的土地过户还是难。"

记者的报道推动了当地有关部门迅速组织专员进行调查，并表示在 10 天之内会给办理过户手续。这正是得益于媒体的监督职能，帮助读者解决了一个长达 6 年的难题，让民众见识到媒体在社会中发挥的作用与功效。记者报道民营企业与政府打交道的典型案例，督促当地政府改变懒政、怠政、慢政的不良风气，积极树立服务型政府的理念，切实起到"沟通"的作用。

三　机关形象的建构性

行政机关的形象是政府形象的重要组成部分，行政机关依法行政是我国依法治国进程的重要体现。"中央和国家机关作风状况直接关系党中央形象，关系党和政府在人民群众中的形象。""中央和国家机关要带头弘扬党的光荣传统和优良作风，让群众切身感受到新变化新气象。"① 行政法治报道从法治视角对行政机关、行政事务和行政关系的报道，无论是聚焦行政活动中新鲜事的正面报道，还是站在法治进步立场上对某些现象进行批评的报道，都是从不同的方面形成"合力"，既从正面建构高效、温暖、创新的政府形象，又从舆论监督角度及时提醒、纠偏，弥补形象建构中的不足和短板。

案例 5-2-6：财政部副部长：5000 元起征点标准不是固定不变 未来将动态调整②

31 日下午，全国人大常委会办公厅在人民大会堂举行新闻发布会。记者提问，个人所得税法一审稿面向社会征求意见以后，我们可以看到二审稿中有关 5000 元的起征点实际上并没有进行大规模的修改，想请问一下这主要是出于什么样的考虑？

财政部副部长程丽华回答：这次提高基本减除费用标准，也就是大家说的起征点，是这次修法的重要内容，社会关注度很高。最终将基本减除费用标准确定为每月 5000 元，主要是基于以下三个方面的考虑。

一是 5000 元的基本减除费用标准是统筹考虑了城镇居民人均基本消费支出、每个就业者平均负担的人数、居民消费价格指数等因素后综合确定的。根据国家统计局抽样调查数据测算，2017 年我国城镇就业者人均负担的消费支出约为每月 3900 元，按照近三年城镇居民消费支出年均增长率推算，2018 年人均负担的消费支出约为每月 4200 元。基本减除费用标准确定为每月 5000 元，不仅覆盖了人均消费支出，而且体现了一定的前瞻性。

二是这次修法除基本减除费用标准外，还新增了多项专项附加扣除，扩大了低档税率级距，广大纳税人都能够不同程度地享受到减税的红利，特别是中等以下收入群体获益更大。仅以基本减除费用标准提高到每月 5000 元这一项因素来测算，修法后个人所得税的纳税人占城镇就业人员的比例将由现在的 44% 降至 15%。

① 习近平：《在中央和国家机关党的建设工作会议上的讲话》，《求是》2019 年第 21 期。
② 杨丽娟、邱耀洲：《财政部副部长：5000 元起征点标准不是固定不变 未来将动态调整》，"人民日报"微博，https://card.weibo.com/article/m/show/id/2309404279115040591511？_wb_client_=1，最后访问日期：2022 年 7 月 5 日。

　　三是在税法审议过程中，根据各方面的意见，又增加了两项扣除，一是赡养老人专项附加扣除，二是允许劳务报酬、稿酬、特许权使用费等三类收入在扣除 20% 的费用后计算纳税，这样使得相当一部分纳税人的费用扣除额进一步提高。月收入在 2 万元以下的纳税人税负可降低 50% 以上。

　　修改后的个人所得税法从 2019 年 1 月 1 日起实施，为了让纳税人尽早享受减税红利，今年 10 月 1 日起，先将工资薪金所得基本减除费用标准提高到每月 5000 元，并按新的税率表计算纳税。明年 1 月 1 日起，将劳务报酬、稿酬、特许权使用费等三项所得与工资薪金合并起来计算纳税，并实行专项附加扣除。

　　需要说明的是，5000 元的标准不是固定不变的，今后还将结合深化个人所得税改革，以及城镇居民基本消费支出水平的变化情况进行动态调整。从个人所得税法实施以来的几次基本减除费用标准调整就能充分地说明这一点。

　　从"人民日报"微博在 2018 年个人所得税改革开始后发布的具体内容来看，微博网友普遍认为个人所得税改革是利民举措，部分网友在评论区提出了一些针对新政策的具体问题，也十分关注个人所得税改革后的减征效果。《人民日报》发布的个人所得税改革相关微博构建起了税收征管高质高效、税制体系日趋完善、干部队伍素质较高、服务作风亲民的税务机关形象。随着个人所得税改革的提出、通过、实施，受众逐步了解了改革的进程与具体政策变化，看法逐渐由"质疑、担心"转为"惠民、减负"，最后平和地提出了很多意见和建议。

　　行政法治新闻既能通过解读新政策、新变化来积极建构机关形象，又能发挥监督功能，将行政机关的短板予以公开，督促其加快弥补自身形象建设的不足。《青岛日报》从 2019 年 2 月 22 日起推出舆论监督栏目《曝光台》，不久就推出《即墨区市民服务中心——硬件提标后，软件有"短板"？中午能否增加一些便民服务》《城阳区行政服务中心：服务窗口忙闲非常不均 有的需排队 1 个多小时》《市北区行政审批服务大厅：核查函未收到被列"黑名单"？问原因被回"不关我们的事"》等报道，对行政审批大厅的审批效率、服务态度和审批环节存在的短板和不足等进行了全方位报道。

案例5-2-7：西海岸新区政务服务大厅：楼上楼下跑三趟 最后才说不能办①

"你们这是什么服务啊？二楼让我到三楼办理，三楼又让我到二楼，到底在哪里办？" 2月25日上午10点15分左右，记者在西海岸新区政务服务大厅三楼楼梯口处看到一位中年男子，手里拿着一沓资料，正在对三楼导引台的服务人员大声吆喝。

记者上前了解到，这位怒气冲冲的市民姓王，是西海岸一家医疗器械有限公司的法人代表，是到服务大厅办理增加第二类医疗器械经营的一项备案业务手续的。他告诉记者，他先在二楼抽了一个号码，可是当他把所有资料递交给229房间，工作人员却告诉他"手续要到三楼办理"。等他上到三楼，三楼导引台的工作人员却说，他的业务还是需要到二楼办理。

记者随着王先生回到二楼，等待了半个小时左右，王先生的号码才被叫到，可是窗口人员却告诉他还是应该到三楼去办理，于是王先生很无奈地再次上了楼，这次一位披绶带的咨询员仔细看了他的材料，告诉他说，他需要先到保税区的工商部门备案，才可以到这里来办理。

折腾了近一个小时，王先生的手续还是没办成。他恼火地对记者说，为什么折腾这么长时间才能搞明白？

该报道见报后，受到了青岛西海岸新区的高度重视，责成区行政审批服务局第一时间进行了调查整改。而《青岛日报》也在《回音壁》栏目发布《西海岸新区、市南区和市城管局调查整改》一文，回应了此前报道。

《曝光台》栏目的初衷即反映民众身边的难题和痛点，推动工作落实和问题解决。上述报道与民众息息相关，因为不少民众表示有过审批手续烦琐、效率低下的困扰。对该类事件进行报道，是对当地行政机关作风改进的有力提醒，而机关能在见报后就调查整改，足以可见其对媒体报道的重视，体现了媒体舆论监督的传播力和影响力。

行政法治报道选题体现舆论监督的实践性，也就是对一些纠纷性选题，不仅仅停留在对其批评的层面上，应该本着建设性新闻的理念，对有实践操作空间的事件进行选题。选题的上下通达的沟通性，则既包括"上

---

① 邱正：《西海岸新区政务服务大厅：楼上楼下跑三趟 最后才说不能办》，《青岛日报》2019年2月26日，第3版。

情下达"的报道，即对重要法律法规政策颁行、行政职责履行中具有新闻价值的事实的报道；也包括"下情上达"的报道，关注群众关注的一些特殊事件，及时反映他们的呼声。机关形象的建构性体现在选题中则指立足行政法律视角，对行政机关的创新性行政行为进行正面报道以及对需要改进的行为作风和方式进行善意批评。行政法治报道选题的三个特点决定着具体的报道手法如何体现这些选题，以使报道成为以行政法治视角进行的专业报道。

第三节 行政法治报道的手法

报道手法是在具体的新闻敏感和报道思维下基于一定的立场对新闻事实进行价值发掘、信源采纳、新闻叙事和呈现的全过程。这一过程体现在行政法治报道中，是根据行政法治新闻自身的选题特征形成的特有的报道手法。行政法治报道需要在挖掘相关行政立法、行政案件和行政运行事实中新闻点的基础上，根据不同信源的组合，传达政策与意见，沟通上情与下情，展现依法治国在具体领域中的展开。本节从角度、时机、信源、立场、呈现五个方面，对行政法治报道中的手法和技巧加以分析。

一 角度：难点发掘与探究性

行政法治报道要在日常化的行政运行中去寻找具有新闻价值的事实，"流水账"式的记录当然不是新闻报道，需要寻找其中的创新之处或者争议之处才具有新闻报道的意义。行政法治报道与其他几类平行的新闻报道不同：由于行政法与人们生活的"疏离性"，行政法治新闻不似民事法治新闻那样具有日常性；但这种疏离又不似刑事法治报道那样具有非常态性的特点，往往能够在第一时间引起受众的关注。行政法治报道先天性的题材特点决定了其报道的角度具有更高的要求，就是要发掘行政运行中的难点，并且从制度内部去探究"为什么"。

但是，由于行政法治报道关注的主体是行政机关与行政相对人，它并不像民事法治报道那样"公说公有理，婆说婆有理"。在批评性报道中记者选择的角度必须是谁来负责；在正面报谊中记者选择的角度是新的举措会给社会生活带来什么变化。这两种情形实际上都建立在记者对于不同部门的职责、相互关系和整个行政体系化运行的整体把握的基础上。

例如人民网在 2020 年发布的《困在烂尾路的人们》中写道"这条连续三年列入贵州省重点项目名单的二级公路，具体还遭遇了怎样的实施困境？何时能重启修建？"在这则报道之后，《贵州六盘水"烂尾路"追踪：欠村民征地款 2700 万》《"烂尾路"追踪："今年内修完部分路段"》《"烂尾路"追踪："预计整体两年内完工"》等多则新闻报道连续刊发。这些报道除了展示"烂尾路"这一新闻现象之外，一直在追问第一则报道就在追问的："烂尾路"中涉及的若干问题，应该由什么部门负责，并切实推进"烂尾路"不再"烂尾"。通过多篇报道，记者发现了这一现象中的拆迁不到位、施工管理混乱等问题，并采访了相关的责任机关。

案例 5-3-1："烂尾路"追踪："预计整体两年内完工"①

一条停工一年多的二级公路，让村民和施工队等陷入困顿。10 月 22 日，人民网《人民直击》报道了贵州省水城县"烂尾路"事件。水城县交通局次日回应称，已组织施工队抢修部分路段、正筹集征地补偿款、与承包方的谈判也在进行中。10 月 28 日，该局再次接受《人民直击》采访，回应事件原因与相关进展，承包方北京市政一公司也首次就烂尾等问题作出回应。

……

对于项目烂尾原因，水城县交通局业主办主任邓宏此前接受《人民直击》采访时称，当时北京市市政一建设工程有限责任公司（以下简称北京市政一公司）表示合同已到期，"没钱了，停了下来。"

"停工的原因是拆迁不到位，导致工程于合同工期到期日未完工，后业主未按合同支付工程款，我方积极与业主协议并多次发函，但业主均未予以答复。"施工总承包方北京市政一公司党委副书记吴进科 10 月 28 日接受采访时表示，工程没有烂尾，施工合同到期后，其公司并未撤场，目前施工现场还有相关管理人员开展现场管理和成品的维护工作。

北京市政一公司在向业主单位发送的律师函中表示，业主方未完成玉舍至坪寨公路征迁拆改，主线中仍有 10 座坟墓和 32 座房屋未拆迁，支线

---

① 《"烂尾路"追踪："预计整体两年内完工"》，"人民网"百家号，https://baijiahao.baidu.com/s？id=1682236184537978861&wfr=spider&for=pc，最后访问日期：2022 年 7 月 7 日。

仍有三处障碍物未拆除。

段昌友则表示，征地拆迁款未到位只是造成烂尾的部分原因，主要原因有三个，"直接原因是北京市政一公司资金断裂，第二个原因是施工管理混乱，第三个原因是我们征拆款没有全部到位。"

他进一步解释，虽然征地拆迁款未到位，但土地丈量工作是全部做完的，凡是涉及施工进度主要节点上的征拆工作，都完成了，"不影响施工。"

吴进科称，没有出现资金断裂的问题，主要原因是业主方违约，"根据合同约定，非承包人因造成工程延期完工，发包人应于2019年5月20日前支付我方已完成工程量总造价的50%，但业主一直未予支付。"

段昌友表示，按照政府工作流程，解决合同支付等相关争议与问题，需由北京市政一公司方面主动向交通局提出书面申请后、经县长办公会议审议。

他称，在交通局多次督促下，北京市政一公司于10月27日提交了后续工作建设方案的申请文件，交通局已形成报告上交县政府，待下周县长办公会议上商议后，将开展审计、签订补充协议、支付相关款项，以及后续施工等工作。

……

对此，段昌友表示，下周县长办公会议结束后，交通局将拿出350万元暂时缓解李冰等人的压力，"按照流程，钱会拨给北京市政一公司，然后在我们监督下，由他们支付给这些劳务班组。如果不同意这种方式，我们会直接把钱打给劳动监察大队，由他们依法进行支付。"

关于该项目的完工时间，段昌友称，计划在两年内完成。

从这则报道可以看出，承包方北京市政一公司首次就烂尾等问题作出回应，但水城县交通局作为业主方和作为承包方的北京市政一公司始终各执一词。通过记者对双方的不断采访，我们陆续了解到公路烂尾不是单纯一方的原因，而是由双方共同造成的。主要原因有三个：一是北京市政一公司资金断裂；二是承包方施工管理混乱；三是水城县交通局征拆款没有全部到位。资金和管理问题一直以来都是现存的烂尾路、烂尾楼的老大难问题。如若该事件缺乏热度，没有引起相关部门的重视，双方将依旧僵持不下，而遭殃的只会是普通老百姓。在记者的持续跟进下，水城县交通局局长段昌友最后表示，交通局将拿出 350 万元暂时缓解李冰等人的压力，"按照流程，钱会拨给北京市政一公司，然后在我们监督下，由他们支付给这些劳务班组。如果不同意这种方式，我们会直接把钱打给劳动监察大队，由他们依法进行支付"。而人民网在首篇报道中提到的"将继续挖掘该新闻事实的深层问题与难点"也终于得到了回应。下面再来看一则中国新闻网报道市场监管总局主动作为、"重拳出击"的案例：

案例 5-3-2：涉嫌垄断，知网被立案调查①

前有中南财经政法大学赵德馨教授将知网告上法庭，后有北京大学、中科院等多家单位宣布退出知网，每年还有数百万的毕业生面临"天价"查重费，可见社会各界对知网的"恶意"从来都不是没有理由的。国家市场监督总局此次行动，正是对社会普遍热议的知网商业模式是否构成垄断进行深入调查，并且预示此次调查将"推动学术文献数据库行业持续健康发展"。网友评论："对于学生来说，没有比这还要再爽的报道了。"

虽然调查结果还没有出，但《光明日报》在一个月后发布报道《刚刚宣布！知网开放个人查重》。

案例 5-3-3：刚刚宣布！知网开放个人查重②

6 月 12 日零点，同方知网（北京）技术有限公司发布《公告》：即日起，中国知网向个人用户直接提供查重服务。请认准 https：//cx.cnki.net 为中国知网个人查重服务唯一官方网站（具体服务规则请见该网站）。

《公告》称，对于研究生的学位论文，中国知网将通过研究生培养单位指定机构提供个人查重服务。

此外，知网还发布《个人查重服务常见问题》，就开放个人查重原因、收费标准、论文上传后的安全性等问题，回答公众关切。

---

① 《涉嫌垄断，知网被立案调查》，"中国新闻网"微信公众号，https：//mp.weixin.qq.com/s/K4mzeZ5gkFqQW8K5uPIk5A，最后访问日期：2022 年 7 月 7 日。
② 陈鹏：《刚刚宣布！知网开放个人查重》，"光明日报"百家号，https：//baijiahao.baidu.com/s？id=1735372513797295590&nfr=spider&for=PC.，最后访问日期：2022 年 7 月 8 日。

这个对于学术界来说的重大开放，再次让社会各界看到了国家市场监管总局在打击反垄断方面作出的努力。未来，国家将持续作为，依法打击垄断市场的恶劣行径，使知网不再是学术文献的买卖之地，而是知识创新的发源之地。

因此，行政法治新闻报道探究性的特点，即体现在对相关案件的难点、疑点的重重突破与解答上，在这一过程中，离不开"脚力"和"脑力"的配合，也需要报道者不厌其烦地去追踪、挖掘具有价值的新闻线索。

二 时机：政策背景与解释性

行政法治报道的时机应该和相关的行政举措联系起来，凸显事实的新闻价值。一方面，行政法治报道时机常与国家行政改革中的重大政策或者举措发布、实施时间密切相关；另一方面，只有在相关政策的背景下才能对政策实施中出现的问题进行有理有节的报道。这样既解释了相关的法律法规和政策，又深化了人民群众对政府行为的理解。例如《辽宁晚报》的这篇报道：

案例 5-3-4：封存公章六十枚 办照仅需一小时①

虽然整个仪式只有几分钟，但这却是个历史性的场景！4月1日，一场特殊的仪式在沈阳市和平区政务审批服务局办事大厅内举行，在办事群众和相关政府职能部门负责人的共同见证下，来自房产、卫生、教育、城建等16个职能部门的60枚审批公章被永久封存在一个长方形的箱子里，并被一张封条彻底封存，成为历史。作为全省率先被封存的审批公章，这具有代表意义的60枚作废公章，标志着和平区"行政审批多头跑路"的历史宣告终结。

当天下午，在和平区政务审批服务局办事大厅内，透明的长方形箱子里，整齐摆放着刻着教育、房产、卫生等主管部门名号、带着红色印泥痕迹的60枚公章，随着一张封条贴上，这些公章彻底"成为过去"。而作为

---

① 《封存公章六十枚 办照仅需一小时》，中国记协网，http：//www.xinhuanet.com/zgjx/2017-06/14/c_136358828_2.htm，最后访问日期：2022年7月8日。

改革的见证，这些公章将被和平区档案局封存。与此同时，和平区政务审批服务局正式启动刻有"沈阳市和平区政务审批服务局"字样的新印章，用这一枚公章取代了过去16个部门的60枚公章，在省内率先实现了"一枚印章管审批"，破解了权力"碎片化"和"公章围城"等问题。

行政审批和公共服务不用再"多头跑路"，办事群众感受到的变化最为直接。手捧首张盖有新印章营业执照的朱先生告诉记者，当年申请企业设立，要办营业执照、机构代码证、税务登记证以及企业公章，前后跑了好几个部门，每个部门都要提供一套材料，盖一遍公章，加上中间耽搁的时间，全都办理下来得用半个月。现在办理审批业务，仅用了一个小时，他就顺利拿到了营业执照。

据了解，"60变1"，看起来仅仅是一个数量上的变化，但对政府来说，它会涉及机构的变化、职责的变化、体制的变化、过程的变化，包括人员的安排、机构之间的配合、内部的协调等方面，应当说是前所未有的探索。而公章的减少，不仅使老百姓办事的成本降低了，还使得行政审批的流程更加简单，市场活力也得到了激发。

《辽宁晚报》这篇《封存公章六十枚 办照仅需一小时》，通过报道封存60枚审批公章的仪式，展现了该区"行政审批多头跑路"的历史终结。该报道所呈现的封存公章事件是简政放权的具体体现，每一枚被封存的公章都代表着一种审批权。这些公章被封存意味着相关权力被取缔或者下放。

该报道的背景是中央发布转变职能、简政放权的政策，媒体在当时进行报道具有重大典型意义。

案例5-3-5：

李克强主持召开国务院常务会议
研究部署金融支持经济结构调整和转型升级的政策措施
决定再取消和下放一批行政审批等事项①

会议要求，各地区、各部门要切实加大政府职能转变力度，既要积极

---

① 《李克强主持召开国务院常务会议研究部署金融支持经济结构调整和转型升级的政策措施决定再取消和下放一批行政审批等事项》，中国政府网，http://www.gov.cn/guowuyuan/2013-06/19/content_2591124.htm，最后访问日期：2022年7月8日。

主动地放掉该放的权，又要认真负责地管好该管的事，切实从"越位点"退出，把"缺位点"补上，做到简政放权和加强监管齐推进、相协调，以更有效的"管"促进更积极的"放"，使转变职能的成效不断显现，进一步激发市场主体活力和内生发展动力，使改革红利惠及最广大群众。

在政策实际实施过程中，可能会出现一些问题，产生一些纠纷，这些问题和纠纷有可能是实施中的困难，也有可能是因为发布行政政策的社会语境发生了变化，捕捉这些困难和变化，就能获得行政法治报道的"最佳"时机。

2020 年 1 月 16 日，《国家发展改革委和生态环境部关于进一步加强塑料污染治理的意见》（以下简称《意见》）发布，该项新政也被称为"新限塑令"，以区别于 2008 年推出的"限塑令"。各大媒体先是报道了《意见》的内容，随后《中国新闻周刊》发表了名为《新限塑令：塑料越限越多 成一个难解的"死结"》的报道。

案例 5-3-6：国家发展改革委 生态环境部关于进一步加强塑料污染治理的意见①

党中央、国务院高度重视塑料污染治理工作，将制定"白色污染"综合治理方案列为重点改革任务。中央全面深化改革委员会第十次会议审议通过《关于进一步加强塑料污染治理的意见》（以下简称《意见》），对进一步加强塑料污染治理工作作出部署。日前，经国务院同意，国家发展改革委、生态环境部印发《意见》。

《意见》强调，要以习近平新时代中国特色社会主义思想为指导，全面贯彻党的十九大和十九届二中、三中、四中全会精神，坚持以人民为中心，牢固树立新发展理念，有序禁止、限制部分塑料制品的生产、销售和使用，积极推广可循环易回收可降解替代产品，增加绿色产品供给，规范塑料废弃物回收利用，建立健全各环节管理制度，有力有序有效治理塑料污染，努力建设美丽中国。

---

① 《国家发展改革委 生态环境部关于进一步加强塑料污染治理的意见》，中国政府网，http：//www.gov.cn/zhengce/zhengceku/2020-01/20/content_5470895.htm，最后访问日期：2022年 7 月 8 日。

案例 5-3-7：新限塑令：越限越多的塑料污染"死结"[①]

2019 年，平均每小时就有 708 万件快递发往全国。国家邮政局 3 月 27 日发布的《2019 年中国快递发展指数报告》显示，全国快递业务量累计完成 635.2 亿件，日均快件处理量超 1.7 亿件。

这些快递使用了大量胶带、包装袋等塑料包装制品。根据绿色和平等三家环保组织去年发布的报告，快递行业在 2018 年消耗胶带总长度超过 398 亿米。这些塑料胶带可以缠绕地球近 1000 圈，2015 年这个数字还是 425 圈。

随着居民消费场景的日益丰富，塑料垃圾的战场已经逐渐转移到互联网，电商、快递和外卖行业成为主战场。为解决这些难题，2020 年 1 月 19 日，国家发改委和生态环境部联合发布《关于进一步加强塑料污染治理的意见》，该项新政也被称为"新限塑令"，以区别于 2008 年推出的"限塑令"。

据央视财经报道，旧版限塑令执行的八年中，全国主要商品零售场所使用的塑料购物袋，共节约了 700 亿个左右，平均计算下来每年节约 87.5 亿个。但是，仅 2015 年，全国快递行业消耗塑料袋约 147 亿个，国内三大外卖平台一年至少消耗 73 亿个塑料包装，增量远超减量。

塑料越限越多，成为一个难解的"死结"。

限塑令首次发布至今已经十多年，而其落实工作却屡屡陷入困境。报道称，尽管过去十几年，各地执法部门每隔一段时间就针对集贸市场开展治理行动，但市场上的不合格塑料袋总是"春风吹又生"。尤其是各地的集贸市场，仍是一次性塑料袋使用的重灾区。《中国新闻周刊》的记者就此分别采访了限塑联合调查组发起人、塑料行业协会人士、清华大学环境工程系教授蒋建国等多位相关人士，试图厘清限塑令落实工作陷入困境的原因，得到的结论是：政府部门的责任规定不清，例如环保部门、市场监督管理部门、农业农村部门、住建部门等在塑料垃圾管理的职责方面没有清楚的划分，导致监管责任难以落实等。针对这些问题记者对话了相关专

---

① 苏杰德，《新限塑令：越限越多的塑料污染"死结"》，"中国新闻周刊"百家号，https://baijiahao.baidu.com/s? id = 1663812324583769385&wfr = spider&for = pc，最后访问日期：2022 年 7 月 8 日。

家，他们提出的具有建设性的意见最终也得以见报。报道中的分析和建议，一来可以督促政府部门进行反思，二来启发政策的制定者广泛征集关于合理管控塑料的意见和建议，制定易于执行的政策，促使新限塑令的落地向善向好。

以上是媒体在政策发布后对于政策的阐释。此外，媒体在某个时机的报道能够预示行政政策的调整。来看这则《南方都市报》对相关省市过度防疫的报道：

案例 5-3-8：首次！多地因过度防疫被通报[①]

6 月 11 日，据"交通运输部"官微，近日，国务院物流保通保畅工作领导小组办公室警示通报了存在疫情防控通行过度管控、重复核酸检测等问题的地方，央视报道指出，这是首次向社会通报近期反映的一些突出问题。被警示通报的涉及河北张家口，安徽合肥、安庆，陕西商洛的部分高速口防疫检查点。

南都记者注意到，这是首次有地方因疫情防控通行过度管控等问题被国务院警示通报。通报强调，各地要全面取消对来自低风险地区货运车辆的防疫通行限制；核酸检测结果要全国互认通用，有效期内不得重复要求检测等。通报再次强调，对于严重影响货运物流畅通、造成物资供应短缺或中断的，要依法依规严肃追责。

近一个月来，中央多次召开重要会议，密集出台政策聚焦物流和产业链供应链稳定，稳经济一揽子措施中多项致力于打通大动脉、畅通微循环。6 月 6 日，国务院总理李克强到交通运输部考察，强调要进一步畅通交通物流，保障市场主体运行，稳住经济大盘。各地区各部门要强化协同联动，防止层层加码、一刀切，齐心协力推动货运量尽快实现正增长，为二季度经济合理增长提供支撑。

值得注意的是，近期随着疫情得到控制，包括浙江、安徽、甘肃、江西、山西等地发文调整跨省流动防疫政策，严禁层层加码、过度防疫。其中，6 月 9 日，安徽发文，严格执行交通物流保通保畅政策，撤除省内普通公路防疫检查点。

---

① 陈秋圆：《首次！多地因过度防疫被通报》，"南方都市报"微信公众号，https://mp.weixin.qq.com/s/Ynt6bP8MkQLN83ieDpz_yw，最后访问日期：2022 年 7 月 8 日。

劝返、不许下高速、重复核酸检测
合肥等 4 地被警示通报

据报道，4 月 18 日全国保障物流畅通促进产业链供应链稳定电视电话会议召开后，全国交通网络总体畅通，主要物流指标稳中向好，重点枢纽逐步复工达产，物流保通保畅工作取得阶段性成效。但个别地区疫情防控通行过度管控、重复核酸检测等问题仍零星散发。近日，国务院物流保通保畅工作领导小组办公室印发警示通报，通报了近期反映的一些突出问题：

一是河北张家口下花园西高速口防疫检查点对所有外来货车司乘人员，不论是否持有 48 小时内核酸阴性证明，都要求重新做一次"核酸检测 + 抗原检测"；不论司乘人员通信行程卡是否带 * 号，一律要求登记报备，否则不允许下高速。

二是安徽省安庆市宜秀区沪渝高速安庆收费站（眉山出口）防疫检查点对来自外省低风险地区的货车司机要求查验 48 小时核酸检测证明；合肥市方兴大道收费站防疫检查点对所有外地货车司机以"留取核酸检测样本"名义，变相强制开展核酸检测。

三是陕西省商洛市商洛东高速口防疫检查点对来自外省涉疫地区货运车辆，一律进行劝返，限制货运车辆通行。

媒体在此时报道多地因防疫过度被国务院警示通报一事，其实是我国防疫政策重大调整的前兆。无论是国家还是各地政府，需要明确的是，有必要的防控该做，但不能懒政凡事一刀切。通过报道我们可以了解到，政府为方便人们出行、最大限度地统筹疫情防控和经济社会发展，也在不断地调整其政策规定，始终坚持一切以人民为中心的理念。果然，在 6 月 29 日，我们便迎来了"行程码摘星"的新政策。

因此媒体在进行行政法治报道时要选择适当的时机，不仅要关注国家重大行政举措的发布或改革，还应具备较强的新闻敏感，根据政府的日常行政作为，在政策重大改革前进行预判，以便在信息发布时第一时间进行报道，构建积极的政府形象。

三　信源：分级角色与倾向性

信源指信息的提供者。和其他法治新闻类型一样，行政法治新闻的信源也主要来自事件相关当事人和相关专家学者等。由于当事人主要是行政机关和行政相对人，在行政法治报道，尤其是批评性报道中，常常出现"信源污染"的情况。某些部门或者工作人员的责任心和工作作风方面的问题导致对作为当事人的行政机关的采访信息令人生疑，不再具有采纳的意义，这个时候高一级或者更加权威的机关的发声尤为重要。此外，居中的信源非常有价值，因为这种信源不仅要具有专业性，还要对相关的行政程序、职责等有丰富的实际性了解，要敢于提出不同的观点，同时也要有利于达到促进行政行为改进和政府形象建构的目的。

案例 5-3-9：美发协会定价"剪发 60 烫染 300"？当地市监局介入[①]

"以大中型门店为代表，将门店剪发参考价定为 60 元，烫发、染发参考价定为 300 元，根据商家自身情况，上下浮动不得超过 5%，望各区域商家有序作出调整。"

7 月 3 日，网络上流传的这份名为《大理州美容美发行业协会关于"市场价格调整规范"的通知》的红头文件，引发了网友的热议。一个行业协会是否有资格发文定价？

该份落款为大理州美容美发行业协会的红头文件内容显示，为促进大理州美容美发行业健康有序的发展，营造一个规范、和谐、公平的营商环境，大理州美容美发行业协会以市场为导向，从规范各商家合理定价，公平竞争，维护市场稳定出发，给消费者更好的服务。行业协会会议通过：以大中型门店为代表，将门店剪发参考价定为 60 元，烫发、染发参考价定为 300 元，根据商家自身情况，上下浮动不得超过 5%，望各区域商家有序作出调整。

大理当地人士向澎湃新闻表示，此前当地理发价格区间一般为 20 元至

---

① 王万春、熊强：《美发协会定价"剪发 60 烫染 300"？当地市监局介入》，"澎湃新闻"微信公众号，https://mp.weixin.qq.com/s/irjJ3L4Z4XXUiK-wPnLDOw，最后访问日期：2022 年 7 月 8 日。

30 元一人/次。

7月4日上午，大理州民政局相关人员告诉澎湃新闻，上述协会的法定代表人是一个普通理发店的老板。

公开资料显示，大理州美容美发行业协会成立登记日期为2016年，法定代表人为刘仕波。其业务范围包括：探索大理州美容美发行业的发展道路；为大理州的政治、经济体制改革出谋划策并作出实践性探索，举办各种形式的专家讲习班、培训班和专题讲座；反映情况、伸张正义，维护企业正常的生产秩序和工作秩序，形成社会舆论，维护品牌企业的合法权益不受侵犯。

针对此事，大理州市场监督管理局介入调查。该局相关人员向澎湃新闻表示，他们7月3日晚及时向省局报告此事，4日上午跟大理州民政局民间组织科联系，已找到该行业协会负责人，根据现场调取的相关材料，正进行调查，"看他是违反了价格法还是反不正当竞争法，具体情况等我们调查清楚以后，会向社会进一步公布"。

云南九夏律师事务所律师谢洪强分析，一个行业组织无权对服务行业进行定价，在特定商品和服务中，法律授权政府定价，其他情况下不能定价。美容美发不属于《价格法》第18条之规定，对自我授权进行定价，物价部门可依法查处，且该行为涉嫌违反《价格法》第14条之规定，涉嫌操纵市场价格，若其他协会会员按此规定执行也违反《价格法》第14条相关规定；此外，该协会此行为涉嫌违反《反垄断法》。

法学博士、云南刘文华律师事务所律师刘文华指出，行业协会的价格倡议没有强制力，行业协会的倡议要符合市场实际消费能力，倡议目的不能影响或干扰到市场竞争，而是要限制恶性竞争，上述协会的所谓"通知"显然不符合市场实际消费能力，虽然没有强制力，但多少会对市场秩序产生不良影响，其行为本质上是反垄断法所规定的价格垄断行为，只是程度较轻。建议市场监管部门和行业主管部门督促行业协会主动纠错、撤销文件，不主动纠错撤销的，可由市场监管部门依据反垄断法作出相应的行政处罚。

可以看出，澎拜新闻这则报道中的信源十分丰富，包括大理州市场监督管理局，法学博士、云南刘文华律师事务所律师刘文华，大理州民政局民间组织科等。其中，大理州市场监督管理局作为当事人之一的行政机关是最直接的信源，另外还有大理州民政局作为居中信源对该事件进行协助调查，必要时提供美发协会的相关信息。这些行政机关的表述及后续的调查结果能够直接为该事件定性。而刘文华律师作为专家学者同样是具有新闻价值的居中信源，他从《价格法》和《反垄断法》的专业角度对事件的处理进行分析，提出建议，增强了报道的专业性，提高了可信度。

但也要注意，不是所有的官方信源都值得采纳，下面来看一则"信源污染"的案例。

2020 年 3 月，一张"与援鄂勇士合影领导集体'抢镜'"的照片在网上发酵，引发关注。网传图片显示，河北唐山饭店大门前，16 人在合影。8 名身穿便服的领导站在台阶下第一排；8 名身着红色护理服的医护人员站在台阶上第二排，位于领导们的身后。基于上述拍摄角度，领导成了主角，医护人员成配角。网友戏称，"还以为是 8 名领导凯旋"。随后"唐山发布"微信公众号发布了辟谣说明。相关报道如下：

案例 5-3-10：河北开滦总医院领导"抢镜"始末：从官方辟谣到院长致歉①

近日，一张"与援鄂勇士合影领导集体'抢镜'"的照片在网上发酵，引发关注。23 日，开滦总医院以及唐山市卫健委还原了事实真相。

网传图片显示，河北唐山饭店大门前，8 名身着红色护理服的医护人员站在台阶上第二排，位于领导们的身后。基于上述拍摄角度，领导成了"主角"，医护人员成了"配角"。

据唐山市卫健委医政处处长任永军介绍，事情发生在 20 日，当日，返唐的支援湖北医护人员尚处于隔离期。在唐山饭店现场，我们规定医护人员站在隔离酒店台阶上面，非隔离人员站在台阶最下面，保持安全距离。开滦总医院的迎接人员与 8 名支援湖北医护人员的合影位置是按照现场隔离距离要求进行的。开滦总医院院方介绍说，该院 8 名支援湖北医护人员返唐后按相关规定在唐山饭店进行为期 14 天的医学隔离。因医护人员处于

① 李洪鹏：《河北开滦总医院领导"抢镜"始末：从官方辟谣到院长致歉》，"上游新闻" App，https://wap.cqcb.com/shangyou_news/NewsDetail? classId = 2967&newsId = 2288464，最后访问日期：2022 年 7 月 8 日。

隔离期，为了全面落实疫情防控工作要求，相关人员与隔离人员近距离接触时应保持安全距离。我院支援湖北返唐医护人员不宜离开隔离区，非隔离人员也不宜进入隔离区。所以拍照时，医护人员只能站在隔离酒店台阶上面，非隔离人员只能站在台阶最下面，保持安全距离。

8名支援湖北医护人员之一、正在此间隔离的开滦总医院重症监护室主任李晓岚介绍说，"当时的情况是按照防控要求，我们不能离开隔离区域，医院领导也不允许站到隔离区域内。社会各界和开滦总医院对我们非常关心，尤其是医院的领导和同事们，始终关注着我们的情况，关心我们的家人，给了我们莫大的鼓励和支持。希望大家不要轻信谣言，伤了我们医护人员的心。"

虽然唐山市卫健委和开滦医院的相关领导迫于舆论压力对此事作了回应，但很快有网友发布了在同样的现场，医护人员都曾走下台阶，以不同站位跟其他人近距离合影的照片。此事发生反转，唐山市卫健委医政处和开滦总医院的种种解释顿时失去了公信力。随后，新华社"新华每日电讯"发表评论文章《"撒谎式回应"比领导与援鄂医护合影抢镜更损形象》，痛批了相关单位和部门的"撒谎式回应"。

事件的后续是，3月25日，唐山市政府新闻办公室主管的环渤海新闻网发布消息《开滦总医院院长诚恳致歉 院方被约谈》称，开滦总医院党委书记、院长高竞生借助媒体平台，向社会公众诚恳道歉。文章中称"唐山网信主管部门约谈了开滦总医院等单位相关负责人，要求其对此次事件暴露出的问题深刻反思，查找根源，提升政治站位，切实履行好主体责任和主管责任，诚恳对待舆论关切和批评"。院方负责人表示，将深刻汲取教训，以此为戒，认真进行整改，走好群众路线，向英雄学习，扎实做好支援湖北医护人员服务保障等后续工作，同时欢迎社会各界继续监督。

"撒谎式回应"的后续是引起了唐山网信主管部门的关注。案例涉及了开滦总医院宣传部、开滦总医院党委、唐山市卫健委医政处、唐山网信主管部门等多个有关部门，行政级别层层拔高，各部门都在自己的职责范围内对事件进行了回应、辟谣，这也就是我们所称的"分级信源"。虽然事件发展起承转合，引发了网友热议，但网友也是讲道理的。针对出现的负面新闻有关部门、有关方面能够及时回应，有误会就解释清楚，有责任就公开道歉，有问题就迅速解决，该追责就依法办事，最终也能够平稳消除网友的不满情绪。最后，上游新闻发表文章《河北开滦总医院领导"抢镜"始末：从官方辟谣到院长致歉》，梳理了事件的始末。

现在是互联网时代，行政当事人任何不当的言论都可能会被暴露在网络上。媒体作为中间人，承担着求证、追踪的职责，因此在报道时更应当注重信源的选择，不能因为相关行政人员的职位和头衔就盲信盲从，放弃对事件的关注。而是要注意多方信源互证，一级不行找上级，达到一面与两面相呼应的效果。这样才能真正发挥沟通政府与民众的作用，将最完整、真实的事实摆在大众面前。

四　立场：推进治理与调和性

立场是指新闻报道者站在什么样的角度上、以什么样的态度报道该新闻。行政法治报道的立场和其他类型的法治新闻报道一样，是基于法治的进步立场进行专业报道，体现在具体的报道手法上，行政法治新闻又具有一些个性特征。首先，体现在推进依法行政的立场上。其次，要具有鲜明的国家立场，可以批评问题，但前提是善意批评。因此，从这个意义来看，行政法治新闻具有某种调和性，换言之，行政法治报道的立场是有利于政府部门及其公职人员与人民群众、社会团体之间纠纷的解决，旨在推进社会治理，调和行政矛盾。

《法制日报》报道的《裁撤无常行政处罚书岂能成儿戏》一文中，记者一方面肯定了高新区执法局的做法"本身正是行政机关依法行政，维护法律的严肃性和公信力的体现"，另一方面又针对此事经媒体曝光后，高新区执法局的处理进行报道"不仅法外执法未收手，反而继续任性"。记者没有偏听偏信行政相对人或是执法局任何一方的说辞，而是进行了多次报道和追踪，全方位为读者呈现了事件的样貌。

同一般报道的立场一样，行政法治新闻报道者要站在客观的立场上"用事实说话"。"客观性"是新闻报道的基本特征之一，这种特征本身就是通过客观报道手法来实现的。其具体规范：第一，将事实和意见分开，这是客观原则的核心；第二，至少表达事实的两面；第三，尽量引述当事人的话；第四，立场中立，努力做到公平。作为新闻报道的一种，行政法治报道首先要居于不偏不倚、客观公正的基本立场。此外，其报道手法又有着自身的特性。

从媒体的立场出发，所发布的报道要具有建设性观点。建设性观点是有利于问题解决的意见、看法，本节将这种立场总结为推进治理与调和性。

这种推进治理与调和性的立场主要体现在下列两个方面。第一，倾向于运用感情色彩不太明显的词句表达建设性观点，其能够减弱言语的激烈性，缓和矛盾。例如："可以考虑""不妨开展""从……角度出发""需要探索……机制""这些建议""从另一方面来看"这些短语就经常出现在读者、专家表达的建设性意见中，他们常常以一种商量语气阐述意见和建议。

我们常常会看到以《一批法律法规今起施行……》为题的报道，这些报道包含法律法规本身以及专家建议或带来的影响，这些影响往往是正面的。

案例 5-3-11：行政强制法等一批法律法规今日起开始施行①

行政强制法等一批法律法规今日起开始施行 大中型企业建立劳动争议调解委员会 调解工作有章可循

当前，中国正处于社会矛盾的凸显期，企业特别是非公企业劳动争议易发、多发，劳动争议总量呈高发态势。

在此背景下，人社部出台的《企业劳动争议协商调解规定》今起施行，该规定要求大中型企业建立劳动争议调解委员会。

该规定首先明确要建立企业内部劳资双方沟通协商机制，对企业构建和谐劳动关系、畅通劳动者利益诉求表达渠道、加强对劳动者的人文关怀提出了要求。

该规定同时着力解决争议处理中最突出的协商问题，对劳动关系双方协商的原则、方式、参加人、时限及和解协议效力等作出明确规定。

规定明确，大中型企业应当依法设立劳动争议调解委员会，有分公司、分店、分厂的企业，可以根据需要在分支机构设立调解委员会，调解

---

① 《行政强制法等一批法律法规今日起开始施行》，中国新闻网，https://www.chinanews.com.cn/fz/2012/01-01/3576453_2.shtml，最后访问日期：2022 年 7 月 5 日。

委员会可以根据需要在车间、工段、班组设立调解小组。推动建立小额简单案件由分支机构调解委员会处理，疑难复杂案件由总公司（总厂、总部）调解委员会处理的分类处理、分级负责、上下联动的工作机制。

此外，该规定要求充分发挥劳动关系三方原则的作用，即人力资源社会保障行政部门应当指导企业开展劳动争议预防调解工作，协调工会、企业代表组织建立企业重大集体性劳动争议应急调解协调机制，共同推动企业劳动争议预防调解工作。

该报道发布于《企业劳动争议协商调解规定》施行的当天。一般对于某项规定的实施，都需要经由媒体的宣传与讲解传达给大众，该报道也抓住了"该规定今日实施"这一时间点，通过"该规定明确""该规定着力解决""该规定要求"等阐释性的语言，作为该规定的传声筒，增进读者的理解，更好地推进该规定在具体情境下的落实。

第二，倾向于站在多方当事人角度阐述建设性观点，没有明显偏袒某类当事人，较为客观中立，再看这则《人民日报》的报道：

案例 5-3-12：人民日报调查：土地收益补偿，为何成了一笔糊涂账①

准格尔旗大塔村村民的征地补偿款为何成了一笔糊涂账？农户有多少地搞不准，每户多少人有出入，应该有多少个户主都搞不准，这些本该清清楚楚、一目了然的事实，为何总是出现出入？"糊涂账"暴露出大塔村的治理失序问题。

首先是村级组织涣散。村民有困难、有意见、有不平，首先找村支书、村委会反映，可是原来的村支书把一切都推给上面，究竟哪户的地量多了、少了，补偿多了、少了，"闹不清"。而且，多年选不出村委会主任，支书也是由乡镇上的干部兼着，可是对于村民的诉求，乡镇来的兼任支书又使不上劲，土地确权为何得不到推进，他只能表示"不理解"。村民自治，要有健全的基层组织，否则，各项政策措施的落实就缺乏工作基础。

---

① 《人民日报调查：土地收益补偿，为何成了一笔糊涂账》，"人民日报"百家号，https://baijiahao.baidu.com/s？id=1623228142152208576&wfr=spider&for=pc，最后访问日期：2022年7月5日。

其次是法治观念淡漠。这么大数额的补偿款，出现了这么大的分歧，分配发放混乱无序，不得不让人生疑，有关工作是否依法依规开展，是否充分保障了村民的知情权、表达权、监督权。当然，部分村民因为分配不公而围堵企业，也是法治观念缺乏的表现。

同时，还暴露了地方上对相关工作重视不够。土地问题，是农村农民最重要的问题，发现了矛盾纠纷，必须高度重视、妥善处理。可是，这么多年来，失地农民反映强烈，认真核实了没有？查了没有？目前大塔村组织涣散、连土地确权都得不到顺利开展，这至少说明当地党委政府没有拿出有效的办法来。

党的十九大提出乡村振兴战略，"治理有效"是总要求之一，也是重要基础，有效的乡村治理是乡村振兴的重要条件。现在，大塔村的问题，首先要把糊涂账理清楚。当地党委政府还应切实加强领导，帮助他们尽快健全基层组织，尽快建立起自治、法治和德治相结合的乡村治理体系，保障农村稳定和谐发展。

在《人民日报》发布的《"治理有效"怎样落到实处？》这一编后中，记者编辑就站在较为客观公正立场上，既提出相关部门补偿款的分配发放应该充分保障村民的知情权、表达权、监督权，又批评村民围堵企业，法治观念淡薄，指出村民应增强法治意识。媒体充当"建设者"的角色，提出建设性意见，正是由其立场及态度所决定的。

五　呈现：答案叙事与行动性

行政法治新闻的呈现通过引导多元话语互动从而发挥舆论引导和舆论监督功能。行政法治报道的叙事策略应该主要是一种"答案叙事"，也就是要回答"怎么办"这个问题，从而其报道的方式呈现记者参与的"行动性"特征。

在行政法治报道中，常见的"答案叙事"手法是报道者提供解决方案与路径，贡献媒体的智慧。在这个过程中，创新性的呈现手段也尤为重要。从行政法治新闻的功能来看，行政法治报道常通过全面、客观、负责任地报道事件处理进程和结果，深层次分析事件发展原因，潜移默化地传达法治常识和法治精神，达到消除误解、消解矛盾的效果，并有效疏导社会情绪，凝聚法治共识。

事实上，无论是在日常社会管理中，还是在面临天灾人祸时，行政法治新闻始终在读者与政府部门间发挥重要的桥梁作用，其不仅肩负着党和政府思想工作宣传的重任，还要及时回应群众关切，解答群众疑惑，使不同主体间心意相通，相互理解，有效疏导社会情绪。

在 2021 年国家医保药品目录谈判中，罕见病医保药品诺西那生钠注射液被国家医保局谈判代表从 70 万元砍到 3.3 万元，该药价谈判过程也被网络直播，① 网友们在看完后感动万千，有人说道，"第一次看到这种谈判，感觉谈判官说话好温柔好有力量，谢谢所有人的努力"。中央电视台的《新闻直播间》栏目选择将这场时长一个半小时，中间有八次交锋的谈判过程以直播的形式向大众呈现，让观众感受了现场的紧张气氛，也认识到了药价谈判的不易。

行政法治新闻还会关注行政权力的运行，通过对公众意见的广泛报道，倒逼行政主体廉洁行政，提高行政效率，不断深化法治政府建设。同时，及时刊登政府部门的处理反馈，维护群众的合法利益，深化群众对政府部门工作的了解，树立群众对党和国家处理社会问题的信心。

此外，行政法治新闻在批评、曝光政府错误行政行为的同时，能够进行相应的反馈报道，展现政府职能部门对群众问题的重视以及反馈的及时。

案例 5-3-13：河长制实施后出现什么问题？水利部：有地方情绪急躁②

中新网 1 月 5 日电 在国新办今日举行的新闻发布会上，水利部副部长周学文指出，河长制实施一年以来，发现存在一些苗头性的问题。他指出，有的地方思想认识有问题，认为建立了河长制就完成了任务，把手段

---

① 《"眼泪快掉下来"…#罕见病医保药品谈判过程有多曲折#》，"人民日报"微博视频号，ht-tps：//m. weibo. cn/status/4710263302129805？wm = 3333_2001&from = 10C6393010& source-type = weixin，最后访问日期：2022 年 7 月 8 日。

② 《河长制实施后出现什么问题？水利部：有地方情绪急躁》，"中国新闻网"百家号，ht-tps：//baijiahao. baidu. com/s？id = 15887305865657852838nfr = spider&for = pc，最后访问日期：2022 年 11 月 3 日。

当成目的；有些地方则有急躁情绪，想把河湖几十年来积淀下来的问题通过河长制一下全部解决。

有记者问：请问周部长，河长制这项制度实施一年以来，水利部门有没有发现有什么问题？谢谢。

周学文介绍，河长制的实施，总体进展情况超出了我们的预期。全国各地河长制的建立普遍提前半年到一年的时间，完成了中央交办的这项任务。尽管工作取得了很大进展，也取得了一些成效，但是我们到各地调研和督导的过程中，也发现存在一些苗头性的问题。主要有三个方面：

第一，思想认识问题。比如，有的地方认为建立了河长制就完成任务了，把手段当成了目的；比如有些地方有急躁情绪，想把河湖几十年来积淀下来的问题通过河长制一下全部解决。河湖管理保护是一项长期的、艰巨的任务，建立河长制只是刚刚开始，万里长征刚刚走了第一步。我们既要解决好当前存在的突出问题，集中力量打好攻坚战，也要做好打持久战的准备。比如，河湖脏乱的问题，可以通过一次集中行动很快解决。而河湖的水生态、水环境的问题，很难一下通过一两次集中行动就解决，必须科学施策，一年接着一年干，久久为功。

第二，进展不平衡问题。有的地方实施河长制比较早，河长制已经取得了比较明显的成效，河湖面貌开始改善；有的地方河长才刚刚开始履职，一河一策还没有完全制定出来；有的地方河长刚刚明确，还没有去检查巡河，总的来说各地进展不是很平衡。

第三，问题整改不及时。现在很多河长已经开始巡河，发现了一些河湖的问题，有的地方河长公示牌立出来了，群众也反映一些问题。对这些问题，有的地方能够及时进行整改、能够见到成效，有的地方整改不及时。

周学文表示，下一阶段，水利部作为这项工作的主管部门，将督促地方努力解决好这些问题。

中新网对该事件的报道，让民众知道政府并不是不作为，而是正在积极采取相关措施，解决"河长制"实行一年来所暴露的问题。对话水利部副部长，可有效获得相关部门的最新工作进展，使得报道更具有说服力，提高人民群众对政府工作的满意度。

　　本章通过对行政法治报道的概念、选题以及手法的梳理，发现行政法治报道主要通过聚焦社会热点和难点——呈现建设性观点——引导话语互动这一路径发挥舆论监督功能。总的来说，行政法治新闻通过各种方式对国家行政机关及其工作人员执行、遵守行政法规、行政命令，作出行政指示、行政决定的行为进行舆论监督的过程，也是凝聚社会共识、重塑社会秩序的过程，具有全局性、宏观性。此外，行政法治报道观照社会典型问题，并主动搭建沟通交流渠道，给予行政机关与公民多方当事人不同程度的话语表达空间，在帮助公众全方位了解政府事务的基础上，巧妙呈现分散的、个别的、具有建设性的意见和建议，从而缓和"官民"矛盾，促使行政主体转变工作作风，努力增强服务意识，提高我国依法治国的水平。

第六章

CHAPTER 6

经济法治报道

本书将经济法治报道的内涵描述为新闻媒体对于经济立法、经济法律案件以及经济政策与动向等方面的新闻报道。经济法治报道不同于普通从经济法治视角对新闻事实的报道。在报道方向上，经济法治报道需要立足社会本位，以经济效益与公平为目的、以可持续发展为原则进行全方位、多角度报道；在报道手法上，经济法治报道力求从角度、时机、信源、立场以及呈现五个方面，为读者呈现完整全面的新闻报道。经济法治报道以经济法为基础却也是此部门法的延伸，其报道范围与一般的跨学科报道势必会有一定的区别。

研究者对于经济法是否与民法、刑法等部门法并列存在一定争议，但较为一致的观点是经济法作为一个独立的法律部门，理应有自身所调整的象限。与民法所调整的经济关系不同，经济法调整社会生产和再生产过程中，各类组织作为基本主体所参加的经济管理关系和一定范围内的经济协调关系。因此，本章在结构上并未将经济法治报道与类似新闻报道进行对比，而是将焦点聚集于经济法视域下的各类型报道，以更加宽阔的视野看待法治视角下的经济新闻。若仅限于经济法所调整的经济关系，势必会减弱报道内容的全面性。报道内容只有包括调整关系中衍生而来的经济政策、经济动向及效率等方面的外延，方能以更加全面、丰富的视角展现经济法治报道的魅力。

第一节　经济法治报道的概念及分类

"经济"一词在我国最早可以追溯到公元 4 世纪初东晋时期，当时"经济"主要是指"经邦""济世"，带有"治国平天下"的韵味，充满了人文思想的社会内涵。而现代社会中的"经济"一词主要是指价值的创造、转化以及实现。经济活动是人们最重要的信息活动。原始社会时期，人们为了交换外界信息而进行的交换活动可以被称为最早的经济新闻传播活动。随着社会的进步，商品的生产与交换对经济信息有了大量的日常性需求，经济信息的传播活动成了整个社会经济运作中不可或缺的一部分。

新闻报道则是随着信息传播活动而出现的专业化的信息传递的手段，随着经济社会的发展，新闻报道的方式更加垂直化。当下根据信息传播内容的不同，新闻报道可以分为时事新闻报道、社会新闻报道、军事新闻报道、经济新闻报道、法治新闻报道等。本节将从经济报道及经济法治报道入手，对相关概念进行阐释。

陆定一先生将"新闻"一词定义为新近发生事实的报道。[①] 于是，经济新闻是关于社会上新近发生的经济事实的报道。在改革开放前，我国经济新闻报道都是以宣传为主。随着新闻报道领域"事实说"和"受众本位"观念的提出，报道内容逐渐发生转变。

无论是《一张社保卡 实惠送万家》，还是《市场监管总局对唯品会涉嫌实施不正当竞争行为立案调查》，都是立足新闻事实、对新近发生的经济事实的报道（见图 6-1-1）。此外，报道以受众为本位，无论是社保卡还是住房贷款等都与民生息息相关。这也正印证了徐人仲先生的话："真正的经济新闻，应该是反映具有中国特色的社会主义现代化建设中亿万人

---

① 陆定一：《我们对于新闻学的基本观点》，《解放日报》1943 年 9 月 1 日。

民的劳动创造，展示现实经济建设生活中动人的时代画卷，是实实在在的报道。凡是不能体现这个目标要求的，平庸一般或空泛议论和实际生活相距甚远的经济报道，要勇于舍弃。"①

图 6-1-1　2021 年 1 月 15 日《人民日报》经济版面报道

资料来源：王永战：《一张社保卡 实惠送万家》，《人民日报》2021 年 1 月 15 日，第 10 版。

此外，新闻报道的涵盖范围十分广，任何领域的新近发生的事实都可以作为新闻报道的素材，这要求新闻从业人员能够具备跨学科的思维，了解不同行业的知识以丰富自身知识体系。同时，新闻报道内容更加垂直化，这也是对经济报道、经济法治报道等新闻作出分类的原因。经济报道涵盖经济学、新闻学等学科知识，那么经济法治报道则是兼具了经济学、法学及新闻学等学科知识。由于经济法部门法的特殊性，而经济法治报道是从经济法视角进行，报道范围与一般的跨学科报道势必会有一定的区别。

---

① 徐人仲：《改革经济新闻初探》，《新闻与写作》1985 年第 2 期。

案例 6-1-1：股价连续 7 个交易日低于 1 元，董事长拟向亲戚朋友借钱增持，深交所火速关注：是否存在拉抬股价以规避退市？[①]

1 月 17 日晚间，*ST 新光公告称，1 月 15 日，董事长虞江威通知公司，基于对公司未来发展的信心及对公司长期投资价值的认可，拟增持公司股份。

当公司股价低于 1.08 元时，拟增持公司股份数量不少于 1000 万股，不超过 2000 万股。其将根据公司股票价格波动情况及资本市场整体趋势，择机实施增持计划。实施期限为自增持计划披露之日起 6 个月内完成。

增持资金来源为自有资金 900 万元，拟向亲戚朋友或金融机构借款 1100 万元，融资情况存在不确定性。

该则报道叙述了个人借贷关系以及涉嫌拉抬股价等事实，属于经济报道与法治报道的范畴，但并不属于本书所定义的经济法治报道的范畴。

本书所称的经济法治报道是以经济法调整的社会关系为报道对象的新闻报道，它不单纯是将经济与法治结合的报道，这需要从经济法是一个部门法的视角去理解经济法治。部分学者认为，"经济法的实质是国家对市场经济实行必要干预的内容"；另一部分学者则认为，"经济法的国家调节是社会经济意志的体现，是在国家调节社会经济过程中人们行为的法律规范"。法学界对于经济法的概念与范围有着众多的看法。但可以明确的是，学界相对一致的意见是，经济法是一个独立的法律部门，与民法、刑法、行政法等其他部门法并列，拥有独立的调整对象与涵盖范围。

因此，经济法治报道的对象不是全部的经济关系，而是特定的经济关系。如果仅将经济报道与法治报道的含义相结合来探讨经济法治报道的定义，那就可以理解为，一切关于经济、法律二者结合的报道内容都能够作为经济法治报道的对象，这恐怕是对经济法治报道的范围作了扩大解释。正如经济法与民法以及其他部门法一样，其有自身独立的、区别于其他部门法的地位。与民法所调整的经济关系不同，经济法调整社会生产和再生产过程中，各类组织作为基本主体所参加的经济管理关系和一定范围内的

---

① 每日经济新闻：《股价连续 7 个交易日低于 1 元，董事长拟向亲戚朋友借钱增持，深交所火速关注：是否存在拉抬股价以规避退市？》"人民日报" App，https：//wap.peopleapp.com/article/rmh18168419/rmh18168419，最后访问日期：2022 年 7 月 3 日。

经济协调关系。同理，经济法治报道也不是经济报道与法治报道二者的结合，而是一种关于经济法所调整对象的法治报道并属于法治报道。

案例6-1-2：交易商协会对永煤控股债务融资工具相关中介机构启动自律调查①

近日，交易商协会在对永城煤电控股集团有限公司开展自律调查和对多家中介机构进行约谈过程中，发现兴业银行股份有限公司、中国光大银行股份有限公司和中原银行股份有限公司等主承销商，以及中诚信国际信用评级有限责任公司、希格玛会计师事务所（特殊普通合伙）存在涉嫌违反银行间债券市场自律管理规则的行为。依据《银行间债券市场自律处分规则》等有关规定，交易商协会将对相关中介机构启动自律调查。

该则报道的新闻事实是关于交易商协会对永煤控股公司债务融资的相关调查，该经济关系属于经济法调整对象，此报道是一则经济法治报道。

因此，本书的经济法治报道是新闻媒体通过声音、文字、图像、视频等手段，对新近发生且国家干预特定经济关系的法治事实的报道。需要注意的是，经济法治报道也是新闻报道的一个种类，其中有几个要素是必须凸显的。一是报道手段，声音、文字、图像、视频都可以作为报道的方式。尤其在互联网时代，通过融媒体手段，将报道虚拟化以及数字化等都适用于经济法治报道。二是强调"新闻"本身的特性，最基本的要求是报道内容一定是真实发生的事件。真实是新闻的生命，无论新闻报道、经济法治报道抑或经济报道等，都必须将真实性放在报道的第一位。三是强调经济法治的范围，即国家干预的特定经济关系，而不是全部的经济关系，否则，其范围就包括了民商法调整的经济关系，就无法同本书的民事法治报道区分开来。

经济法治报道是从经济法视角对相关的新闻事实进行的报道。需要注意的是，其报道内容不应局限于法律事实，而是要拓展开来，与经济法律制度相关的违法行为、普法动态以及法律修订动态等事实都要被纳入报道内容范围。此外，其报道内容应限定于经济法调整的特定经济关系的范围

---

① 《交易商协会对永煤控股债务融资工具相关中介机构启动自律调查》，"澎湃"App，https：//m.thepaper.cn/newsDetail_forward_10055602，最后访问日期：2022年7月3日。

内，这势必要借鉴法学界对此的分类。

据法学界对经济法调整对象表现形式的分类，本书将经济法治报道分为市场管理类报道、宏观调控类报道、企业组织类报道和社会保障类报道。接下来将从这四个方面对经济法治报道的分类作出具体阐释。

一　市场管理类报道

本书认为，市场管理类报道是指对在市场管理过程中发生的经济关系进行法律规范的新闻事实的报道，主要包括对《反不正当竞争法》《产品质量法》《消费者权益保护法》等法律以及相关事实的报道。

建立社会主义市场经济体制是我国经济体制改革的目标和要求。为此，新闻媒体在经济类新闻方面要树立市场经济观念，正确认识和把握市场管理类报道的内容，力求报道的全面性。具体来说要做到以下两点。

第一，力求客观真实，新闻报道的基本准则要求媒体在报道时要注意事实的真实性和客观性，真实性是第一位的。关于市场管理活动中的相关报道涉及党和国家，涉及企业以及消费者的权利，只有坚持客观真实的原则，才能保障各方利益最大化。

案例 6-1-3：市场监管总局对京东、天猫、唯品会不正当价格行为案作出行政处罚决定①

e 公司讯，针对"双十一"前后消费者反映强烈的网购先提价后打折、虚假促销、诱导交易等问题，根据价格监测和投诉举报等有关线索，市场监管总局依法对京东、天猫、唯品会三家企业开展自营业务不正当价格行为进行了调查，并于 2020 年 12 月 24 日依据《价格法》第四十条、《价格违法行为行政处罚规定》第七条作出处罚决定，对上述三家企业分别处以 50 万元人民币罚款的行政处罚。

---

① 李在山：《市场监管总局对京东、天猫、唯品会不正当价格行为案作出行政处罚决定》，e 公司网站，http://www.egsea.com/news/detail? id=788441，最后访问日期：2022 年 7 月 3 日。

这则报道陈述了电商平台不正当价格竞争的事实，企业主体在开展自营业务时由于价格不合理而违反了《反不正当竞争法》《价格法》等法律规定，对市场经济产生一系列的不良影响。因此，对于此类行为，新闻报道更应坚持客观真实的原则，将事情的来龙去脉陈述清晰并跟进报道，同时警醒个别企业，维护市场经济的运行。

第二，要在报道中树立公平竞争意识。这不是指媒体内部对于报道内容的竞争，而是媒体在报道市场经济相关的新闻事实时，要让企业乃至消费者树立公平竞争的意识。在市场管理类报道中，较为突出的就是滥用市场支配地位而出现垄断、不正当竞争等，这势必会压制中小企业的发展，不利于市场经济的正常运行。

案例 6-1-4：字节跳动高管吐槽微信封杀"飞书"！豆瓣微信分享曾出现异常①

1 月 7 日，字节跳动副总裁谢欣在今日头条发文称，由于微信开放平台的不开放，"飞书文档"微信小程序已经在审核流程上被卡将近两个月。在这个过程中，腾讯没有给出任何回应和理由，只是说，"此应用在安全审核中"，不做进一步处理。谢欣表示，最近很多企业因为疫情反复又紧张起来，远程办公再次成为一种重要的工作模式，"我们希望腾讯能够从公平、公正的立场出发，停止无理由的封杀"。

微信用户分享被屏蔽近日再引关注。由于微信用户无法向好友分享淘宝、抖音等链接，2019 年，微信被提起反垄断诉讼，原告当事人由于证据不足撤诉。2021 年 1 月初，该案原告告诉南都记者，其现在获得了更多证据，正筹备重新起诉。面对上述用户的指控，腾讯曾在庭审中辩称，腾讯认为微信方面没有拒绝用户分享链接，也没有损害用户的通信自由权。腾讯表示，原告对分享链接的理解比较狭窄，仅限于通过微信开放平台分享模式进行的模块化分享，而忽略其他种类链接的分享。原告的本质需求是分享链接背后的实质内容，并非一种链接形式。有律师曾向南都记者表

---

① 汪陈晨、吴佳灵：《字节跳动高管吐槽微信封杀"飞书"！豆瓣微信分享曾出现异常》，"网易新闻" App，https：//c. m. 163. com/news/a/FVOPR4RT05129QAF. html？spss = news-app，最后访问日期：2022 年 7 月 3 日。

示，判定是否滥用市场支配地位必须结合具体行为情况考虑，需要分析被指控的行为和其市场力量之间有无必然或紧密的关联性。这是一则关于微信涉嫌滥用市场支配地位限制飞书的报道。垄断企业滥用支配地位、强制交易而获得高额利润的行为产生了严重的不良影响，严重危害市场经济的安全。对于此类不正当竞争行为，新闻报道要予以分析、打击，保障市场的合理运行。

二 宏观调控类报道

宏观调控是政府通过行政、经济等手段对国民经济进行的调节与控制，能够保障社会再生产的协调发展，在国家管理经济中发挥着重要作用。宏观调控的目的是保障社会供需平衡及弥补市场的不足，从而促进经济良性增长，提高就业率，稳定价格。据此，本书认为，经济法治报道中的宏观调控类报道是对国家此类调节行为的相关报道，力图展现宏观经济调控的运行过程，对经济现象进行全方位的报道，以维护国民经济持续稳定发展。

对于宏观调控类报道来说，报道范围为：宏观调控法象限下的一系列的法律法规，比如《中华人民共和国外商投资法》《中华人民共和国企业国有资产法》；国家调控的财政、税收、金融、价格、自然资源等方面的一系列法律制度及制度下的市场动向、调控政策等延展性内容。

宏观调控的全局性、整体性，要求新闻业界在报道中首先要树立宏观意识，必须准确把握当前世界经济发展的大趋势。这对从事新闻行业的工作者们提出了全新的要求。工作者们必须成为时代的瞭望者，紧跟时代步伐，充分了解国家政策，眼观六路，耳听八方，将报道对象放到世界经济的大背景下去观察，这样才能使报道具有前瞻性。

案例6-1-5：关于猪肉的通讯——"稳猪价"背后的农业供给侧改革①

猪年，猪价牵动着各方神经。猪肉是重要的民生产品，党中央、国务

① 张超文等：《关于猪肉的通讯——"稳猪价"背后的农业供给侧改革》，中国记协网，http：//www.zgjx.cn/2020-10/16/c_139444184_2.htm，最后访问日期：2022年7月3日。

院对于保持重要民生商品价格基本稳定高度重视。为确保老百姓"菜篮子"供得上、供得稳，近几个月，从部委到地方再到企业，一场关于生猪稳产保供的攻坚战全面打响。

受非洲猪瘟疫情影响，2018年四季度以来，生猪和能繁母猪产能持续下降，猪肉市场供给偏紧。今年3月特别是6月以来，猪肉价格持续上涨的效应开始集中显现。

进入11月，生猪价格一路上涨的走势开始发生改变。农业农村部数据显示，自11日至21日，全国农产品市场猪肉平均价格从49.61元/公斤持续回落至43.7元/公斤。26日来自商务部的数据显示，猪肉批发价连续三周回落，降幅超16%。国家发改委和国家统计局最新数据也表明，商品母猪和能繁母猪的价格都在回落。"生猪产能下滑已基本见底""生猪生产整体进入止降回升转折期""猪价暂时停涨"……稳产保供"大动员"成效渐显。

值得关注的是，此轮"稳猪价"也成为加速农业供给侧改革的新契机，在推动解决猪瘟疫情问题的过程中，科学养殖、规模化养殖和现代化养殖上升到更为重要的地位，生猪产业转型升级新空间加速开启。

失衡——猪价上涨之核心诱因

……

转折——"大动员"合力之效彰显

……

契机——供给侧改革提速

这是获得"第三十届中国新闻奖二等奖"的一则深度文字报道作品。2019年，猪肉价格持续上涨，牵动民生经济。《经济参考报》第一时间制定了报道方案，深挖猪肉价格上涨原因，熟悉国家政策，揭示猪肉价格上涨背后的深层次矛盾，站在全局的立场上，真实地反映了政策的落实情况、市场预期的变化，同时指出了未来畜牧业发展的路径和方向。该报道被各类主流媒体广泛转载，引起了业内人士和普通群众的关注和热议，仅新华社客户端的点击率就超过百万，是一则成功的宏观调控类报道。

经济的飞速发展，对记者的观察能力和知识结构提出了更高的要求，记者不仅需要有专业的新闻媒介素养，更要对时事政策了如指掌，立足新闻，放眼全局，树立宏观意识。这样对事物的认识才会更加深刻，制作的报道内容才会更加吸引受众，才能真正创造出有价值的新闻作品。

宏观调控类报道涉及一系列的法律法规制度，但在报道过程中，不能局限于对金融、价格、税收等法律本身的报道，还应注重对其外延部分的报道，包括对立法动态、违法行为以及普法过程等新闻事实的报道。如2020年11月6日澎湃新闻客户端视频专栏《官方回应"薯片结算时价格上涨"：正调查是否违反价格法》以及11月4日视频专栏《零食结算时涨价，市监局调查"天猫超市"是否违反价格法》等，立足于事实本身，对违反价格法的行为进行报道，属于经济法治报道的范畴。再如2020年7月29日《中国证券报》题为《〈煤炭法（修订草案）〉征求意见稿发布 新增市场建设、优化进出口等条款》及2019年10月29日澎湃新闻客户端题为《午夜断电处罚业主高空抛物合法吗？律师："违反电力法"》的报道。这两则报道分别是关于立法动态及普法教育的报道，也属于经济法治报道的范畴。因此，在对宏观调控类的相关法治事实进行报道时，要注重整体，全方位进行报道，以实现传播效果的最大化。

三　企业组织类报道

经济法为了培育合格的市场主体、维护市场秩序而对企业组织类关系进行调整。在市场经济主体的运转中，企业是最重要的一环。对企业等市场主体进行必要的规制是保障市场运行的关键，也是推进我国经济体制改革的重要手段。

经济法规定国家应当依法对企业的设立、变更及终止，企业内部机构的职权和设置，财务和管理等进行必要的干预，保证本国经济的协调运行。对于经济法治报道来说，为了监督和预测市场主体的行为，维护市场经济的发展，将企业组织管理关系纳入报道的范畴是必要的。企业组织类报道的范围可以包括《个人独资企业法》《合伙企业法》《公司法》等一切企业法律制度的相关内容。本书认为，其报道范围不应局限于企业法律本身的动态行为，还应包括企业内外部法律关系、企业投资人、企业法人、企业事务管理及企业的违法行为等与企业发展相关的内容。

案例 6-1-6：中源协和投资 800 万美元设立合伙企业①

新京报讯（记者 刘旭）2 月 27 日，中源协和发布公告称，其美国子公司 Vcan Bio 拟与多家公司共同投资设立合伙企业 Aceso 生物基金，Vcan Bio 拟以其持有的 HebeCell 公司 72% 的股权按照原始出资额 500 万美元作为第一期出资，以现金 300 万美元作为第二期出资。

这则报道对合伙企业的依法成立流程及细节过程进行了简要的阐述，显而易见是一则五要素齐全的关于出资设立合伙企业的快讯，属于企业组织类报道。值得注意的是以下获得"中国新闻奖三等奖"的这则报道：

案例 6-1-7：这家企业接二连三遇到"窝心事"②

在科技引领城建设攻势中，如何大力发展创业投资，用资本力量推动人才聚集、科研发展，这是亟待解决的重要课题。蓝谷作为聚集创新要素、创新资源的重要创新平台之一，在其中担负重任。然而，一家企业却在这里接二连三地遇到了"窝心事"。

2017 年 6 月，张先生所在的企业入驻蓝谷。"企业入驻蓝谷时，让我们心动的一个重要条件就是蓝谷下发的一个文件提到，园区的在孵企业、事业单位和研究院所的工作人员，缴纳社保满一年，子女可以到山东大学实验幼儿园和山东大学实验小学就读。"张先生说，公司对外招聘时，就把这个利好条件作为重点向求职者进行了强调。

2018 年 6 月，张先生公司员工缴纳社保满一年，欢天喜地地准备送子女入园入学，却发现蓝谷的政策变了。在新下发的文件中，原来文件中的"在孵企业"已变成了"引进人才"。该文件对"引进人才"作了说明："引进人才"是指博士及以上、长江学者等高层次人才。

张先生公司招聘的大都是硕士研究生，他本人是双硕士，拥有三项高级职称，也不符合新的文件规定。张先生多次奔走协调，企业员工子女的入园问题最终也没得到解决。

---

① 刘旭：《中源协和投资 800 万美元设立合伙企业》，新浪网，http://k.sina.com.cn/article_1644114654_61ff32de02000x18f.html? from＝news&subch＝onews，最后访问日期：2022 年 7 月 3 日。

② 邱正（贾臻）、王倩松、王全力：《这家企业接二连三遇到"窝心事"》，中国记协网，http://www.zgjx.cn/2020-10/23/c_139459036_2.htm，最后访问日期：2022 年 7 月 3 日。

......

政策的变来变去给企业带来了损失，制定的政策不落地也让张先生"一头雾水"。

......

"我们做企业就希望政府能够提供一个良好的营商环境，出台的政策能够及时落地、落实。"张先生对自己公司遭遇的"窝心事"颇显无奈，"无锡、舟山的政府部门已经派专人与我们接洽，让我们把这个项目落户无锡和舟山，并且承诺从报审到立项再到签订多方合作协议，3 到 10 个工作日内就可以完成，青岛市相关部门规定的审批时间也不长。同样是审批，为什么我们的项目在蓝谷却需要这么长时间？"

这是一则关于蓝谷某企业不讲诚信导致从业者纷纷辞职而遭受重大损失的报道。该报道刊发后，被众多媒体转载，得到了强烈的社会反响。而后，青岛蓝谷的管理局引以为戒，连续出台了 5 项政策进行整治。与上一则报道不同的是，从本则报道来看，其报道内容并不局限于上述列出的企业自身的行为，而是从企业从业者入手，深度挖掘企业内部运转过程中的一系列次生问题，从而引起相关部门的重视而对此进行调整。

因此，在企业组织类报道中，新闻从业者不应将眼光局限在企业法律制度本身以及企业管理的表面上，而应从企业的方方面面，包括人事、企业外部关系等，全方面揭示企业运转规律，为政策制定、企业管理提供全方位、多视角的信息以供参考，同时保障公众知情权。

四 社会保障类报道

在社会主义市场经济条件下，部分社会成员在遭遇竞争风险后无法保障自身的基本生活，为了生存极有可能会破坏市场秩序，导致市场紊乱。这时，国家应当设立多层次的社会保障体系来对其进行干预，这类关系必然由经济法进行调整。因此，新闻媒体应当将社会保障类事实作为经济法治报道的内容之一。

社会保障类报道是关于政府主导，个人、组织及政府三方共同出资，为保障社会成员的基本生存并且逐步提高其生活水平而进行的对新闻事实的报道。报道范围十分广，本文据此对其进行了分类。

第一，对法律法规政策出台的报道。如关于医疗保险制度、生育政策、工伤保险制度以及最低生活保障制度的报道等。

第二，对社会保障待遇落实情况的报道。即对政府机构或者相关部门对于法律政策的落实情况的报道。如中国新闻网 2020 年 8 月 4 日标题为《国家税务总局：灵活就业人员可申请缓缴养老保险》的报道①，以及中国新闻奖获奖作品《过度兜底 一些贫困地区医保基金被花"秃噜"》②。

第三，对社会保障管理机构及相关部门的监督类报道。即报道内容涉及政府及其相关部门对社会保障工作的管理、监督等方面，如下面的报道：

案例 6-1-8：定点医药机构可以划卡了 社保医保系统提前完成切换③

9 月 11 日，直播绵阳记者从市人社局了解到，全市社保医保系统切换工作基本完成，全市人社、医保各业务系统和数据全部迁入新的数据中心。2000 余家定点医药机构，以及乡镇社区等基层平台的网络均同步完成切割。

从 9 月 11 日 14 点起，全市各定点医院和药店和异地医疗结算系统全部恢复，开始正常划卡结算。据定点医院反馈，参保病人办理出院结算，系统速度提升明显，后续将根据运行情况进行优化，使网络运行速度得到进一步提升，并积极利用"互联网+"技术，推进民生公共服务体系建设。

第四，对社会保障基金投资关系的报道。即对社会保障经办机构将社会保障基金用于投资，以实现保值增值，如购买国债、委托特定机构投资等的报道。以下一则新闻阐述了社保基金安全、保值增值及市值最高的几家企业，提到最新出炉的全国社会保障基金理事会社保基金年度报告，社

---

① 《国家税务总局：灵活就业人员可申请缓缴养老保险》，中国新闻网，https：//www.chinanews.com/cj/2020/08-03/9255210.shtml，最后访问日期：2022 年 7 月 3 日

② 张丽娜、王靖、张晟：《过度兜底 一些贫困地区医保基金被花"秃噜"》，中国记协网，http：//www.zgjx.cn/2019-06/23/c_138140304_2.htm，最后访问日期：2022 年 7 月 3 日。

③ 王泽宇：《定点医药机构可以划卡了 社保医保系统提前完成切换》，"网易新闻"App，https：//c.m.163.com/news/a/FMCIRSB90514CBCT.html？spss=newsapp，最后访问日期：2022 年 7 月 3 日。

保基金权益投资收益额为 2917.18 亿元，投资收益率为 14.06%，远超社保基金成立以来年均投资收益率 8.14% 的水平。报道重点谈到了社保基金投资收益率的相关情况，属于对社会保障基金投资关系的报道：

案例 6-1-9：社保基金去年投资收益率 14.06% 重仓金融、医药、消费股①

社保基金又赚钱了！9 月 11 日，最新出炉的全国社会保障基金理事会社保基金年度报告显示，2019 年，社保基金权益投资收益额 2917.18 亿元，投资收益率 14.06%，远超社保基金成立以来年均投资收益率 8.14% 的水平。

社会保障类报道依据社会保障的项目进行分类，包括社会保险类报道、社会救助类报道、社会福利类报道及社会优抚类报道等；依据保障的对象来划分，还可以分为城镇社会保障类报道、农村社会保障类报道等。无论从何种角度对社会保障类新闻进行报道，都应当注意报道的全面性。从外延到内涵，报道内容相互联系、相互交叉，构成一个统一的有机整体。只有全面报道相关内容，才能维护社会主义市场经济，从而促进国民经济的发展，为实现我国市场经济良性运行提供稳健的支撑。

---

① 21 世纪经济报道：《社保基金去年投资收益率 14.06% 重仓金融、医药、消费股》，"网易新闻" App，https://c.m.163.com/news/a/FMANVUL205199NPP.html? spss = newsapp，最后访问日期：2022 年 7 月 3 日。

第二节　经济法治报道的选题

本章第一节已经介绍了经济法治报道不同于普通从经济法治视角对新闻事实的报道。经济法以社会责任为本位，以经济效益与公平为目的，以可持续发展为原则。以经济法治为视角的新闻报道应体现宏观整体性、经济效率的推动性以及可持续发展的深度性。由此，在报道选题上理应注重以下几点。

首先，选题应当立足整体、反映社会。要体现报道的宏观整体性，则必须在选题策划上以宏观视角为主，注重社会生活的方方面面。同时以国家整体经济发展与社会利益为基本点，呈现反映国家、社会、个人相互之间关系的选题方向，体现我国社会主义市场经济发展的宏观性与整体性。

其次，选题方向应当关注经济政策及其变化。近年来，国家不断通过推动个人信息保护立法、修正《反垄断法》等举措维护市场经济稳定发展。在选题上，以经济政策为导向，关注政策动态，能够提高经济发展效率，推动社会生产力水平稳步提高，从而维护市场经济秩序。

最后，纵深化挖掘选题，在报道中体现可持续发展原则。可持续发展原则强调环境与经济的协调发展，追求人与自然的和谐。该原则具有很大的超前性，媒体对其的报道会对公众产生重大的影响。但由于媒体时效性的局限，报道往往会为抢时间、树立典型而不进行深入采访。诸如《又一煤矿正式投产，年产 240 万吨……》，在报道选题上过度追求经济效益，而对项目的防护以及生态环境的保护措施丝毫未提，极易使公众对我国经济发展前景盲目自信。因此，在报道选题上，新闻媒体应当纵深化挖掘选题，阐释经济发展背后的规律，注重经济、环境与人类的协调，维护社会效益、经济效益与生态效益的统一。

一　社会本位的整体性

社会本位是经济法的本位思想，它以维护社会公共利益为出发点，而社会公共利益的维护程度与国家的宏观调节和社会分配行为紧密相连。经济法在调节产业、保护消费者权益时，要以社会利益为本位。因此，经济法治报道要注重社会本位原则的运用，在报道中力求以社会利益为出发点，凸显报道的宏观性、整体性，为公民经济法治思想建设提供引导。

（一）立足社会本位，关注经济法治热点

本章第一节谈到，经济法治报道从经济法的视角对社会现象及事件进行搜集、整理并报道。而经济法的法律原则之一就是社会本位原则。社会本位是以维护社会公共利益为出发点的经济法本位思想，这表明，经济法在产业调节、消费者权益保护、固定资产投资及市场关系等方面，要以社会利益而不是个人利益为本位，这体现了经济法的本质特性，是一种历史的必然。而经济法治报道作为专业化报道类型，势必要遵循经济法的相关原则，将社会本位原则作为报道的基点，突出经济报道的特色，呈现报道专业化、垂直化的特点。

请看一则题为《香港经济不堪"乱"负　止暴制乱方是正途》的中国新闻奖二等奖报道：

案例 6-2-1：香港经济不堪"乱"负　止暴制乱方是正途[①]

香港，曾经被人们誉为全世界最繁荣、最文明的自由港，是世人心中重要的国际金融中心、美丽的"东方之珠"。

……

暴力乱象下，一个香港人的损失会有多大？

暴力乱象下，香港这座城一天的损失能有多大？

暴力乱象下，香港一年的损失究竟有多大？

受持续暴力乱港事件影响，香港第三季度的 GDP 在近 10 年来首次按

---

① 《香港经济不堪"乱"负　止暴制乱方是正途》，中国记协网，http://www.zgjx.cn/2020-10/16/c_139444352_2.htm，最后访问日期：2022 年 7 月 3 日。

季同比下跌。对此，特区政府财政司司长陈茂波强调，更严峻的形势是目前经济未见起色，尽管特区政府 8 月份已将全年增长预测从 2% 至 3% 调低至 0% 至 1%，但是 2019 年达到此预测值的难度极大，不排除全年经济负增长的可能性。先抛开全年经济负增长的可能性不说，我们按照特区政府之前的预测"全年增长预测调低至 0% 至 1%"来算笔账：2018 年香港 GDP 为 28453.17 亿港元，如果 2019 年香港的 GDP 保持零增长，与 2018 年持平，那么暴力示威对香港经济全年造成的直接损失就接近千亿港元。这是一个让人不寒而栗的数字！

　　该则报道关注香港暴力问题，挖掘香港暴力乱象给香港经济带来的损失，报道者从日常社会生活中的热点问题入手，以经济学家的视角看待热点问题，从而挖掘到新闻报道新的侧重点。对于日常生活中的社会热点问题，假设光从一个角度报道，则会使报道冗长重复，毫无新意；若能够从侧面或者不同的视角报道，或许会有新的发现，其采写的新闻也会变得更有新意。以该则报道为例，若编辑只对暴力乱象问题进行报道：首先，该则新闻不属于独家新闻，若报社定位较为小众或是地方报社，则无法吸引广大读者；其次，香港问题出现后，各报社争先恐后地报道，切入点都为香港问题本身，显得较为浅显，使得报道内容相当重复。因此，该则报道能获得中国新闻奖，其报道的切入点为经济视角也是一个重要因素。

　　值得注意的是，在立足社会本位报道经济法治新闻的同时，经济法治报道的记者更要有广博的知识储备，对经济学的知识要有大致的了解与认知。

　　经济法治报道作为一种跨学科的新闻报道形式，融合了经济学、法学与新闻传播学等多学科知识，比起普通社会新闻，专业性要求极高。这不仅要求新闻工作者具备广博的知识，达到"杂"与"专"的统一；更要求读者有一定的专业知识储备，否则很难读懂报道内容。

（二）树立宏观意识，拓展报道视角

　　本章第一节谈到，经济法治报道包括宏观调控类报道。这要求报道范围不能局限于中观及微观的层面，尤其是在互联网环境下，信息传播内容呈现碎片化、简洁化的趋势，人们的注意力分散，对新闻的背景材料不会过多关注，这极易导致新闻反转及新闻审判的现象。因此，将视野拓宽，立足整体，关注整体，将经济新闻事件放在特定的社会历史环境以及社会形态中，体现新闻的时代性与宏观性，才能写出一则好的经济法治报道。如新华社的这则报道：

案例6-2-2：价格调控部门频频出手，释放哪些信号？①

国家统计局9日发布数据，5月份，全国居民消费价格指数（CPI）同比上涨1.3%，保持总体稳定；全国工业生产者出厂价格指数（PPI）同比上涨9.0%，涨幅比上月扩大2.2个百分点。

同日，价格调控部门接连释放一系列重要信息：召开会议全面部署重要民生商品保供稳价、完善政府猪肉储备调节机制、研究进一步加强大宗商品价格监测预警和市场监管……频频出手背后，释放了哪些信号？

该则报道主要谈到国家统计局发布居民消费数据，同日价格调控部门发出一系列信号，包括召开会议全面部署重要民生商品保供稳价、完善政府猪肉储备调节机制、研究进一步加强大宗商品价格监测预警和市场监管等。报道提到，我国民生商品"小生产，大市场"特征突出，价格容易大起大落。从经济法视角指出，我国价格调控部门从制度构建上确保了重要民生商品保供稳价。同时指出在新冠肺炎疫情下，价格波动，政府出台政策维持价格稳定。此报道从宏观视角切入，立足国家调控整体，展望未来，能够让居民、企业乃至社会各部门了解到价格波动问题背后的本质以及国家作出的努力，体现了经济法治新闻的前瞻性和时代性。

二　经济效率的推动性

经济效率是指在一定的经济成本的基础上所能获得的经济收益，它是社会经济运行效率的简称。经济法治新闻的报道从国家经济运行发展的视角切入，不仅对国家经济运行进行全方位的解释，同时能够通过挖掘、阐

---

① 《价格调控部门频频出手，释放哪些信号？》，"新华社"百家号，https://baijiahao.baidu.com/s？id=1702093517699865273&wfr=spider&for=pc，最后访问日期：2022年7月3日。

释对国家经济运行效率产生一定的推动性。如上文提到的报道《价格调控部门频频出手，释放哪些信号？》指出，新冠肺炎疫情防控时期猪肉价格飙升，国家调控部门通过一系列经济政策稳定了猪肉价格。之前就已经有关于猪肉价格上涨的相关报道，该则报道通过对经济运行现状的报道，引起社会重视，提高经济发展的效率。

（一）聚焦经济政策，掌握市场变化

采写一篇优秀的经济法治报道，第一要义是全方位地了解国家经济政策。经济政策是国家或政府为了解决经济问题而制定的一系列的指导原则和措施，能够实现维持价格水平稳定、促进经济快速增长等宏观经济政策目标。2019年3月5日，国务院总理李克强在政府工作报告中提到，要正确把握宏观政策取向，继续实施积极的财政政策和稳健的货币政策，实施就业优先政策，加强政策协调配合，确保经济在合理区间内运行，促进经济社会持续健康发展。这对经济法治报道的记者提出了一定的要求。第一，记者一定要对经济学的相关知识有一定的了解才能更好地理解国家经济政策制定目的，同时挖掘其新闻价值，写出优秀的新闻报道；第二，记者要永远走在时代的最前沿，对最新经济政策有充分的了解，这也是对记者新闻敏感的要求。

案例6-2-3：反食品浪费法草案要来了！[①]

据央视新闻客户端消息，记者从27日在京举行的十三届全国人大常委会第七十八次委员长会议上获悉，12月下旬召开的全国人大常委会会议，将审议反食品浪费法草案。今年9月，全国人大常委会启动了为期一个多月的珍惜粮食、反对浪费专题调研，旨在加快建立法治化长效机制，为全社会确立餐饮消费、日常食物消费的基本行为准则。将要亮相的反食品浪费法草案，将对哪些问题进行规范、如何规范，令人期待。

上述《新京报》的快讯，从标题能够醒目地看出该则报道的重点在于《反食品浪费法（草案）》，是国家为加快建立法治化长效机制、保障全社

---

① 《反食品浪费法草案要来了！》，"新京报"百家号，https：//baijiahao.baidu.com/s？id＝1684501878927296692&wfr＝spider&for＝pc，最后访问日期：2022年7月3日。

会食物消费的基本行为准则而采取的法治措施，在一定程度上反映了经济市场中存在的问题以及政府为促进经济有序发展而采取的有关措施。

（二）兼顾经济效率，维护社会公平

记者在聚焦经济政策的同时需要兼顾经济效率，才能维护社会的公平与稳定。经济法是通过调节社会分配维护社会公平的法律，调整社会生产和再生产过程中，各类组织作为基本主体所参加的经济管理关系和一定范围的经营协调关系。这要求记者在经济法治报道中，要注重突出各类主体之间的社会分配关系，达到经济运行效率的最优，从而维护社会公平。

案例 6-2-4：交易商协会对永煤控股债务融资工具相关中介机构启动自律调查①

近日，交易商协会在对永城煤电控股集团有限公司开展自律调查和对多家中介机构进行约谈过程中，发现兴业银行股份有限公司、中国光大银行股份有限公司和中原银行股份有限公司等主承销商，以及中诚信国际信用评级有限责任公司、希格玛会计师事务所（特殊普通合伙）存在涉嫌违反银行间债券市场自律管理规则的行为。依据《银行间债券市场自律处分规则》等有关规定，交易商协会将对相关中介机构启动自律调查。

第一财经上述报道的主体分别是交易商协会与多家中介机构。由于中介机构在运行过程中涉嫌违反《银行间债券市场自律处分规则》，影响经济市场的平稳运行，打破了社会公平，因此，报道从交易商协会启动自律调查角度切入，以期平衡社会分配关系，达到促进社会公平的目的。

又如《中国基金报》一则题为《刚刚，国家重拳出击！互联网巨头反垄断来了：阿里、美团、京东们"瑟瑟发抖"》的报道：

---

① 《交易商协会对永煤控股债务融资工具相关中介机构启动自律调查》，第一财经，https://www.yicai.com/brief/100844793.html，最后访问日期：2022 年 7 月 3 日。

案例6-2-5：刚刚，国家重拳出击！互联网巨头反垄断来了：阿里、美团、京东们"瑟瑟发抖"①

没想到国家突然就重拳出击，国内的互联网巨头遭暴击，这些年，互联网巨头公司的寡头化、垄断化、封闭化一直都在被诟病，二选一这种店大欺客的事儿，终于到头了！

11月10日，市场监管总局就《关于平台经济领域的反垄断指南（征求意见稿）》公开征求意见。其中指出，平台经济领域垄断协议主要是指平台经营者、平台内经营者排除、限制竞争的协议、决定或者其他协同行为。协议、决定可以是书面、口头等形式。

该则报道的主体是政府与市场经营者。随着互联网经济的发展，一大批互联网平台寡头涌现，包括腾讯、字节跳动、阿里巴巴等。该类企业有着大量的黏性用户，极易形成一家独大的垄断局面。而此则报道突出的重点是政府在经济社会运行中采取的反垄断的手段，其目的是促进社会分配的公平，打击垄断现象，让各大企业主体在有序的市场中自由竞争，提高了社会经济运行的效率，从而达到了市场公平的效果。

三　可持续发展的深度性

经济法治报道的题材具有可持续发展的深度性。首先表现在坚持以人为本的理念上，也就是经济法治报道关注选题中的"人"，以法治视角将经济议题与民生福祉、生态和谐统一起来；其次体现在该领域报道的纵深化趋势上，这是因为在经济法治报道的"双重知识框架"下，为了避免"曲高和寡"，将报道纵深化，这既是专业报道的需要，也是实现报道"可读性"的要求。

（一）释义可持续发展，坚持以人为本

"可持续发展"概念是由1987年世界环境与发展委员会第一次提出

---

① 《刚刚，国家重拳出击！互联网巨头反垄断来了：阿里、美团、京东们"瑟瑟发抖"》，"中国基金报"微信公众号，https://mp.weixin.qq.com/s/jaB2_9W6dPzIGVRWOAm3Cw，最后访问日期：2022年11月2日。

的，是顺应时代的变迁、社会经济发展的需要而产生的。"可持续发展"核心思想为，经济发展应该与保护资源和保护生态环境协调一致，让子孙后代能够享受充分的资源和良好的资源环境。从这一点来看，为后代保护环境、节约资源也是维护社会公平的一大措施。这要求经济法治报道在选题中要注重经济发展与生态环境的问题，突出公民在经济发展过程中对环境的保护，坚持以人为本。

案例 6-2-6：联合国在国际日呼吁打击非法、未报告和无管制的捕鱼活动①

渔业是全世界人民粮食、就业、娱乐、贸易和经济福利的一个重要来源。面对世界人口增长和长期饥饿问题，鱼类已成为保障粮食安全的重要商品。然而，因非法、未报告和无管制的捕捞活动（IUU），国际社会为确保渔业可持续发展所作的努力正在遭到严重破坏。

据估计，2018 年全球鱼类产量已达 1.79 亿吨左右，总产量中 1.56 亿吨供人类消费。粮农组织 2020 年版《世界渔业和水产养殖状况》继续展示渔业和水产养殖在提供粮食、营养和就业机会等方面所发挥的越来越重要的作用。这份报告显示，全球鱼类产量达到了创纪录水平，为全球近一半人口提供了近 20% 的动物蛋白平均摄入量。全球约 10% 的人口依赖水产品价值链维持生计和收入。

……

根据粮农组织的统计，每年非法、未报告和无管制的捕捞活动的渔获量达 1100 万吨~2600 万吨，经济价值约为 100 亿美元~230 亿美元。

这则报道认为，渔业是全世界人民粮食、就业、经济福利等的一个重要来源，鱼类在当下成为了保障粮食安全的重要商品。国际社会为了确保全人类共同福祉，将渔业发展作为可持续目标。记者通过解释性和分析性的语言，将联合国为经济发展作出的相关举措以通俗易懂的方式介绍给受众。同时配上数据和图片，最大限度重现新闻现场，加强报道的现场感、亲近感、现实感。

---

① 《联合国在国际日呼吁打击非法、未报告和无管制的捕鱼活动》，联合国网站，https://news.un.org/zh/story/2021/06/1085472，最后访问日期：2022 年 7 月 3 日。

2012 年 6 月 1 日，国家发改委副主任杜鹰出席国务院新闻办举办的新闻发布会，对外正式发布了《中华人民共和国可持续发展国家报告》。这要求经济法治报道的选题要注重以下几点。第一，要关注经济发展方式和经济结构方面的相关举措。我国要调整产业结构，要把依赖物质要素投入的经济增长结构转向依靠科技进步、劳动者的素质提高和管理的创新上来。如一则题为《新冠疫情助推在线零售 全球电子商务销售额跃升至26.7 万亿美元》的报道①，则是体现科技进步的报道。从线下制造业到线上零售商店，科技进步与经济发展之间存在千丝万缕的联系。同时，科技进步带来的产业结构变革更是便利了人们的生活，保障了报道的人本性。第二，要关注可持续发展的着力点——建立资源节约型和环境友好型社会。在报道中注重对资源节约、环境保护的生产方式、生活方式和消费模式的报道，力求实现人口、资源和环境与经济社会发展规律相协调。如一则题为《欧洲国家通过〈维也纳宣言〉推广自行车和步行等绿色健康出行方式》②的报道。该则报道旨在对《维也纳宣言》的通过进行叙述以推动交通系统向更加清洁、安全、健康的转型，保障资源的可持续利用，使生活方式更加健康。第三，要注重报道保障和改善民生的内容。可持续发展有一个非常重要的内涵叫代内平等，实际就是维护人的平等与人的基本权利。可持续发展的所有问题，实际核心都是人的全面发展问题，所以在报道时要以民生为重点，力求促进公平、正义、和平等。如新华网 2021 年 6月 19 日的一则题为《四部委明确 2025 年全国大中小城市基本建成城市停车系统》③的报道。此报道提出了当下停车难的问题，对此国家通过健全管理法规体系，切实提供法治保障，各地出台多项停车管理办法。此则报道将视角平民化和生活化，将与百姓利益相关的民生问题、可持续发展问题作为选题的重点，以经济的可持续发展为依托，以人民的利益福祉为目的，体现了以人为本的报道理念。

① 《新冠疫情助推在线零售 全球电子商务销售额跃升至 26.7 万亿美元》，联合国网站，ht-tps：//news. un. org/zh/story/2021/05/1083402，最后访问日期：2022 年 7 月 3 日。
② 《欧洲国家通过〈维也纳宣言〉推广自行车和步行等绿色健康出行方式》，联合国新闻，https：//news. un. org/zh/story/2021/05/1084302，最后访问日期：2022 年 7 月 3 日。
③ 陈磊：《四部委明确 2025 年全国大中小城市基本建成城市停车系统》，新华网，http://www. xinhuanet. com/fortune/2021-06-19/c_1127577696. htm，最后访问日期：2022 年 7 月 3 日。

（二）推进报道纵深化，深度挖掘事实

经济法治报道与其他社会新闻报道相比，在趣味性、时效性等新闻价值要素上不具备优势。这一点决定了经济法治报道有其自身的特殊性，即深度挖掘事实，突出事件背后的理论与规律。报道的纵深化已然成为经济法治报道的一种重要方式。此外，经济法治报道术语丰富，报道内容略显枯燥，如若对其内容不进行阐释，则会令受众感到疲惫或者不解。如以下一则题为《〈应对气候变化报告 2021〉发布：实现碳达峰碳中和 有这些目标路径》[①] 的报道：

案例 6-2-7：《应对气候变化报告 2021》发布：实现碳达峰碳中和 有这些目标路径

今天（12 月 16 日），中国社会科学院、中国气象局气候变化经济学模拟联合实验室及社会科学文献出版社在京发布了气候变化绿皮书《应对气候变化报告 2021》，今年的绿皮书以"碳达峰 碳中和"为主题，从不同领域、不同部门和不同主体分析了我国实现碳达峰、碳中和面临的挑战、机遇和路径。

首先，作为一个普通受众，对于"碳达峰""碳中和"等概念大概率会是一头雾水。其次，全球气候变化的经济报道选题与受众无论是在心理上还是在地理上接近性都不强，无法引起受众的关注。此类报道不能覆盖大部分受众群体，报道的传播力较弱。

再来看"北青深一度"的另一则报道。

案例 6-2-8：19 款手机面部解锁被"秒解"，人脸识别还安全吗？[②]

一台打印机、一张 A4 纸、一副眼镜框。

不到 15 分钟，19 部不同型号手机上的人脸识别系统全部被破解，平

---

① 任梅梅：《〈应对气候变化报告 2021〉发布：实现碳达峰碳中和 有这些目标路径》，"人民资讯"百家号，https：//baijiahao.baidu.com/s? id = 1719307916826450416&wfr = spider&for = pc，最后访问日期：2022 年 7 月 11 日。

② 《19 款手机面部解锁被"秒解"，人脸识别还安全吗？》"北青深一度"微信公众号，https：//mp.weixin.qq.com/s/--GRAXjBpE5ocEne9v3ZAg，最后访问日期：2022 年 7 月 3 日。

均每部手机的破解时间不到 1 分钟。唯一没被破解的，是一部搭载了 3D 人脸识别系统的 iPhone11。

顺利解锁手机还只是第一步，如果想进一步操作，"破解者"还可以假冒机主在线上完成银行开户，甚至是转账。

好在，这只是一个研究项目，而非现实生活中的实际应用。2 月初，来自清华大学人工智能研究院的 AI 团队瑞莱智慧公司公布了手机人脸解锁的一项重大漏洞——通过 AI 算法生成特殊花纹，定制成"眼镜"戴上后就可以让手机的面部解锁系统失灵。不仅如此，团队还用同样的方法破解了一些政务类和金融类 App 的人脸识别系统。

该研究项目负责人之一、瑞莱智慧高级产品经理张旭东在接受深一度记者采访时表示，上述攻击测试实际上利用了"对抗样本攻击"的算法漏洞，"这一漏洞可能涉及所有搭载人脸识别功能的应用和设备，一旦被黑客利用，使用人的隐私安全和财产安全都将受到威胁。"

首先，该则报道的选题是当下关于"人脸识别是否侵犯隐私"的热门话题，这一点符合新闻价值要素中的接近性原则。其次，报道标题突出重点，直接指出"人脸识别还安全吗"这一核心内容，疑问句的使用更能吸引读者的注意。最后，也是最重要的一点，对于专业术语的解释。报道中提到"对抗样本攻击""对抗样本""结构光"等术语，但作者对其都采用了通俗易懂的语言进行解释。如"上述攻击测试实际上利用了'对抗样本攻击'的算法漏洞，'这一漏洞可能涉及所有搭载人脸识别功能的应用和设备，一旦被黑客利用，使用人的隐私安全和财产安全都将受到威胁。'"，再如"张旭东说，'对抗样本'是算法自动计算出的最佳图案，制作成眼镜后，就能够使算法识别错误，将不同的两个人识别成为同一个人"，等等。作者通过对专业术语的补充解释，不仅能够让读者更加深入地理解报道的意图，还能给读者增加相关的专业知识。这样"一举两得"式的纵深化报道更能提升读者的兴趣。

推进报道的纵深化可以阐明事件因果关系，揭示事物的本质，探究事物发展过程中的规律。它侧重于事件发生的前因后果、实质意义，这就要求在经济法治报道中，深挖事件背景，重视事件之间的发展联系，不能只关注表层信息，要更加追求深层次经济信息的挖掘。并且，在此基础上，能够预测未来，展望未来。

案例 6-2-9：新能源转型布局 推动绿色经济深发展①

能源是文明的基石、发展的动力。大力发展清洁能源，做好传统能源的清洁利用，是我国应对气候变化、实现未来可持续发展的必由之路。随着我国在能源结构上的不断探索，"新能源"越来越成为全社会关注的焦点，推动利用核电、风能、光伏、氢燃料电池等新型清洁能源，实现能源结构转型，成为国家顶层设计的战略思考。

该则报道通过对新能源汽车的转型——新能源汽车快速发展，撬动能源革命；布局——清洁能源产业推动绿色经济深发展；承诺——推进能源供给侧创新，可持续发展显担当三部分对新能源产业的现状、国家政策的导向以及事件背后的经济运行规律进行了深度的挖掘。不仅阐明了事件的因果联系，还预测了新能源汽车未来的发展方向。通过个案事件，展望行业未来，在一个报道主题下，体现了行业的发展。此外，该则报道开篇使用了图说新闻的方式，更加能够吸引受众，便于受众阅读及理解。

经济法治报道的纵深化要求记者有深度、有见解、有水平，要用手中之笔书写时代之书，更要坚持将新闻报道书写在广袤的中华大地上。

---

① 鄂智超、胡挹工：《新能源转型布局 推动绿色经济深发展》，人民网，http：//auto. people. com. cn/n1/2021/0120/c1005-32005907. html，最后访问日期：2022 年 7 月 3 日。

第三节　经济法治报道的手法

经济法治报道因其特有的经济性质，与国家政策、市场宏观调控、经济效益等紧密相连。经济法治报道，若不能在报道手法上选取具有新闻价值的信息，则无法吸引受众阅读，该则报道便是失败的。前两节主要论述了经济法治报道的概念及选题，本节将从经济法治报道的手法出发，从报道的角度、时机、信源、立场、呈现五个方面展开，力求能呈现解读经济规律、为受众提供有价值信息的经济法治报道。

一　角度：趋势发现与接近性

新闻报道的角度是新闻采写者在探寻、发现新闻事实时的着眼点和切入点。新闻事实的各个因素和侧面都可以成为新闻报道选择的角度。在经济法治报道中，采写者应当注重以下两点。一是接近性，新闻的五个要素之一，指在心理和地理上与读者的距离。经济法治报道作为新闻的分支，理所应当要注重接近性。二是前瞻性。经济法治报道的特点决定了其注重经济发展规律、揭示国家政策等属性。在此基础上，报道应当注重前瞻性，科学预测经济发展趋势，解读政策最新动向，维护经济市场秩序长久稳定。

（一）注重接近性，彰显新闻价值

如上所言，新闻的接近性可以分为地理上的接近性和心理上的接近性。经济法治报道的接近性亦是如此。

所谓地理上的接近性，是新闻与受众在地理上的接近程度，距离越近，受众感兴趣程度越高；反之亦然。新闻教育家徐宝璜在《新闻学》中曾举过一例，如果美国芝加哥城中有一位富翁病逝，当地的报社会将其登入新闻，但中国的报纸不会；但若此富翁立下遗嘱，将其所有财产在中国建设一个博物馆，那便成为中国报纸中的新闻。这是因为在中国建设博物馆事关中国公民的生活。

就如《经济日报》的一则题为《北京拟出台住房租赁新规 房租指导价要来了》① 的报道，其主要内容是"近日，由北京市住建委起草的《北京市住房租赁条例（征求意见稿）》向社会公开征求意见。这是继住建部发布《住房租赁条例（征求意见稿）》后，首部公开的地方版住房租赁条例。"北京市之外城市的公民，由于地理上的接近性不强，对于该征求意见稿内容的兴趣与北京市居民相比，则会大大降低。在经济法治报道中，应当注重地理上的接近性，在信息泛滥的时代，精准推送新闻报道，提高效益。

所谓心理上的接近性，是经济法治报道与受众在心理上的接近性，和受众心理距离越近，报道越能获得关注。例如，篮球爱好者会关注体育类新闻，财经从业者会关注财经类资讯，等等。

正如《广州日报》发布的一篇题为《扩大租赁住房供给 服务人才安居》② 的报道，受众群体主要为高学历人才，这是由于报道内容与其自身利益息息相关，其在心理上产生了接近性。再如新华社一则题为《我国研究人员发布人工智能领域新算法 提升数据传输"性价比"》的报道，其受众群体势必为人工智能领域研究者或是人工智能领域从业者等。对于普通受众而言，"人工智能新算法"并不是日常生活中会接触到的词语，在受众心理上的接近性则会呈现弱相关。

接近性不仅是新闻报道的价值要素之一，更是经济法治报道的价值要素之一。在信息爆炸的时代中，注重接近性，力求将最接近受众地理和心理的信息精准推送给受众，才能最大化彰显经济法治报道的价值。

---

① 李佳霖：《北京拟出台住房租赁新规 房租指导价要来了》，"经济日报"百家号，https：//baijiahao.baidu.com/s？id=1709559507394511326&wfr=spider&for=pc，最后访问日期：2022年7月3日。

② 夏振彬：《扩大租赁住房供给 服务人才安居》，"广州日报"百家号，https：//baijiahao.baidu.com/s？id=1707841966984418676&wfr=spider&for=pc，最后访问日期：2022年7月3日。

（二）注重前瞻性，科学预测发展趋势

经济法治报道有其特有的专业性与垂直性。在报道过程中，若记者对专业领域的了解不够深入则极易使报道流于表面，不能挖掘经济发展的本质问题。比如：在经济政策发布后，能够从多角度剖析，挖掘出具有普遍意义的选题；在报道一个企业、行业时，同时关注不同产业之间的协调运行；在报道环境资源问题时不单报道表层问题，还能注重深层问题，与可持续发展等结合起来。这要求记者在报道过程中要分析问题，注重前瞻性，突破表层局限，用立体、宏观、整体的眼光去探求报道的本质，能够对政策或规律的发展作出合理预测。《河北：全国首部反对餐饮浪费地方性法规今起实施》这则报道正是因为具有前瞻性和预测性，获得了第三十一届中国新闻奖二等奖，下面是其报道内容：

案例6-3-1：《河北：全国首部反对餐饮浪费地方性法规今起实施》[①]

近年来，和全国各地一样，河北省治理餐饮浪费成效显著，但讲排场、比阔气等不文明的消费现象仍屡见不鲜，有关部门在治理过程中也常常面临"于法无据"的尴尬。河北省人大常委会专门成立立法工作专班，展开充分调研，广泛征求意见，不断修改完善，最终，《规定》在今年9月24日省十三届人大常委会第十九次会议上获表决通过。

二　时机：国家行为与宣传性

报道时机，指在新闻事件发生后，选择最能体现新闻价值的时间点将其报道出来。如果错过了这个时机，报道的效果就可能会减弱。最佳的报道时机是在新闻事件刚被人们所认知和接纳的时候，受众的兴趣最为浓厚，此时报道事件的来龙去脉能够引起受众的关注和重视；若滞后或者提前报道，受众可能兴趣消退抑或尚未了解事件，新闻事件的价值得不到彰

[①] 赵娇莹、张登峰、王日成：《河北：全国首部反对餐饮浪费地方性法规今起实施》，中国记协网，http://www.zgjx.cn/2021-10/28/c_1310252098.htm，最后访问日期：2022年7月3日。

显，报道效果达不到预期。

在经济法治报道中，恰当掌握报道时机，能够吸引受众关注，了解更多关于经济发展、政策动向及市场变化的信息。此外，更应当注重弘扬我国的法治精神，强化正面宣传功能，让新闻报道能够对受众发挥引导作用。经济法治报道在掌握报道时机的基础上，报道方向应当契合国家法治精神，剖析国家政策，维护市场秩序，促进社会经济正向发展。

（一）弘扬法治精神，强化正面宣传功能

马克思主义新闻观强调新闻与宣传之间存在着不可分割的联系。党的新闻工作要根据时代的变化、现实而转变。尤其是在新媒体迅猛发展的时代，新闻工作者更应当注重新闻传播规律，把握新媒体发展的逻辑，始终坚持以"正面宣传"为主。

同时，依法治国是中国共产党领导全国各族人民治理国家的基本方略。在经济法治报道中，报道不仅需要具备基本的正面宣传功能，还应当具备法治意识。弘扬法治精神，强化经济法治报道的正面宣传功能。

案例 6-3-2：市场监管总局对阿里巴巴的行政处罚决定书全文①

据国家市场监督管理总局官网 4 月 10 日消息，国家市场监管总局依法对阿里巴巴集团控股有限公司在中国境内网络零售平台服务市场实施"二选一"垄断行为作出行政处罚。同一时间，国家市场监管总局一并公布了对于阿里巴巴集团的行政处罚决定书，全文如下。

本则报道实则将行政处罚决定书全文进行了公布，并未对法律法规进行解读，也未从多角度解释该事件，未探索政策和事件背后的经济规律。对于普通受众而言，吸引力并不大。针对同一个选题，下面这则报道就做得更加吸引人一些。

---

① 红星新闻：《市场监管总局对阿里巴巴的行政处罚决定书全文》，今日头条，https://www.toutiao.com/a6949346355034784269/？channel=&source=search_tab，最后访问日期：2022 年 7 月 3 日。

案例 6-3-3：阿里被罚 182 亿，互联网反垄断"强监管"时代到来![①]

由于互联网平台存在网络效应和规模经济，具有明显垄断或寡头垄断趋势，因此强化数字经济领域反垄断监管已是大势所趋。

平台反垄断破局

调查 4 个月后，阿里巴巴集团"二选一"案有了结果。4 月 10 日，国家市场监督管理总局公布处罚决定书，责令阿里巴巴集团停止滥用市场支配地位行为，并处以其 2019 年中国境内销售额 4557.12 亿元 4% 的罚款，计 182.28 亿元。同时向该集团发出行政指导书，要求其全面整改，并连续 3 年向国家市场监督管理总局提交自查合规报告。

该则报道从"平台反垄断破局""大动作不断""早有征兆"三个小标题入手，先阐释了互联网反垄断的前期趋势，为阿里被罚事件进行了铺垫。之后又从"平台反垄断难在哪儿""个案引领""反垄断法修改"三个方面指出当下《反垄断法》与经济发展不相符合的地方，是对法规政策的解读；最后从"谁来保护消费者"这个角度，阐释了检察机关在当下环境中作出的改变。整则报道由阿里巴巴个案引发对法规政策宏观环境的思考，对《反垄断法》与现实的冲突进行解读，弘扬了法治精神，同时提到了对消费者进行保护的手段，能够引导消费者知法用法，发挥了经济法治报道的正面宣传功能。

（二）契合国家行为，促进社会经济发展

国家行为，又称"政府行为""统治行为""政治行为"，指运用国家自主权的行为。契合国家行为，是经济法治报道的内容要契合国家的政策，从而正向引导舆论，促进社会经济的稳定发展。

在我国，讲究政治性是新闻事业的根本，政治和新闻自古以来就是一个密不可分的整体。特别是在互联网极度发达的时代，科技不断更迭，受众获取信息的渠道早已从口述、报纸、电视、广播变成了电脑、手机等；技术不断更新，受众获取信息的渠道不断拓宽。信息爆炸时代的传播方式

[①] 《阿里被罚 182 亿，互联网反垄断"强监管"时代到来!》，腾讯网，https://view.inews.qq.com/a/20210419A02HQE00，最后访问日期：2022 年 7 月 3 日。

使得新闻与受众之间的距离近，同时也要求新闻具备更强的政治性。古代报纸的出现也源于政治生活的需要，邸报的内容与出版就为当时的统治阶级所掌握，新闻传播从那时就成为政治舆论的宣传工具，直到今日，这一特性消失。新闻具有很强的政治属性，这要求新闻报道的内容要宣传国家政治导向，更要契合国家行为。

在我国，新闻事业总是反映国家意志，新闻舆论也带有强烈的政治性，从而潜移默化地影响受众的思维。尤其当下正值百年未有之大变局，更要加强新闻舆论引导功能，坚定不移地贯彻党的大政方针，坚持以科学的理论武装人，以正确的舆论引导人，以高尚的精神塑造人，以优秀的作品鼓舞人。

下面"界面新闻"的报道主要讲述了杭州李女士因生三孩请假后被工作单位解除劳动关系，申请仲裁被驳回，后向杭州市萧山区人民法院提起上诉。本则报道看似是平常的劳动合同纠纷，但在案件一审期间，全国人大常委会会议表决通过了《关于修改〈人口与计划生育法〉的决定》，提倡一对夫妻可以生育三个子女。因此，案件的走向成为大家关注的重点。本则报道抓住了国家行为与个人行为之间的矛盾点并将其放大，正如一句话所说"时代的尘土落在每一个人肩上都会成为重担"。政策的改变会影响个人的生活、未来，新闻作品只有抓住冲突，在反映国家意志的同时维护百姓权益，才能吸引受众关注。

案例 6-3-4："杭州女子生三孩被开除案"一审被驳回，当事人将上诉①

备受关注的杭州女子生三孩被开除一案迎来一审结果。2020 年 8 月 6 日，杭州李女士的第三个孩子出生，同年 12 月 16 日，尚在哺乳期的李女士被工作单位杭州市萧山区河庄街道办事处解除劳动关系。随后李女士向劳动仲裁庭提出申请，请求裁定原工作单位支付赔偿金和补发工资共计 14 万余元。

三　信源：权威信源与印证性

新闻信源，即新闻信息的来源，可以是普通群众、媒体等。在互联网短视频平台出现前，新闻信源多是线人提供线索供媒体选择，短视频平台出现后，新闻信源更多是拍客。如"今日头条"App，虽不是媒体平台，没有正规采编权利，但其爆料库每日会更新各地拍客拍摄的素材，这类拍客会将新闻现场的第一手资料拍摄下来，传到各大媒体、新闻聚合平台供选择。此类信源与媒体平台距离甚远，但能够第一时间将消息传递给媒体，大大降低了媒体采编所耗费的时间与成本，能够增强新闻的时效性。但信源的信息因不专业性、快捷性往往会欠缺真实性，尤其是在信息泛滥的后真相时代，反转新闻数不胜数。因此，注重信源的权威性与印证性、尽量核实新闻的真实性成为当下重点。在经济法治报道中，更需要注重这一点，正确传递国家政策与经济发展趋势，维护经济市场的稳定。

（一）注重信源的权威性

新媒体时代，信息呈爆炸式增长，信源也更加多样化，包括线人、投稿、自媒体、用户、媒体平台等。而媒体为了报道的时效性，往往对信源提供的线索的核实力度不够，此刻信源的权威性作用逐渐凸显。信源的权威性越高，可信度就越高。根据霍夫兰的说服理论，信源的可信度越高，其说服效果越强；信源的可信度越低，说服效果越差。这在报道中也有印证，比如媒体提供线索与用户提供线索。对于用户提供的线索，往往需要多方面验证与核实后，媒体才敢发布；而对媒体平台提供的线索，更多时候会直接用来进行新闻写作。

首先，一手信源的可信度会高于二手乃至三手信源的可信度。正如前不久商务部印发的一则通知《鼓励存储一定数量生活必需品》，此为一手信源。被媒体报道出来后，经过一传十、十传百的传播后导致多方误读，短视频平台上频频出现"两岸是否快要开战"的探讨。最后商务部出面辟谣称，通知的目的在于督促各地严格落实"菜篮子"市长负责制，指导商贸流通企业加强货源组织，畅通产销衔接，提前采购耐储蔬菜，与基地签订定菜协议。从此则案例来看，一手信源的可信度往往高于二手乃至三手信源的可信度。经济法治报道，因为具有传递国家政策、稳定市场经济的作用，更要注重信源的权威性，给受众传递最正确的信息。

其次，官方信源可信度高于非官方信源。如非公有制媒体平台（比如今日头条热点资讯运营账号），由于属于非公有制企业，没有新闻媒体的采编资质，通常只能通过拍客等线人爆料后将信息存储在素材库以供剪辑，待媒体报道核实后才能刊发新闻。通常爆料库中的信息是拍客上传信息简要介绍现场，但往往线索描述与真实情况相差很大，平台常常在剪好素材后发现媒体报道与爆料库描述不一致。因此，对于这类非官方信源更要核实新闻的真实性，尤其法治报道，更要讲求真实性与严肃性，以维护法治权威。

（二）注重信源的印证性

信源的印证性是通过对比，证明报道内容本身前后相符，以及报道内容与现实发展相符。

报道内容前后相符是报道的前后内容能够相互承接、相互印证，让读者最大限度地理解报道者想要表达的意思，达到传播效果的最优化。反之，若报道前言不答后语，读者不仅看不懂报道所表达的内容，更会对报道本身失去兴趣，降低报道的阅读量。

案例 6-3-5：被开出 56.7 亿天价罚单后，这家公司又被罚 3 亿[①]

"2018 年证监会对北八道处以 56.7 亿元属于行政罚没款，上海一中院对北八道集团处以的 3 亿元罚金属于刑事罚金。按照行刑衔接制度，对证券违法行为做出处罚后移送公安机关追究刑事责任，符合法律规定。另行政罚款与刑事罚金之间可能会有一定折抵。"北京市京师律师事务所律师王营向新京报贝壳财经记者表示，上海一中院公布的刑事判决目前暂仅涉及北八道集团操纵江阴银行非法获利事项，未涉及北八道操纵次新股张家港行与和胜股份的违法行为，因此罚金远低于 2018 年的罚没款。

---

① 朱玥怡：《被开出 56.7 亿天价罚单后，这家公司又被罚 3 亿》，"新京报"微信公众号，https：//mp.weixin.qq.com/s/iUSpzQHuFVi5fxJUGMH-ug，最后访问日期：2022 年 7 月 3 日。

《新京报》的上述报道在导语中并未对江阴银行进行简述，同时也未对此前报道进行介绍。文章开篇提到北八道集团及其相关人员的判决结果，然而在未赘述的情况下又提到江阴银行、张家港行、和胜股份等，让读者一头雾水。此外，报道在后半部分多次提到各法院的判决结果但在开篇未对此进行简要介绍，整篇文章前后未相互印证，加之文章涉及经济领域、法学领域专业知识，普通受众在阅读后难免不能理解，报道难以引导受众。

报道内容与现实经济发展相符。如 2021 年 10 月 23 日，经十三届全国人大常委会第三十一次会议审议后，《反垄断法（修正草案）》在中国人大网公布，公开征求社会公众意见。这是我国《反垄断法》施行 13 年以来的第一次修改。其中较为重要的点是对垄断造成严重后果的行为加重处罚。之后，媒体报道一系列龙头企业和公司纷纷被重罚。如第一财经报道："9 月 27 日盘后，公牛集团发布公告称，公司于 2021 年 9 月 27 日收到浙江省市场监督管理局出具的《行政处罚决定书》，因违反反垄断法被处 2020 年度中国境内销售额 3% 的罚款，计 2.9481 亿元。"① 锌财经报道："7 月 24 日，国家市场监督管理总局官网发布对腾讯控股收购中国音乐集团的处罚结果：处以 50 万元罚款，同时在本决定发布之日起 30 日内解除独家版权协议等，并停止高额预付金等版权费用支付方式、不得实施最惠国待遇条款等恢复市场竞争状态的措施。"② 再如《检察日报》正义网一则报道："调查 4 个月后，阿里巴巴集团'二选一'案有了结果。4 月 10 日，国家市场监督管理总局公布处罚决定书，责令阿里巴巴集团停止滥用市场支配地位行为，并处以其 2019 年中国境内销售额 4557.12 亿元 4% 的罚款，计 182.28 亿元。同时向该集团发出行政指导书，要求其全面整改，并连续 3 年向国家市场监督管理总局提交自查合规报告。"③ 2020 年类似企业垄断

---

① 《因违反反垄断法 公牛集团被处 2.95 亿元罚款》，"第一财经"百家号，https：//baijia-hao. baidu. com/s？id=1712043417073119371&wfr=spider&for=pc，最后访问日期：2022 年 7 月 3 日。

② 《腾讯音乐被罚：音乐市场反垄断的来龙去脉》，"锌财经"百家号，https：//baijiahao. baidu. com/s？id=1706174001436879101&wfr=spider&for=pc，最后访问日期：2022 年 7 月 3 日。

③ 周蔚：《阿里被罚 182 亿，互联网反垄断"强监管"时代到来！》，腾讯网，https：// view. inews. qq. com/a/20210419A02HQE00，最后访问日期：2022 年 7 月 3 日。

被重罚案例数不胜数。对此，媒体及时掌握立法最新动向，预测法治发展趋势，发布与政策相符的新闻报道，恰恰是经济法治报道印证性的最好体现。

四　立场：经济公平与干预性

报道立场，是新闻报道活动中报道者所秉持的报道原则。在新闻报道中，新闻专业主义要求报道者追求纯粹的客观中立，忽略报道所应秉持的立场。其实，新闻具有很强的宣传功能，肩负着引导舆论和宣传党的方针政策的重大使命，理应以有立场的客观性传递新闻信息。经济法治报道，更是如此。

经济法治报道相较于民生新闻报道，具有更强的专业性和政策性，更多地报道国家经济政策、经济市场动向等，因此，经济法治报道更应彰显国家立场与担当，保障国家经济效益与经济公平。

（一）强化经济法治报道，发挥国家调控作用

新闻报道常被分为民生报道、财经报道、法治报道、体育报道等。经济法治报道属于法治新闻报道，但媒体、受众并没有将其细化成一个独立的报道种类。由于经济法治具有极强的专业性，领域内专业术语晦涩难懂，使得其受众稀少，不被关注。但经济法治报道能够解读最新政策动向，预测经济发展趋势，稳定市场经济有序运行，便利百姓生活。因此，强化经济法治报道，能够体现国家对经济市场的调控，让绝大部分受众了解国家政策。

案例 6-3-6：重磅！国家发改委出手！①

针对近期煤炭价格快速上涨，连创历史新高，为做好煤炭市场保供稳价工作，国家发展改革委祭出政策组合拳。

近期煤炭价格快速上涨，连创历史新高，大幅推高下游行业生产成本，对电力供应和冬季供暖产生不利影响，社会各方面反映强烈。10 月 19

---

① 《重磅！国家发改委出手！》，"法治网" 微信公众号，https://mp.weixin.qq.com/s/k8pkg lf4-c8mO5TwuS1DmQ，最后访问日期：2022 年 7 月 3 日。

日下午，国家发展改革委组织重点煤炭企业、中国煤炭工业协会、中国电力企业联合会召开今冬明春能源保供工作机制煤炭专题座谈会，研究依法对煤炭价格实施干预措施。

本则报道从国家对煤炭价格实行干预措施、严厉查处资本恶意炒作动力煤期货、聚焦八方面着力推进能源保供稳价三个方面入手，将国家发展改革委依法对煤炭价格实施干预的措施用通俗易懂的语言进行阐释，报道内容是煤炭价格，与普通受众生活息息相关。同时，对国家政策趋势进行了解读，如文章谈到会议对下一步保供稳价工作提出了明确要求："一是进一步释放煤炭产能，二是稳定增加煤炭产量，三是引导煤炭价格回归合理水平，四是进一步落实发电供热企业煤炭中长期合同全覆盖等"。通过阐释国家对煤炭行业的干预措施，解读国家最新政策。

值得注意的是，经济法治报道发挥国家干预作用是指国家对市场经济进行干预后，经济法治报道需要尽可能用受众能够看懂、读懂的通俗语言传递经济信息，让更多受众知晓，让国家干预措施的效益达到最大化，发挥经济法治报道的作用。

（二）拓宽法治视野，维护经济公平

经济层面的公平并非普通意义上的公平，而应该是制度、规则和分配上的公平，包括制度下每个人对于财产的占有是否平等、资源配置是否公正以及等量劳动上的报酬是否合理。在经济法治报道中，需凸显这几类要素，力求通过拓宽报道的范围、视野来宣传正向的经济政策，保障经济乃至社会的公平。

案例 6-3-7：热点城市多措并举加强楼市调控①

4 月以来，部分热点城市密集发布楼市调控政策，针对房地产市场的调控更趋精细化，涵盖新房、二手房、租房以及土地出让等方面。

《中国证券报》的这则报道从精细化调控、土地市场受关注以及租房

———————

① 《热点城市多措并举加强楼市调控》，法治网，http://www.legaldaily.com.cn/Finance_and_Economics/content/2021-04-28/content_8494849.html，最后访问日期：2022 年 7 月 3 日。

市场受监管三个角度阐释了国家为维护个人权益而进行的宏观调控，包括加强从业管理、规范住房租赁经营行为、开展住房租赁资金监管、禁止套取使用住房租赁消费贷款等监管措施。报道将国家对于个人利益及资源配置的维护阐释给受众，不仅增强了经济法治报道与受众之间的接近性，同时也弘扬了法治精神，促进了经济政策的落实。

下面这则《三联生活周刊》的报道对阿里巴巴被罚 182 亿元的事件进行了多角度的拓宽及延伸。报道对《反垄断法》中有关滥用市场支配地位的条款进行了解释，指出了互联网公司当下的模式是我国经济的发展风向，也是我国经济发展中所存在的巨大风险，若不能通过国家干预手段合理配置资源，互联网巨头们就会下沉到社区，抢夺小公司的市场，垄断性越来越强，挤占中小企业的生存发展空间，导致资源配置倾斜、蛋糕分配不均，经济难以实现持续稳定发展。因此，经济法治报道将反垄断的重要性传递给受众，并非只是简单报道事实，而是通过拓宽报道的视野，完善市场经济运行机制，推动经济高质量发展，维护资源配置的合理性。

案例 6-3-8：反垄断的利剑为什么挥向了阿里巴巴？①

阿里巴巴因为涉嫌垄断被立案调查，公司在美国的股价大跌 13%。一起普通的反垄断调查，原本不应该带来这么大的杀伤力，反垄断之剑挥向阿里，到底会给这家巨头带来怎样的结局？

按照监管部门的说法，之所以对阿里立案调查，是因为公司实施"二选一"等涉嫌垄断行为。所谓"二选一"，主要是指电商平台要求入驻的商家在自己和竞争对手之间做出选择，尤其是在每年的"双十一"大促之前，这道选择题就会浮出水面，让很多中小商家头疼不已。

五　呈现：制度叙事与优越性

我国坚持走中国特色社会主义道路，要让国内民众与国际社会接受与认同，则要发挥我国制度性优势。具体到经济法治报道中，则是要通过恰

---

① 谢九：《反垄断的利剑为什么挥向了阿里巴巴》，"三联生活周刊"微信公众号，https://mp.weixin.qq.com/s/9fP7DWvTwN782lhykt5Z7Q，最后访问日期：2022 年 7 月 3 日。

当的叙事方式表述出来，引导正向舆论。习近平总书记在党的二十大报告中也提出"讲好中国故事、传播好中国声音"。经济法治报道要在传递信息的基础上，维护我国社会主义经济制度，在宏观调控、微观解读上都要坚定立场，全面透彻解读政策制度优势，引导全国民众尤其是青年群体了解经济发展趋势，树立制度自信，维护社会经济良性发展。

（一）制度叙事的严格性

制度叙事的严格性可以分为两个维度，一是媒体在报道新闻时要严格遵循经济政策的发展规律，二是新闻媒体在报道中要在遵守经济政策的基础上监督广大群众不实施违背经济发展规律的行为。

案例 6 - 3 - 9：市场监管总局：加强反垄断和反不正当竞争等方面立法①

据国家市场监督管理总局网站消息，近日，市场监管总局印发《法治市场监管建设实施纲要（2021—2025 年）》（以下简称《纲要》）。在这份 5 年规划中，市场监管总局提出，要加强重点领域、新兴领域尤其是数字经济领域立法，加强反垄断和反不正当竞争、信用监管、价格监管等方面立法，推动形成高效规范、公平竞争的国内统一市场。

观察者网的这则报道对市场监督管理总局未来 5 年在重点领域、新兴领域及数字经济领域立法的内容进行了阐释，指出要加强反垄断和反不正当竞争、信用监管、价格监管等领域立法。报道严格遵守了国家经济政策并解读出主要信息以供受众参考。同时，报道采访了经济专家，对立法动态进行了解释，能够增强制度叙事的严谨性，保障报道的真实性与可信性。报道若没有严格遵守国家政策，则会传递错误信息而容易导致经济市场发生混乱，不利于形成高效规范、公平竞争的国内统一市场秩序，无法发挥制度叙事的优越性。因此，在报道中严格遵循经济制度发展规律能够让报道更权威更严谨。

① 《市场监管总局：加强反垄断和反不正当竞争等方面立法》，"观察者网"百家号，https：// baijiahao. baidu. com/s？ id = 1719745776565308470&wfr = spider&for = pc，最后访问日期：2022 年 7 月 3 日。

再看一则关于薇娅偷逃税事件的报道。2021 年 12 月 20 日，浙江省税务局稽查局通报薇娅偷逃税被罚 13.41 亿元，新华社立即发布了下面这则快讯。

案例 6-3-10：薇娅偷逃税被罚①

近日，浙江省杭州市税务局稽查局查明，网络主播黄薇（网名：薇娅）在 2019 年至 2020 年期间，通过隐匿个人收入、虚构业务转换收入性质虚假申报等方式偷逃税款 6.43 亿元，其他少缴税款 0.6 亿元，依法对黄薇作出税务行政处理处罚决定，追缴税款、加收滞纳金并处罚款共计 13.41 亿元。

本则快讯简洁明了地阐释了薇娅偷逃税事件的始末，随后各大媒体纷纷发文。一时间该事件被顶上各大社交平台热搜榜，吸引受众的点在于被罚 13.41 亿元，部分网友调侃某明星被罚也不敌薇娅做直播被罚的多。受众在阅读的同时更能够体会到国家打击经济违法的严厉性，这是通过新闻媒体的报道所体现出来的。事件发酵后，"人民日报评论"微博号更是接连发布两条微博评论该事件。第一条谈到"'头部主播'应当带头知法、守法、用法。国家推出的税费优惠政策不是可以随意钻的空子"②，第二条微博则警醒其他网络主播不要试探法律底线，不能偏离价值共识等③。两则报道通过评论的形式警醒受众及其他从业者要遵守法律，不仅将国家政策与法律规定的严格性彰显出来，更是起到了监督的作用，警醒了受众，取得了良好的传播效果。

（二）制度叙事的正向性

上文提到，经济法治报道要坚持有立场的报道，更要坚持社会主义制度与核心价值观，努力"讲好中国故事，传播好中国声音"。在制度基础

---

① 《薇娅偷逃税被罚》，"新华社"百家号，https：//baijiahao.baidu.com/s？id = 1719651037766126557&wfr = spider&for = pc，最后访问日期：2022 年 7 月 3 日。

② 《#人民日报评薇娅涉嫌偷逃税#》，"人民日报评论"微博，https：//m.weibo.cn/status/4716528153662509，最后访问日期：2022 年 7 月 3 日。

③ 《#人民日报再评薇娅#》，"人民日报评论"微博，https：//m.weibo.cn/status/4716787939935555？，最后访问日期：2022 年 7 月 3 日。

上，要坚持正向引导舆论，传递国家正能量，才能维护经济稳定增长。这要求媒体平台在经济法治报道中要掌握主动话语权，不仅要保证信息发布的时效性，更要在有负面舆情时及时辟谣，构建政府正面形象。

如 2021 年 3 月份以来互联网上频频出现"国家乡村振兴局：23 类项目可以申请补贴，数额超千亿"的信息，中国新闻社旗下《中新经纬》发布一则题为《"23 类项目可以申请补贴，数额超千亿？"官方辟谣：假的！》[①] 的报道，国家乡村振兴局官方辟谣称网络上频频出现的相关信息均系假借国家乡村局名义胡乱拼凑的不实信息。在信息泛滥成灾的互联网上存在着大量的拼凑、虚假信息，若不能及时有效地制止谣言传播，谣言通过互联网各平台裂变式的传播矩阵传播后极易造成受众恐慌，破坏经济发展秩序。因此，媒体平台更应当密切监控互联网上各类信息，及时清除负面不实消息，积极进行正面引导，以促进经济发展，维护国家安全。

案例 6-3-11：两部门：加快新能源汽车推广应用，加快充电桩、换电站等配套设施建设[②]

12 月 14 日电，国家发展改革委、工业和信息化部发布关于振作工业经济运行、推动工业高质量发展的实施方案的通知。通知提出，加快新能源汽车推广应用，加快充电桩、换电站等配套设施建设。健全家电回收处理体系，实施家电生产者回收目标责任制。

《每日经济新闻》的这则报道提到，国家发改委与工信部发布了《关于振作工业经济运行、推动工业高质量发展的实施方案》。该文件提出，加快新能源汽车推广应用，加快充电桩、换电站等配套设施建设。健全家电回收处理体系，实施家电生产者回收目标责任制。新能源汽车符合我国可持续发展理念的要求，贯彻落实了国务院关于培育战略性新兴产业和加强节能减排工作的部署和要求。本则报道从新能源汽车充电桩建设的难

---

① 《"23 类项目可以申请补贴，数额超千亿"？官方辟谣：假的！》，"中新经纬"百家号，https://baijiahao.baidu.com/s？id=1717190492661011764&wfr=spider&for=pc，最后访问日期：2022 年 7 月 3 日。

② 《两部门：加快新能源汽车推广应用，加快充电桩、换电站等配套设施建设》，每经网，http://www.nbd.com.cn/articles/2021-12-14/2038410.html，最后访问日期：2022 年 7 月 3 日。

点、措施以及政策扶持等方面全面解读了国家发改委与工信部对于新能源汽车配套设施建设所作出的部署，紧跟国家政策的发展趋势，及时给受众传递了最新政策信息，引导了受众的认知，让可持续发展理念更加深入人心，同时通过制度叙事的正向性拉近了受众与新能源汽车及其建设的距离，维护了经济市场良好环境。

我国经济目前进入了持续高速发展的时期。尤其在大数据时代，个人对于经济信息的关注程度越来越高，经济法治报道作为人们了解经济信息的手段，理应呈现专业化的发展趋势。经济法治报道涉及新闻、经济、法律等领域，能为受众提供更加专业、深刻、垂直的信息。这也正是本章的意义所在。

本章从经济法治报道的概念、选题及手法三个维度对经济法治报道进行了系统的阐释。第一节明确了经济法治报道和经济报道的区别，奠定了经济法治报道的独立地位；第二节则针对报道的选题，指出报道需立足社会本位，从宏观视角看待市场经济的发展脉络，掌握市场的变化，并指出推动经济效率的提升是经济法治报道的目标；最后，经济法治报道的手法，则需注重角度、时机、信源、立场、呈现等要求，立足社会、部门、行业实际经济状况，结合国家政策、社会发展、经济效率对经济发展前景、趋势加以展望和预测，为个人、社会、国家提供有效且便捷的经济信息，维护经济发展的秩序。

第七章　CHAPTER 7

重大事件法治报道

重大事件意指规模很大或造成的影响重大的事件。在新闻报道中，所谓"重大事件"，其实是对新闻价值中的"重要性"的强调。本书将"重大事件"划分为"常规性重大事件"和"非常规性重大事件"两种，从法治报道的视角，围绕重大事件"常规性"与"突发性"的内涵与外延，对"重大事件法治报道"的链接关系、选题内容、报道手法三方面进行阐述。第一节梳理了常规性重大事件"两会"与法治报道的关系，从宏观和微观两个维度探讨了从"两会"中寻找法治报道好选题的方法，并详细介绍了"两会"法治报道的具体报道手法。第二节介绍了突发公共事件与法治报道的关系，以独特的视角"什么事""谁负责"来架构突发公共事件法治报道的选题逻辑，并从"角度、时机、信源、立场、呈现"五个维度详细地阐述了突发公共事件法治报道的相应手法。突发性重大事件法治报道的分析素材按照国家对突发公共事件的分类标准——自然灾害、事故灾难、公共卫生事件和社会安全事件选取。①

---

① 《国家突发公共事件总体应急预案》，中华人民共和国应急管理部网站，https://www.mem.gov.cn/xw/jyll/200602/t20060220_230269.shtml，最后访问日期：2022 年 7 月 11 日。

第一节　"两会"法治报道

常规性重大事件是指事件的发生在事先可以预料的范围之内，事件的发生有其既定的程序和计划。因此，常规性重大事件具有广泛性、规划性、可控性、可预测性的特点。例如奥运会、卫星发射、重大会议等，都属于常规性重大事件的范畴。新闻工作者通过提前策划和准备，能够在事件发生时有条不紊地进行报道。就常规性重大事件法治报道而言，作为我国政治生活中的大事的"两会"中有大量与法治新闻相关的题材。本章所指的"两会"报道，主要是对全国人民代表大会和中国人民政治协商会议的报道。将"两会"报道作为常规性重大事件法治报道进行分析：一是因为"两会"报道的体量巨大，可供分析的案例较多，可为结论提供更有力的支撑；二是"两会"报道具有鲜明的中国特色，提炼出的观点能够更好地被运用到我国记者的法治报道实践中。

一　"两会"与法治报道的关系

"两会"在新闻报道中占有重要的地位。对于新闻工作者来说，做好"两会"新闻报道不仅体现专业能力，同时也体现我国媒体人的政治性。在讨论如何报道"两会"法治新闻之前，首先需要厘清"两会"和法治报道之间的关系，弄清楚"两会"是干什么的以及"两会"蕴含了哪些法治报道的新闻价值。

（一）"两会"连接依法治国的各个方面

1982 年五届全国人大五次会议通过的《中华人民共和国全国人民代表大会组织法》明确规定，全国人大代表可以提出议案，但应当在全国人大职权范围内提出；同时全国人大代表也可以对各方面工作提出建议、批评和意见。在全国人民代表大会接收代表意见和议案之前，基础工作是听取和审议政府工作报告、核定与批准预算、决定人员任命和罢免、修改与制定基础法律等。在基础工作之外，再根据每一年的具体问题决定会议议程。

2013 年正值国家最高机关人员换届，"两会"的议程主要是审议和任命国家主席、总理、人大常委会委员长等。2016 年是国家制定国民经济和社会发展第十三个五年规划纲要的时间，2016 年全国人民代表大会增设审查和批准"十三五"规划的议程。2020 年是《民法典（草案）》编成之年，全国人民代表大会议程新增审议《民法典（草案）》的议程。不难看出，"两会"议程不是每年一成不变的工作流程，而是连接国家治理的各个方面。因此，法治报道不应当只关注"两会"中丰富的议案、提案素材，也应该注意到"两会"议程和社会生活、国家治理之间的紧密连接性。

案例 7-1-1：全国人大高票通过关于建立健全香港特别行政区维护国家安全的法律制度和执行机制的决定①

新华社北京 5 月 28 日电 5 月 28 日下午，十三届全国人大三次会议以高票表决通过《全国人民代表大会关于建立健全香港特别行政区维护国家安全的法律制度和执行机制的决定》。

决定通过时，人民大会堂会场内响起经久不息的热烈掌声。这是"一国两制"实践中具有重大意义和深远影响的大事，充分体现中央维护国家安全的坚强意志和坚定决心，充分体现中央对香港整体利益和香港同胞根本福祉的坚决维护和最大关切。

会议认为，近年来，香港特别行政区国家安全风险凸显，"港独"、分裂国家、暴力恐怖活动等各类违法活动严重危害国家主权、统一和领土完整，一些外国和境外势力公然干预香港事务，利用香港从事危害我国国家安全的活动。为了维护国家主权、安全、发展利益，坚持和完善"一国两

---

① 《全国人大高票通过关于建立健全香港特别行政区维护国家安全的法律制度和执行机制的决定》，新华网，http：//www.xinhuanet.com/politics/2020lh/2020－05/28/c＿112604548 0.htm，最后访问日期：2022 年 7 月 9 日。

制"制度体系，维护香港长期繁荣稳定，保障香港居民合法权益，根据《中华人民共和国宪法》第三十一条和第六十二条第二项、第十四项、第十六项的规定，以及《中华人民共和国香港特别行政区基本法》的有关规定，全国人民代表大会作出决定。

在 2020 年的"两会"报道中，新华社这篇报道《全国人大高票通过关于建立健全香港特别行政区维护国家安全的法律制度和执行机制的决定》（以下简称《决定》）很好地体现了依法治国的思想。报道重点记述了"两会"通过的这个《决定》，让国家制裁香港地区"港独"分裂国家、暴力恐怖等各类违法活动在法制层面上有了保证，国家能够有法可依地更好维护香港地区的长期繁荣稳定。

2016 年"两会"议程中增加了一项"审议《慈善法（草案）》"的内容，该法并不能达到以往提到"两会"上来审议的法律的高度，这件事本身是一个另类的信号。中新社在《慈善法草案缘何上大会？》一文中对这项大会议程作出了解释，并明确指出"这是中国民主政治的独特优势"，可以填补该领域"基本法"空白，让我国的慈善事业管理从此有法可依。

案例 7-1-2：慈善法草案缘何上大会？①

慈善法草案提请大会审议，首先从立法上可尽快填补该领域"基本法"空白，规范慈善机构、慈善行为和慈善流程，使其更透明公开，有其现实需求。其次，慈善法立法程序的完成度较高，已到提交全国人代会审议的成熟时机。

把握"两会"议程，法治报道要抓牢解决问题的时机。"两会"新闻报道不仅仅是告知老百姓国家当前治理重点和工作重心的合适时机，同时还是提出问题、更好地解决问题的合适时机。2020 年"两会"审议《民法典（草案）》的议程刚公布，多家媒体就对《民法典（草案）》新增和修改的内容作了报道，并就有争议的话题提出看法。如《新京报》对《民法典（草案）》中被删除的"以伪造、变造、冒用证件等方式骗取结

---

① 郭金超、梁晓辉：《慈善法草案缘何上大会？》，中国人大网，http://www.npc.gov.cn/zgrdw/npc/lfzt/rlyw/2016-03/04/content_1968507.htm，最后访问日期：2022 年 7 月 9 日。

婚登记的婚姻无效"的规定做出了评价。

案例 7-1-3：民法典拟删这项规定，不等于为"被结婚"背书①

如果在民法典婚姻家庭编中的婚姻无效条款中，直接将"以伪造、变造、冒用证件等方式骗取结婚登记"纳入，对陷入"被结婚"麻烦中的当事人来说，似乎是个"一劳永逸"的好办法，至少免去了打官司的奔波之苦。

不过，这种"一刀切"的做法，也会带来"后遗症"，让一些特殊情形下的婚姻关系"根基不稳"。比如，一方意外丢失身份证件，两人又着急结婚，只好"兵行险着"，如果"一板子打死"，直接认定双方以不合法证件取得的结婚登记无效，显然就过于草率。

事实上，重婚、未到法定婚龄等情形下的结婚无效，与这种登记形式"不合规"的结婚无效，两者有着本质上的区别，不应在立法上混为一谈。

关注"两会"议题，不仅因为其鲜明的政治性和它作为我国重大会议的新闻价值，更因为"两会"所串联起的法治思想是我国依法治国的主要体现，是讨论法治报道时不能绕开的重大事件。

（二）议案、提案丰富的法治报道题材

"两会"是全国人民代表大会和中国人民政治协商会议的统称，是中国共产党和各级人民政府广泛听取各界意见，实现决策科学化和民主化的重要环节。"两会"议程是"两会"议案、提案的大框架，决定着国家治理的总体方向。在具体操作环节，则依靠各地人大代表提出的海量议案。"两会"本身承接了社会生活中重要问题的解决和重大决策的制定，与社会生活衔接最为紧密的法治问题更是"两会"议案、提案的重要内容，"两会"议案、提案往往包含着丰富的法治报道题材。

2010~2020 年，每年全国"两会"都能收到 5000 份以上的议案。议案的内容几乎涵盖教育、养老、医疗、法律、经济、文化等所有领域中出现的问题。2020 年全国"两会"审议通过的《民法典》就为法治报道提

① 吴真晗：《民法典拟删这项规定，不等于为"被结婚"背书》，新京报，https://www.bjnews.com.cn/opinion/2019/12/24/665768.html，最后访问日期：2022 年 7 月 9 日。

供了大量的素材。《民法典》中新增的"禁高空抛物""遗嘱形式修改""肖像权界定"等规定，涵盖了家庭生活、社区生活、社会生活多个领域，也是当今人们主要关注和讨论的话题。新增的规定为热点话题提供了法律依据，也为法治报道提供了丰富的题材。2020年"两会"还出现了"提高未成年人性同意年龄""增设未成年人犯罪恶意年龄补足规则""增设未成年人商演保护"等议案，以及"伤害医务人员加重刑事处罚""医务人员有权避险拒绝诊疗""完善被家暴人人身安全保护令""明确夫妻债务划分"等议案。例如《中国青年报》的这则报道：

案例7-1-4：人大代表提议提高"性同意年龄"值得认真考虑①

前段时间，某上市公司高管鲍某某涉嫌性侵未成年少女一事，在舆论场上引发了广泛关注。事件当中，鲍某某声称他与"养女"是"恋爱关系"，二人发生性关系是"自愿行为"的做法，在网上引得一片哗然。尽管鲍某某的说法并未得到女方的认可，但是，这一"搅浑水"的举动却让公众开始担忧：当前我国法律对"性同意年龄"的规定是否可能过低？

近日，据多家媒体报道，全国人大代表、广东国鼎律师事务所主任朱列玉表示，他将在今年全国"两会"期间提交议案，建议修改刑法，将性同意年龄线从14岁提高至16岁。朱列玉代表在拟提交的议案中提出：对有监护、师生、管理等关系的，性同意年龄应改为18周岁；对男女年龄差不超过5岁的恋爱对象，性同意年龄仍保持14周岁；对其他一般情况，性同意年龄提高到16周岁。

（三）"两会"报道与立法活动紧密相连

《中华人民共和国立法法》第7条第一款规定：全国人民代表大会和全国人民代表大会常务委员会行使国家立法权。② 全国人大及其常委会作

---

① 罗广彦：《人大代表提议提高"性同意年龄"值得认真考虑》，中青在线，http://zqb.cyol.com/html/2020-05/15/nw.D110000zgqnb_20200515_1-02.htm，最后访问日期：2022年7月9日。

② 《中华人民共和国立法法第7条第二款、第三款规定》：全国人民代表大会制定和修改刑事、民事、国家机构的和其他的基本法律。全国人民代表大会常务委员会制定和修改除应当由全国人民代表大会制定的法律以外的其他法律；在全国人民代表大会闭会期间，对全国人民代表大会制定的法律进行部分补充和修改，但是不得同该法律的基本原则相抵触。

为立法机关，"两会"天然与立法活动紧密相关。

　　纵观新中国的立法史，"两会"都占据重要地位。1954 年 9 月，一届全国人大一次会议通过《中华人民共和国宪法》，确立了人民民主原则和社会主义原则。会议还通过了《全国人民代表大会组织法》《国务院组织法》《人民法院组织法》《人民检察院组织法》《地方各级人民代表大会和地方各级人民委员会组织法》等。1979 年，五届全国人大二次会议审议通过了《地方组织法》《刑法》《刑事诉讼法》《中外合资经营企业法》等七部重要法律。全国人民代表大会审议是立法活动的必经程序，"两会"报道一定无法绕过立法这个话题。2009 年 2 月，全国人大常委会第四次审议《食品安全法（草案）》。正值"三鹿奶粉事件"余热未熄，审议通过后，中新社记者以一篇报道《食品安全法出台，监管从"干净"向"健康"提升》详述了国家在食品监管体系方面的变革。在《选举法》修改过程中，中新社记者先后发表 3 篇深度报道《选举法酝酿修改，人大选举制度日臻完善》《中国拟修选举法，"同票同权"时代来临》《中国修法促民主"增量"，渐进式探寻政改路径》，从不同侧面报道了选举法的修改过程。①

　　2020 年，在立法进程中有着重大意义的《民法典》编纂工作自《民法典（草案）》审议通过之日起宣布基本完成。这部与人民日常生活息息相关的"法典"的编纂也与"两会"密不可分。2015 年 3 月，全国人大常委会法制工作委员会启动民法典编纂工作。② 2021 年 1 月 1 日，《民法典》正式实施。法治新闻报道记录了全部的过程。如观察者网的这则关于《民法总则》编纂工作启动的报道。

———————————

① 张明新：《做好立法工作报道的热度和深度》，《中国记者》2010 年第 7 期。
② 2015 年"两会"期间，《民法典》正式编纂工作启动，2016 年，第十二届全国人大常委会第三次审议《民法总则（草案）》，2017 年 3 月第十二届全国人民代表大会第五次会议审议通过。《民法总则》通过后，十二届、十三届全国人大常委会开展作为民法典编纂第二步的各分编纂工作，并提请 2018 年 8 月召开的第十三届全国人大常委会第五次会议审议。其后，2018 年 12 月，2019 年 4 月、6 月、8 月、10 月，第十三届全国人大常委会第七次、第十次、第十一次、第十二次、第十四次会议对《民法典》各分编草案进行了拆分审议。在此基础上，将《民法总则》与经过常委会审议和修改完善的《民法典》各分编草案合并，形成《中华人民共和国民法典（草案）》，提请 2019 年 12 月召开的第十三届全国人大常委会第十五次会议审议。并最终决定，将此草案提请第十三届全国人大第三次会议审议。并于 2020 年 4 月 20 日、21 日，形成了提请会议审议的《中华人民共和国民法典（草案）》。

案例 7-1-5：民法典编纂工作启动《民法通则》将修订为民法总则①

中共十八届四中全会关于全面推进依法治国的决定提出：编纂民法典。据《人民日报》报道，日前，全国人大常委会法工委正式启动了民法典编纂工作，决定首先起草民法总则。4 月 20 日，中国法学会民法典编纂项目领导小组组织撰写的《中华人民共和国民法典·民法总则专家建议稿》正式向全社会征求意见。

针对立法而作的法治报道往往采用硬新闻的写作手法，在阐述立法程序客观性的同时，失去了法律的温度。对于历史的新闻写作要想写出温度，写得生动，不仅需要细腻的文笔，还需要对历史背景的研究。法制网这篇描写《民法典》前世今生的报道，通过对编纂工作人员的采访，用对话串联起对编纂工作的回忆，使《民法典》的诞生充满人情味。

案例 7-1-6：《中华人民共和国民法典》诞生记②

这是新中国成立后我国第五次编纂民法典。此前，我国先后于 1954 年、1962 年、1978 年、1998 年四次起草民法典，但是四次都因各种原因被搁置。

作为此次中国法学会民法典编纂项目领导小组成员，中国人民大学法学院院长王轶全程参与了民法典的编纂工作。对于一些重要时间节点，他记忆犹新。

2015 年 3 月 20 日，在全国人大常委会机关办公楼第四会议室里，时任全国人大常委会法工委主任李适时宣布民法典编纂工作正式启动。"当时，坐在我身边的好几位与会前辈都感慨地说，今天应该是一个足以载入史册的日子！"王轶回忆说。

也是在这一天，根据党中央的决策部署，工作小组明确了"两步走"的编纂工作计划：第一步出台民法总则；第二步编纂民法典各分编，并将修改完善的各分编草案同民法总则合并为完整的民法典草案，由全国人大

---

① 《民法典编纂工作启动〈民法通则〉将修订为民法总则》，观察者网，https://www.guancha.cn/FaZhi/2015_05_06_318559.shtml，最后访问日期：2022 年 7 月 9 日。

② 朱宁宁：《〈中华人民共和国民法典〉诞生记》，光明网，https://m.gmw.cn/2020-12/22/content_1301963808.htm? source=sohu，最后访问日期：2022 年 7 月 9 日。

常委会提请全国人民代表大会审议。

就这样，从 2015 年 3 月正式启动，到 2017 年 3 月十二届全国人大五次会议通过民法总则，直至 2020 年 5 月十三届全国人大三次会议通过民法典，历时 5 年多，民法典终于修成正果。

"两会"与法治报道相辅相成，"两会"是法治报道选题的富矿，而优秀的法治报道则有助于更好地传播"两会"法治信息，"两会"报道活动与我国依法治国进程紧密相连。

二　"两会"中的法治报道选题

"两会"法治报道，是党和国家在民主法治建设领域的重要舆论阵地，做好"两会"法治报道，选题是重点。一个好的选题可以直击社会痛点，抓住读者看点，把握政策要点，发现治理难点。作为国家政治生活重要组成部分的"两会"，因其特殊的立法功能，本身就是法治报道选题的富矿。如何从"两会"中找到好的选题，十分考究新闻工作者的功力。

（一）从宏观报告寻找趋势性选题

"两会"选题来源广泛且丰富，善于把握会议报告和议程中的各项指示性文件，能够帮助报道者更好地发掘有价值的选题。每年"两会"的主要工作和会议进程都包括听取和审议政府工作报告以及各机关报告。报告中往往涉及上一年的工作总结和下一年的工作计划，可以说是一份承上启下的趋势性文件。这些报告既是政府工作的"指南针"，又是新闻报道选题方向的"指南针"。通过召开的新闻发布会和各机关下达的指示性文件，记者可以有针对性地听取和所属媒体定位相关的内容，并根据相关变动提前获悉发展趋势和发展重点。

2020 年最高人民法院工作报告中提出："在过去一年里，各级法院共审结一审民事案件 579.7 万件，同比上升 7.7%。"同时提到"严格控制和慎重适用死刑，严把死刑案件事实关、证据关和法律关，确保死刑案件审判质量"①。反映出法院在量刑方面的慎重，以及尽量减少死刑判决的趋势。在如何推进人民法院机制改革中提到要"推进审判制度改革和管理创新，规范庭审直播和法律文书上网"，可以看出，法院的改革趋势是结合新技术，联动网络，实行高效执法。

案例 7-1-7：北京法院系统执行工作有了新装备　海淀法院首用电子封条查封房产②

但凡法院查封房产，封条就是必备"工具"，可是传统的纸质封条不仅容易脱落，还易被人为撕毁，导致查封效果不理想。电子封条的出现，使"一次封门、一封永逸"变成现实。近日，北京市海淀区人民法院执行局就使用电子封条查封了一处涉案房产，这也是北京市法院系统首次使用电子封条。

《法治日报》这篇消息以"电子封条"为新闻热点，报道了执行工作改革的新趋势。2017 年全国"两会"审议的政府工作报告中指出过去一年的工作重心："六是加强生态文明建设，绿色发展取得新进展。制定实施生态文明建设目标评价考核办法，建设国家生态文明试验区……推进水污染防治，出台土壤污染防治行动计划。开展中央环境保护督察，严肃查处一批环境违法案件，推动了环保工作深入开展。"③"两会"结束之后，《扬子晚报》的记者并没有停止对环境问题的关注，在 4 月 28 日发表了题为《省政府首次提起环境公益诉讼》的消息。

案例 7-1-8：省政府首次提起环境公益诉讼④

昨天，由江苏省人民政府、江苏省环保联合会诉德司达（南京）染料

① 周强：《最高人民法院工作报告——2020 年 5 月 25 日在第十三届全国人民代表大会第三次会议上》，《人民法院报》2020 年 6 月 2 日，第 1、2 版。

② 徐伟伦：《北京法院系统执行工作有了新装备　海淀法院首用电子封条查封房产》，龙岩生活网，http://www.fjlcnews.com/lyfc/85463.html，最后访问日期：2022 年 7 月 10 日。

③ 李克强：《2017 年政府工作报告——2017 年 3 月 5 日在第十二届全国人民代表大会第五次会议上》，中国网，http://www.china.com.cn/lianghui/news/2018 - 02/27/content _5046 2620.shtml，最后访问日期：2022 年 7 月 9 日。

④ 罗双江、刘浏：《省政府首次提起环境公益诉讼》，新华网，http://www.xinhuanet.com/gongyi/2017-04/28/c_129579934.htm，最后访问日期：2022 年 7 月 9 日。

有限公司环境污染责任公益诉讼纠纷一案，在南京市中级人民法院开庭审理。这是江苏省人民政府首次以赔偿权利人身份提起的生态环境损害赔偿诉讼。

……

原告诉称，2013 年 9 月至 2014 年 5 月，被告德司达公司在明知王占荣无废酸处置资质的情况下，多次将公司生产过程中产生的废酸以每吨处置费 580 元的价格交给王占荣处置。王占荣明知船东丁卫东无废酸处置资质，仍将废酸以每吨处理费 150 元的价格交给丁卫东处置。丁卫东安排船工孙新山、钱存林、张建福、王礼云等人将其中 2698.1 吨倾倒至如泰东河、新通扬运河水域，严重污染环境。

原告认为，被告德司达公司负有防范其副产废酸污染环境的义务。被告作为废酸的产生厂家，应当预见到废酸的无序流转存在极大的环境风险，应采取一切必要的、可行的措施防止其最终被非法倾倒。但被告在明知废酸极可能被非法倾倒情况下，却对此持放任态度。其委托并不具备能力和资质的个人处置废酸，应视为一种在防范污染物对环境污染损害上的不作为，最终导致环境污染损害。被告委托王占荣处置废酸，最终造成如泰东河、新通扬运河水域环境污染，应当依据《中华人民共和国侵权责任法》第六十五条规定，对污染环境造成的损害承担侵权责任。

该案是江苏省作为国务院确定的生态环境损害赔偿制度改革试点省以来，省政府与省环保联合会携手作为共同原告提起的首例环境民事公益诉讼。此外，环境保护的话题在"两会"中被多次重点提出，更能看出环境保护和治理是我国治理的重点问题。《扬子晚报》从政府报告中敏锐发现了这一趋势性选题，佐以代表性的新闻事件，才成就了这样一篇有深读、有价值的法治报道。该文荣获第 28 届中国新闻奖文字消息类作品二等奖。

（二）从微观提案寻找问题性选题

如果说政府机关工作报告提供的是宏观趋势性选题，那么每年"两会"收到的几千个议案聚焦的就是社会生活中的微观方面。从来没有任何一个新闻网站或者读者信箱能像"两会"这样汇聚全国不同民族、党派、社会阶层和年龄段的民意。在前一届"两会"结束后，新一届"两会"的民意议案收集工作就开始了，这些海量的意见通过社区、网站、走访等方式被汇聚到人大代表手里，通过划分区域代表层层提议的方式，能够短时高效地完成绝大部分国民的意见收集工作，这在一个人口体量超十四亿的国家无疑是壮观的，其中反映的社会问题也是明显的、全面的。

全国人大代表蒋胜男拟提交关于删除《民法典（草案）》离婚冷静期条款的建议，认为离婚冷静是"以极少数人的婚姻问题强迫绝大多数人为此买单"。更有与会人员建议调整离婚冷静期，明确因家暴、与他人同居等情形离婚不需要 30 天冷静期。这些提案得到多数网友的赞同，极高的支持率背后反映的是规定"离婚冷静期"所存在的现实问题与特殊情况遗漏。

2021 年 1 月 8 日，在《民法典》生效 8 天后，《新京报》刊发了题为《连城法院发出首张离婚冷静期通知书，诉讼离婚能否适用冷静期?》的报道。

案例 7-1-9：连城法院发出首张离婚冷静期通知书，诉讼离婚能否适用冷静期?[①]

新京报快讯（记者 王俊）近日，福建连城法院发出《民法典》生效后首张"离婚冷静期通知书"，适用于协议离婚的冷静期应用于诉讼离婚，引发广泛关注。

北京振邦律师事务所副主任李莹接受新京报记者采访时表示，既然民法典只规定了协议离婚才适用离婚冷静期，不应随意扩大其使用范围。

厦门大学法学院教授蒋月则认为，这一做法在法律机制上没有问题，与民法典规定的登记离婚程序中的冷静期不同，法院受理案件时本身是有调解等程序的，这在司法裁判权的范围之内，是审理过程中的一种司法安排。

这类问题性选题需要对提案涉及的法律法规有深入的认识和思考，同时需要广泛征集各界的意见，在此基础上才能敏锐地发现问题，找到缺

---

① 王俊：《连城法院发出首张离婚冷静期通知书，诉讼离婚能否适用冷静期?》，新京报，https://www.bjnews.com.cn/detail/161009165615494.html，最后访问日期：2022 年 7 月 9 日。

口。正如上文，如果记者没有深入了解离婚冷静期的使用范围，在连城法院发出离婚冷静期通知书时，就无法察觉这与原本法律规定相悖。如果记者没有对提案保持关注，连城法院的这次判决只会被当作是一个普通的判决，即使后来发现问题所在，也无法和别的媒体抢夺报道的时效性。

审议通过的提案经过多次会议讨论，相对比较完善。想要从这一类提案中寻找问题需要高度的敏锐和较强的法律素质。对于新闻工作者来说，在从未审议的提案中往往更能发现社会问题。2016 年 3 月 6 日，《检察日报》刊发的《"检察机关提起公益诉讼，我会继续关注"——最高检办理全国人大代表刘希娅提出的建议纪实》，指出检察机关缺乏公益诉讼权力，导致政府机关面对诸多公共利益诉求无法出力。

案例 7-1-10："检察机关提起公益诉讼，我会继续关注"——最高检办理全国人大代表刘希娅提出的建议纪实[①]

刘希娅告诉记者，她之所以提出检察机关加强提起公益诉讼工作，是源于近年来她的亲眼所见。一些地方的行政机关违法行使职权或者不作为，致使国家利益和社会公共利益受到侵害的情况屡有发生，但公共利益受损，与公民、法人和其他社会组织没有直接利害关系，其无法提起行政诉讼，导致违法行政行为缺乏有效的司法监督，依法行政、严格执法得不到执行，公共利益缺乏保护。

可现实情况是，由于相关法律没有赋予检察机关提起行政公益诉讼的权力，导致检察机关的探索工作面临法律障碍，难以有效发挥监督职能。刘希娅深知此情，因此她建议，由全国人大常委会对检察机关开展行政公益诉讼试点工作提供明确依据。

文章前半部分对代表进行了个人专访，后半部分跟进了议案的试点情况，不细心阅读很难发现这篇文章所涉及的议案居然是 2015 年 "两会" 提出的。去年议案今年报，失去了新闻的时效性。同时，从议案涉及的范围和行政机关可以看出其重要性，而本文的报道者并没有持续跟进后续发展。上文提到荣获第 28 届新闻奖的报道《省政府首次提起环境公益诉讼》

---

① 王地：《"检察机关提起公益诉讼，我会继续关注"——最高检办理全国人大代表刘希娅提出的建议纪实》，《检察日报》2016 年 3 月 6 日，第 3 版。

就是针对该提案进行的后续报道。在"两会"报道期间，媒体会聚焦"两会"和提案和议案，然而真正的问题并不会在当下就发生。提案和议案本身只是提示了社会问题的关注方向，作为法治报道者，应该透过表面看到提案和议案背后涉及的问题，对问题"穷追不舍"，才能实现好的选题的价值。

三　"两会"法治报道的手法

好的选题是新闻报道的"根"，好的报道手法就是新闻报道的"养料"。选题决定新闻报道的价值下限，报道手法决定新闻报道的价值上限。信息全球化时代，很难拿到一个独家选题，新闻事件发生的瞬间就会被无数媒体、个人知晓。可以说当今的新闻报道比的不再是一手信源，而是报道能力。资深编辑和普通编辑对于同一个选题，呈现出来的效果往往具有天壤之别，这是因为在新闻报道中，好的编辑会通过优秀的报道手法为选题添彩。独特的角度、恰当的时机、准确的立场、可靠的信源以及叙事化的呈现，能让一篇报道超越基础报道的层面，呈现更加鲜明和深入的思考。

（一）角度：依法治国的进程性

党的十八大以来，党中央从实现执政兴国、人民幸福安康、国家长治久安的全局和战略高度，形成全面依法治国新理念新思想新战略，把依法治国纳入"四个全面"战略布局。中国特色社会主义法治建设发生历史性变革，取得历史性成就。习近平主席在党的二十大报告中指出："建设覆盖城乡的现代公共法律服务体系，深入开展法治宣传教育，增强全民法治观念。推进多层次多领域依法治理，提升社会治理法治化水平。发挥领导干部示范带头作用，努力使尊法学法守法用法在全社会蔚然成风。"① 这是国家治理、社会治理的大事，也是法治新闻报道的"春天"。法治报道应该把握依法治国的进程性，与依法治国方略嵌合，提升报道的社会价值和

---

① 习近平：《高举中国特色社会主义伟大旗帜 为全面建设社会主义现代化国家而团结奋斗——在中国共产党第二十次全国代表大会上的报告》，中国政府网，http://www.gov.cn/xinwen/2022-10/25/content_5721685.htm，最后访问日期：2022 年 11 月 6 日。

政治价值。

2014 年，十八届四中全会审议通过了《中共中央关于全面推进依法治国若干重大问题的决定》（下称《决定》），首次提出了"依法治国"的基本方略。这是一个信号，为法治报道提供了全新的报道角度。《决定》提出，全面推进依法治国需要完善立法体制。在 2015 年的"两会"报道中，新华网的记者敏锐发掘了这一热点，写出了《迈向良法之治的里程碑——写在修改立法法决定通过之际》。

案例 7-1-11：迈向良法之治的里程碑——写在修改立法法决定通过之际①

新华社北京 3 月 15 日电（新华社记者霍小光、杨维汉、陈菲、张晓松）"赞成 2761 票，反对 81 票，弃权 33 票。"2015 年 3 月 15 日上午，随着张德江委员长一声"通过"，《中华人民共和国立法法》被赋予了新的时代内涵，成为我国立法史上新的里程碑。

全面建成小康社会、全面深化改革、全面依法治国、全面从严治党，在"四个全面"战略布局中，"立法"发挥着引领推动和制度保障的关键作用。

历史是如此巧合。2000 年 3 月 15 日，同样在庄严的人民大会堂，这部"立法的法"诞生。15 年时光荏苒。人民共和国从"有法可依"向着"良法之治"大踏步迈进。

文章开头巧妙切题，赋予立法修改重要意义。根据《决定》指示，新华网还做了《中国赋予更多城市地方立法权、明确"税收法定"原则》《"两高"报告引网络热议 让"天平"在触手可及的地方》等法治报道②。因此，依法治国进程中的重要推进节点是法治报道的绝佳角度。

---

① 霍小光等：《迈向良法之治的里程碑——写在修改立法法决定通过之际》，新华网，http://www.xinhuanet.com/politics/2015lh/2015-03/15/c_1114645030.htm，最后访问日期：2022 年 7 月 9 日。

② 新华网 2015"两会"专题报道，http://www.news.cn/politics/2015lh/，最后访问日期：2022 年 7 月 9 日。

（二）时机：会议热点与深度推进

报道不仅重选题，也重时机。时机又称时宜、机会，可以被理解为关键的、合适的时间节点。把握常规性重大事件法治报道的时机，就是在合适的舆论环境发表，保证报道的关注度和话题度。无论是提前发布一些还未广受关注的话题，还是滞后发布已经不是热点的话题，都会使报道本身的新闻价值减小甚至丧失。"两会"作为一个时间节点明晰的重大事件，热度和时机的关联性紧密，因此在做"两会"法治报道时要注意时机的把握，抓住会议议程推进的每一个要点话题，精准出击。

收集"两会"热点主要有对内和对外两个角度。对内分析政府每年的工作报告，实时关注政府治理动向，及时总结记录。对外收集读者的意见和想法，在专家意见下进行归类，最后形成一份最贴合读者期待的热点总结。这种方式比第一种方式更接地气，但工作量大，每年的变动非常频繁。

截至 2020 年"两会"，《人民日报》已经连续 19 年推出"两会调查"特别活动。每年"两会"前夕，《人民日报》都会提前统一收集当年人们关心的"两会"问题。2011 年开始，《人民日报》联合人民网，线上线下联动：线下采取记者走基层、听民生的方式，以视频记录"两会"期待；线上则通过网民投票、留言的方式，收集"两会"意见。2017 年，人民网开始主动提供热词供网友选择，如 2017 年提供了"简政放权""反腐倡廉""依法治国""住房""教育公平"等 18 个热词。2018 年，人民网携手今日头条，推出线上调查小程序，截至 2018 年 2 月 27 日 15 时，参与网民达 4212368 人次。《人民日报》的"两会调查"特别活动，从最开始的被动知晓热点到后来的主动提供热点，其中的变化需要新闻工作者留心每届"两会"热议内容和读者关心内容，作统计分析。也正是因为对会议热点有了提前准备，才能在恰当的时机推出恰当的报道，让报道有的放矢，让读者即感即阅。

仅关注会议热点远远不够，如果无法及时把握热点，深度挖掘热点话题，也会白白错失报道良机。2020 年 3 月，《南风窗》把握时机发表了一篇优秀的"两会"法治报道《疫情下的弱势房客》，文章从新冠肺炎疫情下一位房东的困扰出发，延伸到疫情导致的房租短缺问题。编辑敏锐地捕捉到该事件中的法律问题，深挖下去发现很多房东和房客的纠纷是疫情防控时期无法回家导致的，进而提出"在特殊的情况下，普通居民是否有权力阻止其他居民回家居住"的法律问题。在3月提出这个问题，既契合了"两会"的热点"住房"，同时也透过报道向人大代表们提出了问题。如果"两会"解决了这个问题，报道者之后再紧跟一篇解决性的法治报道，那么这些报道就会变成优秀的系列报道。

（三）信源：替代性信源与一手信源的补充

"两会"报道的一手信源当属"两会"新闻发布会和其他会议。在新闻发布会上，国家各机关代表就民众关心问题公开答记者问。国家一直十分重视"两会"的信息传播渠道。1983年，"两会"首次召开新闻发布会。1989年，全国人大举办新闻发布会被赋予法律效力。从1987年国家总理公开出席新闻发布会，到2020年首届"部长通道"采访活动圆满成功，可以看出"两会"非常重视和媒体的沟通。

"两会"每年召开的各部门新闻发布会汇聚了各地来参会的媒体，大家都聚在这里等待官方对热点话题作出解答。但除了新闻发布会，"两会"还有一个"黄金通道"，在那里可以获取最有价值的新闻信息，这就是"部长通道"。"两会"期间，中央和国务院各部委领导旁听会议时，都要从人民大会堂北门进入，穿越铺有红地毯的北大厅后，踏上台阶到二楼旁听会议。人民大会堂北大厅因此被媒体称为"部长通道"。对媒体而言，虽然具有采访权，但是在其他场合想要见到这些"高官"也是非常不容易的一件事。但在"两会"这条"部长通道"上，任何记者都可以跨越红线对部委级官员直接采访，对于社会焦点话题他们也无法回避，这是记者获得一手消息的绝佳地点。2013年"两会"期间，《成都商报》一名女记者因为拦截多名部长红极网络，获得"阻拦姐"的称号。所以，法治新闻工作者不能一味只从新闻发布会上获取信息，而应当主动出击，直接对问题相关部门进行采访。

记者在"两会"现场拿到一手资料后，应该针对各级官员和代表的回答找到相应的事件当事人进行全方位的查证，力求还原事件的全貌。同时，邀请相关专家学者进行补充也是法治报道更具权威性和摆脱"官腔"的做法。

根据信源核心等级，可以把信源进行阶梯分级。一手信源作为最接近核心事实的一级信源，一般指当事人或者权威机关，是新闻工作者最渴望获得的资源。但有时候一手信源难以获得或者从一手信源处获取的信息单薄，则可寻求第二级的替代信源进行补充。第二级信源一般指相关专家或者接触过事实的受众，采用这部分信源提供的信息时要注意核实信息真伪，其尽管不如一级信源可靠和核心，但也能成为一级信源不足时的信息来源，补充事件背景，提供选题方向。

近年来，随着媒介技术的不断发展，很多替代性信源涌现。微博等公共平台承担了大部分替代性信源的功能。部分网友会在网络上分享和点评自己比较关心的议题，建立相应的词条。截至 2022 年 6 月底，微博上搜索"两会"议题的词条，阅读量前三的话题分别为#你最关心哪些"两会"议题#（阅读量为 220 万）、#年轻人最关注哪些"两会"议题#（阅读量为 103 万）、#"两会"女性议题盘点#（阅读量为 95.3 万）。此外，主流媒体也纷纷利用平台的优势，通过评论区收集群众意见。《人民日报》举办的"两会调查"特别活动，将原本需要记者一一走访的读者需求收集通过网络进行，正是因为如今大众更乐意在网络上表达自己的意见。"两会"期间，多家媒体在微博、微信公众号等平台推出"两会"特别报道，通过评论区反馈收集读者意见和关注热点，突破了原本的时空局限，以更加便捷的方式收集资料。

（四）立场：全景观察与重点解读

新闻报道的立场分为媒体立场和报道立场两部分。媒体立场指新闻媒体在成立之初的办报宗旨和编辑方针，比如《中国青年报》站在青年的立场报道新闻，《农民日报》以三农问题为报道立场。媒体立场在报道中处于上层的指导性立场，同一媒体的不同报道均以媒体立场为基本立场。报道立场则指单独的新闻报道中秉持的观点偏向，全景观察与重点解读是报道立场的一种重要展现方式。

全景观察，是从空间维度和时间维度对新闻事件进行全方位、立体化、动态化的呈现，是对新闻事件整体性的把握与本质性的探析，能够通过全局视角，鸟瞰新闻事件，奠定报道基调。重点解读是新闻报道的价值追求，对所有内容都进行报道显然不符合新闻重要性和显著性的价值要素。"两会"法治报道，既要通过全景观察还原会议的仪式感，也要贴合媒体风格，选择对应立场的重点进行解读。

作为国家通讯社的新华社，主要发挥喉舌、智库和信息总汇作用。在"两会"报道中，全景观察就是新华社的报道优势。每年全国"两会"期间，新华社都会策划"两会"专题报道，囊括了各会议内容、各发布会内容、各提案审议及通过情况、会场照片等全方位的"两会"信息。通过专题报道，读者实现了不在场却可以了解"两会"全貌。在全景观察的优势下，媒体可以更快发现日程中的报道重点，这也是新华社这类头部媒体在"两会"报道中牢牢占据报道优势地位的原因之一。

当然，这里讨论的全景观察更多指的是媒体在报道前应该对会议流程和相关内容进行全面了解。重点解读才是报道取胜的关键。媒体的报道重点是媒体风格的体现，坚持媒体立场，有助于筛选目标受众，达到传播效果的最优化。《法治日报》的定位是中央政法委机关报，立场是以法治报道推进民主法治建设。"两会"专题报道虽然也会涉及比较重要的时政新闻报道，但是报道重点是法治事件。关于 2020 年"两会"，《法治日报》除了在头版刊登了新华社文章以外，还在"法治经纬"板块用了整个版面介绍了《民法典》的制定过程、重大意义和亮点。其他版面则用大篇幅讨论了其他相关法律问题。类似定位的《检察日报》在头版、二版等 4 个版面上分别对《民法典》内容和审议过程做了消息、评论和科普。

（五）呈现：密集型生发叙事

"两会"报道的呈现，一般采用多种方式同时、多角度、大规模地进行报道，包括但不限于会议报道、人物报道和深度报道，本文将这种呈现方式称为密集型生发叙事。密集型生发叙事是主流媒体"两会"报道的主要呈现形式。这种密集表现在报道体量的密集和呈现方式的密集上。

新华网 2015 年"两会"专题报道中，聚焦板块 3 月 13～16 日 4 天时间更新了 100 篇解读"两会"的报道。新华网 2016 年"两会"专题报道中，同为聚焦板块，报道体量却从 2015 年的 100 篇上升到 2016 年的接近 400 篇，报道内容涉及代表发声、会议内容、最新政策、"两会"现场、媒体评论等。体量密集的新闻报道，可以为读者多角度全方位呈现"两会"现场和会议热点议题。

近几年，"两会"报道呈现方式的多元密集是又一大变化。最初的"两会"报道受媒介技术的桎梏，只能出现在报纸有限的版面上，因此在内容的呈现上只能选择更加重要的报道，无法照顾到公众关心的全部话题。但获益于互联网技术、5G 和大数据技术、可视化技术，现在的"两会"报道的呈现在报刊之外，多了直播、人机互动、全景再现等多种更加生动全面的形式。针对不同的报道内容，辅以不同的呈现形式，能更好地发挥报道的作用。

新华网重庆频道 2019 年"两会"融媒体专题，引入了"MG 动画"和"解码"两会""两个板块。在"MG 动画"板块，通过加减乘除的动画效果，把重庆政府 2018 年的政策和效果生动展示出来，使原本枯燥乏味的政府报告变得易读。在"解码"两会""板块，采用电子报刊阅览模式，图文并茂地展示"两会"热点。

第三十届中国新闻奖短视频专题报道获奖作品《VLOG：小姐姐的"两会"初体验》也为"两会"报道提供了新的呈现方式。备受网友喜爱的央视记者王冰冰最初就是通过哔哩哔哩网站的视频走红。

在呈现形式上，主流媒体保持了从前的密集型体量叙事方式，新增了密集型呈现方式，在多平台、多模式、多叙事、多角度的密集型生发叙事呈现手法加持下，新闻报道不再只是上层社会的精神产品，而变成大众传播的食粮。

法治报道是推动法治建设的重要文化产品，"两会"是依法治国的具体呈现形式。做好"两会"法治报道，就具备了做好常规性重大事件法治报道的能力。面对社会关切的转向和媒体技术的发展，"两会"法治报道不能因循守旧，要不断增强自身业务能力，以人民的关切为报道方向，以国家发展为报道立场，以社会利益为报道方针，让"两会"和法治报道互相助益、共同进步，成为推动法治社会建设的中坚力量。

第二节 突发公共事件法治报道

非常规性重大事件，指事先无法预料，却产生极大影响的事件。换言之，事件本身的突发性决定了其不可预料性，超出人们对一般规律的认知范围，所以"非常规"也可理解为"突发"。在新闻报道选材中，突发公共事件报道是所有报道形式中较难的一类报道，这和突发公共事件的性质有关。突发公共事件是突然发生，造成或者可能造成严重社会危害，需要采取应急处置措施予以应对的自然灾害、事故灾难、公共卫生事件和社会安全事件。① 也有学者提出突发公共事件最要紧的是"不可预测性"②，还有研究者从突发公共事件引起的舆情出发，认为突发公共事件能够"变成全民围观的公共话题"③。因此，突发公共事件兼具报道的时效性和舆论性特征。相较常规性的重大事件，突发公共事件具有信息扩散快、社会影响大、容易引发次生舆情的特征。法治报道和突发公共事件看似缺乏关联性，这源于突发事件报道的及时性需求与法治报道的严密性需求之间的矛盾。要想从法律角度对事件进行分析，需要综观事件全貌，理清主客体关系，这必然会失去报道的先机。此外，突发公共事件的社会影响力要求相关报道必须尽可能减少失误，否则会出现潜在的谣言风波，因此，突发公共事件更需要法治报道的参与，稳定和调节事件参与者的情绪，对突发公共事件进行法治解读。

本节将主要介绍如何从法治视角报道突发公共事件，以及法治报道过

---

① 陈志宗、尤建新：《重大突发事件应急救援设施选址的多目标决策模型》，《管理科学》2006 年第 4 期。

② 王来华、陈月生：《论群体性突发事件的基本含义、特征和类型》，《理论与现代化》2006 年第 5 期。

③ 李纲、陈璟浩：《突发公共事件网络舆情研究综述》，《图书情报知识》2014 年第 2 期。

程中可能出现的报道难题。

一　突发公共事件与法治报道的关系

21 世纪以来，我国社会主义市场经济快速发展，科教文卫全面进步，改革也开始进入深水区。但社会转型期的改革、社会利益格局在逐步调整过程中也累积了不少社会矛盾，当突发公共事件发生时，网民借助自媒体平台发表意见，往往会引发舆情浪潮，导致大量的法律问题出现，给社会稳定和经济发展带来不利影响。经过公共空间的发酵，公众讨论的重心往往会脱离事件本身，这时从法律专业视角进行的法治报道有利于疏导舆情，引导舆论。相比社会性新闻的报道形式，法治报道更具专业性和权威性，能够起到劝服和调节的传播作用，引导公众脱离事件的舆论中心，恢复客观理性的讨论。法治报道记者不仅要做到实事求是，还要善于运用法言法语为事件提供注解，这样才能及时把握核心问题，应对浅层需求和深层危机。

（一）　为突发性事件的维稳和调节提供方案

法治报道能对突发事件进行维稳和调节是以当今自媒体时代传播内容质量低、博眼球、信誉差的特性为背景的。自媒体的兴盛催生了一个新的专业名词"后真相"。2016 年 11 月 22 日，牛津词典把"后真相"评选为 2016 年度词汇。牛津字典把"后真相"定义为"诉诸情感及个人信念，较客观事实更能影响民意"。"后真相"的"后"，是因为信息真实性已经居次要位置，人们只愿意选择相信符合自我偏好的信息，这就促使部分自媒体为了自身利益，无视客观事实，盲目迎合受众心理与情绪，使用猜测、感觉、夸大等表达方式，强化和极化某种特定思想观点，以博取受众眼球和支持。客观事实在舆论方面影响逐渐变小，诉诸情感和个性表达反而会产生更大影响。加之，在 Web 2.0 时代，大量自媒体以社交互动为关系链接的纽带，在公共事件的初期发酵中，拥有强大的动员、群聚、围观助推力，进一步加剧了信息传播的风险性。

在突发性事件舆情反复多变的信息环境下，法治报道凭其专业性、严肃性、权威性的报道特点，能够在无序的信息传播中树立主流标杆，能够通过清楚的法律解读规范事实逻辑，帮助大众脱离混乱的"信息公共场域"。2021 年 7 月，微博用户"都美竹"以长文曝光明星吴亦凡涉嫌诱奸未成年人，文章发出后引发公众讨论。并且在一些自媒体的不实言论影响下，谣言甚嚣尘上。《法治日报》及时发表评论，以法说理，才遏制住了谣言继续散播的势头。

案例 7-2-1：吴亦凡这"瓜"，还得法律来切！①

触碰法律的问题，还是要回归法律的轨道。任何涉法事件都应该通过法律途径解决问题，而不是通过炒作噱头来达到目的。而且，料越猛，公众越是要保持冷静和理智，尽早让这件事脱离"口水"。说到底，这些猛料到底会不会牵扯出违法犯罪的事实，终究靠的不是网络爆料和悠悠众口，而是要依据事实和真相。

当然，公平正义的法治社会，容不得黑暗污秽，也容不得恶意诋毁。换句话说，法律不会冤枉一个好人，也不会漏掉一个恶人。如果这些涉及违法犯罪的爆料是真的，那么这无疑是一起性质极为恶劣的法律事件。但如果这些爆料全是捏造和诬陷，那么爆料者也要为此付出法律的代价。

山呼海啸、充满愤恨的网络民意，也让我们看到了"公共情绪"对于类似事件的憎恶。近年来，从吸毒丑闻到代孕生子，从嫖娼劣迹到家暴出轨，娱乐圈的各种惊天大"瓜"，一次又一次摧毁着人们的三观。在"饭圈文化"中，也长期存在着人气偶像与粉丝的畸形关系。凡此种种，不仅对社会公众尤其是未成年人造成了极其负面的引导，更是在挑战社会的容忍底线和法律红线。

"明星"是光环，更是责任。社会公众对明星艺人的道德品质也有了更高的要求。娱乐圈不是法外之地，明星艺人如若触犯法律自有法律严惩，在不触碰法律底线的基础上，如若违背公序良俗并造成恶劣影响，在公众心目中的人设也会瞬间崩塌。

说到底，我们真正关注的不是明星的八卦，而是社会的善与恶、美与丑，是法治社会的公平和正义，是真相背后双方的法律责任认定。这场撕扯会如何收场，期待法律给出公正的结果！

---

① 马岳君等：《吴亦凡这"瓜"，还得法律来切！》，法治网，http://www.legaldaily.com.cn/index/content/2021-07/23/content_8560725.htm，最后访问日期：2022 年 7 月 9 日。

之后，《人民日报》《紫光阁》《中国新闻周刊》等新闻媒体纷纷从当事人管辖权、可能犯罪事实罪行认定、具体调查流程等角度对事件进行了全面分析，不断疏导民意，平衡网络意见市场，稳定信息传播秩序。在权责问题清晰之后，各方的态度才能摆正，后续的行为才能够规范合理，大众也不会将视线聚焦混乱的事实。法治报道能够在突发事件发生后稳定社会秩序。

（二）为突发性事件提供法治解读

宏观视角下，法治报道能够迅速稳定突发事件引发的群体行为。微观视角下，以法治视角看待突发事件，报道者能够更好地把握事件的内核，以专业的理论和严谨的逻辑为大众提供新闻事件的深度解读。

2016 年 11 月，一则母亲请求日本警方迅速破案、缉拿杀害女儿凶手的微博在网络上引起了巨大关注。留学生江歌为室友刘鑫摆脱男友陈世峰纠缠，被陈世峰残忍杀害，案发时，刘鑫疑似锁住了门不让江歌进入自己的房间。这一行为严重违背了中国人的传统道德标准，当时舆论最不能接受的是，刘鑫的行为在当时看起来似乎只能从道德上谴责，其却不用承担法律后果。《人民日报》的新闻评论《江歌案中的法律事件与道德事件》提出了当前大众关切的多个法律问题，从宏观角度回应了大众的关切。

案例 7-2-2：江歌案中的法律事件与道德事件①

这个事情确实有两个规则时空。第一个时空在犯罪现场，法律来审定刘鑫是否存在作为义务、是否存在不作为。脱离了犯罪现场，人们其实在辨析是否存在道义上的不作为。显然，刘鑫存在。人们用道德谴责刘鑫及其家人，也是对社会应有之善的反向保护。因为，法律只是底线要求，在法律上不陷入不作为，并不代表在道义上可以不作为，人们将这件事情放在了更大的正义观之下审视。

……

虽然分事后与事中，但公众的愤怒情绪还是和案件本身息息相关的。不妨回到现场。案子里似乎藏着伦理困局：一个人在身处险境时，能否因

---

① 党报评论君：《江歌案中的法律事件与道德事件》，"人民日报评论"微信公众号，https://mp.weixin.qq.com/s/3cp7kuWAj0h7XOO_z5UkYA，最后访问日期：2022 年 7 月 9 日。

保命而妨碍别人求生？比如，两人同时落水，只有一个救生衣，先抢到救生衣的人，是否应为被淹死的人负责？就江歌案来说，还有个特殊的地方，凶手的杀机或在于刘鑫，作为受益者，她能否完全免责？

微观视角下的事件解读也没缺位，界面新闻及时发表《江歌案法律分析：刘鑫是否出庭作证对案件判决有何影响?》，从微观法律问题入手，以以法说理的论述方式，具体回应人们的疑问和不解。

案例 7-2-3：江歌案法律分析：刘鑫是否出庭作证对案件判决有何影响?[①]

江歌案中一个十分值得讨论的法律问题是，作为江歌案重要证人的刘鑫是否真的能像她在与江母对话中所言"我将停止协助警察调查"和"你不撤回（网上信息），我就不去出庭作证"。这实际上涉及日本刑事诉讼法中的证人作证制度的问题，尤其是其中的"证人询问""证人拒证权""传闻证据规则"这三大项。

当然，媒体并不是专门的法律咨询中心，无法像专业的法律工作者一样从严谨的学术角度剖析案情。但媒体拥有沟通各信源的能力，不仅能够捕捉到已发布的公共信息，还能获得更多专家意见和官方信息，像界面新闻这样借助权威专家意见来支撑报道观点，也为专业性解读提供了帮助。

二　突发公共事件法治报道的选题

理清突发公共事件和法治报道的关系是发现选题的第一步，然后我们可以从突发公共事件发展历程的两个阶段来划分选题区域。在第一阶段，读者主要关心发生了什么事，此时的法治报道需要侧重选取新闻要素中和法律相关的部分，进行解读与报道。当公众通过媒体大量报道明晰了第一阶段突发事件发生的全过程信息之后，就会关注事件责任划分的第二阶段。这个阶段的法治报道则需要在弄清楚新闻事实的基础上，从专业的法

---

① 　姚舟、骆志峰：《江歌案法律分析：刘鑫是否出庭作证对案件判决有何影响?》，界面新闻，https://www.jiemian.com/article/1747789.html，最后访问日期：2022 年 7 月 9 日。

治角度解答公众对该突发事件各个环节中的权责划分困惑。

因此下文将突发事件法治报道选题划分为"什么事"和"谁负责"两个板块，也恰好对应法律中的客体和主体。"什么事"选题侧重叙述事件客体事实真相，科普事件中蕴含的法律常识。"谁负责"选题则侧重对事件主体责任的追讨，主要以公共利益和解决机制为中心。

（一）"什么事"相关选题

单纯叙述发生了"什么事"的法治报道比较少见，一般出现于突发事件刚刚发生的时候，因事件全貌尚不清晰，无法对事件中的法律责任进行明显的划分，为避免出现反转新闻的情况，会采取叙述事情真相辅以法律知识科普的结合方式进行报道。在本轮"粗加工"的新闻生产中，说清楚发生了什么事，说清楚事件中可能存在的法律问题。比如对于重庆吊水洞矿难，中新网在事件发生一天后发布的《重庆吊水洞煤矿仍有 5 名被困人员没被找到 井下积水影响救援》就属于典型的"什么事"选题。

案例 7-2-4：重庆吊水洞煤矿仍有 5 名被困人员没被找到 井下积水影响救援①

中新网重庆 12 月 5 日电（记者 刘相琳）记者 5 日从重庆永川区吊水洞煤矿安全事故应急救援现场获悉，目前仍有 5 名被困人员没被找到，事发矿井积水量较大，影响救援工作进一步展开。

12 月 4 日 17 时许，重庆市永川区停产关闭两个多月的吊水洞煤矿，因企业自行拆除井下设备，发生一氧化碳超限事故，24 人被困井下。事故已发生逾 24 小时，救援人员成功救出幸存者 1 名，发现遇难者 18 名。

......

在救援现场外围围观的多名矿工向记者透露，吊水洞煤矿属于小煤矿，矿上大部分工人近两个月已没有上班，有些人已办理了解除劳动合同手续，目前该矿正处于逐步关停的最后阶段。记者通过电话试图采访吊水洞煤业有限公司法人代表、执行董事兼总经理阳昌良，但他接通电话后，

---

① 刘相琳：《重庆吊水洞煤矿仍有 5 名被困人员没被找到 井下积水影响救援》，中国新闻网，https://www.chinanews.com.cn/sh/2020/12-05/9355205.shtml，最后访问日期：2022 年 7 月 9 日。

得知是媒体来电，称"现在没空"，随即挂了电话。

目前，救援工作仍在紧张进行中。

报道内容类似于普通的新闻报道，只在段末说明了与《劳动法》和《公司法》相关的一些事实，阐述了煤矿本身可能存在的法律问题，"解除劳动合同""关停阶段"等内容虽然短小，却能对整个事故发生原因起到点睛作用，是一种留白式的写法。这种选题方式有助于进一步形成系列报道和深度报道。

（二）"谁负责"相关选题

当事件的全貌比较清晰之后，法治报道就需要针对具体的法律权责问题进行解读，将报道重点转向"谁负责"相关选题。这一类选题是法治新闻报道中最常见的选题，说清楚"谁负责"既是法律的职责，也是读者最期待在法治报道中看到的内容。在突发公共事件发展的中后期，事件全貌逐渐显现，呈现责任划分成了法治报道这一阶段最重要的任务。如前面提到的重庆吊水洞矿难，中新网的《重庆吊水洞煤矿仍有 5 名被困人员没被找到 井下积水影响救援》一文发表于矿难发生一天后，即 2020 年 12 月 5 日。《中国新闻周刊》在 12 月 16 日所作的《重庆吊水洞矿难致 23 死背后：低级错误与小煤矿博弈》则很好地描写了事件发生全过程以及事故中的责任划分。

案例 7-2-5：重庆吊水洞矿难致 23 死背后：低级错误与小煤矿博弈[①]

据新华社报道，经有关部门调查，煤矿以 286 万元的折价将井下机电设备、电缆、管道、钢轨等出售给重庆某再生资源回收公司。该回收企业组织 19 人下井回收，吊水洞煤矿 5 人下井配合。12 月 4 日约 16 时 48 分，该企业在井下主水仓区域违规动火作业，迅速引燃主水仓漂浮的大量石油（油气），产生一氧化碳等大量有毒有害气体和浓烟，形成火风压。附近的村民从远处能看到浓烟时，事故已经发生。

[①] 苏杰德：《重庆吊水洞矿难致 23 死背后：低级错误与小煤矿博弈》，中国新闻网，https://www.chinanews.com.cn/sh/2020/12-16/9363738.shtml，最后访问日期：2022 年 7 月 9 日。

……

事故原因"确实是很低级"，应急管理部安全生产监察专员李豪文在央视《新闻1+1》连线时表示：首先，法律法规、地方的规定都很明显，如果能遵守，不至于发生事故，更不至于发生这么大的事故。另外，低级也反映了它（煤矿事故）问题的严重，并不是因为低级就不严重，反而更加说明了问题的严重性。一些地方监管部门在这个过程中有失职行为。

一位在重庆国营煤矿工作超过20年的从业者告诉《中国新闻周刊》，从分工来看，地方应急管理局负责煤矿监管，煤监局负责监察，能源局负责规划，有些部门显然没有做好本职工作。

文章开头用简练的话语说明事故是停产煤矿私自拆除井下设备的违规作业行为导致的一氧化碳超限事故。该报道在中后段，明确指出此次事故的责任方为煤矿老板和地方监管部门，同时提出了责任监管中出现的漏洞以及解决方案。这篇报道关于"谁负责"的选题非常典型。

此外，由于突发公共事件发生突然且传播迅速，有时媒体刚求证真相就已经发生了重大后果，并没有给媒体整合报道的时间。面对这一情况，可以做阶段性的"谁负责"选题。例如，新冠肺炎疫情这种长时间对社会造成影响的重大事件中，就存在大量的阶段性"谁负责"选题，通过检索《法治日报》在新冠肺炎疫情防控时期的全部报道，可以看出阶段性的"谁负责"选题是报道重心。

关于突发公共事件，选择"什么事"选题还是"谁负责"选题主要由事件的报道条件以及受众的关注热点来决定。无论是选择哪一类选题，都需要法治新闻工作者根据专业素养及时取舍，面对许多不得已而为之的报道，也要尽可能地在能为的范围内为大众提供更多的法律解读。

三 突发公共事件法治报道的手法

突发公共事件法治报道的手法与一般新闻报道有所不同，这和突发公共事件本身的性质有关。突发公共事件法治报道承载了更大的社会责任和更多的信息诉求，不仅需要记者调查全貌，还要求记者能够条理清晰地拆分、整合事件中的法律问题。在重大事件发生伊始，记者需要迅速发现事件可能存在的法律问题，巧妙介入报道，转移舆论重心，稳定大众情绪。在事件发展中期，要警惕可能出现的大量谣言并及时求证，进一步为突发公共事件的平息护航。在事件发展后期，需要及时整合资源，厘清事件的责任方和受害方，以惩治和解决诉求的方式定义整个事件，给事件整体画上句号。具体的报道手法体现在事件的不同阶段，应对应不同的读者诉求。

（一）角度：专业视角的稳定意义

突发公共事件因其两大特性而受政府与媒体的双重重视。一是发作快，涉及社会上大多数人的公共利益。二是事实模糊，容易出现"罗生门"困境，引发各利益阶层的对抗。2021 年 5 月 9 日，成都市公安局接到报警称，成都 49 中有人从楼上摔下。事件发生后在网络上引起轩然大波。网友纷纷猜测该学生坠楼事件背后的隐情，一时间关于成都 49 中的谣言四起。在突发公共事件发生之初，出于对公权力的信任，民众第一时间急切寻求官方通报。如果官方通报不及时，则会为谣言的发酵留下空间，引发民众对公权力的讨论和恐慌，从而进一步加剧谣言的传播。因此，在突发事件舆情严重的情形下，法治报道从其专业视角出发，与大众沟通，和有关部门进行对话，对遏止谣言、稳定社会情绪具有重要意义。

案例 7-2-6：四问成都 49 中学生坠亡事件[①]

5 月 9 日，成都 49 中一名 16 岁学生小林（化名）坠亡引发广泛关注。5 月 12 日，川观新闻记者多方采访学校、教育局、公安机关等相关部门，试图回应大众关心的问题。

一问：关键监控视频是否存在缺失？

平台是无人活动区域，未安装摄像头

……

二问：校方何时拨打 120 急救电话？

18 时 56 分，医院接到 120 指令后出诊。

成都 49 中 11 日凌晨的通报称，学生小林是在 9 日 18：40 许坠楼，但

[①] 肖莹佩等：《四问成都 49 中学生坠亡事件》，四川在线，https://sichuan.scol.com.cn/ggxw/202105/58149394.html，最后访问日期：2022 年 7 月 9 日。

其母亲微博内容显示，救护车是当天晚上 8 点半才到学校。

……

三问：家长为何晚上近 9 点才接到通知？

学生身份辨认困难，又花时间查找家长联系方式。

……

四问：家长何时看到遗体？

5 月 10 日 15 时许，亲属前往殡仪馆分批进入查看。

事件发生后不久，四川日报报业集团的新媒体平台"川观新闻"的这篇报道很好地解答了当时网友的疑问，又站在网友的角度和有关部门对话，及时解决了公权力缺位的困境。这是一般性报道面对突发事件舆论危机的解决模板，法治报道面对突发事件则有另一种解决途径。

案例 7-2-7：江苏江阴一确诊女子被公安调查与 11 人开房？警方：两名造谣女子被拘留①

@ 江阴市公安局发布通报，2 月 3 日，江阴警方工作发现，网上流传江阴首例新冠肺炎确诊患者周某"那女人十几个姘头的，开房记录都挖出来了""我们朋友警察局查出来，她有十几个姘头"等信息，引发网民关注。

经查，江阴市疫情防控应急指挥部于 2 月 2 日发布了周某被确诊为新冠肺炎病例的基本情况和近期活动轨迹后，蔡某某（女，36 岁）、缪某某（女，26 岁，均为江阴人）出于好奇，为吸引眼球，杜撰编造了上述谣言并发布在微信群中，后被大量转发扩散，造成不良社会影响。目前，两人均被江阴警方行政拘留。同时，周某因隐瞒与重点疫区人员的接触史，已被警方立案，并已被医疗机构隔离治疗。

警方提示，当前正值防控新冠肺炎疫情的关键时刻，请广大市民不造谣、不信谣、不传谣，共同维护良好的网络环境。警方正告，对在网上蓄意编造、散布谣言，扰乱公共秩序等违法犯罪行为，公安机关将坚决依法查处。

---

① 丁国锋、罗莎莎：《江苏江阴一确诊女子被公安调查与 11 人开房？警方：两名造谣女子被拘留》，观察者网，https：//user.guancha.cn/main/content？id=238217，最后访问日期：2022 年 7 月 9 日。

相比川观新闻在《四问成都 49 中学生坠亡事件》中通过多方走访警方、受害者家属、校方还原案发经过的做法，该报道在问题设置和内容推进过程中通过语言逻辑帮助划分事件责任。《法治日报》的这篇关于新冠肺炎疫情谣言的报道则直接援引警方调查进行有力回击。

谣言是媒体报道的劲敌，它会堵塞传播通道。劝导公众不信谣不传谣并不具备威慑力，对谣言行为典型案例进行报道，以法律的有力手段呵斥违法行为，及时遏制谣言传播趋势，有赖于媒体和司法机关的通力合作。同时，大量的法治报道为大众恐慌情绪提供了宣泄的出口，即使在事情没有得到解决的情况下，也提供了对事件症结的分析和法律层面的解读。

（二）时机：应对性与介入性时机

通过法律法规强制管控谣言的做法虽然及时有效，但也会引发相应的次生舆情问题，在恐慌情绪最强的时候，如果一味只依靠通报违法行为的方式作出警告，反而会造成大众二次恐慌，削弱政府公信力。因此，关于突发公共事件报道，介入时机的选择非常重要。

案例 7-2-8：散布武汉肺炎不实消息，8 人被警方查处①

近期，我市部分医疗机构发现、接诊了多例肺炎病例，市卫健委就此发布了情况通报。但一些网民在不经核实的情况下，在网络上发布、转发不实信息，造成不良社会影响。公安机关经调查核实，已传唤 8 名违法人员，并依法进行了处理。警方提示，网络不是法外之地，在网上发布信息、言论应遵守法律法规，对于编造、传播、散布谣言，扰乱社会秩序的违法行为，警方将依法查处，绝不姑息。希望广大网民遵守相关法律法规，不造谣、不信谣、不传谣，共建和谐清朗的网络空间。@武汉发布

荆楚网直接转载"平安武汉"在疫情防控时期发布的这则微博消息时，正是大量人员感染的初期，由于无法确诊又缺乏统一的说法，这时任何信息渠道对于大众来说都是相当重要的。在这个关头发布查处谣言传播者的内容，虽然当时控制住了谣言传播，但在疫情发生和病毒确定后，也

① 《散布武汉肺炎不实消息，8 人被警方查处》，新京报，https://www.bjnews.com.cn/detail/157787169515286.html，最后访问日期：2022 年 7 月 9 日。

可能加剧大众的愤怒情绪。可以说，这则微博消息选择了不太恰当的报道时机。

案例 7-2-9：广东警方侦破首宗涉疫情电信网络诈骗案①

记者从广东省公安厅获悉，新冠病毒肺炎疫情发生以来，全省公安机关按照中央及省委关于全力做好疫情防控工作的部署要求，全警动员、全力以赴做好疫情防控各项工作。同时，各级公安机关充分发挥职能作用，把利用疫情实施诈骗的违法犯罪作为打击重点，全面加大涉疫情电信网络诈骗犯罪的打击力度，切实维护疫情防控期间社会大局稳定。近日，省公安厅快速组织侦破一宗利用肺炎疫情发布虚假口罩广告实施诈骗的案件，抓获犯罪嫌疑人 1 名。该案是广东省侦破的首宗涉疫情电信网络诈骗案件。

……

警方提醒，任何人利用疫情进行违法犯罪必将受到法律严惩。疫情当前，广大群众务必提高防范意识，网上购买医用口罩、酒精、消毒水等防疫用品要到正规购物网站，提到汇款、转账、提供验证码等信息时，一定要提高警惕，谨防上当受骗造成经济损失，一旦被骗要及时拨打 110 或者到就近公安机关报案处理。

央广网在疫情防控时期发布的首篇法治报道选择了电信诈骗这一个小角度，避开了大众最敏感的"疫情真相"，以小案件巧妙地叩开疫情中的法律问题。其中提到"任何人利用疫情进行违法犯罪必将受到法律严惩"，这一提醒力度适中，不仅提示了公众不要在疫情防控时期进行违法犯罪活动，也关注到疫情防控时期的群体情绪，在疫情初发生的关口有效遏制了扩大疫情影响的行为，履行了法治报道传播法治思想、制止违法行为的媒体职责。

（三）信源：多种信源的"过滤"

关于突发公共事件，法治报道尤其要注重对信源的过滤处理，不实信源造成的谣言风险会加大事件本身对社会的影响，大大削弱媒体的权威

---

① 郑澍：《广东警方侦破首宗涉疫情电信网络诈骗案》，央广网，http：//m.cnr.cn/news/20200130/t20200130_524954014.html，最后访问日期：2022 年 7 月 9 日。

性。早期围绕突发公共事件往往充斥着大量的"流言",即未经证实的小道消息,如果对"流言"不加以证实就引用,把"流言"当作真相报道出去,将会在大众、媒体、官方之间形成"罗生门"危机。主流媒体作为突发公共事件的主要传播渠道,需要警惕信息来源的真实性,积极求证,"过滤"掉信息场域中的"假消息"和"不确定消息"。下文对同一媒体报道突发事件时积极求证信源和不求证信源的报道效果进行比较。

2020 年 2 月 15 日,"中国新闻网"官方微博发布一条名为《武汉雪地上写巨幅中国加油》的话题微博,提到:15 日湖北武汉迎来降雪,一小区雪地上书写了巨幅中国字样和加油图案。不久后,图片被网友扒出来其发布账号原是微博账号"潍坊今日",图片中的小区也并不是湖北武汉的,而是相隔千里之外的山东潍坊的。疫情防控时期民众心系武汉人民,身为官方媒体的中国新闻网却因为抢新闻、懒新闻,对报道内容不加核实,在抗疫情绪最紧张的关口制作假新闻,对整个新闻媒体行业的公信力造成了严重的损害。

重庆吊水洞矿难中,中新网报道的《重庆吊水洞煤矿仍有 5 名被困人员没被找到 井下积水影响救援》(见上文)一文中,经过多方求证核查事故真相,结尾处写道"记者通过电话试图采访吊水洞煤业有限公司法人代表、执行董事兼总经理阳昌良,但他接通电话后,得知是媒体来电,称'现在没空',随即挂了电话"。在该报道中尽管企业负责人并没有接受记者采访,但媒体尽力收集各方说法、求证信源真实性、力图还原事件真相的行为,为关心矿难的读者提供了信息。

(四) 立场:解决诉求的专业立场

法治报道在对突发公共事件播报过程中,要以平衡和解决各方诉求为专业立场。在法治报道中呈现新闻的平衡报道,需要记者巧妙选择报道立场。与一般的法治报道不同,突发公共事件的报道因涉及权益广泛,包含了多个群体的利益诉求,是解决多方诉求的重要方式。平衡报道要求媒体不能只从一方的角度报道新闻,要力求满足各方权益诉求,以客观公正的立场报道事件。一般来说,一篇报道可以包含几方甚至群体所有的不同立场。

比如,公共突发事件中的受害群体的主要诉求是权益补偿和终止后续损害；主要责任人的诉求是说明造成事件的失责原因，从法律专业解读如何解决；围观事件的群众的诉求是及时更新事件信息，辨明责任双方以及阐释如何防治事件的再次发生；对于政府而言，则是希望通过报道及时传播政府积极解决问题的态度和切实可行的解决措施，恢复民众对政府的信任。

2021 年 2 月 24 日，河北一铁矿发生矿难，造成 3 人死亡，矿方与家属私下达成协议，并未通报死亡情况。事发之后，《新京报》进行了题为《"一次性补偿 170 万元私了"，河北一铁矿 3 人死亡事故涉嫌瞒报》的深度报道，其中以"事故致 3 人死亡""家属称私了可以多拿赔偿""监管部门称未收到矿方事故报告"三个小标题从多角度说明了事故发生的原因以及责任认定。全文开篇从读者的角度阐明了事件的前因后果。

案例 7-2-10："一次性补偿 170 万元私了"，河北一铁矿 3 人死亡事故涉嫌瞒报[①]

2 月 24 日 13 时，36 岁的李海旺死于一起铁矿生产安全事故。

生前，他是河北武安市冶金矿山集团团城东矿业有限责任公司（下称"团城东铁矿"）一名矿工，负责井底打巷道作业。天眼查显示，团城东铁矿成立于 1999 年 4 月，武安市冶金矿山集团 100% 控股，而该集团又是武安市政府 100% 控股。

事发后，团城东铁矿相关负责人告知李海旺家属，事发原因系矿工乘罐笼升井时，井筒爬梯绊住罐笼而侧翻，造成三名矿工摔下井底死亡。其家属告诉新京报记者，矿方与家属协商达成赔偿协议，"一次性补偿 170 万元私了"，家属不再追究矿方一切责任。

国务院《生产安全事故报告和调查处理条例》规定，造成 3 人以上 10 人以下死亡的事故，为较大事故等级。事故应逐级上报至省、自治区、直辖市人民政府安全生产监督管理部门，并由设区的市级政府负责事故调查。

武安市冶金矿山管理局相关负责人介绍，截至目前，该局未收到团城东铁矿上报的事故报告。

---

① 李英强：《"一次性补偿 170 万元私了"，河北一铁矿 3 人死亡事故涉嫌瞒报》，新京报，ht-tps://www.bjnews.com.cn/detail/161588738915406.html，最后访问日期：2022 年 7 月 9 日。

全文开头从矿方对家属、家属对媒体、矿管局负责人对媒体三方面初步还原了瞒报事故的全貌。随后从三个角度即家属、矿方和矿管部门说明了事故发生时三方所处的立场。

家属角度：

李海旺家属告诉新京报记者，李是武安市活水乡后掌村人，小学文化，一直未成家。生前曾在石料场、铁矿干零工。其母早年去世，他与神志不清的父亲相依为命。事发后，同村的姐夫李军兴出面为其料理相关事宜。

……

此后，一位自称是团城东铁矿矿长张红顺的男子与李军兴商谈赔偿事宜。

……

李军兴和矿方经过几轮协商最终达成赔偿意见，李海旺安葬费、老人抚养费，一次性赔偿 170 万元，家属不再追究矿方任何责任。

他说，矿方与家属签订了一式两份赔偿协议书，但矿方要求保存两份协议。家属拿到 170 万现金后同意矿方将尸体火化。事发后第四天，矿方将骨灰交给家属。

矿方角度：

3 月 12 日，新京报记者致电张红顺了解上述事故情况，他承认是团城东铁矿矿长。张红顺说，矿井还没通过政府的复工复产验收，根本没有发生事故，之后他挂断电话。

矿管部门角度：

武安市冶金矿山管理局是辖区非煤矿山企业主管单位，该局相关负责人告诉新京报记者，从 2 月 24 日至今，从未收到团城东铁矿上报的事故报告。

……

武安市应急管理局局长王增平通过短信回复新京报记者，铁矿安全属冶金矿山管理局分管，应急局是综合监管，"目前，武安铁矿停产没有复工，不会有事故的"，王增平同时表示，马上安排了解核实情况。

这篇报道满足了大众了解事件真相的需求，提供了家属、矿方和责任部门三方对事件的回应，报道呈现完整，立场中立，结论客观。

（五）呈现：治理叙事与关怀叙事

法治报道往往带给读者公正客观且严肃的印象，但在突发公共事件报道中，突发公共事件损害包括权益损害和情绪损害，突发公共事件报道除了涉及法律层面上的责任划分，还存在对群体传播和共情感染造成的公众负面情绪的疏导。因此，法治报道的职责不仅是消除谣言，还原事实真相，还要将事件影响降低到最小，消除事件对大众造成的权益和心理创伤。故而法治报道在播报突发公共事件时，要注重治理叙事与关怀叙事，凸显治理完善和情绪安抚。

首先，法治报道及时公布政府处理结果和治理措施。如法治网《查获假劣口罩 54 万余个！山东公安严厉打击涉疫情防护用品违法犯罪》一文。疫情防控时期大众最关心的问题是能否获取有效的口罩，抓捕制售假口罩的违法者，以及如何避免此类事件再次发生。该文提到"会同市场监管、药监、农业农村、生态环境等部门，深入农贸市场、药店、商场超市，开展联合执法检查 3000 余次，发现违法线索 200 条。联合组织开展打击非法制售口罩等防护产品专项执法行动，形成打击整治合力。同时，各级公安机关及时向社会曝光 10 余起破获的涉及疫情防护用品的典型案例，震慑违法犯罪"，通过展示数据和通报具体计划的方式，解答了大众对于解决措施的疑问。说明问题—解决问题—预防措施是播报突发公共事件的三部曲。

其次，法治报道要凸显"情绪关怀"。法治报道，要注重关怀叙事，将法律解读和人文关怀相结合，在确保新闻真实性和客观性的同时，不能失去一个社会公器原有的温度。疫情防控时期，人民网发表《武汉本来就是一个英雄的城市（望海楼）》一文，极大地抚慰了封城期间武汉市民的情绪，也及时调动了全国人民的抗疫热情，对恢复消极的大众情绪有巨大的作用。

重大事件法治报道是以法治的视角报道具有重大新闻价值的事实。但两者并非产生立竿见影的"一加一"的叠加效果。法治报道多以案例为依托，以法律知识为逻辑框架，重大性则对新闻报道提出更快速、更多元的报道要求，新闻工作者需要具有极强的专业水平，捕捉重大事件的价值和意义。本书探讨的是如何以法治的视角进行报道。重大事件是法治报道的重要选题来源。在依法治国的进程中，更需要从法治的角度对重大事件进行解读，因为重大事件往往能吸引更多的人，是法治新闻报道"大展拳脚"的重要领域。通过对一些优秀案例进行分析，可以看到，无论是突发公共事件报道还是常规性重大事件报道，以法治的视角切入是不变的内核。虽然在选题、报道手法、呈现形式上各有不同，但回应大众关切是重大事件新闻法治报道的第一要义，也是优秀新闻作品诞生的源泉。

第八章

国际法治报道

CHAPTER 8

国际法治报道是以法治视角报道国际新闻内容，既有以国际法视角关注国际事件中人物、组织和机构、国家和地区的权利与义务的报道，又有将中国国内法治事件进行对外传播的新闻报道。2021 年 5 月 31 日，习近平主席在中共中央政治局就加强我国国际传播能力建设集体学习中强调，"积极推动中华文化走出去，有效开展国际舆论引导和舆论斗争，初步构建起多主体、立体式的大外宣格局"，"必须加强顶层设计和研究布局，构建具有鲜明中国特色的战略传播体系，着力提高国际传播影响力、中华文化感召力、中国形象亲和力、中国话语说服力、国际舆论引导力"①。

　　2022 年 10 月 16 日，习近平主席在党的二十大报告中再次指出："讲好中国故事、传播好中国声音，展现可信、可爱、可敬的中国形象。加强国际传播能力建设，全面提升国际传播效能，形成同我国综合国力和国际地位相匹配的国际话语权。"②

　　本章将从国际法治报道的内涵及分类、以法治视角对他国事件的报道、我国法治新闻报道的国际传播三个维度进行阐述。第一节梳理国际法治报道的内涵及分类，立足国际法与国内法双视角，将国际法治报道划分为他法治国事件的报道、我国法治事件的报道和国际法治事件的报道三类。第二节从对他国事件的法治报道视角出发，在报道选题与报道手法上予以说明，对他国事件的法治报道选题主要分为他国重要立法活动和他国

---

① 《习近平在中共中央政治局第三十次集体学习时强调　加强和改进国际传播工作　展示真实立体全面的中国》，人民网，http：//dangshi. people. com. cn/n1/2021/0601/c436975 - 32119507. html，最后访问日期：2022 年 7 月 14 日。
② 习近平：《高举中国特色社会主义伟大旗帜 为全面建设社会主义现代化国家而团结奋斗——在中国共产党第二十次全国代表大会上的报告》，中国政府网，http：//www. gov. cn/xinwen/2022-10/25/content_5721685. htm，最后访问日期：2022 年 11 月 6 日。

事件中与国际法相关选题，并从此选题特征外延出观察者角度、国际规则建构时机、印证性间接信源、中立立场与评论立场兼顾、分享叙事与解释叙事呈现五大报道手法。第三节则从我国法治新闻报道的国际传播视角展开，以他国重要立法活动和他国与国际法相关事件为主要选题方向，并从角度、时机、信源、立场、呈现五个向度归纳报道手法。国际法治报道一方面能让国内的受众了解国际法治事务和全球法治议题，另一方面能够向全世界讲述"中国法治故事"。

第一节　国际法治报道的内涵及分类

国际法治报道是国际新闻传播的重要组成部分。它不仅对国内法治进程具有宣传作用，还是我国通过新闻报道表达对国际法的理解和意义建构的方式之一。国际法治的内涵在本书中主要指对国际报道的法治解读和中国法治新闻的对外传播，前者是针对国际社会的新闻事件和全球性议题发出的"中国声音"；后者则是对外传播"中国法治故事"的重要途径。本节基于这一内涵描述将国家法治报道分为三个类型，下面将分别阐释。

一　国际法治报道的内涵

国际法治报道是国际新闻报道的重要内容。当前国家形象的塑造、其他国家群众对中国的认知、原有偏见的消除、文化鸿沟的跨越等都与国际新闻的报道有着密切的联系。对于国际法治报道的内涵，主要从国际报道的法治解读与中国法治故事的对外传播两个方面着手论述。基于此视角，本书认为，国际法治报道是以法律的视角报道国际新闻及中国法治新闻的国际传播。

（一）国际报道的法治解读

国际新闻是相对于国内新闻的概念，主要指对国际社会上新近发生事实的报道。国际新闻作为国际传播的重要途径，如今受到越来越多的关注。当前，我国研究者对国际新闻的研究大致集中在某些特定类别、某些具体事件报道的特征、比较同一新闻事件中的不同报道立场，以及国际新闻报道的影响因素等方面。研究发现，国内媒体在对一些国外事件的新闻报道中，架构了一个客观、人道主义的中国框架①；与此相反的是，外国媒体对中国新闻传播的认识有所偏差，因此要充分认识媒体的有限作用，通过多样化的手段和载体塑造中国的国际形象②。

"国际新闻是超越国家界限并具有跨文化性的新闻，或国际新闻是新闻在国际间的流动。"③ 我国的国际新闻呈现三种传播内容：第一种是向世界介绍中国，以国外群众为受众，报道中国的最新事件，传递中国的人文思想、理念方针；第二种是向中国介绍世界，以中国本国群众为受众，报道世界上的最新动态，传递各国的风土人情；第三种是向世界介绍世界，主要报道全球性事实和议题。国际新闻将发生在本国以外的新闻事件、发生在本国同时又与其他国家有关联的，或发生在其他国家但与本国有关联的实时变动，准确地传播给受众。

本书所称的国际法治报道是法治视角下的国际报道，可以被视作国际新闻报道的一个子类型。目前研究国际法治报道的资料并不多，主要集中在以下三个方面：一是法治事件与国际传播的内容研究，例如中国媒体对"两会""一带一路"的报道分析，或是对国际法、国内法的宣传探讨；二是研究法治新闻报道与国家法治形象塑造④的联系，主要是与国际传播研究相关联的内容；三是对国际法治新闻的概念研究，这部分研究相对更少，还停留在"法制新闻"而非"法治新闻"的范畴。⑤

国际法治报道在理论层面主要依托于国际法的相关理论和内容。在报道过程中，遇到国家间的事宜，应以国际法为参照，按照国际法的条例准则行使国际法治报道的权利。在全球治理下，需要秉持"规则导向"的理念，以规则约束国际权力，保证国家主体在治理过程中的平等权利，促进社会主体依据规则参与治理进程。⑥ 与此对应的国际报道则是在国际法治规则导向下，结合国际法的立场、原则和内容报道国际新闻事件。此外，除

① 范明献：《对境外灾难报道的新闻框架分析——以〈中国青年报〉海地、智利地震报道为例》，《当代传播》2011 年第 2 期。

② 张宏伟、万蓉：《一国国际形象是如何被媒体塑造的——基于 CCTV、BBC 和 CNN 国际新闻报道的比较研究》，《中国出版》2017 年第 5 期。

③ 郭可、梁文慧：《70 年来我国媒体国际新闻报道的三种范式及特征》，《现代传播》（中国传媒大学学报）2020 年第 11 期。

④ 范玉吉：《法治新闻报道与国家法治形象塑造》，《青年记者》2019 年第 34 期。

⑤ 张慎思：《国际法制新闻的报道与探索》，《新闻战线》2009 年第 10 期。

⑥ 赵骏：《全球治理视野下的国际法治与国内法治》，《中国社会科学》2014 年第 10 期。

了以国际法为参照依据，国际法治报道还应该具有"本国立场"，关注如何让其他国家的受众理解本国法治故事，也可以站在本国立场观察其他国家的法治事件和法治进程。

国际法治报道以专业的法治视角，援引国际法的法条规章，解读最近发生的国际新闻事件，以专业、权威的视角报道国际新闻，利于受众从法律层面理解国际新闻。受众需要权威可靠的新闻信息，厘清事件背后的意图，从而形成正确的思想认知。此外，国际法治报道关注所发生事件中个人、地区、国家的权利与义务，[①] 表达中国态度，有利于争夺国际话语权；立足法律，言之有理、言之有物，有利于有效提升国家的影响力，塑造中国的国际形象。

（二）　中国法治故事的对外传播

对外传播是中国走向世界传播舞台必不可少的历程，也是中国逐步掌握世界话语权的重要实践。中国法治新闻对外传播应该覆盖国内、国际重大涉法新闻，及时报道前沿的法律动态；传播准确的中国法律资讯、最新的中国法治进程信息；权威解读中国的法律问题，让中国依法治国的治理经验在国际传播中得到更好的呈现。

法治故事对外传播价值引领。中国法治故事旨在将中国公正法治理念传播出去，通过法治故事展现中国的法治形象。中国法治故事本身蕴含了对外传播的政治价值与中国自身的文化价值，既为中国法治故事对外传播获得国际共识，与国际一道共建国际法治体系，也为中国面向世界塑造中国法治形象夯实基础。

中国法治故事包含了中国治国经验的对外传播，中国愿意与他国分享经验，相互促进，共同进步。中国法治故事也是中国与国际社会共同维护国际法治决心的体现，中国反对任何形式的霸权，倡导构建和平法治的国际环境，与其他国家在和平之中寻求合作，在合作之中寻求发展，展现大国应有的担当。

中国法治故事是塑造国家法治形象的一部分。国家法治形象，即一个国家法治建设的程度在整个国家治理水平中的媒体化呈现，是一个国家立

---

① 何志鹏：《国际法治：一个概念的界定》，《政法论坛》2009 年第 4 期。

法水平、执法水平、司法水平以及全社会守法水平的整体形象。① 国家法治形象是通过媒体对国家法治建设进程的全面报道塑造出来的。在塑造法治形象时，媒体对法治建设的客观报道是对国家法治建设的最直接参与，通过重点报道本国发生的各种事件，向其他国家讲述中国法治故事，传递中国法治精神，推动中国法治进程。如新华社的这则述评。

案例 8-1-1："法治兴则国兴，法治强则国强"——"十个明确"彰显马克思主义中国化新飞跃述评之六②

五千年中华文明，蕴含构建在道德基础上的法律价值系统，承载丰富的国家与社会治理经验。深入发掘、传承和弘扬优秀传统文化，习近平法治思想的真理力量激发中华法治的蓬勃生机。在习近平法治思想科学指引下，全党全国各族人民积极投身全面依法治国伟大实践，沿着中国特色社会主义法治道路砥砺前行。中国特色社会主义法治体系不断健全，法治中国建设迈出坚实步伐，一个经济发展、政治清明、文化昌盛、社会公正、生态良好的法治国家，正大踏步向我们走来。

中国法治故事的对外传播需要讲究传播的策略。中国法治故事是对中国特色社会主义法治实践中发生的事进行描述或以这些事为题材加以创作而形成的作品。讲好中国法治故事要坚持政治导向，坚持中国特色，坚持法治精神和群众需求的原则。③ 中国的法治故事要与中国的法治建设方向、重点相适应，要呈现实践中的法治特点以及具体法治实践。

中国的法治故事在向外传播的过程中，由于文化地缘的差异，难免会引起他国的不解。因此，在传播内容上，需要讲究传播内容的故事化；在传播方法上，选择适宜的话语类型，从受众的观感与体验出发，挑选合适的思想文化切入点，选择合适的媒介形式。这是传播我国法治建设故事的重要步骤。随着新媒介技术的发展，文字图片不再是唯一的传播方式，短视频、动画、直播等叙事形式也成为重要的传播方式。

---

① 范玉吉：《法治新闻报道与国家法治形象塑造》，《青年记者》2019 年第 34 期。
② 杨维汉等：《"法治兴则国兴，法治强则国强"——"十个明确"彰显马克思主义中国化新飞跃述评之六》，新华社，http://www.xinhuanet.com/mrdx/2022－02/19/c_1310479312.htm，最后访问日期：2022 年 7 月 9 日。
③ 高雨寒：《如何讲好中国法治故事》，《中国党政干部论坛》2017 年第 11 期。

　　在传播内容的选择上，大切口下的小人物更能吸引受众。生动的故事、鲜明的人物，背后是中国整个法治进程的延伸。中国法治故事的传递应深入挖掘故事的内涵，通过讲故事的形式，向他国人民展现中国的法治进步，并传递中国的法治思想。《人民日报》海外官方网站"海外网"就对最高人民检察院工作报告中的案例进行了报道，讲述了检察院工作"背后的故事"。

案例 8-1-2：揭秘最高检工作报告中案例背后的中国法治故事[①]

　　案例是最生动的法治教材。围绕案例讲法治，越讲越清楚。最高检工作报告中的案例，不仅仅是中国检察故事，更是中国法治故事。讲好这些法治故事，不仅能体现司法进步和全面依法治国的深入推进，同时也能立足案例宣传党和国家的司法政策、宪法法律精神，引领社会法治观念，增强全社会的法治素养。比如，通过讲述唐雪案等正当防卫案例，就可以引领、重塑正当防卫理念，让"法不能向不法让步"的法治观念深入人心。

　　案例是体现司法检察理念和政治、法治、政策考量的载体。最高检工作报告中的案例，就是要讲清楚检察机关办案背后的司法检察理念，向人们展现检察机关办案时的政治、法治、政策考量。比如，什么是挂案？检察机关为何要开展对"挂案"的专项清理？通过其他方式很难讲清楚，但通过讲清理涉及民营企业的"挂案"案例，就不仅能让人知道"挂案"的危害，也能让人们了解到检察机关清理"挂案"的政治、法治、政策考量，体会到检察机关保护民营企业发展的良苦用心。

　　在传播主题的选择上，了解受众的关注点，除了选择国际社会中共同关注的热点事件外，还要细分受众群体，对不同受众群体选择使用不同的新闻生产话语。在细分受众群体的基础上，调查和了解不同国家的受众特点，采取更为灵活的策略，精准追踪，动态调整，坚持区域化、本土化的生产方式，进行分众化的"精准矩阵"传播。[②]

---

①　邱春艳：《揭秘最高检工作报告中案例背后的中国法治故事》，海外网，http：//news. haiwainet. cn/n/2020/0525/c3544276-31798582. html，最后访问日期：2022 年 7 月 12 日。

②　张月月：《对外传播中如何讲好中国故事》，《新闻爱好者》2019 年第 4 期。

二　国际法治报道的分类

国际法治新闻在报道内容上，主要分为三种：一是他国法治事件的报道，主要报道国际热点和他国重大法治事件，并针对国际社会的相关问题提出中国法治观点；二是我国法治事件的报道，将本国的法治新闻传递给其他各国，分享中国的法治经验，并对外塑造中国的法治形象；三是国际法治事件的报道。要做好国际法治报道，需要重视信息的对外报道与对内传播，根据不同的报道对象，选择不同的报道内容，制定不同的传播政策，以实现传播效果的最优化。

（一）　他国法治事件的报道

国际法治报道从法律视角报道他国事件时，在实际应用中需要特别注重四个原则，即准确性原则、重要性原则、贴近性原则以及舆论导向性原则，这样才能更好地在国际法治报道中建立中国媒体的信誉。

首先，准确性原则。国际法治报道在报道他国法治事件时，准确性是报道的一大重点，要求新闻事实的报道没有偏差，要求所选取的法律视角适合、恰当。法治新闻作为具有一定专业性的新闻类型，受众在阅读时会存在一定的理解障碍，而国际法治新闻更是如此。由于国家之间历史文化、政治经济环境的不同，受众理解起来更加困难。因此，尊重各国的新闻事实、规范地采编新闻、准确地进行新闻话语表达而不产生歧义，是国际法治新闻报道"准确性"的重要体现。此外，新闻作为争夺话语权的一种方式，新闻信息内容有失偏颇，不利于话语权的塑造，影响媒体的国际权威性与信誉度。

其次，重要性原则。重要性是指国际新闻事件与本国利益相关、对世界格局有重大影响。国际法治报道对他国事件进行报道时，要根据新闻信息的重要程度来依次满足本国群众的国际信息需求，以本国群众的关注点为切入点，尤其是在报道各类突发性新闻时，要首先回应群众关心的话题，及时准确地选取关注度高的角度为切入点，优先报道最重要的新闻信息。

比如，下面这则报道是关于日本前首相安倍晋三遇刺事件，报道中对新闻事件发生的控枪背景予以交代，补充与日本枪支管控相关的信息。在这个有严格管控法律的国家，前首相居然被当街枪击，实在令人震惊。

案例 8-1-3："从今年春季就开始准备了……"①

8 日，据日本媒体报道，对日本前首相安倍晋三实施枪击的嫌疑人山上彻也曾制造多个类似手枪的物品，从今年春季已开始准备对安倍晋三实施袭击。

案例 8-1-4：在日本，获取一支枪有多难?②

日本是世界上拥有最严格的枪支管控法律的国家之一。据报道，日本人口约 1.27 亿人，但该国每年死于枪击的人数通常低于 10 人。也因此，此次枪击事件震惊日本。

日本公民持枪手续烦琐

日本是世界上控枪最严格的国家之一，想要获取枪支是一件非常困难的事情。

据法新社报道，对于日本公民而言，获得持枪执照是一个漫长且复杂的过程。他们首先必须获得一个射击协会的推荐，然后接受警察部门的严格审查。

枪支犯罪率最低的国家之一

日本是世界上枪支犯罪率最低的国家之一。许多专家认为，这和日本严格的枪支管控有着密切的关联。

据 CNN 报道，日本 2018 年仅报告 9 人因枪击死亡。相比之下，美国当年的枪击死亡人数为 39740 人。

事实上，日本被认为是世界上第一个实施控枪法的国家。倡导关注全球武装暴力的英国慈善组织"武装暴力行动"（AOAV）执行主任伊恩·奥弗顿对 BBC 指出，枪支进入日本后，该国就推出了严格的控枪法律。"日本是世界上第一个实施控枪法律的国家，这或许为枪支一直不曾在该

① 《"从今年春季就开始准备了……"》，"环球网"微信公众号，https://mp.weixin.qq.com/s/wSxDED9IvWw8TXdJdm1qrQ，最后访问日期：2022 年 7 月 13 日。
② 谢莲：《在日本，获取一支枪有多难?》，新京报，https://www.bjnews.com.cn/detail/165726610114170.html，最后访问日期：2022 年 7 月 13 日。

国民间盛行奠定了基石。"

再次，贴近性原则。该原则强调国际报道中有贴近与国内受众的内容，即与国内受众有关联的内容，才能更好地引起受众的关注。对他国法治新闻的报道，国内媒体应尽量"简化"复杂的国际新闻，"软化"严肃的政治新闻。国际新闻与受众在地理上相距较远，难以使国内读者产生贴近性心理。2002 年，Cohen 从全球化的视野指出让本国读者了解国际新闻的几种策略：将国际新闻与国内事件对比，使国际新闻更具接近性；补充相关背景资料，增进受众对国际新闻的理解；报道国际新闻对本国可能产生的影响；采访国际新闻发生地的本国公民或者正在当地旅游的本国游客。[①] 这对于国际法治新闻的传播具有一定的借鉴意义。

如以下一则案例，在"新华社"百家号对于联合国气候变化大会的相关报道中，通过提示相关背景，增进受众对新闻的理解。同时，提及我国的相关气候变化应对战略、措施和行动，拉近国际新闻与国内受众的距离，增强国际新闻的接近性。

案例 8-1-5：科普：联合国气候变化大会谈什么[②]

新华社英国格拉斯哥 11 月 1 日电（记者郭爽）正在英国格拉斯哥举行的《联合国气候变化框架公约》第 26 次缔约方大会（COP26）也被称为第 26 届联合国气候变化大会。联合国气候变化大会是世界上最大、最重要的气候问题相关会议。

中国高度重视应对气候变化。作为世界上最大的发展中国家，中国克服自身经济、社会等方面困难，言出必行，实施一系列应对气候变化的战略、措施和行动，取得积极成效。雨林国家联盟联合创始人费德丽卡·比塔认为，"与一些西方国家不同，中国对其承诺的落实始终如一"。

10 月 28 日，中国《联合国气候变化框架公约》国家联络人向《公约》秘书处正式提交《中国落实国家自主贡献成效和新目标新举措》和《中国本世纪中叶长期温室气体低排放发展战略》。这是中国履行《巴黎协

---

① 张梦妮：《中美媒体对英国脱欧报道中的国际新闻驯化》，《今传媒》2019 年第 6 期。

② 郭爽：《科普：联合国气候变化大会谈什么》，"新华社"百家号，https://baijiahao. baidu. com/s? id=1715217240354249423&wfr=spider&for=pc，最后访问日期：2022 年 7 月 12 日。

定》的具体举措，体现了中国推动绿色低碳发展、积极应对全球气候变化的决心和努力。

最后，舆论导向性原则。国际法治报道通过精心的选题策划，选取合适的角度切入新闻报道，主动设置议程，积极引导国际舆论的走向。国际法治报道在舆论引导工作中，一方面要对我国不实报道进行理性反击，将舆论引回对我国有利的轨道，维护国家的良好形象；另一方面，国际法治报道在国际重大事件中，要发出中国的法治声音，分享中国的法治经验，争取其他国家的价值认同，扩大中国的舆论影响力。例如，2022 年 7 月 15 日，《中国日报》新媒体视频号发布新闻《堕胎？控枪？美国最高法正在沦为党争工具》提到：美国最高法院刚刚保证堕胎权受宪法保护，随即他们便推翻了保护女性堕胎权的罗诉韦德案；美国国会刚通过控枪法案，最高法马上就认定纽约州限制携带枪支的法律违反宪法。美国开国元勋们制定的"三权分立"逐渐变成两党斗争的手段，美国最高法院本来应该是一个相对公平相对正义的一个地方，但现在最高法院掺和到党争里面，加大了两党分歧、社会分歧、民众分歧。这则视频新闻议题设置巧妙，分析鞭辟入里，能够帮助受众认识美国法律制度的一些弊端。

（二）我国法治事件的报道

我国在法治领域取得的成就是社会主义制度的巨大体现。法治报道不仅要及时对内报道国家已取得的成就以及正在努力发展的方向，还需要积极对外传播，让外国人了解真实的中国，营造良好的国际舆论场生态。

长期以来，西方主流媒体一直是国外受众了解中国、构建对中国的认知的主要媒体渠道，西方国家在舆论上对中国的打压、污蔑已成常态。西方媒体报道有关我国的新闻时，角度常常比较负面，视角聚焦在少数群体上，借个体化、不具普遍代表性的案例来误导国外受众。此外，由于我国社会主义法律体系与西方法律体系存在差异，外国受众对中国法治新闻报道接受理解程度不高。西方媒体的恶意建构与国外受众在法治事件报道方面的传播隔阂等因素成为现今中国国际法治传播上的障碍，而探讨如何进一步做好我国法治报道的对外传播是破局的关键。

首先，在对外报道我国的法治事件时，典型案例的报道能够树立法治中国的新形象，通过全面、客观、深入地报道新闻法治事件的起因、经过、结果、影响，重点梳理报道过程中所体现的中国律法知识，着重呈现我国司法体系进步的地方，传递其背后的国家法治精神，树立法治的中国形象。China Daily 在以下一则新闻中，通过报道全国人大代表审议我国首部监察法的重要政治议题，以呈现中国反腐斗争中的重大举措以及反腐体系的根本性变化。

案例 8-1-6：Anti-graft System up for Major Changes in Measures before NPC①

China's anti-graft system will see a fundamental change as the top legislature is scheduled to review a draft amendment to the Constitution and the country's first law on supervision to give legal footing to a new national supervisory commission.

中国法治形象的报道关注法治中国进程中的个人命运，从小切口入手，探究大背景下的小人物。新华社关于女法医马菁的报道，从她的视角切入，讲述法治进步给法医工作者工作带来的改变。这背后展现的不仅是中国公安机关警务效能的持续提升，还是中国法治环境的不断优化。

案例 8-1-7：女法医"现场见证"中国法治进步②

在世界首部系统法医学著作《洗冤集录》传世的中国，法医队伍正在见证着这个国家法治化进程在新时代的快速推进。今年 38 岁的马菁就是这个队伍中的一员。因初中时被电视剧中的女法医角色吸引，她在 2003 年考取中国医科大学法医学专业，2012 年 4 月起正式入职天津市公安局，实现了自己的梦想。法治的进步给马菁的工作带来了直观变化，她所在大队一年经手的案件数量从 10 年前的五六百件，下降到如今的三百件左右，恶性

① Cao Yin, "Anti-graft System up for Major Changes in Measures before NPC"，中国日报网，http：//www.chinadaily.com.cn/a/201802/28/WS5a959081a3106e7dcc13e72b.html，最后访问日期：2022 年 7 月 12 日。

② 李鲲：《女法医"现场见证"中国法治进步》，"新华社客户端"百家号，https：//baijiahao.baidu.com/s? id=1726788000917134060&wfr=spider&for=pc，最后访问日期：2022 年 7 月 9 日。

命案也明显减少。

其次，我国的法治报道除了国内法治故事的对外传播，还包括立足国际法，对其他国家有关中国事务的言论的回应，以处理好与其他国家的关系，维护本国的利益，这是国际关系处理类报道的初衷。以和平的对话方式代替冲突，坚持共同发展，是国际关系处理类报道所追求的最终目标。中国新闻网在对美国向我国台湾地区销售武器的系列报道中，其中一篇通过报道国防部对美售台武器的回应，展示了中国面对台湾问题的严正立场。国防部外交发言人依据国际法条例进行反驳，强烈敦促美方恪守一个中国原则和中美三个联合公报规定，使得报道内容更具有说服力，符合中国的法治形象。

案例 8-1-8：国防部回应美售台武器：解放军有信心有能力挫败任何分裂图谋①

在台湾问题上，2020 年 12 月，美国向我国台湾地区出售武器，对此，中国国防新闻部发言人表示，美国向台湾地区出售武器，严重违反国际法和国际关系基本准则，严重违反一个中国原则和中美三个联合公报特别是"八·一七"公报规定，粗暴干涉中国内政，严重危害中国主权、安全和领土完整，严重破坏中美两国两军关系和台海和平稳定。

再次，国际法治报道不仅关注国与国之间的事务，还尤为重视国际公共领域问题，这些公共领域并不属于任何一个国家，但对于整个人类而言具有重要的意义，例如对南极北极、海洋生态的保护。此外，当前世界仍面临诸多挑战，例如粮食安全、气候变化、恐怖主义与传染性疾病等风险问题，使各个国家参与全球治理，保障全人类共同的权益，需借助国际法的力量，将自身约束转化为法律约束。"人类命运共同体"就是我国结合自身的实践所提出的理念。人类命运共同体理念要求维护国际和平与安全，促进国际合作与发展，尊重国际平等与自由，坚持可持续发展原则。

① 《国防部回应美售台武器：解放军有信心有能力挫败任何分裂图谋》，中国新闻网，https://www.chinanews.com.cn/gn/2020/12-08/9357525.shtml，最后访问日期：2022 年 6 月 22 日。

这蕴含着国际法的根本宗旨和重要原则，呈现人类命运共同体理念丰富的国际法内涵。① "新华社客户端"百家号中所发布的《携手向未来：构建人类命运共同体的中国实践》中，讲述了十年间中国以实际行动丰富和完善人类命运共同体理念，不断贡献智慧，提出"中国方案"，应对挑战，充分体现了中国的大国形象与责任担当。

案例 8-1-9：携手向未来：构建人类命运共同体的中国实践②

黄蓝两条丝带交相辉映，在一座宝塔的剪影中交汇，又向外延伸围成地球形状。

这是"一带一路"国际合作高峰论坛的会徽。金黄色象征丝绸之路经济带，蓝色代表海上丝绸之路，黄蓝丝带相扣代表共商共建共享的论坛主题，球状则寓意合作共赢、全球一体化，昭示和衷共济的人类命运共同体。

从践行"创新、协调、绿色、开放、共享"的新发展理念，到倡导共商共建共享的"一带一路"；从为全球治理贡献"中国方案"到明确提出"双碳"目标应对全球挑战；从人类卫生健康共同体、网络空间命运共同体到全球发展命运共同体，十年来，中国用实际行动丰富和完善人类命运共同体理念，回应时代关切。

（三）国际法治事件的报道

国际法治事件的报道以国际条约为准绳，以国际社会为整体，以国际发生的事件为对象，传递、交流国际间发生的具有影响力的法治事件。报道内容是对整个国际社会安全的维护与探讨，包括全球共同问题、国际相关法律公约问题以及国际重大法治事件。

首先，全球性问题的报道。如今全球性问题呈现愈加频繁，国际环境保护等需要世界各国齐心协力。在全球法治化浪潮下，如何规定各个国家

---

① 黄进：《习近平法治思想中的国际法治观》，《武大国际法评论》2021 年第 1 期。
② 杨晓静等：《携手向未来：构建人类命运共同体的中国实践》，"新华社客户端"百家号，https：//baijiahao. baidu. com/s？ id = 1732163735582285972&wfr = spider&for = pc，最后访问日期：2022 年 7 月 12 日。

在国际社会中应该承担多重的责任、履行多重的义务，需要制定相关的条约法令，以约束各个国家的行为，保证国际性问题的解决。"新华社客户端"百家号在以下的一则报道中，关注全球海洋治理，传达了中国在全球海洋治理方面的立场和决心。

案例 8-1-10：瞭望 | 全球海洋治理，为子孙后代留下一片碧海蓝天①

作为全球治理的重要组成部分，全球海洋治理主要依据国际法、国际规则和各方达成的政治意愿协调行动，有效治理海洋污染，减少人类对海洋生态环境造成的破坏，以实现保护海洋和海洋的可持续利用、可持续发展之间的平衡。

从治理主体看，当前参与全球海洋治理的主体是主权国家，包括沿海国、群岛国、内陆国等。此外，还有联合国框架下的相关涉海国际组织以及一些非政府组织、跨国公司、私营企业、社会民众等。

全球海洋治理制度体系，是在联合国主导下逐步建立和完善的，联合国处于全球海洋治理的中心地位。联合国主导发起了一系列海洋治理项目、规划和倡议，形成了诸多区域性海洋治理安排，推动了政府机构、民间组织、科学界和其他利益攸关方积极开展海洋治理合作。

从治理区域看，当前全球海洋治理主要针对的是国家管辖范围之外的海域，即公海水体和国际海底区域，后者主要是国家管辖范围以外的海床和洋底及其底土。

各沿海国管辖范围内的海洋治理，以各国为主进行。同时，全球海洋是一个命运共同体，沿海国治理和全球海洋治理也相互影响、相互关联。

其次，国际法治报道内容不仅包含国与国间法律条约的签订动态，也包括国与国的边界、协定等问题。在遵守国际法则的条约下，如何正确处理国际关系，如何对待不符合国际法则的举动，都是国际法治报道应关注的问题。如以下一则报道案例，美国在联合国安理会发言时提到中国南海

---

① 吕贤臣：《瞭望 | 全球海洋治理，为子孙后代留下一片碧海蓝天》，"新华社客户端"百家号，https://baijiahao.baidu.com/s？id=17348729623674 84465&wfr=spider&for=pc，最后访问日期：2022年7月12日。

问题，中方代表严正回应，美国没有资格干涉中国南海问题，中国有决心、有能力维护南海和平，并表示各国应携手应对海上安全威胁和挑战，共同维护海上和平。

案例 8-1-11：中国联合国代表：中方坚决反对美国在发言中提到南海问题①

中国日报联合国 8 月 9 日电（记者 刘茵梦）8 月 9 日，中国常驻联合国代表团临时代办戴兵大使在安理会海上安全问题公开会上表示，安理会不是讨论南海问题的合适场所，中方坚决反对美国在发言中提到南海问题。

戴兵指出，当前，在中国和东盟国家共同努力下，南海局势保持总体稳定，各国依据国际法享有航行和飞越自由。中国同东盟各国致力于全面有效落实《南海各方行为宣言》，力争早日达成"南海行为准则"。我们有决心、有能力维护好南海和平稳定。

最后，国际性重大法治事件是关于国际法律层面发生的重大信息变动或更替的报道。在经济全球化的进程中，各国的政治、文化等各个领域有着紧密的联系，这种联系在近年来也日益增强。国际重大法治报道不仅是一种信息的传递，还是对潜在影响的预见、对法治成就的彰显。中国新闻网下面这则新闻就美国披露在乌克兰境内设有生物设施，俄罗斯计划对美生物军事活动发起调查进行了报道，这一事件引起了国际社会的广泛关注。

案例 8-1-12：俄计划对美国生物军事活动发起调查②

2022 年 6 月 9 日，美国首次披露在乌境内有 46 个生物设施。俄联邦委员会副主席科萨乔夫表示，收集到的证据已经证实，美国和乌克兰违反

① 刘茵梦：《中国联合国代表：中方坚决反对美国在发言中提到南海问题》，中国日报中文网，https://cn.chinadaily.com.cn/a/202108/10/WS6111a58ca3101e7ce975de8a.html，最后访问日期：2022 年 7 月 12 日。

② 张春友：《俄计划对美国生物军事活动发起调查》，中国新闻网，http://www.chinanews.com.cn/gj/2022/06-20/9783796.shtml，最后访问日期：2022 年 7 月 12 日。

了联合国《禁止生物武器公约》。俄计划在联合国框架下倡导发起相关国际调查。

　　本节主要从国际法治报道的内涵意义与内容分类两个向度进行阐述。首先，界定了国际法治报道的概念，明确了国际法治报道是国际新闻传播的重要组成部分，并从国际报道法治解读与中国法治故事的对外传播两个维度对国际法治报道的内涵进行外延；其次，以报道内容为基点，将国际法治报道分为他国法治事件的报道、我国法治事件的报道和国际法治事件的报道三大类，并指出要根据国内外不同的报道对象，选择不同的报道内容，采取不同的传播策略，以实现理想的传播效果。

第二节　从法治视角对他国事件的报道

法治报道中的他国事件是其他国家与法律相关的新闻事件，包括其他国家的立法、司法、执法等事件，也包括其他国家相关活动中与国际法有关的事实。报道他国的法治事件对于了解当前世界法治的发展形势和在国际法治秩序建构中发出"中国声音"具有重要意义。对他国事件的报道，有较高的选题和报道要求。一方面，不能违背我国和平共处五项原则，不能有对他国事务进行干涉的嫌疑；另一方面，中国对一切国际问题有着自身的态度和立场，法治新闻报道要展示我国对相关国际事务的观点，让受众能够清晰理解新闻事件本身与国家立场。此外，还需要考虑这些新闻报道对国内受众所产生的传播效果。

一　报道选题

对他国事件的法治报道，根据报道内容的不同，在报道选题上分为他国重要立法活动选题和他国事件中与国际法相关的选题两大类。他国重要立法活动选题是对他国实际立法活动的详情报道，其依据为已经确定的立法规范性文件或当地官方媒体的新闻报道，报道内容多为单个国家的相关报道。对他国事件中与国际法相关的选题的报道，其报道内容主要关注他国律法与国际律法的冲突解决和互相融合的议题案例，涉及的相关国家通常为两个或两个以上。

（一）他国重要立法活动选题

法规是法定国家机关按照法定程序制定的规范性文件，是对某种不合理行为的规范，是对某种行为采取的补救措施，制定法规是国家重要的立法活动。关于他国立法活动的选题，可以从政治、经济、社会、科技、生态五个领域进行分析。

第一，政治领域的国际法治报道，主要传递他国政治方面重要的法治信息。报道的国家对象是全球化背景下对国际秩序的构建和维护有着重要作用的国家，与中国发展有着密切联系的国家，以及发生国际热点事件的国家。在报道中，注重他国政治事件中的立法行为，例如法案签署、法规制定等，并从法治的角度对其进行报道。如下面两则案例，便对俄罗斯、日本两国的宪法修改重大政治事件进行了报道。

案例 8-2-1：普京签署法案，可再竞选两任俄总统[①]

"今日俄罗斯"（RT）5 日的报道，俄罗斯总统普京签署了一项法案，该法案允许他在 2024 年任期结束后，继续竞选总统。当地时间 2021 年 4 月 5 日，俄罗斯政府网站正式对外公布该法案。

案例 8-2-2："修宪"是魔盒非宝箱，日本打开后患无穷[②]

日本第 26 届参议院选举结果 11 日揭晓，岸田文雄领导的执政联盟"大获全胜"，主张"修改宪法"的力量获得超过 2/3 的席位，越过启动修宪进程所需的"门槛"。岸田文雄当天在记者会上表示，将尽快就自民党提出的在和平宪法中明确写入自卫队等四项修改议题，在国会发起讨论。许多分析认为，日本对和平宪法修改的障碍已经基本扫除，修宪的可能性"比任何时候都大"。

第二，经济领域的法治报道。全球化浪潮下，各个国家联系日益紧密，交流日益增多，其他国际经济领域立法对本国的参考价值相对较大。这一类的立法选题多与全球发展尤其是技术发展带来的问题相关，他国为解决新出现的问题而推出的立法大框架对我国具有一定的参考意义。比如在数据立法领域，近年来全世界各个主要国家都在针对数据进行多项立法，下面这则有关欧盟立法的报道因为具有较强的针对性而备受关注。

[①] 《普京签署法案，可再竞选两任俄总统》，"观察者网"微信公众号，https://mp.weixin.qq.com/s/yhQh98A4e6vDmFw4M5k7vA，最后访问日期：2022 年 6 月 23 日。

[②] 《"修宪"是魔盒非宝箱，日本打开后患无穷》，"环球网"微信公众号，https://mp.weixin.qq.com/s/yESHtZsD9QI9M5Oh4D_WLg，最后访问日期：2022 年 7 月 13 日。

案例 8-2-3：欧盟两项法案直指美科技巨头①

2020 年 12 月 15 日，欧盟委员会公布了《数字服务法案》及《数字市场法案》草案，这是欧盟 20 年来在数字领域的首次重大立法，有分析指出，欧盟这两项法案旨在进一步限制美国科技巨头的反竞争行为，规范欧盟数字市场秩序。

第三，国际法治报道中的社会选题多与他国的社会现状、人民生活密切相关，具有一定的个案独特性。社会选题与一个国家人民幸福感息息相关，针对社会中存在的问题，通过立法予以解决，对于一个国家的内部治理具有重要意义。但该类立法活动与本国的联系较少，因此报道的重点在于信息客观真实的传播，反映他国的社会生活环境。法治网的以下新闻就美国"控枪"问题进行了报道。美国"控枪"问题属于美国本土性问题，对我国的借鉴意义不大，但美国控枪问题降低了该国人民的幸福生活指数，同时，也对美国的国家形象产生了巨大的影响。

案例 8-2-4：兑现竞选承诺拜登再提修法控枪②

2021 年 3 月 3 日，在纪念三年前发生的美国佛罗里达州帕克兰市道格拉斯高中校园枪击惨案之际，美国总统拜登发表讲话，呼吁国会推进枪支立法改革。后有分析人士指出，美国控枪阻力巨大，在美国，控枪既是安全问题，也是历史问题，同时也是政治问题。一方面，拥枪是美国的一种传统文化，美国宪法也规定了拥枪权利，人人可以拥有枪支。另一方面还是利益的需要，像全美步枪协会对于拥枪推波助澜主要还是出于对现实利益的考虑。此外，美国枪支泛滥是一个非常敏感的政治问题。

第四，科技领域的立法活动也是国际新闻报道的重要选题来源之一。随着时代的发展，科学技术不断进步，旧有科技律法体系不断受到冲击，废止、修改、调整有关科学技术领域社会关系的法律规范势

---

① 陈润泽：《欧盟两项法案直指美科技巨头》，中国新闻网，http://m.chinanews.com/wap/detail/zw/gn/2020/12-21/9367125.shtml，最后访问日期：2022 年 6 月 23 日。
② 陈润泽：《兑现竞选承诺拜登再提修法控枪》，法治网，http://www.legaldaily.com.cn/index/content/2021-02/22/content_8436395.htm，最后访问日期：2022 年 6 月 23 日。

在必行。各国国家机关调整、创制有关科技领域社会关系法律规范的立法活动，以及国际法中有关科技的法律规范调整，都是他国法治报道选题的富矿。

如以下这则关于生物安全法律制度的报道。生物安全法既强调防范生物安全风险，也注重促进生物技术产业健康发展，通过加强生物安全能力建设、科学研究以及基础设施建设等，为生物技术产业发展创造健康的法治环境，实现生物安全风险防控与产业健康发展的有效协调。

案例 8-2-5：域外生物安全法律制度的特点[①]

为防范和应对生物安全风险，联合国等国际组织制定了大量的生物安全法律制度。1983年，联合国粮农组织签署了《植物遗传资源国际承诺》，目前已有110多个国家加入。1985年，联合国工业组织、环境规划署、联合国粮农组织、世界卫生组织共同成立了非正式的生物安全特别工作组。1986年，国际经济与合作组织公布了《重组DNA安全因素报告》，统一确定了有关生物安全的概念和操作原则。20世纪90年代初，一批公约、协议、守则相继公布。联合国粮农组织公布了《影响植物遗传资源保护和利用的植物生物技术守则》，其中涉及转基因生物处理和释放的安全性准则和法规问题。联合国环境与发展大会通过《生物多样性公约》，全面规定了生物安全相关问题的法律框架。

相对于中国《生物安全法》的颁布时间，域外生物安全法律制度颁布得更早，国际上有关生物安全的立法对中国该法的颁布具有一定的借鉴意义。《生物安全法》结合中国本土性的具体问题，参照国际法律，对完善本国法律具有促进作用。

第五是生态领域的立法活动，与全球议题相关，例如环境、海洋等生态问题，通过对国际问题的关注，探讨相关的解决方案。各国通过贡献本国力量促进相关地球生态问题的解决。如下面这则有关英国新修订《气候变化法案》的报道。

---

① 谭望江：《域外生物安全法律制度的特点》，人民法院报，http：//rmfyb.chinacourt.org/paper/html/2021-04/16/content_203488.htm，最后访问日期：2022年11月3日。

案例 8-2-6：英国立法确认在 2050 年实现温室气体"净零排放"①

2019 年 6 月 27 日，英国新修订的《气候变化法案》27 日生效，正式确立英国到 2050 年实现温室气体"净零排放"的目标。英国由此成为世界主要经济体中率先以法律形式确立这一目标的国家。

（二）他国事件中与国际法相关的选题

国际法作为若干国家参与制定或者国际公认的、调整国家间关系的法律，是现今各个国家遵守的法律准则。国家与国家之间在处理外交关系时，选择遵守国际法则，秉持基本的国际原则，在重大关切问题上相互给予支持，表明双方对重大地区和国际问题的立场。未来世界将向"去中心化的全球主义"方向发展，一些大国和区域性强国将共同参与全球治理，国际法准则作为维护国际秩序的原则，其重要性愈加突出，而与之对应的国际法相关新闻报道也愈发重要。

首先是遵守国家法的相关事件的报道。由于各国进行空间活动时大都从自身利益出发，在这样的行事准则下将不可避免会出现损害其他国家合法权益的情况，因此在对他国事件报道过程中，以国际法为准则，国际法解决现实国家间矛盾以期维护国际和平与发展的相关新闻选题比较常见。

案例 8-2-7：东盟外长就南海地区相关问题达成共识②

2016 年 2 月 27 日，新华网报道，在万象召开东盟外长非正式会议，这是 2015 年 12 月 31 日东盟共同体宣布成立后举行的首次外长非正式会议。会议中，东南亚国家联盟（东盟）轮值主席国老挝外交部长通伦说，东盟外长非正式会议就南海地区相关问题达成了共识，认为各方应根据国际法和平解决争端。他认为，外长们重申保持地区和平、安全、稳定以及和平解决争端的承诺，包括完全尊重法律和外交程序，不使用或威胁使用武力，遵守现在广泛被认可的国际法原则，特别是 1982 年的《联合国海洋法公约》。

---

① 王慧慧：《英国立法确认在 2050 年实现温室气体"净零排放"》，中国新闻网，http://m.chinanews.com/wap/detail/zw/gj/2019/06-27/8877113.shtml，最后访问日期：2022 年 6 月 23 日。

② 乐艳娜：《东盟外长就南海地区相关问题达成共识》，中国政府网，http://www.gov.cn/xinwen/2016-02/27/content_5046955.htm，最后访问时间：2022 年 11 月 3 日。

其次，国际法以维护国际社会有序运行为目的。国际法规范所有国家的行为，对权益受到侵害的国家给予保护，对违背国际法的国家给予法律制裁。对违背国际法事件的关注是保障他国人民权益、促进国际社会和谐发展的重要内容。

案例 8-2-8：日本排放核废水的决定违反国际法①

据日本当地媒体报道，2021 年 4 月 13 日，日本政府举行内阁会议，正式决定向海洋排放福岛核电站对海洋环境等有害的核废水。随后，为了宣传东京电力福岛第一核电站处理水中所含有的"放射性氚"的安全性，日本复兴厅于 4 月 13 日制作拟化后的"放射性氚"吉祥物的可爱角色。但根据国际法则《联合国海洋法公约》，日本排放核废水的决定违反了该国际法则。针对这一行为，韩国总统文在寅 14 日就日本决定向海中排放福岛核电站核废水向日本驻韩国大使表达严重关切，同时要求官员研究把"排污"一事提交国际法庭。

1982 年，开创性的《联合国海洋法公约》的通过将共享水利资源纳入国际法的范畴，国际海底管理局也使各缔约国控制有关在国际海底区域开采矿物资源的活动。在这一报道选题中，由于日本行为违背了国际法则，且同时对周边国家造成潜在伤害，涉及政治、生态等领域，在大国博弈中被赋予了其他特殊含义。因此，该报道选题具有重要意义，对该事件的后续发展，例如氚元素吉祥物的下架，以及其他国家的评价，都给予了高度的关注，进行时事新闻报道。此外，确定该报道选题后，对日本行为违背的具体国际法则，新闻媒体也进行了法条知识的介绍，让大众更容易接受新闻，了解信息背后的意义。

案例 8-2-9：氚宝宝"吉祥物 1 天就下架了！韩国拟起诉日本②

4 月 13 日，日本将核废水主要辐射物质"氚"做成卡通形象，引发国内外民众的严重不满。14 日，日本复兴厅在其网站刊登公告表示

---

① 马树娟：《日本排放核废水的决定违反国际法》，"法治日报"微信公众号，https://mp. weixin. qq. com/s/_fwuWROkKtGuwWmPQY0htQ，最后访问日期：2022 年 6 月 22 日。

② 《"氚宝宝"吉祥物 1 天就下架了！韩国拟起诉日本》，光明网，https://m. gmw. cn/2021-04/15/content_1302233400. htm，最后访问日期：2022 年 6 月 22 日。

已撤下此前的宣传海报。复兴厅称："本次听取了国民各种各样的声音与感想，据此决定修正'氚'的设计形象。故暂时撤下宣传海报及视频。"

据早前报道，为了宣传东京电力福岛第一核电站处理水中所含有的放射性氚的安全性，日本复兴厅于 13 日制作并发布了一份传单。在这份传单中，"放射性氚"被拟化成了"吉祥物"的可爱角色。对这一奇葩举动，连日本本国民众都表示了极大的不满。

韩国总统文在寅 14 日就日本决定向海中排放福岛核电站核废水向日本驻韩国大使表达严重关切，同时要求官员研究把"排污"一事提交国际法庭。

二　报道手法

本节主要从报道角度、报道时机、报道信源、报道立场、报道呈现五个方面进行论述。在对他国事件的法治报道中，要多从观察者角度，抓住国际规则建构的节点时机，重视印证性间接信源，坚持、兼顾中立立场与评论立场，以分享叙事与解释叙事来呈现法治新闻报道。

（一）角度：观察者角度

我国在外交政策上一直坚持独立自主的和平外交政策，以维护世界和平、促进共同发展为宗旨。因此，在国际法治新闻的报道过程中，我国媒体多从观察者角度，站在第三方客观立场，公正客观地报道他国事件。站在观察者角度，需要遵循两个原则，一是公正，二是平衡。

首先，站在观察者角度需遵循公正原则。在对他国事件的法治新闻报道中一定要注意公正原则的把握，以保证客观真实的新闻信息呈现。这在新闻报道中通常体现为采用不同国家、不同立场、不同主张的媒体、专家、涉事人员的采访内容，不要单一地只为一种立场、态度发声，这样才能更加反映出报道的客观性、科学性和可信性。

案例 8-2-10：美军结束"最漫长战争"空中的烟花如何照亮未来之路①

2021 年 8 月 31 日，中国新闻网报道美军已完成从阿富汗撤出的任务，这标志着 2001 年"9·11"恐怖袭击后美军在阿富汗开始的近 20 年军事行动的结束。

据公开资料，阿富汗累计有 3 万多名平民被美军杀死或因美军造成的战乱而亡，另有 6 万多名平民受伤，约 1100 万人沦为难民，接近阿富汗全国人口的三分之一。据"对武装暴力采取行动"组织统计，仅 2016 年至 2020 年，约 1600 名阿富汗儿童在空袭中死伤。

据半岛电视台报道，阿富汗塔利班对美国撤军表示欢迎，认为这是一个历史性时刻，阿富汗已获得"完全独立"。

其次，站在观察者角度要重视平衡原则。国际法治新闻报道援引国外新闻媒体信息可以在一定程度上使新闻报道呈现平衡或不平衡的隐性传播现象。强调新闻的平衡，并不意味着用同等的版面、篇幅和时间把事件的各个方面或争论的各种意见均衡地记录下来，真正的平衡是一种"理性的平衡"。理性平衡要求记者采用多向思维方式，从不同侧面、不同角度、不同层次进行考察，并在报道中对各种相关因素和意见妥善地衡量比较，再得出公正的结论。②

案例 8-2-11：安理会举行巴以冲突问题紧急公开会③

在巴以冲突发生后，2021 年 5 月 16 日，联合国安理会针对巴以冲突问题所举行的紧急公开会进行报道时，对发生战争的双方均给予了平等的发言机会，以及对战争的支持者与反对者均有描述，以一种观察记录者的身份去报道巴以冲突问题，但在报道中呈现了各种不同的观点后，也通过理性的探讨，指出了问题解决的最后方案。

---

① 张晨翼：《美军结束"最漫长战争"空中的烟花如何照亮未来之路》，中国新闻网，https://www.chinanews.com.cn/gj/2021/08-31/9555230.shtml，最后访问日期：2022 年 7 月 2 日。

② 涂露芳：《论国际新闻报道的平衡》，《新闻界》2000 年第 1 期。

③ 马德林：《安理会举行巴以冲突问题紧急公开会》，中国新闻网，https://www.chinanews.com.cn/gj/2021/05-17/9478771.shtml，最后访问日期：2022 年 6 月 25 日。

美国常驻联合国代表托马斯－格林菲尔德说，以色列和巴勒斯坦人在安全生活方面享有平等权利，美国正在同包括巴以在内的各方沟通斡旋，推动停火止暴。俄罗斯、英国及法国代表亦表示，停火止暴是当前第一要务，各方必须立即停止一切危害和平的行动。以色列应遵守国际法相关义务，停止兴建定居点。

其他国家普遍赞同古特雷斯停火止暴的呼吁。约旦、埃及、突尼斯等国批评以色列的占领行为违反国际法，必须立即结束；挪威、爱尔兰等国称以色列有自卫权，但必须保持最大程度克制，坚持对等和成比例原则。以色列必须撤出巴勒斯坦被占领土，维护耶路撒冷原状。

（二）时机：国际规则建构的节点

随着时代的发展变化，相应的国际法律规则也在不断设立、修改、完善。国际社会中出现新变化，呈现新问题，以及国际规则创立，都是国际法治新闻报道的良好时机。

近年来，人工智能技术的快速发展，在全球产生了广泛的影响，其中涉及经济、科技、伦理等多个领域，新出现的人工智能世界级现象，也对原有的法治体系造成了冲击。根据世界知识产权组织发布的《2019技术趋势——探究人工智能报告》，中国、美国在全球人工智能领域处于领先地位。在技术发展到一定程度时，知识产权的发展在全球受到很大的关注度，对新技术知识产权进行保护与认可，以激励和促进对人工智能产业的投资和其发展。

案例 8-2-12：欧盟委员会提出人工智能法律框架[①]

新华社布鲁塞尔4月21日电（记者李骥志）欧盟委员会21日提出一套人工智能的法律框架，以期对人工智能的应用进行规范和限制，保护人们日常生活和正当权利不受侵害。

按照风险高低，欧委会将人工智能应用场景分为"最低、有限、高、不可接受"四个风险等级，等级越高的应用场景受到的限制越严格。

---

① 李骥志：《欧盟委员会提出人工智能法律框架》，法治网，http：//m.legaldaily.com.cn/international/content/2021-04/23/content_8490291.htm，最后访问日期：2022年6月26日。

......

除了法律框架外，欧委会当天还公布了针对机器人、3D 打印机等的人工智能机器条例，以及人工智能协调计划，旨在加强对人工智能研发的鼓励和扶持。这套政策建议尚需经过欧洲议会和欧盟理事会批准。

2020 年，一场突如其来的新冠肺炎疫情席卷全球，对世界各国的政治经济文化都产生了严重的影响。各国对于新冠肺炎疫苗的知识产权专利保护问题产生了争议，有专家认为在这场特殊的疫情之下，对于救人类命的医药知识产权与普通疾病药品的知识产权的保护力度应有所不同。在国际知识产权法规因为特例而发生争议甚至会被改变的情形下，《法治日报》敏锐地捕捉到了报道时机，以《美国支持豁免新冠疫苗知识产权遭质疑》为题进行了报道。

案例 8-2-13：美国支持豁免新冠疫苗知识产权遭质疑[①]

2021 年 5 月 5 日，拜登政府声明表示，美国决定支持放弃新冠肺炎疫苗的知识产权专利保护。美国关于疫苗知识产权的争取与意见随着疫情的发展而变化着，但其他国家关于新冠疫苗知识产权是否豁免仍处于争议状态。据路透社报道，欧盟社会峰会 5 月 7 日讨论时，德国强烈反对豁免新冠疫苗知识产权保护，葡萄牙、爱沙尼亚、比利时和爱尔兰持怀疑态度，希腊和意大利支持豁免。

（三）信源：印证性间接信源

"信源"是主题内容的支撑，是意义真实性的保障，是意义剥离的前提条件。"信源"亦可被下位解构，分解为观察人/报道者的"在场度""独立性"等指标。[②] 国际法治报道在对相关内容作出报道时，新闻信源大多数情况下来自通讯社报道、某些新闻报社的驻外记者、当地国外通讯社

---

① 王一同：《美国支持豁免新冠疫苗知识产权遭质疑》，法治网，http：//m. legaldaily. com. cn/international/content/2021-05/17/content_8506699. htm，最后访问日期：2022 年 6 月 26 日。

② 任玥、李智：《新闻的"话语图示"——论对外新闻传播中的跨语言书写》，《国际新闻界》2020 年第 10 期。

的信息，以间接信源为主。在新闻报道中，新闻报道的撰写者对间接信源的真实性、可信度一定要进行相应的印证。

对间接信源的印证，最重要的是对新闻消息真实性的验证，体现在对信源的确认上。但由于国际法治新闻采访报道受地域影响较大，报道者不可能对于每一条消息都亲自到达新闻现场进行报道，单靠一个报社的力量是很难全面获知具体新闻信息的。这种情况下间接信源的引用和印证就尤为重要。

对间接信源的引用，首先要考虑引用的新闻媒体的专业程度，不同媒体在信源的可信度上存在着一定的差异。对不同专业程度的新闻媒体信息的引用，关乎新闻的可信度。

案例 8-2-14：俄议会赞成废止《开放天空条约》①

关于俄罗斯是否退出《开放天空条约》，法治网发表新闻信息：俄联邦委员会（议会上院）6月2日在其网站发布消息称，当天俄联邦委员会一致通过了俄总统普京此前提交的关于废止《开放天空条约》的法律草案。俄副外长里亚布科夫当天表示，俄罗斯已尽了最大努力，用尽了一切资源让美国留在条约内，"毫无疑问，美国不准备重返条约。因此我们认为废止该条约是正确的决定"。在这一则报道中，法治网所引用的也是间接信源，但由于引用信源是法律专业类媒体，具有可信度。

除了注重引用媒体的专业性与信誉度，在信源的检验过程中，还需对多个媒体信息进行比对，完成交叉印证。对于一则国际新闻，需与当地新闻媒体对该事件的报道，及其他不同媒体所报道的信息进行比对验证，确认新闻的真实性。并关注后续报道信息，确定新闻的可信性。

案例 8-2-15：俄总统普京签署废止《开放天空条约》的法令②

据俄罗斯卫星网7日报道，俄罗斯总统普京签署了废止《开放天空条约》的法令，相应的文件公布在官方法律信息门户网站上。此前，俄罗斯

① 《俄议会赞成废止〈开放天空条约〉》，法治网，http://www.legaldaily.com.cn/index/content/2021-06/08/content_8524222.htm，最后访问日期：2022年6月25日。

② 《俄总统普京签署废止〈开放天空条约〉的法令》，中国新闻网，https://www.chinanews.com.cn/gj/2021/06-07/9494277.shtml，最后访问日期：2022年6月25日。

联邦委员会在 6 月 2 日会议上一致批准废止《开放天空条约》的法律草案。

案例 8-2-16：普京签署有关废止《开放天空条约》的法律草案①

2020 年 5 月，时任美国总统特朗普指责俄罗斯违反《开放天空条约》，美国国务院随即向该条约其他缔约国通报退约决定。2020 年 11 月，美国宣布正式退出该条约。俄罗斯今年 1 月决定启动退出《开放天空条约》的国内程序。普京 5 月 11 日向国家杜马（议会下院）提交了废止《开放天空条约》的法律草案。草案于 5 月 19 日和 6 月 2 日分别在俄国家杜马和联邦委员会（议会上院）获得通过。

关于俄罗斯是否退出《开放天空条约》，中国新闻网先后确认了俄罗斯卫星网、俄法律信息网的信息，同时，持续报道该条新闻的后续发展，也是在跟进验证信息。

新闻报道只有真实、客观、公正，才能经得起检验。一些媒体对某些问题发表一些诱导性报道，严重违背新闻职业道德。一些新闻报道，含糊使用信源，主观意图强烈，是对新闻真实性、客观性的挑战，只会损害新闻媒体自身的公信力。《人民日报》国际评论《钟声》一栏中，曾对《华尔街日报》中一则含沙射影、具有引导性的报道展开批评，指出新闻报道信源模糊是站不住脚的。

案例 8-2-17：人民日报钟声：诱导性报道损害自身公信力②

在 5 月 23 日《华尔街日报》网站上刊载的报道，唯一信源是一份"先前未披露的美国情报报告"，报道通篇的关键词都是"情报"。报道含沙射影，明显试图诱导读者将"实验室泄漏"的"罪名"强加于中国。但对于支撑其论调的证据，报道却语焉不详，充斥"可能"之类的表述，暴露出内心的空虚。在其官网上，《华尔街日报》对自身使命的描述是"提供事实、数据和信息，而不是断言或意见"。然而，不无讽刺的是，该报

① 王修君：《普京签署有关废止〈开放天空条约〉的法律草案》，中国新闻网，https：//www.chinanews.com.cn/gj/2021/06-07/9494350.shtml，最后访问日期：2022 年 6 月 25 日。
② 《人民日报钟声：诱导性报道损害自身公信力》，"海外网"微信公众号，https：//mp.weixin.qq.com/s/cXWkVUuqHhDUYJ0pPx6WGw，最后访问日期：2022 年 6 月 25 日。

的这篇报道既不客观，也无公正性可言，只会自损公信力。

（四）立场：中立立场与评论立场的兼顾

国际法治新闻在功能上具有传播法治信息、维护本国利益、促进信息交流的作用。国际信息多与国际政治相联系，因此在报道国际信息时，必须要有坚定的立场。在国际法治新闻的报道过程中，一方面我国媒体坚持中立立场，给予双方同样的发言机会，不偏于某一方，坚持自身的独立性；另一方面新闻媒体自身附有国家属性，使得国际法治新闻要讲究基本的政治性，所报道内容不能危害国家的利益。现阶段的国际法治新闻也是政治原则和新闻标准共同作用的结果，既强调了国际法治新闻在政治方面的作用，同时也没忘记需要遵循新闻规律和新闻专业化的要求，在政治化和专业化之间寻求一种平衡。

报道立场与评论立场也可以看作新闻专业性与政治性的反映。新闻报道讲究真实客观，以一种相对中立的立场呈现国际法治新闻事件。中立立场的选择重在信息的传递，完成新闻不偏不倚的报道使命，给足观众独立思考的空间，促进交流。中立立场还表现在以准确客观的新闻话语讲述新闻事实，以朴实中立的语言描述新闻信息，并给足双方平等诉说的空间。

案例 8-2-18：美国 12 月新冠死亡病例数创疫情以来单月新高①

新华社华盛顿 12 月 27 日电（记者谭晶晶）据美国《大西洋月刊》发起的追踪全美疫情项目统计数据，截至 27 日，美国 12 月新增新冠死亡病例为近 6.5 万例，创疫情暴发以来单月新增死亡病例数新高。

数据还显示，目前全美新冠住院患者近 11.9 万人，近期一直呈上升趋势。

《纽约时报》27 日报道称，相关疫情数据表明，疫情暴发以来，美国每 17 人中至少有 1 人感染新冠，每 1000 人中就有 1 人死于新冠。

在 2020 年末关于美国疫情的新闻报道中，日常疫情人数的增加或减少

---

① 谭晶晶：《美国 12 月新冠死亡病例数创疫情以来单月新高》，中国新闻网，http://m.chinanews.com/wap/detail/zw/gj/2020/12-29/9373992.shtml，最后访问日期：2022 年 6 月 25 日。

成为最主要的报道内容，用客观的数字传递新闻信息，反映美国当时疫情的严重程度。"据美国《大西洋月刊》发起的追踪全美疫情项目统计数据，截至 27 日，美国 12 月新增新冠死亡病例为近 6.5 万例，创疫情暴发以来单月新增死亡病例数新高。"以中立的立场对文章数字进行描述，遵守新闻专业性要求。

评论由于自身的主观性更为强烈，相较于报道立场而言，其信息的传递更为尖锐，政治色彩更为浓厚。评论是对原有新闻事件原因、经过、结果的评述，帮助公众了解新闻事件背后的意义。评论代表媒体的立场，国际新闻信息的评论代表国家立场，以维护国家的利益为首要目的。

案例 8-2-19：海外网评：疫苗乱象频出，美国何时走到"隧道的尽头"？[①]

自 12 月 15 日开始，美国启动了首批新冠疫苗接种工作，全美医护人员和养老院住户成为首批接种者。20 日当天，美国疾控中心（CDC）的免疫接种咨询委员会（ACIP）建议，75 岁以上和一线工作人员将成为下一批接种者。然而，首批疫苗接种工作启动后乱象频出，一些接种了疫苗的医护工作者发生严重过敏反应，疫苗运输过程中出现问题导致疫苗报废，一些州政府未能收到预定数量的疫苗……在美国疫情数据不断以新高冲击民众心理防线的当下，频现的乱象正在考验民众对疫苗分发工作、甚至是疫苗本身的信心。

在评论中，作者笔尖更为尖锐锋利，直接指出美国疫情防控的不利局面，道出美国的问题现状。评论坚持国家立场，对国际事件的评论带有一定的政治性。例如针对美国首批疫苗接种工作启动后的乱象问题，疫苗运输过程中出现问题导致疫苗报废、一些州政府未能收到预定数量的疫苗等，分析其背后的深层次原因，并提出作者自己的思考，疫苗的接种原本让人们看到了"隧道尽头的光芒"，但频现的疫苗乱象又对此打上了一个

[①] 聂舒翼：《海外网评：疫苗乱象频出，美国何时走到"隧道的尽头"？》，中国新闻网，http://m.chinanews.com/wap/detail/zw/gj/2020/12-22/9368813.shtml，最后访问日期：2022 年 6 月 25 日。

大大的问号：美国何时能走到隧道的尽头？

（五）呈现：分享叙事与解释叙事

在国际传播语境中叙事是不同文化间交流沟通的纽带，对他国法治新闻的呈现形式即新闻媒体克服双方文化差异的叙事过程。法治新闻呈现的形式决定受众读懂法治新闻的难易程度，中国报道他国法治新闻的呈现形式归为分享叙事与解释叙事两大类。

分享叙事是以传递他国最新法治信息为目的，梳理新闻事件的来龙去脉，分析各国的立场与态度，传播中国对此的法治观点。分享叙事具有跨国与跨文化性质的叙事特征，能够将他国的新闻事件转化为易于我国民众接受的信息，帮助国内受众清楚地了解国际新闻事件。例如，2022 年 5 月 10 日，中国新闻网报道，美国总统拜登签署乌克兰版的"租借法案"——《2022 乌克兰民主防御租借法案》。该法案显示，美国总统可于 2022 与 2023 财政年度，授权美国政府向乌克兰政府或其他受冲突影响的东欧国家政府出租或出借国防物资，旨在增强这些国家的防卫战力。在该篇报道中，补足了"租借法案"的历史背景，分析了美国背后的意图，并通过报道美国、乌克兰、俄罗斯三方的发言，让公众清楚地了解三个国家对此的态度与反应。

案例 8-2-20：拜登签署的这一法案，"杀人"又"诛心"①

5 月 9 日，美国总统拜登签署乌克兰版的"租借法案"——《2022 乌克兰民主防御租借法案》，准许加速运送武器援助乌克兰。当日拜登宣称，该法案是美国"支持乌克兰及其人民捍卫国家和民主"的重要工具。他同时表示，准备在国会做出政治让步，以便能迅速获得国会批准 330 亿美元援助乌克兰经费。

"租借法案"显示，美国总统可于 2022 与 2023 财政年度，授权美国政府向乌克兰政府或其他受冲突影响的东欧国家政府出租或出借国防物资，旨在增强这些国家的防卫战力。目前，美国向乌提供军事装备需要通

---

① 《拜登签署的这一法案，"杀人"又"诛心"》，中国新闻网，https://www.chinanews.com.cn/gj/2022/05-10/9750987.shtml，最后访问日期：2022 年 7 月 2 日。

过一系列程序，但未来，军援乌克兰将大大提速，武器装备实际上是赠给基辅政府的。

　　在解释叙事的呈现方式下，法治报道针对国际法治新闻信息，在观察的基础上进行思考，合理地说明新闻事件发生的原因，分析各新闻元素之间的联系，并对新闻事件进行解读，有利于受众更加深入地理解新闻。例如，社交巨头推特和特斯拉首席执行官埃隆·马斯克之间因为收购发生诉讼，这个案件因为当事人双方的知名度和推特所代表的社交平台的普及性而令人瞩目。但其中又充满了美国法律体制的知识和传统，需要运用解释叙事的呈现方式向国内受众说清楚。下面这两则报道中，《每日经济新闻》的报道通过采访美方学者着重解释"为什么起诉""谁更可能胜诉"的实体法律新闻点。澎湃新闻则用相对更为轻松的文字主要解释双方的律师背景和受理诉讼的衡平法院，既观照了其中的程序知识，也突出了诉讼双方的"势均力敌"，充满了新闻叙事的张力。

案例8-2-21：推特和马斯克对簿公堂，440亿美元收购案如何收场？[①]

　　当地时间7月12日，推特（TWTR，股价34.06美元，市值260.28亿美元）正式起诉特斯拉公司首席执行官埃隆·马斯克，试图强制马斯克以440亿美元收购该公司。

　　波士顿大学法学院教授布莱恩·奎因（Brian Quinn）在邮件中向《每日经济新闻》记者分析指出，马斯克提出的终止交易的理由在诉讼中并不占优，法律会更倾向于支持推特强制执行并购协议。

　　……

　　马斯克胜算几何？

　　自马斯克提出对推特的收购报价以来，推特股价已经下跌超过30%，并且没有其他买家出现。

　　此次推特与马斯克对簿公堂，不少专家认为，马斯克并不占优。哥伦比亚法学院教授、纽约证券交易所和纳斯达克前顾问约翰·科菲（John

---

[①]　张凌霄：《推特和马斯克对簿公堂，440亿美元收购案如何收场？》，每经网，http://www.nbd.com.cn/articles/2022-07-13/2362916.html，最后访问日期：2022年7月14日。

Coffee）认为，马斯克没有"强有力的法律论据"。

案例 8-2-22：440 亿"悔婚"，推特正式起诉马斯克[①]

社交巨头推特正式起诉特斯拉首席执行官埃隆·马斯克，要求他以 440 亿美元的价格收购这家社交媒体公司。

当地时间 7 月 12 日，推特董事长 Bret Taylor 在推特上表示已向美国特拉华州衡平法院提起诉讼，要求埃隆·马斯克履行合同义务，并分享了诉状链接。

……

值得注意的是，针对此次并购，推特和马斯克双方聘请的法律团队豪华程度可谓旗鼓相当。

据美国福克斯新闻网报道，继马斯克宣布终止收购推特公司之后，推特聘请了一家知名并购律师事务所——Wachtell, Lipton, Rosen & Katz LLP 来起诉马斯克。通过聘请该律所，推特可以接触到包括 Bill Savitt 和 Leo Strine 在内的律师。Savitt 是顶级诉讼律师中的佼佼者；Strine 曾担任特拉华州衡平法院的大法官，此案将在该法院审理。

马斯克则聘请了律师事务所 Quinn Emanuel Urquhart & Sullivan LLP。该律所曾在 2019 年帮助马斯克成功打赢泰国洞穴救援中潜水员"恋童癖"诽谤指控的官司，并正代理马斯克参与一场特斯拉私有化相关的股东诉讼。

本节主要论述了我国媒体从法治视角对他国新闻事件的报道，并对两个具体的新闻实践方式"报道选题"与"报道手法"进行了规律性的总结和探讨。首先，在报道选题上，注重他国重要立法活动，重视他国事件中与国际法相关的选题。其次，在报道手法上，应该从观察者角度，注意国际规则建构的节点，应用印证性间接信源，兼顾中立立场与评论立场，以分享叙事与解释叙事进行他国法治报道的呈现。

---

① 孙燕：《440 亿"悔婚"，推特正式起诉马斯克》，"澎湃新闻"微信公众号，https://mp.weixin.qq.com/s/1rZc0iAIm8N7yA2gjRULew，最后访问日期：2022 年 7 月 13 日。

第三节　我国法治新闻的国际传播

　　我国法治新闻报道是指发生在中国，具有典型性、重大性，与法相关的新闻报道。我国国际法治新闻报道是基于我国社会主义法律体系与西方法律体系存在差异且外国受众对中国法治新闻报道的接受理解程度不高的现实情况，以及大国竞争中西方国家抹黑中国法治形象的背景而进行的国际传播活动。这使得提升国际传播力成为迫切要求，新闻报道者要转被动为主动，将话语权掌握自己手中，主动对外报道我国的法治新闻，讲好中国的法治故事。

　　在传播我国法治新闻时，一方面要体现我国的法治立场，选择具有典型性的事件；另一方面，新闻的传递过程中要"软着地"，即受众可以听懂、看懂新闻报道，考虑受众对新闻的反响。在报道选题上，报道我国法治进程中的重大事件，主动积极地对外传递中国声音，在重大法治事件的报道过程中，从立法、执法、司法、守法四个方面入手，全面诠释中国全面依法治国的国家战略。此外，积极提供有关国际关切问题的我国案例，对外传播中国经验，构建和平、促进全球化发展的中国形象。在报道手法上，新闻报道坚持"以我为主"的关联角度，契合我国政治、经济和外交形势，坚守中国立场，报道过程中以专家信源为主，呈现公正叙事与秩序叙事相交织的新闻报道。

一　报道选题

　　对外传播好中国的法治声音，在报道选题上体现为报道我国法治进程中的重大事件，提供有关国际关切问题的我国案例与经验。如今，国际局势纷繁复杂，以美国为首的部分国家不断打压、诋毁、抹黑中国，国际舆论呈现激烈的争锋态势，需要我国法治新闻进行国际传播，让世界人民了解中国，读懂中国，打破原有对中国的刻板印象，消除某些造谣曲解的声音。

（一）我国法治进程中的重大事件

1954 年 9 月 20 日，第一届全国人大会议通过、颁布了《中华人民共和国宪法》，这是中华人民共和国的第一部宪法。宪法是中国特色社会主义法律体系的重要组成部分，我国现行宪法为 1982 年宪法。2011 年，中国特色社会主义法律体系形成①，这是数十年不懈求索实现的历史性跨越。从"无"到"有"的过程，也是新闻媒体记录我国立法、司法改革，坚定不移实施依法治国，建设社会主义法治国家的过程。报道我国法治进程中的大事，并且进行国际传播，正是真实记载我国法治进程、对外塑造法治国家形象的重要新闻选题。

《人民日报》海外版官方网站海外网发布了《专家讲述改革与立法：改革开放与民主法治相得益彰》报道，报道中通过四个专家回顾改革与立法过程，讲述他们的体会，阐述立法与改革新的时代特点。

案例 8-3-1：专家讲述改革与立法：改革开放与民主法治相得益彰②

杨景宇："民告官"制度出台

行政诉讼法是继刑事诉讼法（1979 年）、民事诉讼法（试行）（1982年）之后，1989 年由第七届全国人大第二次会议通过的一部法律，人称"民告官"制度。

在我国两千多年封建专制制度下，"刑不上大夫"是一条铁律，没有、也不可能有"民告官"。中华人民共和国由人民当家作主，"法律面前人人平等"成为一条基本法治原则。但是，受我国历史上封建专制主义的影响，真正建立并实施"民告官"的制度，并不容易。

---

① 周婷玉等：《中国特色社会主义法律体系——依法治国的坚固基石》，中国人大网，http://www.npc.gov.cn/zgrdw/npc/zt/qt/2011zgtsshzyfltx/2011-03/10/content_1640956.htm，最后访问日期：2022 年 7 月 13 日。

② 王萌、彭训文：《专家讲述改革与立法：改革开放与民主法治相得益彰》，"海外网"百家号，https://baijiahao.baidu.com/s? id = 1620681905271939479&wfr = spider&for = pc，最后访问日期：2022 年 7 月 13 日。

35 年前的一场争论，催生了行政诉讼法。

……

胡康生：立法不易

我 1985 年调入全国人大常委会法工委民法室，到 2013 年从法律委退休，干了 28 年。我着重谈谈自己参与起草的几部重要法律。

1986 年 4 月六届人大四次会议通过民法通则，1987 年 1 月 1 日起正式实施。民法通则作为中华人民共和国成立后第一部正式颁行的民事基本法律，被誉为"中国的权利宣言"。

在当时的社会背景下，民法通则正确地确立了我国民法的调整对象，确立了现代民法四个核心原则：主体地位平等、权利本位、过错责任和意思自治（契约自由）原则，仅就此而言，民法通则在我国民事立法史上有着里程碑意义。

……

工作期间，我还参加了物权法、行政诉讼法、刑法等几部支撑形成中国特色社会主义法律体系的基本法律的起草和审议，深感立法不容易，形成中国特色社会主义法律体系不容易，要实现良法善治、实现全面依法治国更不容易。

乔晓阳：以定适变

我从 1983 年开始接触立法工作、参与立法工作，到今年整整 35 年。

改革开放 40 多年来，我国的立法工作和改革开放就是相伴而生、相伴而行的。立法是把稳定的、成熟的社会关系上升为法，追求的是稳定性，特点是"定"。改革恰恰是对原来定下的、但不适应经济社会发展的制度、做法进行改变，是制度自我完善的一个手段，特点是"变"。用特点是"定"的立法来适应特点是"变"的改革，是改革开放 40 年来立法工作的一条主线。这其中经历了"先改革后立法""边改革边立法""凡属重大改革必须于法有据"几个阶段。

……

张春生：紧随市场改革走向

仔细回顾 1979 年以后的立法，可以说，立法是始终紧随市场经济体制改革的走向进行的。比如《中外合资经营企业法》，这是 1979 年颁布的七部法律之一，共 15 个条文。邓小平曾把它称为中国对外开放政策的一个宣言。这 15 个条文一方面明确了对私有资产的保护，另一方面在计划经济体制内开辟了一块市场。

……

1992 年出现了转折，邓小平南巡讲话，党的十四大召开，确立了改革的目标是建立社会主义市场经济。这以后规范市场经济的公司法、证券法、社会保险法、劳动法、合同法等一系列市场经济法律相继出台，促进了社会主义市场经济法律体系的形成，市场经济的法律系列框架也逐渐建立起来了。

1997 年召开的中共十五大提出"依法治国，建设社会主义法治国家"，开启了依法治国新阶段。2002 年召开的中共十六大将"依法治国，建设社会主义法治国家"上升到政治文明的范畴。2007 年召开的中共十七大提出"全面落实依法治国基本方略，加快建设社会主义法治国家"。2012 年召开的中共十八大重点强调"全面推进依法治国"，在中国法治道路上添上了浓墨重彩的一笔。对上述新闻事件，中国日报网曾进行题为 *China to Deepen Procuratorial Reform* 报道，在报道中指出，中国将深化检察改革，推动中国的法治进步。

案例 8-3-2：China to Deepen Procuratorial Reform①

BEIJING-China's Supreme People's Procuratorate（SPP）has unveiled a five-year plan for deepening procuratorial reform in a bid to ensure that procuratorates can fully perform their functions.

Despite remarkable progress achieved so far, there is still a way to go to comprehensively implement the judicial reform, said an unidentified official with the SPP, adding that procuratorates as a whole cannot adapt themselves to new tasks and requirements under new circumstances.

2020 年《民法典》的颁布，是中国推进全面依法治国、推进国家治理体系和治理能力现代化的重大举措。新闻媒体关于《民法典》的报道成了

---

① "China to Deepen Procuratorial Reform"，中国日报网，http：//www.chinadaily.com.cn/a/201902/12/WS5c62d108a3106c65c34e8f40.html，最后访问日期：2022 年 7 月 13 日。

当时的热点议题，这些"议题"不仅能提高国内民众法律素养，还能及时对外展示中国法治进程，彰显中国法治形象。CGTN 是中国国际电视台，是中国第一个全球性英语频道，曾报道中国发布《民法典》的新闻事件，对外讲述了中国法治进程中的重大立法活动。

案例 8-3-3：China's Civil Code, a Key Component of the National Governance System①

Pan Deng is a member of the Academic Committee at Charhar Institute, executive director of the Latin America Law Center of China University of Political Science and Law, and distinguished professor at the Center for Latin American Studies at the Southwest University of Science and Technology. The article reflects the author's opinions, and not necessarily the views of CGTN.

Over the past few decades, it has been the long-cherished wish of generations of civil law scholars to formulate a Chinese Civil Code following the tradition of codification intrinsic to the continental law system in Europe. Today, a civil code that keeps abreast with China's development is the need of the times to improve national governance.

案例 8-3-4：NPC Adopts Amendment to Strengthen Law to Protect Minors②

The amendment to the Law on Protection of Minors was adopted by China's top legislature on Saturday, as a new move to strongly safeguard people under the age of 18 by rule of law.

The amended law, with a new chapter on internet protection, was passed at the closing ceremony of the bimonthly session of National People's Congress, the

---

① "China's Civil Code, a Key Component of the National Governance System", CGTN, https://news.cgtn.com/news/2020-05-27/China-s-Civil-Code-a-key-component-of-the-national-governance-system-QQ7C5z6aD6/index.html，最后访问日期：2022 年 7 月 12 日。

② Cao Yin, "NPC Adopts Amendment to Strengthen Law to Protect Minors"，中国日报网，http://www.chinadaily.com.cn/a/202010/17/WS5f8abd51a31024ad0ba7f503.html，最后访问日期：2022 年 7 月 13 日。

country's top legislative body, and it will become effective on June 1, 2021.

上面这则新闻是关于未成年保护立法的报道，未成年人保护是一个全球性的议题，该则报道显示了我国立法活动的精细化和纵深化。

我国通过摸索、实践建立起一个立足于中国国情、适应时代发展需要的法律体系，这是我国的巨大成就，也是世界法制史上的重大事件。我国报道国家法治进程中的重大事件，是对中国经验的梳理与总结，也能为他国国家治理提供参考借鉴，与他国共同推进世界法治的进步。

（二）全球性话题的"中国法治方案"

中国日益走近世界舞台的中央，受到国际社会的密切关注。我国在法治的发展进程中，总结了许多经验，产生了具有价值的思想成果。报道有关国际关切问题的我国案例，为其他国家问题的解决提供思路，有利于中国与他国在交流中相互促进，建构和谐友好的关系。中国传播经验的过程，是中国逐步提升国际话语权的过程，也是他国人民了解中国、认识中国的重要途径。对于一些全球性话题，对国内事实的报道能够展示中国道路，提供中国方案。

比如下面的报道，展示了我国的脱贫攻坚成果，这在全世界的脱贫议题中，无疑是中国经验取得的卓越成就。报道立足国际人口问题，将中国国内的新闻事实讲述为"中国脱贫攻坚的故事"，这样的"故事"，正是中国治理经验的对外传播。

案例 8-3-5：强化法治保障 巩固脱贫成果①

在决战决胜脱贫攻坚的实践中，制度发挥着十分重要的作用，不仅保障脱贫方案的精准实施，同时也提升了基层治理能力。确保高质量完成脱贫攻坚目标任务，必须不断强化脱贫攻坚的法治保障，用制度规范和促进脱贫攻坚。

在推进脱贫攻坚过程中，还需要夯实一些薄弱环节，比如怎样规范涉农资金管理，如何推进扶贫政策更加公开透明，如何引导农村群众移风易

---

① 汪志球：《强化法治保障 巩固脱贫成果》，"海外网"百家号，https://baijiahao.baidu.com/s? id=1669161970069112176&wfr=spider&for=pc，最后访问日期：2022 年 7 月 12 日。

俗……要从根本上解决这些问题，还是要从建章立制着手，着眼长远，推动形成可持续发展的长效机制。

在疫情防控常态化时期，经济发展放缓已经成为全球各个国家所面临的共同问题，中国不仅在抗击疫情的过程中坚持了以人民为中心的方案，对于疫情防控常态化时期的经济发展也在持续贡献中国智慧，下面的报道就呈现了中国的经济复苏之路中相关法治建设的情况。

案例 8-3-6：为统筹推进疫情防控和经济社会发展提供有力法治保障——访全国人大代表、司法部部长唐一军①

"加强和创新社会治理""加强法律援助，及时解决群众合理诉求""依法打击各类犯罪，建设更高水平的平安中国"……今年的政府工作报告，对进一步加强法治中国建设提出了诸多目标。

全国人大代表、司法部部长唐一军日前在接受新华社记者采访时表示，司法部肩负着统筹推进新时代全面依法治国和行政立法、行政执法、刑事执行、公共法律服务等职责，将坚持以习近平新时代中国特色社会主义思想为指导，全面贯彻落实党中央决策部署和全国"两会"精神，忠诚履行职能，主动担当作为，为统筹推进疫情防控和经济社会发展工作、确保完成决战决胜脱贫攻坚目标任务、全面建成小康社会提供有力法治保障。

生态议题是全球共同面对的公共议题，各国对于城市与乡村、建设与自然、消耗与排放等，都需要不断达成共识，维护全球生态平衡和保护资源。长期以来，在碳排放与气候等敏感议题上，以西方一些国家为主的同盟组织极力将生态责任加诸发展中国家。作为发展中国家的大国代表，中国也不断在生态建设方面贡献法律法规和政策建设的方案。

---

① 白阳：《为统筹推进疫情防控和经济社会发展提供有力法治保障——访全国人大代表、司法部部长唐一军》，"新华社"百家号，https://baijiahao.baidu.com/s？id=1667554095501684349&wfr=spider&for=pc，最后访问日期：2022年7月12日。

案例 8-3-7：新华全媒+｜推动碳达峰、碳中和目标如期实现——解读《中国应对气候变化的政策与行动》白皮书①

应对气候变化，事关中华民族永续发展，事关人类前途命运。国务院新闻办 27 日发表《中国应对气候变化的政策与行动》白皮书，并举行新闻发布会，回应了气候变化领域的热点问题。此次发布的白皮书显示，近年来，中国将应对气候变化摆在国家治理更加突出的位置，不断提高碳排放强度削减幅度，不断强化自主贡献目标，以最大努力加大应对气候变化力度，推动经济社会发展全面绿色转型。同时，中国还积极参与引领全球气候治理。

我国的中国特色社会主义道路是一条开创性的道路，其中充满了智慧、经验，对于全世界来说，都是弥足珍贵的。我国所建成的中国特色社会主义法律体系就是其重要体现。法治新闻报道一方面要将中国法治建设中的大事进行对外报道，另一方面也需要将有关全球性议题的中国法治方案向全世界讲述，这不仅可以展示中国的成就，还能够传递中国经验，促进国际社会的共同发展。

二　报道手法

我国法治新闻报道在国际传播的过程中，坚守中国立场，维护本国利益。在报道角度上，坚持"以我为主"的关联角度，始终站在中国的国家立场中，讲好中国故事；在报道时机上，契合我国政治、经济和外交形势，既要符合国内的发展布局，也要切合国际形势；在信源的选择上，以专家信源为主，增强新闻的权威性和信服力；在报道立场上，努力塑造全球视野下的可信、可爱、可敬的中国形象，提升国际影响力；在新闻呈现上，公正叙事与秩序叙事相互交叉，通过法治新闻国际传播促进各国共同发展进步。

---

① 高敬、周圆：《新华全媒+｜推动碳达峰、碳中和目标如期实现——解读〈中国应对气候变化的政策与行动〉白皮书》，"新华社客户端"百家号，https://baijiahao.baidu.com/s?id=1714783304124143233&wfr=spider&for=pc，最后访问日期：2022 年 7 月 9 日。

（一）角度："以我为主"的关联角度

新闻是阶级性的产物，各新闻媒体所报道的新闻信息，其背后都存在自身的利益。因而在国际新闻报道中，各个国家新闻报道的立足点都是本国利益，都是从"以我为主"的角度来进行国际报道。

"以我为主"的关联角度包括在报道内容上选择与我国直接或间接相关的内容，主动设置议题，突破西方的话语体系，建构中国的话语体系。在报道中，聚焦中国对世界发展带来的贡献、中国在全球问题方面的做法等，主动塑造中国的大国形象。"一带一路"作为中国发出的重要合作倡议，法律在其推进过程中一路保驾护航，发挥了重要作用。据 CGTN 报道，中华全国律师协会成立了"一带一路"国际律师协会，囊括了不同国家和地区的律师协会、律师事务所和律师个人，以促进"一带一路"倡议的共建国家和地区之间的法律合作。

案例 8-3-8：Body for Belt, Road Lawyers Launched[①]

The Belt and Road International Lawyers Association was launched by the All China Lawyers Association in Guangzhou, Guangdong province, on Sunday to promote legal cooperation among countries and regions involved in the Belt and Road Initiative.

Members of the Belt and Road International Lawyers Association, a nongovernmental, nonprofit professional organization, include bar associations, law firms and individual lawyers from various countries and regions. It has 85 founding members-35 from China and 50 from 35 other countries and regions.

此外，"以我为主"的关联角度包括与他国展开有效对话，回应他国的质疑和猜测，抽丝剥茧，层层递进，还原事件真相，维护我国的大国形象。报道内容要以国际法为准则，以不卑不亢的态度及时捍卫国家权益，展现中国的大国形象，掌握信息舆论的主动权。

---

① Zhang Yan fei, "Body for Belt, Road Lawyers Launched", 中国日报网, http://www.chinadaily.com.cn/a/201912/09/WS5ded9ad5a310cf3e3557cb41.html, 最后访问日期：2022 年 7 月 12 日。

案例 8-3-9： Exclusive：The Untold Story of the Meng Wanzhou Case①

The Supreme Court of British Columbia, Canada heard arguments on Monday on claims of privileges over documents requested by lawyers representing Huawei's CFO Meng Wanzhou in her extradition case. Meng attended the proceeding via telephone from her Vancouver home.

（二）时机：契合我国政治、经济和外交形势

法治新闻报道在国际传播中的报道时机有所讲究，对内要契合我国政治、经济和外交形势，符合国内的发展布局；对外需与时事政治结合，切合国际局势，拟定相应的选题，展开系列报道。

我国法治报道对外传播中，要契合国内的发展布局，与国家的发展战略相联系。在时机上，选择国家布局中的重要时间节点，以某一计划的开始或重大转折点为主，将我国近期的发展目标、发展成果等传播出去。

案例 8-3-10： China to Set up Standards of Carbon Neutrality②

China is planning to set up and improve the standards of carbon peak and neutrality, according to an official outline published on Wednesday.

Jointly issued by the Central Committee of the Communist Party of China and the State Council, the document unveiled the country will accelerate the upgrading of energy-saving standards.

我国法治报道对外传播要契合国际发展形势，与当前的国际时事相联系。在时机上，以引导国际舆论、设置国际议题为主要目的，选择合适的时间节点，以改变某一事件的不利局面或巩固良好局面为主，将我国的法治新闻报道传播出去，及时传播中国声音。

---

① Liu Xin, "Exclusive：The Untold Story of the Meng Wanzhou Case", CGTN, https：//news. cgtn. com/news/2020-08-18/Exclusive-The-untold-story-of-the-Meng-Wanzhou-case-T413DR77DW/index. html, 最后访问日期：2022 年 7 月 12 日。

② "China to Set up Standards of Carbon Neutrality", CGTN, https：//news. cgtn. com/news/2021-10-10/China-to-set-up-standards-of-carbon-neutrality-14fHL6A6Mfe/index. html, 最后访问日期：2022 年 7 月 12 日。

案例 8-3-11：Analysts Take US to Task on Xinjiang Disinformation①

The United States has been spreading disinformation about Northwest China's Xinjiang Uygur autonomous region, including claiming that forced labor has been used, in an attempt to target and tarnish China's international image, analysts said.

Chandra Muzaffar, president of Malaysian human rights advocacy organization International Movement for a Just World, said the veracity of the claim that forced labor has been used in Xinjiang has not been established by any independent body.

报道发布及时，内容全面，对典型涉疆谣言和谎言，用事实予以驳斥，以正视听，契合了我国当时的政治外交环境，正确引导了国际中的涉疆舆情。新闻作品在国际传播舞台的精准回应，成为新疆媒体在涉疆国际舆论争论中的一次重要展现，发布后在国际上扩大了中国声音，表达了中国立场，有效引导了国际舆论，这是国际传播的一个典型案例。

案例 8-3-12：香港故事：一部法和三个人②

2020 年 6 月 30 日，《中华人民共和国香港特别行政区维护国家安全法》正式落地实施，这部法律对维护国家安全、保障香港长治久安和长期繁荣稳定有着重要意义。在香港国安法落地实施"满月"之际，新闻媒体推出短视频专题"香港故事：一部法和三个人"。

上面这则报道抓住《中华人民共和国香港特别行政区维护国家安全法》（以下简称香港国安法）正式落地实施的时机，以小切口反映报道主体，报道了一位在港外籍志愿者、一位香港企业家和一位从浙江移居香港的中产阶级三个不同阶层的人物故事，通过讲述香港国安法落地前后他们个人工作、生活的改变，通过叙述普通人平稳安定的生活，反映这部法律

---

① Chen Yingqun, "Analysts Take US to Task on Xinjiang Disinformation"，中国日报网，https：//www.chinadaily.com.cn/a/202207/07/WS62c63467a310fd2b29e6ae05.html，最后访问日期：2022 年 7 月 13 日。

② 《香港故事：一部法和三个人》，海外网，http：//news.haiwainet.cn/n/2020/0731/c3544276-31846690.html，最后访问日期：2022 年 7 月 12 日。

给整个香港社会带来的积极影响。

（三）信源：以专家信源为主

真实性、可信性、权威性是国际法治新闻报道的生命线。因此，新闻引用的信源尤为重要。在国际法治报道中，将专家信源作为新闻传播的重要信源，一方面可以增强新闻的权威性和说服力，另一方面专家信源对于新闻内容具有建设性意义。

在对外报道中，文字类新闻题材以消息与评论常见，消息是将专家的部分话术表达作为新闻的一部分，用以将问题讲述得清楚全面，而评论主要是以专家的观点构成整篇文章的大部分内容，用以说明某一具体的问题。专家的发言具有领域权威性，对某一领域具有独特的见解，对于关键问题说明起到重要的论据作用，报道通过专家发言也强调了新闻媒体的立场。专家信源，是数据的真实有效、实施方案的落实情况、观点意见的加深强化的重要印证方式。对于新闻本身而言，对专家话语的引用作为第三方重要信源，是对新闻的补充。

案例 8-3-13："我们不是生物多样性保护的局外人"①

联合国《生物多样性公约》强调了保护生物多样性的重要性，由专家发言人解读该文件，并结合中国对生物多样性的保护举措，列举我国不断推进生物多样性保护与时俱进、创新发展，以及取得的显著成效。介绍中国对特色生物多样性的保护之路，要身体力行地增进与生物之间的亲密关系，维系城市的自然与生态属性。在城市发展与规划过程中，预留相当规模的森林、荒地与空闲地，从而让动植物有足够的生存发展与繁衍空间。

法治是一个向前发展、不断完善的过程。专家作为新闻报道的信源，通过对法治新闻报道中关键问题的梳理、相关原因的诠释，提出开创性、前沿性、建设性的意见，为立法、司法机关提供思路，为问题的解决提供参考。

---

① 赵剑影等：《"我们不是生物多样性保护的局外人"》，中国新闻网，https://www.chinanews.com.cn/gn/2021/10-14/9585929.shtml，最后访问日期：2022年6月26日。

案例 8-3-14：New Anti-graft Body to Strengthen Oversight[①]

Pilot programs extended nationwide to combat corruption, as Zhang Yan reports.

"We had no precedent to follow and no experience to draw on. We have been the icebreakers and we made it," said Jin Xiaodong, head of the supervision commission of Shangcheng district in Hangzhou, Zhejiang province, talking about the first case of detention the commission handled.

In March last year, a month after the commission was established as part of a district-level pilot, Jin started working on its first case. The subject was Yu Jianjun, a civil servant suspected of abuse of power and embezzling public funds which he used to repay debts, buy luxury goods and gamble.

Yu isn't a member of the Communist Party of China, so he was not monitored by the Party's disciplinary authorities. Instead, he was under the supervision of Jin's team, as a result of ongoing reform which has seen the supervisory commission's role expanded to cover all public servants.

After careful investigations into Yu's activities, Jin's team issued the commission's first detention order. Without detailed detention procedures or legal instruments for reference, they overcame many difficulties to conduct the investigation and collect evidence.

（四）立场：全球视野下的中国形象

中国国际法治报道在国际事件中的立场选择，其背后秉承的价值观念是国家形象的塑造。国家是由政治、经济、文化等多种要素所构成的"民族—国家"联合体，背后有着历史、文化、民族、国家的不同利益，因此针对不同的国际事件，中国在国际中往往会有"立异"和"求同"两种差异性立场，从而在世界上塑造拥有自我态度、立场、价值的中国形象。

中国在处理国际关系时，以"求同"的立场遵守国际法宗旨和原则，

---

① Zhang Yan, "New Anti-graft Body to Strengthen Oversight"，中国日报网，http：//www. chinadaily. com. cn/a/201803/13/WS5aa7255da3106e7dcc14132f. html，最后访问日期：2022 年 7 月 12 日。

维护国际秩序。① 对于联合国提出的绝大多数观点，中国持"求同"的认可态度。中国也积极地提出自身的主张，促进国际社会的发展。中国提出的和谐世界理念人类命运共同体理念，均是在"求同"的框架下以国际法和国际社会公认的国际关系基本准则为尺度所提出的，对他国具有经验参考价值。

案例 8-3-15：中国联合国合作立场文件②

2021 年 10 月 22 日，中国外交部发布《中国联合国合作立场文件》，内容展现了 50 年来中国对联合国各领域工作作出的突出贡献，就维护多边主义、促进全球发展、团结抗击疫情等重要国际问题阐述中方立场和主张。例如，在维护世界和平安全上，中国积极参与国际军控与裁军进程，建设性参与相关国际会议及机制工作，及时公布遵约情况，不断完善国内履约法律体系和国家履约措施，坚持理性、协调、并进的核安全观，提出建立公平、合作、共赢的国际核安全体系。在参与联合国及相关国际机构关于军控裁军问题的审议和谈判时，主动提出不首先使用核武器等中国倡议和中国方案，推动建立《禁止生物武器公约》核查机制，为促进国际和平与安全、维护全球战略稳定作出积极贡献。

中国的"立异"表现在对某些国际政治和法律观念提出不同的观点和看法、对某些国际行为采取质疑的态度上。国家法律的制定建立在本国的历史基础上，带有鲜明的独特性，对同一法治主张，历史基础不同的国家对此采取不同的看法。在实践操作中，中国仅针对少数国家提出的国际法主张、推进的国际法进程，存在"立异"的过程，这是历史基础不同、政治体系不同造成的。在"立异"中，坚定本国的立场，表达本国意见，为国际政治提供多种声音，防止霸权的产生。

案例 8-3-16：新华国际时评：美方在南海问题上谈规则贻笑世人③

南海本无事，美方要生事。新年伊始，美国国务院发表报告，罔顾历

① 何志鹏：《立异与求同：中国国际法立场的国际关系解读》，《中国法律评论》2021 年第 3 期。

② 《中国联合国合作立场文件》，新华网，http://www.news.cn/2021-10/22/c_1127986136.htm，最后访问日期：2022 年 6 月 26 日。

③ 韩冰：《新华国际时评：美方在南海问题上谈规则贻笑世人》，新华网，http://www.xin-huanet.com/world/2022-01/17/c_1128270195.htm，最后访问日期：2022 年 7 月 9 日。

史和公理诬蔑中国在南海的主张不符合国际法，暴露其霸权本质和险恶用心，贻笑世人。美方的所谓报告罔顾历史事实和法理，睁眼说瞎话。南海问题的历史经纬和客观事实摆在那里。中国人民在南海的活动已有 2000 多年历史。中国最早发现、命名和开发利用南海诸岛及相关海域，最早并持续和平、有效地对南海诸岛及相关海域行使主权和进行管辖。中国在南海的领土主权和海洋权益是在长期历史过程中形成的，有着充分的历史和法理依据，并为中国历代政府所坚持。中国对南海诸岛的主权得到国际社会广泛承认。许多国家出版的百科全书、年鉴和地图都将南沙群岛标属中国。美方为维护霸权私利，把中国维护领土主权和海洋权益的正当行为歪曲成所谓"违反国际法"。美方曾导演、操盘南海仲裁案等政治闹剧，最后都是枉费心机。

（五）呈现：公正叙事与秩序叙事

新闻报道坚定我方立场并不意味着只报道有利的新闻信息，对于不利新闻一律不报。在报道我国法治新闻时，应呈现的是一种公正叙事的态度，坚持新闻本身发展。公正叙事着眼于国家社会整体的发展，新闻媒体在报道中发挥自身舆论监督的作用，报道真实的负面新闻，督促问题的改正。

案例 8-3-17：亚马逊封店影响超 5 万家中国卖家 跨境电商如何应对挑战①

今年 5 月以来，不少跨境电商企业接连出现亚马逊账号被封的情况。对于封号的原因，亚马逊此前给出的说法是"卖家滥用评论"。目前，不少公司还在积极与平台沟通，也有公司准备通过法律途径维护自身合法权益。但是封号后的一系列连锁反应造成的损失已无法避免。

数据显示，截至目前，已有超过 5 万家中国卖家"店铺"被封。"封店"事件让深圳不少知名电商卖家受到影响。

---

① 杨阳腾：《亚马逊封店影响超 5 万家中国卖家 跨境电商如何应对挑战》，"海外网"百家号，https：//baijiahao.baidu.com/s？id＝1708291793998621053&wfr＝spider&for＝pc，最后访问日期：2022 年 7 月 12 日。

国际法治新闻报道的目的是维护国际社会秩序，秩序的构成包括反对不正当的，倡导正当的。正当与不正当的界定标准是国际法的宗旨与原则。在反对不正当的报道中，强调依法治理，反对个别国家的霸权。在正当的新闻中，倡导国际依法治理的价值观念，促进国与国之间的携手合作，共同推进治理的进程。《人民日报》海外官方网站海外网曾报道中国华北制药集团赢得了长达 17 年的维生素 C 反垄断案，这是美国对华发起的首个反垄断诉讼。这场国际官司的成功为中国企业应对国际诉讼提供了有益经验，增加了国内企业在开拓国际市场过程中依法维权的信心。

案例 8-3-18：华药打赢美对华反垄断第一案 这场"国际官司"赢得漂亮①

一场历时近 17 年之久的反垄断诉讼案终于尘埃落定。

美国当地时间 8 月 10 日，美国对华发起的维生素 C 反垄断诉讼重审一案宣判，华北制药集团胜诉。至此，在历经一审、二审、再审和重审之后，华北制药集团赢得了这场历时近 17 年的国际官司。

判决显示，美国联邦第二巡回上诉法院撤销了纽约东区法院 2013 年作出的判决，即要求河北维尔康制药有限公司及其母公司华北制药集团有限责任公司对直接购买者原告 3 倍赔偿损失 1.53 亿美元，退回案件并指令地区法院驳回原告起诉且不得再次起诉。

本节主要叙述了我国法治新闻在当今世界多元格局下的国际传播活动，并对国际传播的"报道选题"和"报道手法"两大实践要点进行了规律性的总结和探索。首先，在报道选题上，注重我国法治进程中的重大事件和全球性话题的"中国法治方案"。其次，在报道手法上，从"以我为主"的关联角度出发，注意契合我国政治、经济和外交形势，以专家信源为主，坚守中国立场，以公正叙事与秩序叙事呈现全球视野下丰富多彩、生动立体的中国形象。

本章论述了我国的国际法治报道相关活动，主要从国际报道的对内法

---

① 陈发明：《华药打赢美对华反垄断第一案 这场"国际官司"赢得漂亮》，"海外网"百家号，https://baijiahao.baidu.com/s?id=1708291792984385121&wfr=spider&for=pc，最后访问日期：2022 年 7 月 12 日。

治解读和中国法治新闻的对外传播两个维度进行分析。通过总结国际法治报道选题的共性特征，并从报道角度、报道时机、报道信源、报道立场、报道呈现五大向度归纳国际法治报道手法的规律性实践框架，从而指导法治报道者在国际新闻事件和全球性议题中更好地表明"中国观点"，在对外传播中更自如地讲好"中国法治故事"，以消除他国对我国原有的偏见，跨越不同文化的鸿沟，塑造全新的中国形象。习近平主席在二十大报告中强调，"增强中华文明传播力影响力。坚守中华文化立场，提炼展示中华文明的精神标识和文化精髓，加快构建中国话语和中国叙事体系"，"全面提升国际传播效能，形成同我国综合国力和国际地位相匹配的国际话语权。深化文明交流互鉴，推动中华文化更好走向世界"。①

---

① 习近平：《高举中国特色社会主义伟大旗帜 为全面建设社会主义现代化国家而团结奋斗——在中国共产党第二十次全国代表大会上的报告》，中国政府网，http://www.gov.cn/xinwen/2022-10/25/content_5721685.htm，最后访问日期：2022 年 11 月 6 日。

结

语

JUNCTION

2014 年 10 月 23 日，中共十八届四中全会通过了《中共中央关于全面推进依法治国若干重大问题的决定》，明确提出全面推进依法治国这一基本治国方略，以及建设中国特色社会主义法治体系、建设社会主义法治国家的总目标。2022 年 10 月 16 日，习近平总书记在中共二十大报告中再次强调："坚持依法治国、依法执政、依法行政共同推进，坚持法治国家、法治政府、法治社会一体建设，全面推进科学立法、严格执法、公正司法、全民守法，全面推进国家各方面工作法治化。"① 目前，我国正处于社会转型期，在依法治国由价值理念向实践层面推进的过程中，各种利益诉求引发的矛盾增多。面对传播环境的剧烈变化，媒介传播是推进依法治国基本方略实施的重要方式，是构筑法律信仰、实现社会正义和公平的重要力量。作为舆论的引导者和监督者，新闻记者在法治中国的建设中扮演着十分重要的角色，宣传法治精神、普及法律常识、营造法治生态、引导法治舆论、捍卫法律尊严、讲好法治故事是每一个新闻人的责任所在。

　　美国废除奴隶运动的领袖温德尔·菲利普斯（Wendell Phillips）指出，"若没有公众舆论的支持，法律是丝毫没有力量的"。传媒与法律以不同的力量，共同维护着国家社会的稳定运转。因此，在专业传播语境下对于法治报道的研究与实践就显得尤为必要。

　　本书在纵向维度，从中国法治新闻的发展脉络中去探寻不同历史阶段法治报道的内容、特点以及运作机制，以真实典型的古代媒介法治新闻案例勾勒出我国法治报道的历史实践进程；在横向维度，以现今法治报道发展分支特征为向度，外延出民事法治报道、刑事法治报道、行政法治报道、经济法治报道、重大事件法治报道和国际法治报道，并从不同类型报

---

　① 习近平：《高举中国特色社会主义伟大旗帜 为全面建设社会主义现代化国家而团结奋斗——在中国共产党第二十次全国代表大会上的报告》，中国政府网，http：//www.gov.cn/xinwen/2022-10/25/content_5721685.htm，最后访问日期：2022 年 11 月 6 日。

道的内涵概念、选题特征、报道手法进行划域建构，完善法治新闻传播学的体系。

本书以各类型法治报道的"概念与分类—选题—报道手法"为基本研究思路，明确法治新闻的概念内涵，归纳法治报道的实践方法。以理论溯源、向度探讨、实践举措三大结构支点为研究立足点，研究理论与实践各环节之间的关系，归纳选题与报道全过程的规律。下文将围绕这三大研究支点，对本书的主要内容、重要观点和实践方法逐一简述。

一　理论溯源：法治报道的定义和历史

在理论研究方面，本书主要从法治报道的概念内涵演变和历史进程变迁两个方向论述。

第一，概念内涵演变。首先是概念层面，法治报道是律法与新闻两大专业领域交叉融合的产物，它需同时遵守法治规则和新闻规则，是一种专业性很强的新闻报道。其次是内涵演变，从"法制"转变到"法治"，内涵更加丰富，直接影响到新闻报道的概念序列、范畴领域、实践功用、角色定位、效果意义等，是从理念至实践、从治国者到社会公民的全方位变革。在法治报道内涵演变的进程中，法治报道者综合素养的演变也是一个探讨的重点，被重新定义的"法治报道者"不仅应有当代新闻报道意识，具备法律专业素质，更要勇于担当社会责任，扮演好"治理者"全新媒体角色，在法治报道中坚持尊重法律原则、平等公正原则、保护隐私原则。

第二，历史进程变迁。我国自先秦起就出现了法治新闻报道的雏形，始于先秦的诏、诰，属于国家文告一类的布告，其中不乏有法律条文、道德规范的信息；西汉在秦朝驿道的基础上，进一步完善了驿传制度，并准许各诸侯在京城设置"邸"，以传达皇帝诏书和各级官府的行政法令；唐朝基于文献记载的"开元杂报"和考古实物"敦煌进奏院状报"，成为中国最早有新闻媒体的朝代，主要发布皇帝诏令、朝廷律令等；宋代出现由政府中枢部门统一管理和编发的官报——"邸报"，有固定刊期，内容更加丰富，不仅有朝廷政事、新制法令，还刊有刑罚案件；明代律法新闻传播更为活跃，民间印报逐渐增多，刊有发生在朝廷、民间的案件报道，法制信息的传播机制变得更加规范和系统；清代官报和私人报馆并立，官报

"邸钞"的内容主要是宫门钞、上谕、臣僚章奏三大部分，民间小报"公慎堂""福兴公""辕门抄"等不少报道有关法制诏令、官员废黜案以及官场勾心斗角等法制内容；近代早期商业性报纸让新闻真正产生广泛的影响力，《字林西报》开辟了"会审案件"专栏，《申报》成为新闻舆论监督司法的开端，报纸开始成为社会的第三极；1949 年 10 月 1 日新中国成立后，民主与法制建设走上了新的发展历程，现代法制报道也迎来了形成与发展的新时期。从古至今，律法报道活动从新闻来源、报道内容、报道载体、报道环节、报道形式等方面的成熟度都呈递增的演进状态。

二　向度探讨：法治报道类型分析

在报道内容方面，法治报道所关注的是与法律领域相关的社会政治、经济、文化中的法律现象和法制问题。本书在横向内容维度上，将法治报道外延出民事法治报道、刑事法治报道、行政法治报道、经济法治报道、重大事件法治报道和国际法治报道，并从不同类型报道的内涵概念和外延特征进行分析。

民事法治报道是新闻媒体以民事法律的思维和视角进行的新闻报道。参照 2020 年颁布的《民法典》将民事法治报道分为物权类法治报道、合同类法治报道、人格权类法治报道、婚姻家庭类法治报道、继承类法治报道、侵权责任类法治报道，阐述了民事法治新闻报道选题以小见大的日常性、于情于理的建设性以及通俗易懂的普及性特征。

刑事法治报道是基于刑事实体和程序的法律法规对社会关注的、对法治改革具有典型意义的刑事案件的报道，刑事法治报道分为刑事案件报道、刑事立法报道以及围绕刑事法律和案件的社会类报道三类，阐释了刑事法治报道选题公共利益重大性、底线思维尺度性、惩恶扬善宣泄性的特征。

行政法治报道是对新近发生的与国家机关及其公职人员有关的立法、司法、执法、守法和社会各方面的法治信息所进行的报道。指出了行政法治报道分为行政作为类报道和行政不作为类报道，分析了行政法治报道选题舆论监督的实践性、上情下达的沟通性、机关形象的建构性特点。

经济法治报道即从经济法的视角对新近发生新闻事实的报道，以市场管理类报道、宏观调控类报道、企业组织类报道、社会保障类报道四方面为着眼点，阐述了社会本位的整体性、经济效率的推动性、可持续发展的深度性的选题特征。

重大事件法治报道是对新近发生的法治领域内"常规性"和"突发性"重大事件的报道。以常规性"两会"法治报道、突发公共事件法治报道以及重要立法活动法治报道三方面为抓手，分析其与重大事件法治报道的链接关系、选题特性和报道手法，从宏观视角和微观视角两个维度阐释重大事件法治报道。

国际法治报道是以法律的视角报道国际中的重大新闻，剖析新闻事件背后的法治理念，向国内群众传播法治观念，向国外群众传播中国的法治声音。国际法治报道分为他国事件的相关报道、我国法治事件的报道和国际法治事件的报道三类，并从他国重要立法活动、他国与国际法相关事件和我国法治进程的重大事件、有关国际关切问题的我国案例两个视角来解析国际法治报道的选题特性。

三　实践举措：法治报道手法归纳

在报道实践方面，法治报道为了最大限度地彰显新闻价值和法律价值的双重属性，需要以法治报道的思维重点归纳角度、时机、信源、立场、呈现五大报道实践手法。

第一，角度。新闻角度是记者根据对新闻价值的判断，选择挖掘和呈现新闻事实的视角，以提升新闻报道的价值和社会影响力。法治报道的新闻角度，因其自身的律法专业性，本书将其报道角度归纳为"争议发掘与有效性""热点发掘与引导性""难点发掘与探究性""趋势发现与接近性""依法治国的进程性""专业信转化与专业视角稳定意义""观察者角度与自我关联角度"七个向度。一个专业而严谨的切入角度，可以通过报道对受众的思维过程进行引导，从而在无形中对受众的法治观念起到启发和引导的作用。

第二，时机。报道时机是指新闻报道具有的时间性的客观优势条件和机会。法治报道总会面临各种社会突发事件以及法律法规颁布、调整、修订等情况，那么如何选择介入时机就显得非常重要，好的报道时机可以起到事半功倍的传播效果。本书将法治报道的时机总结为"节点选择与契合性""诉讼进程与回应性""政策背景与解释性""国家行为与宣传性""会议热点与立法进程""应对性与介入性时机""国际规则建构节点""契合我国政治、经济和外交形势"八个节点。

第三，信源。新闻信源即新闻消息来源，是指新近发生事实的消息提供者。法治报道中需要以法律思维对信源进行选取，以保证信源的专业性、权威性和平衡性，这是法治议题建构中严谨性的必要体现。笔者将信源特征概括为"多元角色与平衡性""冲突角色与平衡性""分级角色与倾向性""权威信源与印证性""替代性信源与一手信源的补充""一手信源与唯一信源""多种信源的过滤""印证性间接信源""以专家信源为主"九个方面。

第四，立场。报道立场，是指新闻媒体和记者秉持的报道原则在具体报道活动中的体现，新闻报道立场既包括客观、真实、公正的专业立场，也包括国家、民族和阶级的立场。报道立场不能改变新闻事实本身，却可以在很大程度上改变受众对事实本质的看法和理解。法治新闻与政治的紧密关系，决定了其报道立场的特殊性。我们将其归纳为"众生喧哗与客观性""单一标准与说服性""推进治理与调和性""经济公平与干预性""全景观察与重点解读""普及与阐释立场""解决诉求的专业立场""中立立场与评论立场的兼顾""全球视野下的中国形象"九个要点。

第五，呈现。呈现即为新闻出现在受众眼前的样态。在媒体融合的全球化背景下，如何将法治报道以更好的叙述方式呈现给国内外受众，以增强我国法律信息的传播效果，是新时代需要认真思考的问题。本书根据不同类型法治报道的特征梳理出"故事叙事与融入性""情境叙事与反思性""答案叙事与行动性""制度叙事与优越性""密集型生发叙事""历时性过程叙事""治理叙事与关怀叙事""分享叙事与解释叙事""公正叙事与秩序叙事"九种叙事方式。

法律不是孤立的，它根植于国家社会关系，媒介报道的喉舌功能决定了新闻报道传播应站在国家和党的立场。这一立场就决定了在传播实践中，不论传播形式如何创新、传播内容如何变化、传播环境如何复杂多变，法治报道始终要服从国家平稳的大局，服务于社会系统的稳定运行，服务于党全面依法治国的历史进程。

　　自 2014 年国家明确提出全面推进依法治国这一基本治国方略后，我国开启了全国依法治国新时代。2020 年 5 月 28 日通过的《中华人民共和国民法典》，被誉为"新时代人民权利的宣言书"。① 这是在法治轨道上推进国家治理体系和治理能力现代化的一个里程碑事件。2020 年 12 月 7 日，中共中央印发了《法治社会建设实施纲要（2020—2025 年）》，明确推进法治社会建设具体措施，对于实现国家治理体系和治理能力现代化具有重要意义。② 2021 年 8 月，中共中央、国务院印发了《法治政府建设实施纲要（2021—2025 年）》，确立了五年法治政府建设的总体目标，为到 2035 年基本建成法治国家、法治政府、法治社会奠定坚实基础。③ 2022 年 6 月 16 日，中国社会科学院法学研究所、社会科学文献出版社在京发布的《2022 法治蓝皮书：中国法治发展报告》指出，2021 年是我国首个《法治中国建设规划》实施元年，全面依法治国顶层制度总体设计完成，法治建设进入新的历史发展阶段。④ 2022 年 10 月 16 日，习近平总书记在党的二十大报告中指出，到二〇三五年，"基本实现国家治理体系和治理能力现代化，全过程人民民主制度更加健全，基本建成法治国家、法治政府、法治社会"⑤。

　　随着我国全面依法治国的推进，任何一个地区、行业、部门都会涉及法律问题。因此，研究如何开展立法、司法、执法部门相关报道，如何进行多行业、多领域的法治报道就显得尤为重要。法治报道是联系人民与法治的重要纽带，是新时代中国全过程人民民主的重要实践，承担着普及法

① 申卫星：《人民日报有的放矢：切实推动民法典实施》，人民网，http：//opinion. people. com. cn/n1/2021/0121/c1003-32006694. html，最后访问日期：2022 年 6 月 19 日。
② 《中共中央印发〈法治社会建设实施纲要（2020—2025 年）〉》，新华社，http：//www. gov. cn/zhengce/2020-12/07/content_5567791. htm，最后访问日期：2022 年 6 月 19 日。
③ 《中共中央 国务院印发〈法治政府建设实施纲要（2021—2025 年）〉》，民政部网站，http：//mzzt. mca. gov. cn/article/zt_qmgjaqjyr/zywj/202204/20220400041334. shtml，最后访问日期：2022 年 6 月 19 日。
④ 徐艳红：《中国社会科学院法学研究所发布 2022 年〈法治蓝皮书〉》，人民政协网，http：//www. rmzxb. com. cn/c/2022-06-17/3141031. shtml，最后访问日期：2022 年 6 月 19 日。
⑤ 习近平：《高举中国特色社会主义伟大旗帜 为全面建设社会主义现代化国家而团结奋斗——在中国共产党第二十次全国代表大会上的报告》，中国政府网，http：//www. gov. cn/xinwen/2022-10/25/content_5721685. htm，最后访问日期：2022 年 11 月 6 日。

律常识、构建社会法治生态、引导公民法律舆论、捍卫国家法律尊严、传播中国法治声音的历史职责。

法治报道作为一个专业性极强的交叉学科，在法治中国建设进程中发展非常迅速，具有广阔的发展空间和光明的发展前景。在当今全球化媒体融合的时代背景下，基于国家深化互联网治理的大背景及新传播生态中出现的种种法治困境，法治报道的主体会发生怎样的变化、受众的需求会有什么改变、传播的特点与规律会发生什么变化、传播效果如何最优化、网络信息安全与传播规制如何调整等，这些都将是法治报道下一步的研究方向，具有重要的理论意义和实践价值。

正义不仅应当得到实现，而且应当以人们能够看得见的方式得到实现。作为新闻人，在专业传播语境下进行法治报道要为党和国家坚守好民主法治建设进程中的重要舆论阵地，要在国际传播中讲好中国法治故事，从宣传层面更好地服务于党和国家工作大局。习近平总书记在中共中央政治局集体学习中指出，"要广泛宣介中国主张、中国智慧、中国方案"，"全面阐述我国的发展观、文明观、安全观、人权观、生态观、国际秩序观和全球治理观"，"同各国一道为解决全人类问题作出更大贡献"。①

在新的征程上，时代赋予法治报道新的历史使命，展现法律特色、展示政法作为、彰显法治精神，是法治报道的应有之情、应承之义、应担之责。

---

① 《习近平在中共中央政治局第三十次集体学习时强调　加强和改进国际传播工作　展示真实立体全面的中国》，人民网，http：//dangshi.people.com.cn/n1/2021/0601/c436975-32119507.html，最后访问日期：2022 年 7 月 14 日。

后　记

　　《讲好中国法治故事——法治报道的理论、历史与实践》一书原来的名字叫作《法治的视角做新闻》，这是因为在很长一段时间本科课程"法治新闻报道"和研究生课程"法治新闻案例研究"的教学中，通过与新闻传播学和法学的学生的多次讨论与碰撞，逐渐形成了一种观点，就是法治新闻是一种报道的视角，这和之前普遍认为法治新闻是一种报道题材的看法不同。这种视角贯穿在我们团队的教学中，在新闻传播学"技"的传播上显得清楚明了，学生通过我们的教学，获得了明显的专业报道的思路和能力。"法治新闻报道"也获评重庆市的"一流线下课程"和"首批课程思政示范课程"。

　　在挖掘课程思政元素的过程中，我们逐渐发现，对当代法治新闻的报道，在记录和报道中国法治建设的深入实施的同时，实际上包含了中国文化传统的很多内容，是讲好中国法治故事、积极推动中华文化"走出去"、有效开展国际舆论引导的重要方式。学习了《加强和改进国际传播工作展示真实立体全面的中国》之后，我们在"术"的维度上更好地认识了自己的课程，也萌生出了写作一本书，将这种想法分享给从事相关教学和新闻实践的同人的想法。

　　在写作中，大纲的拟定经过了九次修改。每天早上我们的写作微信群都会不断分享和分析案例的选择和呈现，这样的写作激情持续了一年零十个月。在这段时间中，我们也通过写作，不断"反哺"课堂，不断磨合和锻炼我们的团队。一直到定稿已经准备提交出版社，大家还习惯性地转发报道案例到群里，进行一番讨论。这难忘的写作时光里，我们梳理了跨学科知识、提炼了课程思政思路，增强了团队的凝聚力。列举在扉页的每一个名字，都是我们团队的优秀成员，和你们一起工作，我非常荣幸和幸运。

　　和你们在一起有多美好，对汤圆小朋友就有多不公平：和你们热烈讨论，却常常对汤圆敷衍了事。或许我成了一个更好一点的老师，却没有成为更好的妈妈。希望汤圆眼中忙忙碌碌的妈妈，能成为他对未来的一种想象——或许不是榜样，但至少因此懂得"勤奋"应该是一种工作和生活的常态。

　　参与本书撰稿的还有：王丽、王军红、苏东梅、刘欢、段然、王婷、黄映月、聂颖颖、陈彦宇、许链、邓雨苗、李若兰、代进新等，在此对诸位老师及同学表示深切的谢意。

陈笑春

2022 年 7 月 16 日

图书在版编目（CIP）数据

讲好中国法治故事：法治报道的理论、历史与实践 /
陈笑春，秦赛一著. -- 北京：社会科学文献出版社，
2023.6（2024.12 重印）
　（西南政法大学新闻传播学系列丛书）
　ISBN 978 - 7 - 5228 - 1192 - 5

　Ⅰ.①讲…　Ⅱ.①陈…　②秦…　Ⅲ.①法治 - 新闻报
道 - 研究　Ⅳ.①G212

　中国版本图书馆 CIP 数据核字（2022）第 237014 号

·西南政法大学新闻传播学系列丛书·
讲好中国法治故事：法治报道的理论、历史与实践

著　　者／陈笑春　秦赛一

出 版 人／冀祥德
责任编辑／李　晨
责任印制／王京美

出　　版／社会科学文献出版社·法治分社（010）59367161
　　　　　　地址：北京市北三环中路甲 29 号院华龙大厦　邮编：100029
　　　　　　网址：www. ssap. com. cn
发　　行／社会科学文献出版社（010）59367028
印　　装／三河市尚艺印装有限公司

规　　格／开　本：787mm × 1092mm　1/16
　　　　　　印　张：26.75　字　数：427 千字
版　　次／2023 年 6 月第 1 版　2024 年 12 月第 2 次印刷
书　　号／ISBN 978 - 7 - 5228 - 1192 - 5
定　　价／89.00 元

读者服务电话：4008918866